Das Weimarer Quartett

Detlef Jena

Das Weimarer Quartett

Die Fürstinnen
Anna Amalia
Louise
Maria Pawlowna
Sophie

Verlag Friedrich Pustet
Regensburg

Der Text folgt der neuen amtlichen Rechtschreibung. Eine Ausnahme bilden die Zitate.

Bibliografische Information der Deutschen Nationalbibliothek

Die Deutsche Nationalbibliothek verzeichnet diese Publikation
in der Deutschen Nationalbibliografie; detaillierte bibliografische
Angaben sind im Internet über http://dnb.d-nb.de abrufbar.

www.pustet.de

ISBN 978-3-7917-2044-9

Gesamtherstellung: Friedrich Pustet, Regensburg
Printed in Germany 2007

Inhalt

Maria Pawlowna
(1786–1859)
Großfürstin von Russland,
Großherzogin von Sachsen-Weimar-Eisenach 139

Sophie von Oranien-Nassau
(1824–1897)
Königliche Prinzessin der Niederlande,
Großherzogin von Sachsen-Weimar-Eisenach 216

Anhang

Vorwort

Drei Großherzoginnen haben im 18. und 19. Jahrhundert an der Seite ihrer Männer Verantwortung für die geistigen und kulturellen Geschicke der deutschen Dichterstadt Weimar getragen: Louise, die Prinzessin aus Hessen-Darmstadt; Maria Pawlowna, die Großfürstin aus Russland; Sophie, die Königliche Prinzessin der Niederlande. Sie haben das klassische und nachklassische Weimar durch ihre Persönlichkeit und durch ihre finanziellen Mittel bereichert.

Ihnen ging die Vormundschafts-Regentin Anna Amalia voraus, deren historische Leistung vor allem darin bestand, das Herzogtum Sachsen-Weimar-Eisenach vor dem Verlust seiner Selbstständigkeit gerettet zu haben. Sie brachte mit Carl August einen Sohn zur Welt, der den Ruf Weimars in der Geschichte zu organisieren verstand. Anna Amalia unterstützte Carl August durch ihr eigenes Verständnis von einem fürstlichen Musenhof, indem sie die an den Hof geladenen Dichter förderte und mithalf, ein ideelles Klima zu schaffen, in dem Persönlichkeiten wie Goethe, Schiller, Wieland oder Herder existieren und sich entfalten konnten.

Das Leben aller vier Damen ist auf sehr unterschiedliche Weise mit dem Weimarer Musenhof verbunden: Jede stammte aus einem anderen Kulturkreis, hatte eine eigene Erziehung genossen, befand sich in ganz verschiedenen materiellen Voraussetzungen und – jede heiratete einen Weimarer Erbprinzen, der sich von seinem jeweiligen Vorgänger deutlich unterschied. Jede besaß eigene Interessen, Wünsche und Hoffnungen. Die Nachwelt hat alle vier Frauen mit einem Etikett versehen: Anna Amalia, die Mutter des Musenhofs; Louise, die Retterin des Vaterlands; Maria Pawlowna, die gütige Wohltäterin; Sophie, die Schöpferin der „Sophienausgabe" Goethescher Werke. Alle vier Frauen waren im Leben anders, als es das Klischee vermittelt.

Sie mussten sich in allen Rollen zurechtfinden, die ihnen das Leben zugeteilt hatte: Als Prinzessinnen, Schwiegertöchter, Ehefrauen, Mütter (und Schwiegermütter), Witwen, Landesherrinnen, Wohltäterinnen oder Kunstmäzeninnen. Jede hat diese Rollen auf unverwechselbare Weise ausgefüllt, jede hat das Glück und das Leid auf eigene Weise ertragen oder beherrscht. Davon erzählt das Buch in vier Essays. Wollte man einen gemeinsamen Nenner für die vier Frauen finden, könnte man es so formulieren: Bei den vielen Verpflichtungen, Sorgen und Misshelligkeiten in Ehe und Beruf bildete die Persönlichkeit Goethes ein ganz besonders originelles Bindeglied. Noch wichtiger aber bleibt die Tatsache, dass keine der vier Frauen davongelaufen ist, sie ihren Männern und dem „Minireich" an der Ilm die Treue gehalten haben – so schwer das auch oft gewesen ist.

Der endgültige Entschluss zur Niederschrift dieses Buchs ist in der Nacht vom 2. auf den 3. September 2004 gefallen – als in Weimar die Anna-Amalia-Bibliothek brannte. Der Autor dankt dem Verlag Friedrich Pustet und dessen Mitarbeitern, vor allem jedoch seiner Lektorin, Frau Heidi Krinner-Jancsik, die eine Veröffentlichung des Buches pünktlich zum 200. Todestag Anna Amalias und zur Wiedereröffnung der Anna-Amalia-Bibliothek ermöglichten.

Besonderer Dank gilt dem Jenaer Historiker Dr. Gerhard Müller, dessen freundschaftliche Kollegialität und bestechende Sachkenntnis dem Autor geholfen haben, ein ausgewogenes, sachliches und kritisches Bild von vier bemerkenswerten Frauen aus der Geschichte Thüringens zu zeichnen.

Rockau, im September 2006 Detlef Jena

Anna Amalia
von Braunschweig-Wolfenbüttel

(1739–1807)

Regentin und Obervormünderin sowie Herzogin-Mutter von Sachsen-Weimar-Eisenach

Anna Amalia gilt einer breiten Öffentlichkeit seit 200 Jahren als Begründerin des Weimarer Musenhofs. Als solche bezeichneten sie zum ersten Mal die Weimarer Minister Goethe und Voigt in einem Nachruf auf die 1807 verstorbene Frau. Goethe hat den Nekrolog nicht etwa aus Dankbarkeit verfasst, weil ihm der Weimarer Hof und Herzog Carl August seit 1775 Lohn, Brot und ein ansehnliches Obdach gewährt haben. Es ist auch zweifelhaft, ob eine heimliche verflossene Leidenschaft den Dichterfürsten zu euphorischen Elogen über Anna Amalias Lebensleistung getrieben hat. Die Gründe für Goethes außergewöhnliche Würdigung lagen vielmehr in konkreten Zeitumständen des Jahres 1807 und in Weimarer Zuständen, die auch durch das tätige Leben Anna Amalias hervorgerufen worden waren.

Die Idealisierung der Musenhof-Mutter Anna Amalia hat seither dazu geführt, dass ihr ganzes Wirken in einem vergoldeten Licht erscheint und dass ihre selbstverständlichen adelskulturellen Freuden und Leiden in den Rang kulturhistorischer Ruhmestaten erhoben werden. Goethe und Voigt formulierten jedoch lediglich ein Bild von Anna Amalia, das ihren eigenen damaligen Wünschen entsprach. Darum fiel es Goethe später auch nicht schwer, das 1807 über Anna Amalia abgegebene Urteil zu differenzieren. Die Bedingungen für das eigene Handeln hatten sich eben gewandelt.

Im September 1830 hat Goethe zwei Schemata für eine „Succession der drey Herzoginnen" ausgearbeitet. Er verband persönliche Merkmale der drei Herzoginnen Anna Amalia, Louise und Maria Pawlowna mit allgemeinen Charakteristika der jeweiligen Zeitabschnitte, in denen die Herzoginnen lebten und hauptsächlich wirkten.

Der Dichter vertrat an seinem Lebensabend die Ansicht, dass Anna Amalia zumindest bis zur Französischen Revolution von 1789 in einer poetischen, idyllischen und rein liberalen Atmosphäre gelebt hat. Sie selbst wäre von „Fürstliche(r) Frauenart“ gewesen, stolz auf den preußischen König Friedrich II., ansonsten von lustiger Lebensart, bereit zum Gespräch mit Künstlern, gesellig und mit einer „Tendenz nach Italien“.[1] Die Worte klangen leichter und weniger tendenziös als der schwermütig-prophetische Nekrolog von 1807: „Entsprossen aus einem Hause, das von den frühesten Voreltern an bedeutende, würdige und tapfere Ahnherren zählt … von Jugend auf umgeben von Geschwistern und Verwandten, denen Großheit eigen war, die kaum ein ander Bestreben kannten, das ruhmvoll und auch der Zukunft bewundernswürdig wäre …“[2]

Von Wolfenbüttel nach Weimar

Gewiss, als Anna Amalia am 24. Oktober 1739 im „Paradegemach“, d. h. im Audienzsaal des Wolfenbütteler Schlosses geboren wurde, blickte das Geschlecht der Welfen, in das sie als Prinzessin von Braunschweig-Wolfenbüttel-Bevern gehörte, auf lange und wechselvolle Herrschaftstraditionen zurück. Die Welfen zählten zu den ältesten und vornehmsten Adelsdynastien im Reich, hatten im Streben nach den höchsten Würden und Besitztümern jedoch nicht in jedem Falle eine glückliche Hand bewiesen. Im 18. Jahrhundert plagten sie sogar existenzielle Sorgen. Anna Amalias Vater, Herzog Carl I. von Braunschweig-Wolfenbüttel-Bevern, und dessen Gemahlin Philippine Charlotte, Tochter des Preußenkönigs Friedrich Wilhelm I., mussten sich nicht nur mit den rivalisierenden Familienzweigen des Hauses Braunschweig herumschlagen. Weit schwerwiegender erwies sich der Prioritäts-Konflikt mit den Welfen in Hannover. Die hatten nicht nur die Kurwürde erhalten, sondern seit 1714 regierten sie auch das britische Königreich.

Durch dynastische Verbindungen mit Preußen und dem Kaiserhof in Wien sowie durch seine geostrategische Lage galt Braunschweig-Wolfenbüttel zugleich als aktiver Partner in der Reichspolitik. Das hatte das Land während des Spanischen Erbfolgekriegs bis 1714 und besonders im Nordischen Krieg bis 1721 deutlich zu spüren bekommen. Es geriet sogar noch tiefer in die Mühlen europäischer Mächterivalitäten.

Wenige Monate vor der Geburt Anna Amalias, im Juli 1739, heiratete ihr Onkel, Prinz Anton Ulrich d. J., die Mecklenburger Prinzessin Elisabeth Katharina Christine, die ein Jahr später den russischen Kaiser Iwan VI. zur Welt brachte. 1741 von Kaiserin Elisabeth Petrowna gestürzt, erlitt die Familie in der nordrussischen Verbannung und in der Festung Schlüsselburg ein Jahrzehnte währendes Martyrium. Durch diese Verbindung wurde die politische Handlungsfähigkeit Braunschweigs auch vom Russischen Reich abhängig. In einer unangenehmen Zwickmühle zwischen Hannover-London, Berlin, Wien, St. Petersburg und obendrein noch Paris besaß Anna Amalias Vater Carl I. nur geringe politische Spielräume. Er war derartig mit politischen und militärischen Problemen beschäftigt, dass er seiner zahlreichen Kinderschar, die am Ende 13 Köpfe zählte, nur geringe Aufmerksamkeit widmen konnte.

Zumindest ist aus den ersten zehn Lebensjahren Anna Amalias nicht bekannt, dass er sich sonderlich um das Mädchen gekümmert hätte. Es mangelt allerdings generell an plastischen Nachrichten über diese Zeit. Die einzige wirklich verwertbare Quelle über das Leben der kleinen Anna Amalia stammt aus ihrer eigenen Feder. Zwischen 1772 und 1774 schrieb Anna Amalia die autobiografische Skizze „Meine Gedanken" nieder. Sie blickte leider im Zorn auf ihr Elternhaus zurück: „Von Kindheit an – die schönste Frühlingszeit meiner Jahre – was ist das alles gewesen? Nichts als Aufopferung für andere ... Meine Erziehung zielte auf nichts weniger, als mich zu eine(r) Regentin zu bilden. Sie war, wie alle Fürstenkinder erzogen werden. Diejenigen, die zu meiner Erziehung bestimmt waren, hatten noch selbst nöthig, gouverniret zu werden."[3]

Sie schrieb weder, dass ihr Unterricht auf dem Clavichord, der Gitarre und der Harfe, wohl auch auf der Traversflöte erteilt wurde, noch dass sie der Hoforganist Friedrich Gottlob Fleischer im Kontrapunkt unterwies. Selbst die Beschäftigung, die ihrem „feinen Gefühl" entsprochen haben dürfte, „welches ich von Natur bekommen habe", und durch das sie sich die Grundlagen für ihr späteres musikalisches und künstlerisches Interesse erarbeitete, wurde in den „Gedanken" gänzlich von „Schmerz", „Kummer" und „harter Unterdrückung" verdeckt: „Nicht geliebt von meinen Eltern, immer zurückgesetzt, meinen Geschwistern in allen Stücken nachgesetzt, nannte man mich nur den Ausschuss der Natur". Ob diese Behauptungen den Tatsachen entsprachen oder nicht, sie selbst fühlte sich schlecht behandelt und entwickelte aus diesem Gefühl sowohl Misstrauen gegenüber den sie umgebenden Menschen als auch Trotz, Abwehr und den Willen zur Selbstbehauptung aus eigener Kraft. Es fällt auf, dass Anna Amalia diese bitteren Zeilen über das Elternhaus lange Jahre nach den Erlebnissen und zu einem Zeitpunkt notierte, als sie besondere Schwierigkeiten mit ihrem eigenen Sohn, dem Erbprinzen Carl August, durchlitt. Sie warf sich damals selbst ein Versagen in der eigenen Erziehungstätigkeit vor.

Ihr Zorn richtete sich nicht gegen ihren Religionslehrer Johann Friedrich Wilhelm Jerusalem. Der Hofprediger entwarf die Unterrichtspläne für die Prinzessinnen Sophie Caroline und Anna Amalia. Er leitete und kontrollierte den Unterricht, den der Hofkaplan Mittelstaedt und der

Informator Kirchmann erteilten. Jerusalem orientierte seine Anforderungen an der älteren Sophie Caroline. Anna Amalia geriet dadurch ins Hintertreffen. Vielleicht zeigte sie tatsächlich nicht die geistige Wendigkeit, die Jerusalem erwartete. Er kritisierte, dass Anna Amalia im Vergleich zu ihrer Schwester die intellektuelle Brillanz vermissen ließ, sich aber durch soliden Verstand und ein gutes Herz auszeichnete. Sie könnte sich noch nicht so vollendet in der Gesellschaft darstellen, wie das Sophie Caroline bereits gelänge. Als Jerusalem dieses Urteil abgab, war Anna Amalia 15 Jahre alt. Die Hoffnung, dass sie in ihrem Verhalten den Wünschen der Familie noch entsprechen könnte, war nicht verloren.

Jerusalems Urteil ist schwer zu bewerten, weil weder der konkrete Unterrichtsablauf noch die Inhalte oder die Fächer, in denen die Prinzessinnen unterwiesen wurden, genau bekannt sind. Es ist möglich, dass sie die gleiche Ausbildung wie ihre Brüder erhalten haben: Rechnen, Schreiben, Sprachen, Geschichte, Dichtkunst, Musik, Tanz bis hin zu den Staatswissenschaften. Selbstverständlich nahm die Religion einen zentralen Platz ein. Die Töchter Carls I. wurden, das darf man trotz einer dürftigen Quellenlage aussagen, auf ihre künftigen Aufgaben als Ehefrauen regierender Fürsten gut vorbereitet. Anna Amalias Lehrer haben sich große Mühe gegeben, ihre Aufgaben ehrenhaft zu erfüllen. Die Kontakte zu Jerusalem und Mittelstaedt rissen in späteren Jahren nicht vollständig ab, wurden von Anna Amalia aber nicht aus persönlicher Anhänglichkeit an ihre Erzieher und Lehrer gepflegt, sondern standen lediglich mit unterschiedlichen Sachzwängen im Zusammenhang.

Die Bilder über die persönlichen Bindungen des Mädchens an seine Lehrer und an die Eltern bleiben für die frühen Kinderjahre blass, ebenso wie die Eindrücke über Anna Amalias Engagement beim kindlichen Wissenserwerb und Erkenntnisgewinn. Es ist nur unvollkommen möglich, Anna Amalias Verhaltensweisen und Charaktermerkmale in den Weimarer Jahren auf kindliche Erfahrungen oder Erlebnisse zurückzuführen. Selbst die spätere Verurteilung der Eltern in den autobiografischen Skizzen darf nicht kritiklos übernommen werden. Die Braunschweiger Welfen trugen im Reich eine hohe politische Verantwortung. Die Familie lebte nach Regeln, die in der damaligen Öffentlichkeit beachtet wurden. Nicht Emotionalität, sondern Disziplin und Sachlichkeit galt es zu demonstrieren.

Anna Amalia konnte sich in Weimar stets auf die Unterstützung durch die Familie verlassen. Die Ausbildungs- und Erziehungsleistung Carls I. und seiner kunstsinnigen Gemahlin darf insgesamt positiv bewertet werden. In Wolfenbüttel und nach der Übersiedlung 1753/54 in den „Grauen Hof", das herzogliche Schloss am Bohlweg in Braunschweig, gab sich das Ehepaar im Rahmen seiner Möglichkeiten mit den Kindern viel Mühe.

Carl I. setzte die musischen und künstlerischen Traditionen des älteren Anton Ulrich fort. Sein Musenhof pflegte gute Musik. Der geregelte und disziplinierende Unterricht, den Anna Amalia mit fortschreitendem Lebensalter bei Lehrern des Collegium Carolinum, Gouvernanten, der Oberhofmeisterin und der Hofmeisterin genoss, bestand aus allen Fächern, die sie auf ihr zukünftiges Fürstinnendasein vorbereiteten. Anna Amalia hätte diesen Rückhalt einer aufgeschlossenen Familie noch lange benötigt. Aber man gönnte ihr keine Zeit, im Schoße einer gütigen Familie an Leib, Geist und Seele erwachsen zu werden.

Im Jahre 1748 starb Herzog Ernst August I. von Sachsen-Weimar und Eisenach. Er hinterließ drei Töchter, den kränkelnden Erbprinzen Ernst August Constantin, das hübsche Rokokoschlösschen Dornburg über der Saale und ein finanziell zerrüttetes Land. Der reizbare Herzog hatte nach Ansicht von Zeitgenossen alle nur vorstellbaren Untugenden besessen. Das war eine glatte Verleumdung, denn Ernst August glich an persönlichem Format eher seinem gerühmten albertinischen Vetter August dem Starken. Ernst August, Despot wie viele Amtsbrüder, brachte nicht nur Eisenach fest an die Weimarer Hand, seine Verwaltungs- und Steuerreform sowie die Einführung der Primogenitur besaßen Vorbildfunktion! Er scheiterte am Missverhältnis von Anspruch und Wirklichkeit, darf trotz aller Kritik aber in der Liste der Väter und Mütter des „klassischen Weimar" nicht fehlen.

Der Erbprinz war beim Tode seines Vaters gerade einmal elf Jahre alt. Die Vettern in den Herzogtümern Sachsen-Gotha-Altenburg und Sachsen-Coburg-Saalfeld nahmen den Jungen unter ihre Vormundschaft, erzogen ihn am Hof in Gotha und stritten sich, wie sie die Weimarer und Eisenacher Lande möglichst profitabel ausplündern konnten. Jedes der beiden Häuser machte sich auch Gedanken, wie der kleine Herzog Ernst August II. Constantin verheiratet werden sollte oder wie die Erbfolge anderweitig geregelt werden könnte. Keiner gönnte dem anderen auch nur einen Fußbreit Land. In Weimar dachte man dagegen in großer Not darüber nach, wie man beide Plünderer loswerden könnte.

Zunächst musste der kleine Herzog volljährig werden und selbst die Herrschaft antreten. Für die Beschleunigung des Verfahrens setzten sich der Coburger Herzog und die Weimarer Landstände ein. Sie versuchten Ernst August Constantin mit der Drohung einzuschüchtern, dass seine Herrschaft im Falle der Kinderlosigkeit an die Verwandten in Gotha fallen würde. Sie schalteten Herzog Carl I. in Braunschweig als Projektförderer ein, denn dessen Schwester Sophie Antoinette, seit 1749 mit dem Coburger Erbprinzen Ernst Friedrich verheiratet, drängte auf eine Verstärkung der welfischen Front in Thüringen. Der Kaiser in Wien gab dem Druck aus Coburg nach. Er erklärte Ernst August Constantin am 8. Dezember 1755 für volljährig und damit für herrschaftsfähig. Der junge Herzog dachte nicht daran, sein Amt im Interesse der Coburger und gegen die Vettern in Gotha auszuüben. Er wollte unabhängig und im eigenen Land regieren. Dazu benötigte er eine passende Frau, die für den Fortbestand der Dynastie sorgte.

Im Februar 1755 schlug Carl Gustav von Mandelsloh, der in Weimar das Geheime Obervormundschaftskollegium leitete, Herzog Carl I. vor, eine seiner Töchter mit dem Weimarer Erbprinzen zu verheiraten. Im Februar 1756 reiste der junge Herzog nach Braunschweig. Die Verhandlungen um den Ehevertrag gingen zügig voran, und am 16. März 1756 schlossen Ernst August II. Constantin und Anna Amalia miteinander die Ehe. Carl I. und das Weimarer Consilium erkannten der Gothaer Herzogin Louise-Dorothea großzügig das von ihr geforderte Privileg zu, die Initiative zu dieser Eheschließung ergriffen zu haben. Dadurch wog der bestätigte Wunsch aus Gotha die Coburger Vorleistungen auf und Ernst August II. Constantin blieb mit seiner jungen Frau den wachsamen Verwandten zumindest in dieser Hinsicht nichts schuldig.

Das war bei der schwierigen finanziellen Lage Weimars nicht wenig, zumal sich der Beginn eines neuen preußisch-österreichischen Konflikts andeutete, der Mitteldeutschland sehr schnell einbeziehen konnte. Der zwischen den Geheimen Räten aus Weimar und Braunschweig ausgehandelte Ehevertrag brachte keine Reichtümer nach Weimar. Der Vertrag beschränkte sich auf die materielle Absicherung Anna Amalias in allen denkbaren Wechselfällen des Lebens. Sie erhielt eine Mitgift von etwa 41 000 Talern, ein jährliches Unterhaltsgeld von 6000 Talern, als Sicherheit für den Fall der Witwenschaft das Gut Allstedt und einen relativ umfangreichen Hofstaat. Anna Amalia musste für sich und ihre Nachkommen auf alle Thronansprüche in Braunschweig verzichten. Alles in allem waren die ausgehandelten Summen und Bedingungen – gemessen an späteren Vereinbarungen für die Weimarer Großherzoginnen Maria Pawlowna und Sophie – sehr bescheiden. Anna Amalias Erinnerungen an den gemeinhin „schönsten Tag des Lebens" fielen leidenschaftslos aus: „In meinem 16tn Jahre wurde ich aus denen harten Banden erlöset. Man verheirathete mich so wie gewöhniglich man Fürstinen vermählt."[4]

Braut und Bräutigam erlebten ihre Verheiratung also eher nüchtern. Sie wussten, welchem vorrangigen Ziel die Verbindung diente, die sie erwartete. Dies verdarb ihnen jedoch die Freude an dem üppigen Hochzeitsfest nicht. Über mehrere Tage hinweg lösten festliche Tafeln, Konzerte, Theateraufführungen, Feuerwerke oder Empfänge einander ab. Alle freuten sich, waren glücklich und sahen eine Mission erfüllt: Herzog Carls Tochter Anna Amalia war mit einem adretten jungen Mann, schüchtern, anständig, leider ein wenig kränkelnd, verheiratet worden. Die jungen Leute „convenirten" einander. Nun hieß es an die Erben denken. Das junge Paar wurde nach Weimar verabschiedet.

Vier Tage später sah Anna Amalia ihr neues Zuhause. Obwohl das Land bettelarm sowie in die drei Teile Weimar, Jena und Eisenach gespalten war und der junge Herzog kaum wusste, wie er seine Gemahlin einigermaßen würdevoll versorgen sollte, bereiteten die Untertanen dem Herrscherpaar einen ebenso anständigen wie geräuschvollen Empfang. Der Wagenzug rollte inklusive der mobilen Aussteuer über den Ettersberg nach Weimar hinunter. Heinrich von Bünau, der seit 1751 als vormundschaftlicher Statthalter das Teilherzogtum Sachsen-Eisenach regierte und den Ernst August Constantin nun zur Führung des ganzen Herzogtums heranzog, sorgte für eine begeistert jubelnde Kulisse. Das Volk freute sich sogar aufrichtig: Vielleicht würde es dem jungen Herzog mit dem großen Welfenhaus und dessen Verbindung zum Kaiser in Wien gelingen, die Last der Coburger und Gothaer abzuschütteln. Ob Anna Amalia diese Hoffnung erfüllen würde, musste man natürlich abwarten. Es wäre schon gut, wenn sie gesunde männliche Kinder zur Welt brächte.

Alle, die Husaren, Postreiter, Zunftmeister, Angehörigen der Kaufmannsgilden, Studenten, Bürger und Bauernburschen, die ihren Herzog und dessen bunt herausgeputzte niedliche Frau in die Stadt eskortierten, hofften auf eine Herrscherin, die die Abhängigkeit von Gotha und Coburg beenden würde. Davon würden sie wirtschaftlich profitieren.

Ernst August Constantin hatte bei der Herrschaftsübernahme versprochen, für Gerechtigkeit, Recht und Ordnung, einen festen religiösen Glauben und die Wirtschaftsentwicklung sorgen zu wollen. Das konnten die Untertanen von ihrem Herzog erwarten. Er besaß ihre Zuneigung und die junge Frau aus dem Hause Braunschweig, die so stark geschminkt und gepudert erschien, dass man zu ihrem wahren Antlitz nicht durchdringen konnte, würde hoffentlich für die Zukunft des armen Landes hilfreich und wohltätig sein. Zunächst jubelte die Menge erst einmal. Musikgruppen verbreiteten von der Altenburg herunter bis zur Wilhelmsburg einen Höllenlärm – Reichsgraf Heinrich von Bünau leistete eine perfekte Organisationsarbeit. Er setzte ein Begrüßungszeremoniell in Szene, das für alle in der Geschichte Weimars bis zum Jahre 1918 noch folgenden vergleichbaren Ereignisse verbindliche Pflicht blieb.

Bünau empfing das Herrscherpaar an der Spitze der Regierung und des

Hofstaates vor der Wilhelmsburg. Ein stattliches Gefolge begleitete die Eheleute in den Großen Saal. Der Hof zelebrierte vor paradierenden Gardesoldaten eine öffentliche Tafel. Anschließend fuhren Ernst August Constantin und Anna Amalia zu ihrer ersten gemeinsamen Wohnung, hinauf in das Schloss Belvedere. Dort verbrachten sie den Sommer und widmeten sich intensiv ihrer vornehmsten Pflicht. Das Land wartete auf einen Erben.

Über die Regierungstätigkeit Ernst August Constantins ist leider relativ wenig zu sagen. Der Herzog lebte nur bis zum Jahre 1758. Er war ein sehr zurückhaltender Mensch, der jede öffentliche Aufmerksamkeit mied. Sein Erzieher, Graf Bünau, hielt alle Fäden der Regierungspolitik in den Händen. Anna Amalia merkte sehr schnell, dass Bünau den Herzog dirigierte. Carl I. hätte sich eine derartige Dominanz seiner Minister nicht bieten lassen. Die Herzogin lehnte den selbstsicheren Bünau nicht nur ab, sie hasste ihn mit der ganzen Kraft ihrer Jugend. Aber zunächst konnte sie nichts gegen Bünau unternehmen.

Die politische Untätigkeit belastete Anna Amalia. Braunschweig stand im dem beginnenden dritten Schlesischen Krieg – dem Siebenjährigen Krieg – fest zu Preußen. Die Ernestiner stritten für den Kaiser und das Reich. Der Konflikt ließ sich nicht diplomatisch überbrücken. Aber zumindest im Familienleben des jungen Paares spielte er noch keine ernsthafte Rolle. Es hatte fast den Anschein, als erlebten der Herzog und Anna Amalia ihre Flitterwochen jenseits der politischen Bühne. Sie feierten ihre Geburtstage, wie es sich für Herrscher gehörte, umschmeichelt von jenen Teilen des Volkes, die sich besondere Zuwendung erhofften. Beim Herzog jubelten die Bergleute, die von der kameralistischen Politik Bünaus Gewinn erwarteten. Zu Anna Amalias Ehrentag wurde gebetet, festlich gespeist und ein Ball gegeben. Sicherlich würde sie bald Mutterfreuden entgegensehen! Ansonsten pflegte das Paar aus innerer Leidenschaft und mangels anderer Beschäftigung eine freundliche musikalische Unterhaltung. Politik betrieben in Weimar die Geheimen Räte unter Heinrich von Bünau.

Anna Amalia liebte die Musik und stieß auf das Verständnis ihres Gemahls. Im August 1756 installierte er eine Hofkapelle und stellte sie unter die Leitung Johann Bachs, eines Verwandten des großen Johann Sebastian Bach. Der Herzog erteilte der Doebbelinschen Theatergesellschaft mit Johann C. Standfuß als Komponisten im November des gleichen Jahres eine Spielgenehmigung für Weimar.

Das junge Paar bemühte sich um eine standesgemäße Unterhaltung am Hof, vergaß aber zu keiner Zeit seine Pflichten und den Ernst der Kriegslage. Bereits am 3. September 1757 brachte Anna Amalia einen

Knaben zur Welt. Kaiserliche Truppen zogen an diesem Tag plündernd durch Weimar. Der Erbprinz Carl August war geboren. Die Familie atmete erleichtert auf. Anna Amalia empfand die Geburt als Befreiung von dem unmittelbar auf ihr lastenden Druck und von den Erlebnissen ihrer Kindheit – so formulierte sie es zumindest fünfzehn Jahre später: „Könnte ich Ihnen beschreiben das Gefühl, welches ich bekam, als ich Mutter wurde! Es war die erste und reinste Freude, die ich in meinem Leben hatte. Mir war, als wäre ich auch von verschiedenen andern neuen Empfindungen entbunden worden. Mein Herz wurde leichter, meine Ideen wurden klarer; ich bekam mehr Zutrauen zu mir selber."[5]

Allein, ein einziger Thronerbe sicherte noch keine stabile Erbfolge. Der Herzog kränkelte seit seiner Kindheit, eine stärkere Konstitution stand nicht in Aussicht. Anna Amalia besaß jedoch ein robustes Naturell. Vier Monate nach der Entbindung war sie bereits wieder schwanger. So sehr sie sich auf das zweite Kind freute, das Leben riss sie aus ihren Träumen. Am 28. Mai 1758 starb Ernst August Constantin. Lunge und Magen, das ergab die Obduktion, besaßen keine Lebensfähigkeit mehr. Noch bevor Anna Amalia ein erfülltes Familienleben beginnen konnte, starb diese Hoffnung mit dem Gemahl. Anna Amalia ließ keine besonderen Anzeichen von Trauer erkennen und niemand nahm es ihr übel: Sie war noch so jung, der Krieg, der Tod, das neue Leben – alles stürzte auf sie ein, ehe sie auch nur einige Probleme seelisch und geistig verarbeiten konnte. Am 8. September 1758 wurde der zweite Sohn, Friedrich Ferdinand Constantin, geboren.

Unsichere Zukunft?

Anna Amalia stand vor einer wenig beneidenswerten Situation: Witwe und zweifache Mutter mit neunzehn Jahren; verwitwete Herzogin in einem Land, das sie kaum kannte und das sich durch seine Armut auszeichnete; der Siebenjährige Krieg schlug weitere tiefe Wunden; der selbstbewusste Reichsgraf Bünau regierte nach eigenem Gutdünken. Sollte die Herzogin resignieren, nach Hause zurückkehren oder sollte sie der ihr anerzogenen Disziplin folgen und das Schicksal in die eigenen Hände nehmen? In den autobiografischen Aufzeichnungen hat Anna Amalia ein eindrucksvolles Psychogramm über ihren inneren Zustand und ihre Handlungsmotive nach dem Tode des Gemahls und der Geburt des zweiten Kindes ausgearbeitet.

Sie stand zunächst ratlos und ohne einen beratenden Freund da. Obwohl sie niemals in ihrem Leben so viele Gebete zum Himmel geschickt hatte wie in jener Zeit, musste sie sich eingestehen: „In denen Jahren, wo sonst alles blühtet, war bei mir nur Nebel und Finsternis."[6] Anna Amalia besaß jedoch eine gesunde Portion inneren Ehrgeizes. Selbstbehauptung hatte sie in der Kindheit gelernt, als sie sich von den Eltern und Geschwistern ungerecht behandelt fühlte. Diese Familie konnte nun vielleicht den einzigen wirklichen Rückhalt bilden und mit Anna Amalia als Regentin einen kleinen Außenposten in Thüringen besetzen. In der Witwe erwachte die Eitelkeit – sie konnte das Land selbst regieren! Zweifel erwachten, ob sie dieser Aufgabe gewachsen war. Aber: „Ich hatte schon Stolz genug, um mich in der Welt hervorzuthun."[7] Sie wagte den Kampf um die Regentschaft und für das Recht, ihre Kinder selbst erziehen zu dürfen.

Jeder Schritt auf diesem Wege brachte neue Widerstände, entfachte ihr Misstrauen und schärfte die eigenen Instinkte. Die reichten nicht für das harte politische Geschäft und es blieb am Ende nur ein Weg zum Ziel: „... die Geschäfte, von denen ich nun gar nichts wusste, vertraute ich Leuten an, die durch lange Jahre und rutine Kenntniße davon besaßen."[8] Die Fürsten und Politiker in den Thüringer Herzogtümern beobachteten, dass Anna Amalia ihr Leben unter Zweifeln und Selbstvertrauen in die eigene Hand nahm. Man buhlte um ihre Gunst, man intrigierte. Sie wog vorsichtig ab, wem sie sich anvertraute. Den ersten Schutz bot die Braunschweiger Familie. Carl I. hatte natürlich bei jedem Schritt das Wohl Braunschweigs im Sinn. In Weimar vertraute sie sich Johann Poppo von Greiner an. Anna Amalia hielt den Geheimen Rat nicht gerade für einen genialen Kopf, aber für edel, gerade, die Wahrheit achtend und für liebenswürdig. Sie zollte Greiner in „Meine Gedanken" Anerkennung – Greiner war im Jahre 1772 gestorben.

In der Praxis sahen Anna Amalias Bemühungen um die Regentschaft recht prosaisch aus. Weimar war zwar klein und arm, kannte jedoch alle Merkmale damals üblicher höfischer Machtspiele. Die Besonderheit bestand darin, dass hier eine Frau ziemlich energisch um ihre persönliche Macht und den Erhalt des Herzogtums kämpfte. Der Streit hatte bereits vor dem Tode Ernst August Constantins begonnen. Heinrich von Bünau ließ den Herzog am 21. Februar 1758 ein Testament unterschreiben. Dänemarks König Friedrich V. sollte neben Anna Amalia zum Obervormund über deren Kinder bestimmt werden. Bünau hoffte, die Vertretung Friedrichs V. in Weimar übernehmen zu können. Bei der Testamentseröffnung zog der Leibarzt, für Insider dieser neuen machtpolitischen Intrige keineswegs überraschend, eine herzogliche Verfügung vom 22. März 1758 aus der Tasche, die besagte, Anna Amalia sollte unverzüglich ihre Volljährigkeit beantragen. Stimmte der Kaiser zu, würde sie die Obervormundschaft über die Kinder und die Regentschaft über das Land antreten. Bis zur kaiserlichen Entscheidung würde Carl I. die Obervormund- und Regentschaft ausüben. Der Kampf um die Vorherrschaft im Reich erreichte in Weimar eine neue Runde. Der Braunschweiger Hof hatte sich diesen Schachzug ausgedacht und demonstrierte damit, so unbedarft und hilflos ist Anna Amalia nicht gewesen, wie sie es in den autobiografischen Skizzen glauben machen wollte. Carl I. reiste postwendend in Weimar an, übernahm die Landesadministration und stärkte seiner Tochter den Rücken. Bünau, der nach dem neuen Schriftstück nur noch untergeordnete Verwaltungsposten ausfüllen durfte, wurde die Kündigung angeboten. Er durfte sogar selbst um seine Entlassung bitten! Wenn es einem Staatsdiener zu danken war, dass Weimar nicht im Chaos versank, dann gehörte dieses Verdienst Bünau – bei aller Eigenliebe und Selbstsucht. Er gab nicht auf, wechselte die Optionen und mühte sich ernsthaft um die Regelung der Erbfrage im Sinne Anna Amalias – wie auch seiner eigenen Interessen. Aber das Vertrauensverhältnis war dauerhaft gestört und der Abschied Bünaus nur noch eine Zeitfrage.

Das Problem einer Regentschaft Anna Amalias musste allerdings in Wien gelöst werden. Braunschweigs Position war bei den Reichsfürsten umstritten. Carl I. votierte zu offensichtlich für Preußens Aufstieg. Aber der Kaiser benötigte Braunschweig im Kriege und konnte Carl I. ausgerechnet in der Weimar-Frage nicht brüskieren. Es gab wichtigere Probleme im Reich. Kaiser Franz I. Stephan gab am 1. August 1758 seine Einwilligung zur Volljährigkeit Anna Amalias. Er wählte im Konflikt mit Preußen das kleinere Übel. Die Vormundschaft und Regentschaft durfte sie jedoch nur gemeinsam mit dem Kurfürsten von Sachsen und König von Polen, Friedrich August II., ausüben.

Die Entscheidung traf auf den Unwillen nahezu aller beteiligten Parteien. Die Weimarer Geheimen Räte Bünau und Gottfried von Nonne hatten sich langfristig auf das Ableben des Herzogs vorbereitet. Sie versuchten, ihre eigenen Pfründe zu sichern. Carl I. sandte seinen Vizekanzler Georg Septimus Andreas von Praun nach Weimar, um Anna Amalias Herrschafts- und Erziehungsrechte zu sichern. Bünau und Praun intrigierten kräftig gegeneinander. Der sächsische Kurfürst forderte vom Kaiser das Mitspracherecht gegen den Willen der ernestinischen Herzöge. Daraufhin bat Bünau um seine Entlassung. Carl I. lehnte ab. In Weimar sollten keine von Dresden geschickten Räte regieren dürfen. Anna Amalia verwahrte sich gegen den Spruch des Kaisers. Sie argumentierte, dass sie während der zweiten Schwangerschaft nicht in der Lage wäre, kaiserliche Befehle auszuführen. Der Reichstag in Regensburg mischte sich ein.

Ein außerordentlich verzweigtes Geflecht von Interessen und Verhandlungen bestimmte die Szene um das kleine Weimar. Im Grunde ging es nur um drei entscheidende Fragen: Anna Amalia wollte die alleinige Obervormundschaft und Regentschaft antreten; sie stützte sich auf ihre Braunschweiger Hausmacht und die Administration Carls I.; sie suchte in Weimar nach Verbündeten zur Durchsetzung ihrer Ziele. Die Handlungsweisen aller beteiligten Parteien wurden durch den Verlauf des Siebenjährigen Krieges und durch den Gegensatz zwischen Preußen und Österreich mitbestimmt.

Noch ehe die endgültige Entscheidung aus Wien vorlag, traf Anna Amalia handfeste Vorbereitungen für die Übernahme der Regentschaft. Der Braunschweiger Hof führte ihre Hand. Gemeinsam legten sie die Höhe der für die Hofhaltung in Weimar jährlich zur Verfügung stehenden Mittel (50 000 Reichstaler) fest. Gemeinsam wurde der Hof Anna Amalias neu strukturiert und mit Persönlichkeiten wie dem Oberstallmeister Friedrich Hartmann von Witzleben ausgestattet, die das Vertrauen besaßen, Anna Amalia in den nächsten 17 Jahren sicher durch die Regentschaft führen zu können. Praun verfasste im Juli 1759 zwei Varianten von „Nachrichten, so einen angehenden Regenten zur Kenntniß seines Staats dienlich seyn können“. Er legte der jungen Frau einen Leitfaden für die Regierungstätigkeit vor, aus dem sie die Grundregeln entnehmen konnte, die ihr Verhältnis zum Reich, zur Religion, zu ihren Untertanen und zur fürstlichen Tradition bestimmen sollten. Die Regeln standen dem Geist des aufgeklärt-kameralistischen Staatsverständnisses jener Zeit nahe.

Regentin im Herzogtum Sachsen-Weimar-Eisenach

Am 9. Juli 1759 erteilte der Kaiser Anna Amalia die „venia aetatis“, die Zustimmung zur Volljährigkeit, verbunden mit der Obervormundschaft und der Regentschaft. Die Kandidatin hatte sich das kaiserliche Votum letztlich durch einen wenig weiblichen Kompromiss erwirkt. Sie sicherte gemeinsam mit ihrer Regierung zu, alle vom Reich auferlegten Pflichten zu erfüllen. Im konkreten Fall hieß das vor allem, Weimarer Soldaten in den Krieg gegen Preußen zu schicken. Ähnliche preußische Forderungen wies Anna Amalia tapfer zurück. Aber der Krieg würde nicht ewig währen und welche Leistungen konnte man dem ausgelaugten kleinen Land schon abverlangen? Gegen Braunschweig würde die Regentin ohnehin nicht ins Feld ziehen.

Die Vorbereitungen auf die Regentschaft waren längst nicht abgeschlossen. Anna Amalia verfügte weder über das ausreichende Wissen noch die praktische Erfahrung für eine eigene Regierungstätigkeit. Aber sie lernte, aufmerksam und bereitwillig. Sie wollte durchaus eigene Souveränität bei der Leitung der Geschäfte gewinnen. Am Tag ihrer Amtseinführung, am 8. September 1759, ließ sie das „Geheime Consilium" wissen, dass sie selbst zu regieren wünschte. Es ging wohl eher darum, mit Hilfe Prauns die Phalanx der Weimarer Geheimen Räte, Beamten und Höflinge aufzulockern, denn eine Regentin besaß nicht das notwendige Gottesgnadentum zur Selbstherrschaft. Aber Anna Amalia erzielte doch Wirkung! Eine Selbstregentschaft durch die alleinerziehende Mutter und gestützt auf die administrative Kraft des Hauses Braunschweig, in der nicht mehr die allgewaltige Macht der eingesessenen Kabinettsminister dominierte, daran musste man sich zumindest für eine Übergangszeit gewöhnen.

Anna Amalia erkannte, in welchem Siechtum sich das Land befand. Der anhaltende Krieg vertiefte die Not ständig weiter. Reformerische Schritte zur Sanierung des Landes würden sehr schwer fallen. Sie brauchte fähige und willensstarke Mitstreiter. Auf Dauer mussten diese eine innere Bindung an Weimar besitzen. Darum betrieb sie von Beginn an eine zielstrebige Personalpolitik zur Auswahl geeigneter Staatsdiener. Aus der Schar der durch Anna Amalia privilegierten Beamten und Mitarbeiter spielten Männer wie die Geheimen Räte Carl Ernst von Rehdiger, Gottfried von Nonne, Johann Poppo von Greiner und vor allem Jacob Friedrich von Fritsch besondere Rollen in der Staatspolitik. Fritsch sorgte besonders intensiv dafür, dass die Entlassung Bünaus und der Rückzug Prauns nach dem Beginn der Regentschaft zu keinem Vakuum in der Landespolitik führten.

Anna Amalia legte Wert darauf, dass die Regierung so schnell wie möglich effektiv arbeitete und sich von äußeren Einflüssen, auch aus Braunschweig, löste. Am 8. September 1759 legte sie in einem „Pro Memoria" an den Präsidenten des Geheimen Consiliums detailliert fest, wie die Bearbeitung und Kontrolle von Verwaltungsakten erfolgen sollte: Flink, präzise und mit großer Wirkung! Niemand sollte den Eindruck gewinnen, die Regentin würde ihre Pflichten gegenüber den Untertanen vernachlässigen. Aller Enthusiasmus unterlag von Beginn an einer juristischen und psychologischen Einschränkung. Mangelnde Kenntnisse in der Staatsführung konnten durch emsiges Lernen und praktische Erfahrung kompensiert werden. Aber Anna Amalia ließ keinen Zweifel aufkommen, dass sie lediglich eine Regentin auf Zeit war – bis zur Volljährigkeit des Erbprinzen im Jahre 1775. Dieses Bewusstsein erfasste auch die maßgeblichen Landespolitiker und begründete ein mit den Jahren anwachsendes Defizit an entschlossenen politischen Handlungen.

Man lebte in einem politischen Provisorium, der künftige Herzog würde die brennenden Fragen endgültig lösen müssen.

Bestimmte Probleme ließen sich jedoch nicht auf die lange Bank schieben. Die finanzielle Misere duldete kein Abwarten auf bessere Tage. Anna Amalia bedurfte keiner theoretischen Unterweisungen in den Kameralwissenschaften. Sie sah das Elend mit eigenen Augen und der Krieg überwucherte sogar noch die alltägliche Not. Wo sollte das notwendige Geld für die Fürstin und ihren Hof herausgepresst werden? Anna Amalia suchte ihr Heil in einer rigorosen Sparpolitik. Da sie jedoch ungenügend im Lande verankert war und nur über geringe Machtmittel verfügte, ihren Willen durchzusetzen, blieb sie auf die Hoffnung angewiesen, dass die Geheimen Räte tatsächlich nach ihren Wünschen regierten und dass die Beamten in Stadt und Land die Beschlüsse der Regierung wirklich umsetzten.

Anna Amalia gab sich Mühe. Sie überprüfte kontinuierlich die eigenen und die staatlichen Einkünfte, konzentrierte die wenigen Mittel auf wirtschaftliche und soziale Schwerpunkte. Sie erhob zusätzliche Steuern, kürzte bei den Personalkosten, in der Hofhaltung und bei kulturellen Projekten. Das Ziel legitimierte die harten Einschnitte: Dem Erbprinzen sollte bei seinem Herrschaftsantritt ein sanierter Landeshaushalt zur Verfügung stehen. Anna Amalias Bemühungen blieben nicht ohne Erfolge. Sie ordnete die Finanzen und erreichte eine für die Regierung transparente finanzpolitische Übersicht, die jedoch noch keinen sanierten oder gar gesunden Haushalt bedeutete. Die Regentin befand sich noch nicht in der glücklichen Lage ihrer späteren Nachfolgerinnen Maria Pawlowna oder Sophie, einem bescheidenen Haushalt der fürstlichen Familie die respektable eigene Mitgift hinzufügen zu können.

Ehe nicht der Frieden von Hubertusburg im Februar 1763 den Siebenjährigen Krieg beendete, konnte keine systematische Finanz- und Wirtschaftspolitik greifen. Aushebungen, Plünderungen, Requirierungen und die Flucht der Landbevölkerung verhinderten jeden Ansatz zu einer geordneten Innenpolitik. Anna Amalia besaß Verständnis für ihre Landeskinder, wenn diese sich den Werbern für das Schlachtfeld entzogen oder die schmale Habe versteckten. Dass sie Zeit ihres Lebens eine Aversion gegen das Militär besaß und die Weimarer Armee auf dem kleinstmöglichen Niveau hielt, hatte etwas mit den bitteren Kriegserfahrungen zu tun. Außerdem weigerte sich die Wiener Hofburg beharrlich, die dem Land zugefügten Kriegsschäden auch nur annähernd zu vergüten. 1782, als bereits Carl August regierte, soll die gesamte „Armee" Weimars etwa 60 Personen – vom Obristen bis zum gemeinen Soldaten, von der Garde bis zu den Husaren – umfasst haben. In einem Jahrhundert, in dem das politische Gleichgewicht im Heiligen Römischen Reich von wechselnden Militärbündnissen und Kriegen geprägt war, unterstrich diese „Streitmacht" lediglich die politische Bedeutungslosigkeit des regierenden Fürsten.

Nur die eigene Anstrengung befreite das Land und die Menschen aus der Not. Unmittelbar nach Kriegsende berief Anna Amalia die Landstände ein. Sie benötigte deren Votum für die Erhebung neuer Steuern. Beschwerden, Vorschläge oder Forderungen der Landstände zur Verbesserung wenigstens einiger Lebensbedingungen interessierten weder die Regentin noch die Geheimen Räte ihrer Regierung. Die Geheimen Räte ließen ein Gutachten anfertigen, das es der Regentin freistellte, die Beschlüsse der Landstände anzuerkennen, vollkommen souverän zu regieren oder „administrieren zu lassen."[9] Doch Anna Amalia musste vorsichtig agieren. Da dem Kaiserhof in Wien die Zustimmung zur Regentschaft abgerungen worden war, beobachteten dessen Emissäre das Treiben in Weimar mit Argwohn. Sie erkannten sehr schnell, dass Regierung und Regentin mit den Landständen willkürlich umgingen und im Grunde nach eigenem Gutdünken herrschten. Daraus erwuchsen keine unmittelbaren Konsequenzen, aber im Konfliktfall konnten die beobachteten Regelabweichungen für Wien nützlich werden.

Die finanz- und wirtschaftspolitischen Handlungen der Regierung litten außerdem immer wieder unter dem Übergangscharakter der Regentschaft. Notwendige reformerische Schritte, z. B. auf dem Wege zu einem einheitlichen Steuersystem, blieben halbherzig, weil niemand den Entscheidungen des künftigen Herzogs vorgreifen wollte. Mit dieser Zögerlichkeit ging selbstverständlich eine Erosion der proklamierten souveränen Macht einher. Anna Amalia entglitt im Laufe der Jahre zunehmend die Entscheidungsfähigkeit in haushaltspolitischen Fragen. Ihre Räte informierten sie immer seltener und einseitiger über bereits getroffene Entscheidungen.

Zunächst wollte Anna Amalia das öffentliche Recht, die Landesordnung, Gesetze oder polizeiliche Regeln ordnen und für die Bürger einen übersichtlichen Kanon rechtlichen Verhaltens schaffen. Aber die Absicht, sich am Braunschweiger Rechtssystem zu orientieren, trug weder den Weimarer Traditionen noch den nach dem Siebenjährigen Krieg neu entstehenden gesellschaftlichen Bedingungen oder dem Rechtsverständnis einer aufgeklärten Herrschaft Rechnung.

Letztlich bestätigte Anna Amalia 1765 lediglich die aus dem Jahre 1589 stammende und 1706 letztmalig erneuerte „Landes- und Polizeiordnung". Geheimes Consilium und Landstände debattierten zwar Gesetzesreformen, schreckten aber vor praktischen Konsequenzen zurück.

In einzelnen, zum Teil sogar hoch brisanten politischen Bereichen, benutzten Fritsch und Nonne die Regentin sogar als Spielball ihrer eigenen Interessen, z. B. zur Ausdehnung der freimaurerischen Prinzipien des Ordens der „Strikten Observanz" auf die Leitung des Staatswesens. Die geheime Loge der Freimaurer erhielt den Namen Anna Amalias, ohne dass sie darauf Einfluss hatte oder darin mitwirkte.

Bei allen Mängeln in der Souveränität durfte man der Regentin keine Untätigkeit vorwerfen. Ihre Maximen blieben traditionell: Fürstliche Wohltätigkeit und Strenge, äußerste Sparsamkeit der kleinen Leute, Reglementierung aller Lebensbereiche und – persönliche Vorbildwirkung. Sie sparte nichts aus. Strengste Enthaltsamkeit und möglichste Bescheidenheit schienen der Regentin geeignete Wege, die Ordnung im Staat zu festigen und soziale Nöte zu lindern. Allein der Appell an das Volk, sonn- und feiertags Buße zu tun, in die Kirche zu gehen und auf das Würfel- oder Kartenspiel sowie nutzlosen Müßiggang zu verzichten, behob die Probleme ebenso wenig wie die harten Strafen gegen Bettler, die ihrer Armut durch eigener Hände Arbeit nicht mehr Herr werden konnten. Der Staat half konkret: Arme Menschen erhielten 1770/71 z. B. Getreide und Brot zu niedrigeren Preisen. Sicherlich blieb der Regentin und ihren Räten in der damaligen Situation kaum eine andere Wahl. Von einer gewissen Ratlosigkeit zeugten auch die drakonischen Strafen gegen eine im Hungerjahr 1770/71 erkennbare Lockerung der ehelichen Moral und gegen die Ausbreitung der Prostitution.

Eine das Land umfassende medizinische Versorgung konnte sich die Regierung nicht leisten. Die Landstände hatten gut reden, wenn sie 1768 forderten, die Regentin sollte überall im Lande beamtete Arztstellen einrichten. Dafür reichten die Mittel nicht. Sie konnte lediglich den Gemeinden empfehlen, armen Menschen in besonderen Härtefällen die Arztkosten zu erstatten. Doch woher sollten die Gemeinden das Geld nehmen? Anna Amalia schien überzeugt, dass die Zukunft des Landes von gesunden Kindern und einer hygienischen Geburtenpflege abhing. Sie berief den Hofchirurgen Herold zum Provinzialaccoucheur und bezahlte ihn aus ihrer eigenen Schatulle. Sie ließ Pläne für den Bau eines Hebammeninstituts erarbeiten.

Das so wichtige Gesundheitssystem blieb eines von vielen Problemen, die auf der Regentin lasteten und Lösungen forderten. Der absolutistische Staat, auch der um Aufklärung bemühte Monarch, reglementierten die meisten Lebensbedingungen. Anna Amalia legte 1767 z. B. für alle Neubauten obligatorische Ziegeldächer fest. Sie ließ eine Feuerversicherung anordnen: Künftig zahlte die Regierung keine Entschädigung mehr an Brandopfer, die Gebäude durften stattdessen mit Hypotheken belastet werden. Das erhöhte die Eigenverantwortung der Bürger und Bauern für ihren Besitz.

Fürstliche Kulturpflege

Natürlich richtete die Regentin im Rahmen der ihr zur Verfügung stehenden bescheidenen finanziellen Mittel besonderes Augenmerk auf die Ausgestaltung der Residenzstadt Weimar. „Musenhöfe" waren damals in Mode: Man baute die Residenz so hübsch wie möglich aus, suchte bekannte Dichter, Künstler oder Gelehrte an den Hof zu ziehen, führte mehr oder minder geistvolle Gespräche und übte sich bisweilen darin, selber eine persönlich tief empfundene Poesie oder Musik zu produzieren. Man zog gerne hinaus in die Natur und fühlte sich in lauschigen Parks oder Sommerschlössern dem Geist der Aufklärung besonders nah. Diese Epoche hat der deutschen Kulturgeschichte einen unendlichen Reichtum geschenkt.

Anna Amalia kannte diese Art fürstlicher Kulturpflege, Unterhaltung oder manchmal auch Selbstdarstellung aus Wolfenbüttel und Braunschweig. Herzog Anton Ulrich d. Ä., der bis 1714 regierte, hatte kulturelle Maßstäbe gesetzt. Ehe Anna Amalia aber überhaupt an ein eigenständiges geistiges und kulturelles Leben denken konnte, hatten andere Dinge Vorrang. Sie ließ markante baufällige Häuser, Brücken und Türme instand setzen oder abreißen. Der allgemeinen Verschönerung des Stadtbildes diente auch die Überwölbung zahlreicher, übel riechender Abwassergräben. Der Neubau von Wohnhäusern wurde gefördert und die noch weitverbreiteten Scheunen mussten aus der Stadt verschwinden. Die Regentin und die Räte des Consiliums bemühten sich um das schöne Antlitz einer kleinen Residenzstadt. Anna Amalia inszenierte sich selbst als einen dieser Glanzpunkte und demonstrierte Bürgernähe. Jeden Sonntag stolzierte sie mit ihren Söhnen und dem Hofstaat über die Esplanade, die von Ernst August II. Constantin im Herzen Weimars angelegte Fußgängerzone. Jeder Bürger durfte kommen, staunen, die Regentin ansprechen und sich per Augenschein davon überzeugen, dass der Erbprinz prächtig gedieh.

Eine andere spektakuläre Aktion bestand im Umbau des „Grünen Schlosses", eines kleinen Renaissance-Palais, zu einer öffentlichen Bibliothek. Die Verlagerung der herzoglichen Schlossbibliothek dorthin erfolgte auf Anraten des Geheimen Rats Greiner zwischen 1761 und 1766. Weimars herzogliche Bibliothek durfte nun vom allgemeinen Publikum genutzt werden. Sie nutzte in besonderer Weise dem Weimarer Gymnasium und der Universität in Jena – beide Einrichtungen stagnierten damals auf bedauernswert niedrigem Niveau. 1769 visitierte der Jenaer Professor Jacob Danow das Gymnasium. Der Bericht wies derart niederschmetternde Fehlleistungen aus, dass sich die Regierung zu neuen Schulgesetzen veranlasst sah. Am Gymnasium tauschte sie den gesamten Lehrkörper aus. Moderne Unterrichtsfächer wie Geschichte, Geographie oder Französisch, Tanzen, Fechten und Musizieren wurden verstärkt. Man unterwarf die Unterrichtsdurchführung und die Schulordnung einer strengen und dauerhaften Kontrolle.

Zu den neuen Gymnasialprofessoren gehörte auch Johann Karl August Musäus. Anna Amalia hatte den 1735 in Jena geborenen Theologen und Altphilologen im Jahre 1763 zum Hofmeister für die Pagen am Weimarer Hof berufen. Damals dachte die Regentin noch nicht daran, den als Schriftsteller bekannten Musäus für den Aufbau ihrer höfischen Geselligkeit zu nutzen. Musäus war froh über die Professorenstelle und das damit verbundene Salär hat ihm erlaubt, sich in der Freizeit literarischen Vergnügungen zu widmen. Obwohl Musäus bescheiden und zurückgezogen lebte, liebte er die Geselligkeit und bemühte sich um Freundlichkeit gegenüber vielen Menschen. Als Christoph Martin Wieland 1772 nach Weimar kam, hatte Musäus dort bereits Wurzeln geschlagen.

Größere Sorgen als das Weimarer Gymnasium bereitete die Universität in Jena. Die alma mater jenensis schien der aufstrebenden Konkurrenz in Göttingen oder Erlangen nicht gewachsen. Die ernestinischen Höfe in Coburg, Gotha oder Meiningen beteiligten sich trotz ihrer Fürsorgepflicht nicht so an der Erhaltung der Universität, wie es notwendig gewesen wäre. Zudem verkam die Universität durch Vetternwirtschaft, Korruption und Unordnung. Die Zahl der Disputationen und Promotionen ging ständig zurück. Dazu kamen wirtschaftliche Probleme. Die Universität finanzierte sich wesentlich aus ihren landwirtschaftlichen Gütern. Die aber waren längst an Freunde einflussreicher Professoren verpachtet. In den 60er-Jahren musste der akademische Fiskus seine Zahlungsunfähigkeit zugeben.

Alle Probleme konnte Anna Amalia nicht lösen und die Universität stagnierte. Das Wenige, das sie in der Bildung und Wissenschaft zu leisten vermochte, gehörte zu den Bemühungen, dem Weimarer Hof ein geselliges und kulturelles Antlitz zu verleihen. Selbst dieser eingeschränkte Blickwinkel stieß auf wenig Beifall. Angesichts der knappen Kassen interessierten sich in Weimar nur wenige Menschen für das Theater, die Musik oder die Literatur. Selbst die Geheimen Räte orientierten sich vornehmlich auf die notwendigen wirtschaftlichen, finanziellen und sozialen Probleme.

Ein zumindest kultureller Ausweis gehörte jedoch zur unabdingbaren Reputation der Regentin. Sie griff zunächst zu den bescheidenen Mitteln, die ihr zur Verfügung standen: Sie veranstaltete Bälle und Redouten. Das dabei geübte Ritual muss possierlich ausgesehen haben. Wenn die klein gewachsene Regentin den Saal betrat, mussten zunächst alle Anwesenden zum Rockkuss antreten, danach suchte sie sich einen respektabel aussehenden Gast, zelebrierte mit ihm alleine ein Menuett und erst anschließend durften die übrigen Gäste tanzen.

Wenn Anna Amalia ausfuhr, ausritt oder nur auf der Esplanade spazieren ging, putzte sie sich heraus, als stände sie einem kleinen Ableger des Hofs in Versailles vor. Schlitten oder Kutschen waren bunt geschmückt, Hofbedienstete zu Pferde oder zu Fuß, Damen und Herren des Hofs, Soldaten, sogar Heiducken und ein Zwerg vermittelten das Bild einer üppigen Herrschaft. Das Volk konnte nur staunen. Die Weimarer mochten Anna Amalia ob ihres Sinns für derlei buntes Treiben, misstrauten ihr aber, weil sie sich bei öffentlichen Auftritten reserviert und zugeknöpft gab – ganz die Dame von Stand. Außerdem fragten sich die Weimarer, woher das Geld für die farbenfrohen Repräsentationen kam, während in der Stadt die Müllberge einen üblen Duft verbreiteten. Die lustigen Vergnügungen der Regentin verliehen Weimar noch nicht das Antlitz eines anziehenden Musenhofs.

Mit der Zeit mag sich mancher Beobachter gefragt haben, ob sich das kulturelle Verständnis der Regentin nicht in einer fröhlichen und geistreichen Unterhaltung erschöpfte. Bis zum Ende der 60er-Jahre gab es nur einzelne Fortschritte in Richtung auf eine zielstrebige Ansiedlung bedeutender Gelehrter, Musiker, Dichter oder Maler. Vorerst dominierte die künstlerische Eigenproduktion. Das Gymnasium und die Pagenschule huldigten der Regentin oder ihren Söhnen bei Geburtstagen mit naiven poetischen und musikalischen Darbietungen. Mit der Berufung Musäus' zum Gymnasialprofessor erhielt diese Art der naiven Dichtung einen gewissen Schub nach vorn. Musäus hielt seine Schüler zur Beschäftigung mit der Literatur an. Er ermunterte sie zu eigenen kleinen literarischen Arbeiten, für die er Muster lieferte. Musäus veranlasste die Regentin nicht zu ernster Auseinandersetzung mit der Literatur. Die Regentin gab sich ihrerseits zunächst damit zufrieden, dass sie über einen guten Lehrer für ihre Pagen und Gymnasiasten verfügte.

Ein künstlerisch wirklich anspruchsvoller Hof benötigte zumindest eine Kapelle, ein Theater, eine Kunstgalerie, einen hübschen Park und einige namhafte Dichter, Maler oder Gelehrte. Fürstliches Mäzenatentum gehörte zur Pflicht jedes Herrschers oder Regenten. Anna Amalia wollte etwas für die Ausstattung ihres Hofes tun und sorgte für eine eigene Hofkapelle. Zunächst engagierte sie Johann Bach aus der großen Familie des Johann Sebastian Bach als Hofkapellmeister. 1772, gegen Ende ihrer Regentschaft, holte sie den aus Gotha stammenden Ernst Wilhelm Wolf nach Weimar. Wolf und dessen Gemahlin Caroline, eine Tochter des bekannten Gothaer Hofkapellmeisters Jiři Antonin Benda, erweckten die Weimarer Musikszene durch eigene Kompositionen zu neuem Leben. Mit ihren Kompositionen schmeichelten sie dem musikalischen Geschmack der Regentin. Die liebte leichte italienische Unterhaltungsmusik. Musik diente ihr als Entspannung von den Alltagssorgen und als notwendiges Mittel höfischer Repräsentation. Mehr noch: Aus Lust und Leidenschaft setzte sie sich geistig mit musikalischen Strömungen ihrer Zeit auseinander. Es war nicht wichtig, ob ihre Studien den Geist eines künstlerischen Laien reflektierten: Am Weimarer Hof förderte die Regentin die musikalische Unterhaltung.

Ähnliches galt für die dramatische Kunst. Die Regentin liebte Theateraufführungen, wenn diese für hübsche Abwechslung sorgten, die Repräsentation unterstützten und auch einen gewissen Erziehungswert besaßen. In den 60er-Jahren gastierten nacheinander die Schauspielertruppen Christian Strackes, Kochs und Seylers in Weimar. Anna Amalia mochte Komödien, Ballette oder Singspiele. Sie bevorzugte die leichte Kost des Rokoko und besaß sogar eine beachtliche Komödiensammlung. Die Regentin unterstützte manche öffentliche Vorstellung aus ihren persönlichen finanziellen Mitteln und erteilte den Theaterleuten Ratschläge, was und wie sie spielen sollten. Zu den beachtenswerten kulturellen Leistungen jener Jahre zählt, dass Lessings „Minna von Barnhelm“ und Klopstocks „Tod des Adam“ auf die Weimarer Bühne kamen.

Blickte man in jenen Jahren u. a. in den südwestdeutschen Raum, nach Darmstadt oder Karlsruhe, konnte man allenthalben die Tendenz beobachten, dass Fürsten aufgeklärte und moderne Schriftsteller, Gelehrte und Künstler an ihre Höfe zogen, literarische Zirkel organisierten, sich selbst mit philosophischen oder politischen Problemen auseinandersetzten. Anna Amalia wollte gerne mithalten, konnte es aber noch nicht. Musäus manifestierte keinen Musenhof. Vorerst bildete das eigene Potenzial die einzige Quelle für künstlerische Leistungen in der Dichtkunst. Junge Mitglieder der Hofgesellschaft gaben sich wie an anderen Höfen einem schwärmerischen literarischen Dilettantismus hin. Man griff zur Feder, ohne zu wissen, was dabei herauskommen sollte. Eine kulturpolitische oder geistige Grundlage für die spätere überragende literarische Bedeutung des klassischen Weimar wurde dadurch höchstens in einem sehr allgemeinen Sinne gelegt.

Mutter und Sohn – der Kampf um die Macht

Anna Amalias Regentschaft wurde durch eine Kette zäher Konflikte mit der Regierung charakterisiert. Die Auseinandersetzungen mit den eigenwillig operierenden Geheimen Räten des Weimarer Consiliums zu finanziellen, politischen und geistig-kulturellen Problemen kulminierten in der entscheidenden Frage: Die Landespolitiker betrachteten Anna Amalia als Vormundschaftsregentin auf Zeit, obwohl sie selbst ebenfalls nur Politiker dieser Vormundschaftsregierung waren und genau wussten, dass die Regentschaft Anna Amalias der einzig mögliche Weg war, die Selbstständigkeit des Herzogtums gegen die konkurrierenden Kriegsmächte zu erhalten.

Welche Orientierung aber nahm der künftige Herrscher und wie konnte man sich selbst rechtzeitig einen Platz in dessen Nähe sichern? Anna Amalia wollte jedoch Bünau, Nonne oder Fritsch keinesfalls als Erfüllungsgehilfin auf deren Karriereleiter dienen. Sie wollte den Söhnen die Ideale der Mutter vermitteln: Fürstenwille, Tradition, Solidität, Verantwortung für die Untertanen und Kultur – ein fürstlich aufgeklärtes Staatswesen, das der Erbprinz mit starker Hand regieren sollte und in dem sie selbst die Rolle der einflussreichen Herzogin-Mutter spielen konnte.

Die Wünsche der Räte und der Regentin bargen genügend Konfliktstoff, an dem sich nicht nur der Eigenwille des Prätendenten, sondern vor allem die Parteigänger beider Seiten reiben konnten. Wenn Anna Amalia auch ihren Politikern auf manchem Feld unterlag – um ihre Söhne kämpfte sie im ureigensten Interesse einer starken Dynastie. Anna Amalia befand sich in keiner günstigen Position. Sie hatte 1757 und 1758 zwar die beiden Söhne Carl August und Constantin geboren, aber bei der Witwe waren keine weiteren Kinder zu erwarten. Eine neue Ehe stand nicht zur Debatte. Bei der hohen Kindersterblichkeit verhießen zwei Söhne also noch keine gesicherte dynastische Zukunft.

Die Knaben wuchsen gesund auf und ließen frühzeitig charakteristische Eigenarten erkennen. Carl August galt als willensstark und von ebenso schneller wie umfassender Auffassungsgabe, aber auch als jähzornig, stolz und gefühlskalt. Der Bruder Constantin war Einzelgänger, eigenwillig, aber lieb, anschmiegsam und voller Gefühl.

Die Erziehungsprogramme bestimmte Anna Amalia nicht allein. Ihr Gemahl hatte vor seinem Tode testamentarisch festgelegt, dass auch der Hofmeister der Söhne für deren Erziehung verantwortlich war und dass die Räte des Geheimen Consiliums einbezogen werden mussten. In der Praxis beriet sich die Regentin noch zusätzlich mit ihrem Vater und ihrem eigenen Erzieher Jerusalem. Die Mitsprache so vieler Persönlichkeiten mit unterschiedlichsten Interessen und Absichten beschwor Konflikte herauf, in die zwangsläufig Probleme der Landesentwicklung einflossen.

In den ersten Lebensjahren wurde Christine Charlotte von Quernheim zur Oberaufseherin über die Knaben bestellt. Sie erhielt von der Kammerfrau Amalia Dorothea Kotzebue hilfreiche Unterstützung. Am Beginn der 60er-Jahre berief die Regentin auf Empfehlung ihres Vaters den Braunschweiger Theologen und Pietisten Johann Wilhelm Seidler zum Erzieher. Seidler war ein gebildeter und kluger Lehrer. Er unterrichtete die Söhne bis zu deren Kavalierreise im Dezember 1774. Zum Hofmeister und Prinzenerzieher eignete er sich nach Ansicht Anna Amalias nicht. Seidler gab dem Mutwillen des Erbprinzen zu sehr nach und bestärkte diesen von klein auf in seiner künftigen Rolle als Herzog. Anna Amalia fand, dass sich diese Förderung negativ auf das Verhalten Carl Augusts auswirkte. Sie beriet sich mit dem Geheimen Consilium, und beide Seiten einigten sich im April 1762 auf den Grafen Johann Eustachius von Schlitz genannt Görtz als Prinzenerzieher. Graf Görtz hatte eine universelle Ausbildung genossen, stand seit 1758 in Weimarer Diensten. Er zeichnete sich durch Gelehrsamkeit und die Fähigkeit aus, komplizierte politische und diplomatische Fragen exakt analysieren und behandeln zu können. Görtz nahm seine Aufgaben als Prinzenerzieher sehr ernst und erfüllte sie, solange es ihm von Anna Amalia ermöglicht wurde – bis zum Juli 1775. Zunächst jedenfalls hielt Anna Amalia große Stücke auf den jungen Grafen: „Er ist weder frech noch anmaßend, sondern bescheiden und demütig, vielleicht ein wenig schüchtern. Er ist weder ränkevoll noch menschenfeindlich, aber willfährig und diensteifrig.“[10]

Görtz, der sich bei seinem Erziehungsprogramm auf moderne aufklärungspädagogische Erkenntnisse stützte, erlangte schnell ein vertrautes Verhältnis zu den beiden Prinzen. Die Jungen empfanden bald eine größere Zuneigung zu ihrem Erzieher als zu ihrer Mutter. Anna Amalia erkannte wohl ihren schwindenden Einfluss auf die Prinzen, wollte sich aber kein persönliches Verschulden daran eingestehen. Mehr und mehr machte sie daher den Grafen Görtz für die eigene Entfremdung namentlich vom Erbprinzen verantwortlich.

Carl August wurde sich sehr bald seiner Rolle und der Erwartungen, die zahlreiche Mitglieder der Regierung und des Hofes in ihn setzten, bewusst. Aber er war noch ein undiszipliniertes Kind, das sich am liebsten jeder Pflicht entzog. Kindlicher Übermut und mütterliche Ratlosigkeit führten zu beiderseitigen Spannungen, die im Laufe der Jahre wuchsen. Die Schuld lag nicht einmal in erster Linie bei Mutter und Sohn. Graf Görtz suchte die Vertrauensstellung bei Carl August zu nutzen, um seine eigene künftige Position am Hofe zu sichern. Geheimes Consilium und Höflinge konzentrierten ihre Aufmerksamkeit mit voranschreitenden Jahren immer ungenierter auf Carl August. Die Regentin dagegen wollte ihre Rolle bis zur Volljährigkeit des Erbprinzen nach bestem Wissen und Gewissen ausfüllen und von ihren Untertanen nicht als unvermeidliche Lückenbüßerin behandelt werden.

Vor diesem komplizierten Hintergrund wuchsen Carl August und Constantin heran. Die Prinzen lebten in der Wilhelmsburg oder in Belvedere. Sie besaßen früh einen eigenen Hofstaat. Anna Amalia liebte ihre Kinder, wohl auch in der Erinnerung an die eigene als misslich empfundene Kindheit. Aber sie musste sich auf viele Fragen konzentrieren und pflegte überdies den an den Höfen üblichen Erziehungsstil: Sie sah ihre Kinder relativ selten und überließ die Erziehung den dafür berufenen Personen. Graf Görtz richtete sich nach den Weisungen der Regentin und des Geheimen Consiliums, durfte aber im tagtäglichen Leben selbstständig operieren. Die Prinzipien, nach denen Görtz auf die Kinder einwirkte, entsprachen den Ansichten Anna Amalias und der Geheimen Räte und wurden von diesen bestätigt: Ausgehend von der Bewahrung des Gottesgnadentums sollte der Fürst seine Macht in Gottesfurcht, Pflichterfüllung und Achtung vor den weltlichen Gesetzen zum Wohle der Untertanen ausüben.

Görtz sorgte in Absprache mit den Räten und der Regentin dafür, dass die Jungen von klein auf an den normalen Lebensformen des Hofes teilnehmen konnten. Das Prinzip war richtig, barg jedoch die Gefahr in sich, dass die Jungen allzu früh in die Fallstricke höfischer Intrigen geraten konnten, vor denen die Mutter sie so weit wie möglich schützen wollte. Görtz verfolgte die gleiche Absicht. Aber das wachsende Misstrauen Anna Amalias gegenüber Görtz und die Eigenwilligkeit des Erbprinzen, gepaart mit der Hartnäckigkeit schmeichelnder Höflinge, führten immer wieder dazu, dass die gute Absicht verpuffte.

Der bei Carl August erkennbare Unmut, seine Ausbruchsversuche aus der Disziplin und ein wachsender Groll gegen die Mutter resultierten nicht nur aus Charakterschwächen. Viele Ratgeber zogen ihn in verschiedene Richtungen. Das Erziehungsprogramm bestand aus einer Fülle detaillierter Einzelschritte, die vielleicht seine geistige wie auch physische Kraft zeitweilig überforderten: Religion, Schreiben, Lesen, Musik, Anstandslehre, Zeichnen, Tanzen, Fechten, Reiten, Geschichte, Geographie, Mathematik, Physik, Latein, Französisch. Alle diese Fächer wurden von Carl August und auch von Constantin im Laufe der Jahre absolviert. Mehrfach griff Anna Amalia zum Missfallen des Grafen Görtz und des Erbprinzen in den Unterrichtsablauf ein, so z. B. als sie den Französischunterricht, den Görtz selbst erteilte, in die Hände eines französischen Lehrers legte, ohne Görtz vorher zu informieren.

Wenn Carl August nachgesagt wurde, dass er bereits mit fünf Jahren bei einer Abendgesellschaft erklärt haben soll, er hielte Preußens König Friedrich II. für unbedeutender als Julius Caesar, dann war das entweder die verzückte Erfindung eines Schmeichlers oder vorlautes Gehabe eines unreifen Buben. Als Anna Amalia 1771 mit ihrem Sohn Carl August im Braunschweiger Schloss Salzdahlum auf Friedrich II. traf und dieser dem inzwischen Vierzehnjährigen bescheinigte, dass er zu außergewöhnlichen Hoffnungen berechtigte, war das nicht mehr als ein großes königliches Wort, denn Anna Amalia weigerte sich gerade in jenen Monaten aus unverständlichem Starrsinn beharrlich, ihren Sprössling in jenen Fächern unterrichten zu lassen, die ihn unmittelbar auf die Übernahme der Herrschaft vorbereiten sollten: Landesgeschichte, Geschichte des Hauses Wettin, Staatswissenschaften, Natur- und Völkerrecht.

Görtz marschierte zielstrebig auf eine vorzeitige Volljährigkeit des Erbprinzen zu, Carl August musste für dieses Ziel nicht extra motiviert werden. Die Regentin aber bremste aus dem sicheren Gefühl heraus, sie sollte so schnell wie möglich auf das Altenteil geschoben werden. Das Gefühl trog nicht. Carl August war im Frühjahr 1771 konfirmiert worden. Von diesem Augenblick an hatte die Staats- und Hofelite nur noch ein Datum im Blick, den 3. September 1775, den Tag, an dem Carl August volljährig werden würde.

Politiker und Höflinge schmeichelten dem Jungen und spielten in Halbsätzen oder flüchtigen Bemerkungen auf seine baldige Herrschaft an. Carl August wurde durch die Erwartungen psychisch überfordert. In hässlichen Szenen und mit der subtilen Toleranz eines pubertierenden Vierzehnjährigen forderte er von seiner Mutter die vorzeitige Volljährigkeit. Anna Amalia erfasste die Unreife des Sohnes, aber auch den Druck der Landespolitiker. Man buhlte um die Gunst des künftigen Herrschers. Graf Görtz wirkte maßgeblich an einer Intrige gegen die Regentin mit: Der Kaiser sollte Carl August 1773 für volljährig erklären und ihm die Übernahme der Herzogswürde erlauben.

Görtz entwickelte diesen Plan gemeinsam mit dem Gothaer Minister Silvius Freiherr von Frankenberg und Ludwigsdorff. Görtz wollte an die Spitze des Geheimen Consiliums gelangen. Carl August diente ihm in diesem Augenblick lediglich als Mittel zum Zweck. Durch einen umfassenden Personalwechsel in Regierung und Verwaltung wollte Görtz seine Macht sichern. Der Umsturz sollte durch eine strenge Sparpolitik zur Sanierung des Haushalts und zur Weiterführung der unter Anna Amalia versandeten Reformen legitimiert werden. Görtz betrachtete das Geheime Consilium seit langem als seinen „Feind" und wollte mit dessen Präsidenten, dem Geheimen Rat Jakob Friedrich von Fritsch, abrechnen, weil der ihm bei der Erziehung Carl Augusts immer wieder im Wege gestanden und die Partei Anna Amalias ergriffen hatte. Frankenberg warnte Görtz vor blindem Eifer. Die sachlichen Argumente, nach denen der Kaiser die Volljährigkeit erklären sollte, wären nicht überzeugend genug. Die Mitglieder des Geheimen Consiliums würden ihre Positionen keineswegs freiwillig aufgeben.

Die Intrige scheiterte denn auch. Es ist zweifelhaft, ob Anna Amalia überhaupt etwas von dem Plan erfahren hat. Sie blieb allerdings nicht untätig. Die Machtfrage zwischen Mutter und Sohn bereitete ihr außerordentlichen Verdruss. Anna Amalia wollte das Problem im Interesse der Kontinuität lösen, aber Görtz sollte verschwinden. Sie erinnerte sich an ihren alten Erzieher Jerusalem und trug ihm die Stelle von Görtz an. Jerusalem war gut beraten, das Angebot auszuschlagen. Der Vorstoß blieb in Weimar nicht geheim und verschärfte die Differenzen zwischen Anna Amalia auf der einen sowie Görtz und Carl August auf der anderen Seite weiter.

In dieser Situation betrat eine neue Figur die Szene. Görtz bemühte sich darum, den seit 1769 in Erfurt an der Universität wirkenden Philosophen Christoph Martin Wieland für die Erziehung der Weimarer Prinzen zu gewinnen. Wielands geistvoller Esprit würde sicherlich positiv auf Carl August wirken – und die Position des Grafen Görtz stärken. Wieland haderte gerade mit der Universität Erfurt. Wissenschaftlich stagnierte die Universität und er selbst fühlte sich nur ungenügend verstanden und respektiert. Wieland glaubte, eine Stelle an einem Hof, dem er durch seine persönliche Anwesenheit Rang und Zierde verlieh, ohne mit sonderlich konkreten Aufgaben belastet zu werden, könnte ihn seinem Ziel näher bringen. Er wollte ein freischaffender Dichter sein, am liebsten in der geistvollen Atmosphäre des Kaiserhofs in Wien.

Während der Weimarer Redouten im März 1772 durfte Wieland Anna Amalia Passagen aus seinem gerade im Entstehen begriffenen Roman „Der goldene Spiegel" vorlesen. Wieland beschrieb, wie die aufgeklärte Intelligenz ihre gesellschaftlichen Ideale in einem absolutistischen Fürstenstaat umsetzen könnte. Er schlug vor, mit der Erziehung der Prinzen zu beginnen, dachte aber nicht an die Weimarer Enge, sondern in den Dimensionen des ganzen Reichs. Man schlug ihm vor, die Prinzen auf die noch ausstehende obligate Bildungs- und Kavalierstour vorzubereiten. Diese konkrete Aufgabe widersprach jedoch der theoretischen

Größe Wielandscher Genialität. Der Dichter zog sich im April 1772 von den Weimarer Kontakten zurück. Görtz machte Anna Amalia für den Fehlschlag verantwortlich, gab aber die Hoffnungen zur Gewinnung Wielands nicht auf. Er drängte, die Ausbildung des Erbprinzen in Philosophie, Logik, Statistik, Landes- und Reichsgeschichte sowie Natur- und Völkerrecht abzurunden. Er verhandelte über die notwendigen Lehrinhalte und deren personelle Ausgestaltung direkt mit dem Geheimen Consilium. Für die Philosophie schlug er erneut Wieland vor, stieß aber bei Fritsch auf Widerstand. Fritsch befürchtete, Wieland könnte nach Erreichen der Volljährigkeit Carl Augusts Pensionsansprüche geltend machen und dem Staat finanziell bis an das Lebensende auf der Tasche liegen. Fritsch schlug deshalb vor, Wieland sollte die Prinzen zeitlich befristet, für ein halbes Jahr, in Philosophie unterrichten. So könnte man der drohenden Finanzlast entgehen. Anna Amalia schloss sich dem Vorschlag an, aber Wieland lehnte ab.

Daraufhin unterbreitete Anna Amalia im Juli 1772 das konkrete und langfristige Angebot: Festanstellung als Prinzeninstruktor mit dem Titel Hofrat, einem Gehalt von 900 und einer Pension von 500 Reichstalern. Wieland schaltete Görtz ein. Der erreichte eine Gehalts- und Pensionserhöhung um jeweils 100 Taler. Wieland sagte zu, der Mainzer Kurfürst verabschiedete ihn ehrenvoll aus der Universität und am 28. August 1772 ließ Anna Amalia das Einstellungsdekret ausfertigen. Der Philosoph konnte die Lehrtätigkeit zum 12. November 1772 beginnen. Im Vergleich zum Frühjahr hatte die Regentin einen radikalen Wandel vollzogen. Der Grund schien plausibel. Sie gestand Wieland, dass sie als Mutter und Erzieherin ihres Sohnes Carl August versagt hätte. Die Pflichten in der Landesadministration und bei der Erziehung hätten ihre Kräfte überstiegen. Der Erbprinz hätte sich von ihr abgewandt und strebte nach dem schnellstmöglichen Ende ihrer Regentschaft.

Anna Amalia gestand im Grunde das Scheitern ihrer Mission ein. Sie unterlag dem Machtwillen des Sohnes, obwohl sie selbst nicht unbedingt an der Macht hing. Aber sie hoffte, durch Wieland ein bestimmtes Maß an Einfluss auf den Erbprinzen zurückzugewinnen. Zumindest so viel, dass sie nach ihrem Rücktritt ein Pensionsleben ohne Schaden führen konnte. Aus dieser Grundstimmung heraus schätzte sie den Philosophen und Dichter und stimmte sie dessen Berufung zum Prinzeninstruktor zu.

Christoph Martin Wieland zählte noch keine vierzig Jahre, als er nach Weimar kam. Er galt bereits als berühmter Dichter und Philosoph. Er hatte 1752 die naturphilosophischen Lehrgedichte „Die Natur der Dinge" veröffentlicht. Er hatte den Musenhof des Grafen Heinrich Friedrich von Stadion im Schloss Warthausen kennengelernt, Shakespeare-Dramen in die deutsche Sprache übersetzt, „Comische Erzählungen" publiziert oder auch die Dialoge des Diogenes von Sinope geschrieben und arbeitete nunmehr an dem Roman „Der goldene Spiegel oder die Könige von Scheschian". Wieland besaß eigene Vorstellungen von der Zukunft, die gewiss nicht darin gipfelten, einer müden und depressiven Regentin im Konflikt mit dem künftigen Herzog den Rücken zu stärken.

Görtz, Fritsch oder auch Wieland – jeder suchte im Kampf um die Gunst des Erbprinzen seinen persönlichen Platz und Vorteil. Wieland handelte gegenüber Anna Amalia je nach Kalkül. Er schmeichelte ihr, ging auf ihre Klagen ein, musste bei ihr um seiner Existenz willen um Vertrauen werben und arrangierte sich dennoch mit Görtz über die Vollendung der Ausbildung Carl Augusts. Wieland war geschickt und gaukelte Anna Amalia ein falsches Idealbild vom Erbprinzen vor: Die von ihr monierten charakterlichen Schwächen seien das Resultat seiner Stärken: „Man mache aus ihm einen aufgeklärten Monarchen, so will ich für sein Herz bürgen."[11] Wieland sprach das mütterliche Herz an, machte sich aber die Ansichten des Grafen Görtz über das Weimarer Hofleben und die Politik Fritschs zu eigen.

Fritsch durchschaute die Hofintrigen. Über die Loge der Freimaurer lenkte er das Leben und die Politik am Hofe. Mit großem Geschick zog er die Fäden und vermied jeglichen offenen Eklat zwischen den rivalisierenden Parteien. Anna Amalia stand im Grunde alleine da. Sie musste die Landesinteressen verteidigen und für eine qualitätvolle Landesherrschaft sorgen. Jeder andere handelte aus egoistischen Motiven. Mit der Berufung Wielands hat Anna Amalia objektiv eine bahnbrechende Tat für das künftige klassische Weimar begangen. 1772 konnte sie das allerdings nicht voraussehen. Sie musste vielmehr voller Ärger erkennen, dass es ihr nicht gelang, mit Wieland jene moralische Stütze gegen Görtz und Carl August aufzurichten, die sie sich erhofft hatte. Sie wäre sicherlich verzweifelt gewesen, hätte sie gewusst, dass Wieland ihr Vertrauen missbrauchte, indem er ihre freimütigen Briefe, in denen sie sich über die Intrigen des Grafen Görtz beklagte, an diesen weitergab.

Mit der Zeit sah Anna Amalia, dass ihr Einfluss auf den Erbprinzen durch die Berufung Wielands weiteren Schaden nahm. Am 9. Dezember 1773 beklagte sie sich bei Fritsch über Wieland und das ganze Dreigestirn: „... so sehr er durch seine Schriften gezeigt hat, dass er das menschliche Herz im Allgemeinen kennt, so wenig kennt er das einzelne Herz und die Individuen; er hört zu sehr auf die Schmeichler und überlässt sich ihnen; daher stammt die große Freundschaft zwischen ihm und dem Grafen Görtz, der ihm in der unerhörtesten Weise schmeichelt; Wieland von seiner Seite schmeichelt wieder dem Grafen, und beide vereinigt schmeicheln meinem Sohne – sodass nichts als Schmeichelei oben bei meinen Kindern herrscht."[12]

Mit den Zweifeln an Wieland, die lediglich ihre Ohnmacht gegenüber dem Dreigestirn Carl August–Görtz–Wieland zum Ausdruck brachten, ging bei Anna Amalia Ende 1773 eine tiefe Sinnkrise einher. Im November kam es zwischen Mutter und Sohn zu einem dramatischen Auftritt. Aller aufgestauter Ärger brach heraus. Carl August beklagte, dass sie ihm den Herzogstitel und eine eigene Hofhaltung verweigerte, dass sie ihn nicht an der Politik teilhaben ließ, seine Volljährigkeitserklärung schleifen ließ, seinen Erziehern und Lehrern misstraute und vor allem die so notwendige Kavaliersreise verweigerte. Anna Amalia konterte, wie viele Mütter reagieren, sie habe es nur gut gemeint, alles geschehe zu seinem Besten und er sollte sich doch nicht so sehr von dem intriganten Görtz oder dem schmeichlerischen Wieland abhängig machen. Man sagte es sich einmal so richtig, war aber in jeder Hinsicht derart voneinander abhängig, dass aus dem verbalen Streit zunächst keine Konsequenzen erwuchsen. Carl August blieb wütend und Anna Amalia vertiefte sich weiter in ihre depressive Grundstimmung. Sie beharrte auf ihrer Autorität als Mutter und Regentin, aber die Sachentscheidungen liefen mehr und mehr an ihr vorbei. Im Februar 1774 wurde Carl August zum Rektor der Universität Jena gewählt. Seit dem Tode von Ernst August Constantin war das Ehrenamt nicht wieder besetzt worden. Die Wahl signalisierte, dass man auf einen baldigen Beginn der Herrschaft des Erbprinzen wartete. Carl August ließ in seiner praktischen Tätigkeit keinen Zweifel aufkommen, diesem Wunsch Rechnung tragen zu wollen.

Die Konflikte erfuhren eine extreme Zuspitzung, als am 6. Mai 1774 das Residenzschloss Wilhelmsburg bis auf die Grundmauern niederbrannte. Anna Amalia war froh, dass sie ihre Familie und den Hof provisorisch im nahe gelegenen Fürstenhaus unterbringen konnte. Sie hatte dieses Gebäude als Heimstatt für die Landstände gegen den harten Widerstand des Geheimen Consiliums, gegen die Finanznot und gegen die zerredende Unschlüssigkeit der Parlamentarier durchgesetzt.

Unmittelbar vor dem Schlossbrand hatte sich in Weimar der Unmut des Volkes mit der Regentschaft und der Administration in einer bis dahin nicht gekannten Aktion entladen. 1769 war von der Regentin der Plan geboren worden, in Jena eine Hebammenschule mit Accouchierhaus (frz. L'accouchement – Entbindung) zu errichten. Derartige Institute galten in Deutschland generell als Nonplusultra aufgeklärter Volksfürsorge. Davon sollten die theoretische und praktische Ausbildung der Hebammen ebenso profitieren wie das Medizinstudium an der Universität. Die Idee stieß in der Bevölkerung auf Widerspruch, weil die allgemeine Notlage nach einer Teuerungswelle ohnehin groß genug war.

Die Obrigkeit ließ den Plan fallen und griff ihn erst 1774 wieder auf. Anna Amalia wollte ihre Regentschaft mit dem Landschaftshaus und mit der Hebammenschule würdig beschließen – wenn es ihr schon nicht gelang, den Dichter Wieland zum Sprachrohr ihrer eigenen Leistung zu akquirieren.

Unter den Weimarer und Jenaer Bürgern hielt sich hartnäckig das Gerücht, ein Accouchierhaus wäre primär ein Ort der Unehre, in dem die „Kinder der Schande" ausgetragen werden konnten. Die Räte des Geheimen Consiliums schürten die Stimmung im Volke und konterkarierten die Idee der Regentin, indem sie mit dem „Hebammengroschen" eine neue Steuer zur Finanzierung der Hebammenschule erhoben. Die Viertelsmeister, das Bindeglied zwischen Landesherrschaft, Stadtrat und Bürgerschaft, sollten die notwendigen Steuerlisten erarbeiten. Doch die Viertelsmeister verweigerten den Gehorsam und wurden verhaftet. Am 5. Mai 1774 demonstrierte das Volk von Weimar auf dem Marktplatz und forderte gebieterisch die Freilassung der Arretierten. Das Consilium mobilisierte das Weimarer Infanterieregiment. Die Lage spitzte sich dramatisch zu. Consiliumsrat Schmidt erklärte, die Viertelsmeister würden freigelassen, wenn sich die Versammlung auflöste, egal wie Anna Amalia in der Sache entschied. Oberhofmarschall von Witzleben rief die Demonstranten auf, sich direkt an die Regentin zu wenden. Die aufgebrachte Menge zürnte in erster Linie dem Consilium und sah in der Politik der Räte die Wurzel allen Übels. Die Regentin sollte weder beunruhigt noch erschreckt werden. Der Unmut legte sich langsam und die Protestierer zerstreuten sich, nachdem die Regierung die Freilassung der Viertelsmeister zugesagt hatte. Am folgenden Tag brannte das Schloss und niemand vermochte zu sagen, ob das Feuer aus Unachtsamkeit, Zufall oder Mutwillen entstanden war. Gerüchte über Varianten des Brandes geisterten genügend umher.

Die Querelen um das Landschaftshaus und die Hebammenschule, der Weimarer Aufruhr und der Schlossbrand stellten mit einem Schlage die positiven Leistungen der Regentschaft Anna Amalias in Frage. Man konnte sich mit dem Feuer auf eine vage „Schicksalshaftigkeit" berufen, aber Kritiker, wie der Kammerpräsident von Kalb, sahen die Mängel der Regentschaft Anna Amalias sehr deutlich. Obendrein zwang der Feuerschaden zu neuen finanziellen Einschränkungen, die sich zuerst gegen die kulturellen Leistungen Anna Amalias richteten. Die Schauspieltruppe wurde sofort entlassen, nachdem sie durch das Feuer obdachlos geworden war.

Um die Öffentlichkeit zu beruhigen, suchte die Regierung nach „Schuldigen" an dem Brand. Sie nahm den Landbaumeister Johann Gottfried Schlegel ins Visier. Die Vorwürfe reichten bis zur Anklage des Mordversuchs an der fürstlichen Familie. Schlegel konnte sich den weiteren Verfolgungen nur durch die Flucht nach Leipzig entziehen. Ein Schuldgeständnis legte er nicht ab. Die Unmöglichkeit, einen Verantwortlichen an dem Unglück zu präsentieren, verschärfte Anna Amalias Lage. Ihre Schulden wuchsen und die Kammer verweigerte ihr die Auszahlung notwendiger Mittel. Sie beklagte sich bei Fritsch, dass sie darben müsste, während die Kammer ihren Sohn mit Gold überschüttete. Anna Amalia erschien die Lage aussichtslos und sie überlegte ernsthaft, vorzeitig auf die Regentschaft zu verzichten. Sie wollte beim Kaiser beantragen, dass Carl August zu seinem 17. Geburtstag für volljährig erklärt wird.

Fritsch redete Anna Amalia die Resignation aus. Ein vorzeitiger Rücktritt würde die insgesamt erfolgreiche Regentschaft diskreditieren. Es wäre besser, selbst die Initiative zu ergreifen und den Erbprinzen mit eigener Hand und vor einer breiten Öffentlichkeit Schritt für Schritt in die Regierungsarbeit einzuführen und ihm die Statussymbole zu geben, nach denen er so sehr verlangte – den Herzogtitel und einen eigenen Hof. Die Regentin sah in dem Vorschlag einen der Not gehorchenden praktikablen Ausweg aus der eigenen Isolation, der ihr nicht leichtfiel. Die Ereignisse um den Schlossbrand einschließlich des unerquicklichen Streits um den künftigen Wohnsitz der Familie, in dem Carl August das Landschaftshaus für sich beanspruchte, wirkten wie ein Katalysator. Außerdem rückte der Termin der Volljährigkeit Carl Augusts ohnehin ständig näher.

Der Lösungsvorschlag des Freiherrn Fritsch erwies sich für Anna Amalia als Bumerang. Im Oktober 1774 nahm sie Carl August in das Geheime Consilium auf. Der Schritt erfolgte mit feierlicher Würde, diente der Abwehr weiterer Intrigen durch Görtz und wurde doch nur als ein Signal für das resignierende Zurückweichen Anna Amalias verstanden. Fritsch redete Carl August bei der Einführung in das Consilium wie selbstverständlich als Herzog an. Als Anna Amalia am 24. Oktober 1774 ihren letzten Geburtstag als Regentin feierte, wirkten die vielfältigen Huldigungen bereits wie der Dank an eine verflossene Epoche – während im Geheimen Consilium die Überlegungen über personelle Veränderungen in der Hofverwaltung und Regierungsbürokratie auf vollen Touren liefen.

So sehr ihr Einfluss auf die Regierungsgeschäfte auch zurückging, Anna Amalia blieb guten Willens, die Regentschaft in Würde abzuschließen. Die Ausbildung der Prinzen verlangte nach dem standesgemäßen Höhepunkt. Eine Bildungs- und Kavaliersreise rundete die Jahre der Kindheit und Jugend ab, eine Reise, die Anna Amalia über Jahre hinweg verweigert hatte. Zu dieser Reise und zur anschließenden Übernahme der Herrschaft gehörten die Brautwahl und Verheiratung des Erbprinzen. Erst durch eine Gemahlin und die möglichst bald folgende Geburt eines Thronfolgers wies der junge Herzog seine Herrschaftsfähigkeit nach.

Schwieriger Abschied von der Regentschaft

Im Juli 1775 zog Anna Amalia mit einer wenig durchdachten demonstrativen Geste quasi einen Schlussstrich unter ihre Regentschaft: Sie entließ den Grafen Görtz als Prinzenerzieher. Für die Öffentlichkeit wurde dieser Schritt durch lobende Reden, Abfindungen und parallele personelle Entscheidungen entschärft dargestellt. Anna Amalia handelte jedoch aus Verärgerung und Wut. Graf Görtz hatte ihr den Sohn entfremdet, um höchste Staatsämter intrigiert, ihr den Wieland zumindest zeitweilig abspenstig gemacht und überhaupt alle Sünden der Welt auf sich geladen! Sie gebrauchte eine letzte, im Grunde ohnmächtige Geste, denn gerade zwischen Dezember 1774 und Sommer 1775 hatte sich die Situation durch die Abwesenheit Carl Augusts von Weimar beruhigt.

Der Sohn warb in Karlsruhe artig um seine künftige Gemahlin Louise, Wieland näherte sich Schritt für Schritt Anna Amalia an, und selbst das Verhältnis zwischen Mutter und Sohn entspannte sich. Mit der Entlassung des Grafen Görtz schadete sich Anna Amalia in erster Linie selbst, denn damit gestand sie öffentlich das Scheitern ihrer Erziehungskonzeption und die Fehlerhaftigkeit ihrer Personalpolitik ein. Außerdem reagierte Carl August sofort. Er dachte nicht daran, Görtz aus Weimar zu verbannen, sondern avisierte diesem die Rolle des Oberhofmeisters am Hofe der künftigen Herzogin Louise.

Anna Amalia drückte ein weiteres Problem. Sie stand vor der noch nicht befriedigend beantworteten Frage, welche Stellung sie künftig am Weimarer Hof einnehmen würde. Goethe und Voigt haben 1807 in dem berühmten „Nekrolog" auf Anna Amalia eine einfache Formel gefunden: Sie hat sich in das Privatleben zurückgezogen und ganz ihren Leidenschaften in Kunst, Literatur, Musik und Natur hingegeben. Im Wittumspalais, in Ettersburg und vor allem in Tiefurt, sowie auf ihrer großen Italienreise konnte sie ihre Wünsche nach einem Musenhof in Weimar frei ausleben.

Im wirklichen Leben besaß die „Herzogin-Mutter" weiterhin Verantwortung für die Geschicke des Landes, auch wenn sie hinter dem Sohn und der Schwiegertochter in die dritte Reihe treten musste. Das war ihr bewusst, sie nahm sich jedoch vor, so viel wie möglich an Einfluss zu bewahren. Niemand sollte sich erlauben dürfen, ihre Regentschaft im Nachhinein zu diskreditieren – weder in der Finanz- noch in der Personal- oder Wirtschaftspolitik.

Für einen künftigen „Musenhof" mit allen seinen Spielarten zwischen dem Wirken hoch begnadeter Literaten, Künstler oder Musiker und der fürstlichen künstlerischen Selbsttätigkeit hatte Anna Amalia im Vergleich zu anderen deutschen Höfen bestenfalls ihren guten Willen demonstriert. Sie pflegte Kunst und Kultur, verfolgte während der Regentschaft aber nicht die Absicht, Weimar zu einem Musenhof auszugestalten. Die Berufung Wielands zum Prinzeninstruktor hatte noch nicht den Weg zum klassischen Musenhof eröffnet. Die Tatsache, dass Wieland neben seinen dienstlichen Obliegenheiten noch die Zeit und Muße fand, mit der Herausgabe der literarischen Zeitschrift „Der Teutsche Merckur" zu beginnen, setzte ein erstes Achtungszeichen für Weimars kulturelle Wirkungen, war jedoch nicht Anna Amalias unmittelbares Verdienst. Weitere Signale folgten: Wielands „Mustersingspiel" „Alceste" eröffnete die Debatte um die deutsche Oper. Anna Amalia hatte den Auftrag erteilt. Aber die künstlerische Selbstbetätigung des Hofs beschränkte sich auch am Ende der Regentschaft auf schlichte Huldigungen zu den Geburtstagen der Herzogin. Das äußere Antlitz und die Kultur der kleinen Residenz erfuhren mit dem Schlossbrand sogar einen empfindlichen Rückschlag.

Den Übergang von der Regentschaft Anna Amalias zur Herrschaft Carl Augusts bestimmten zunächst andere Gedanken und Probleme. Der Konflikt zwischen Mutter und Erbprinz musste weiter entschärft werden. Das Ansehen Anna Amalias durfte nicht leiden. Carl August hielt seine Mutter so weit wie möglich aus der Politik heraus. Die beiden ließen sich auch nicht gegeneinander ausspielen. Nachdem die Fragen der Herrschaftsübernahme geklärt waren, konnten sie zu einem vertrauten Verhältnis zurückkehren. Aber die öffentliche Demonstration der Kontinuität im Herrscherhaus verlief dennoch nicht ohne Probleme. Carl August pflegte vom ersten Tage an einen anderen Regierungsstil – dynamisch, voller Mut, bisweilen über das Ziel hinausschießend, aber nie getrieben von der Allmacht seines Geheimen Consiliums. Der Kassensturz nach dem Regierungswechsel brachte reichliche Mängel, Unordnung, sogar Misswirtschaft zu Tage. Niemand wagte einen Vorwurf gegen Anna Amalia. Unter der Hand wurde getuschelt. Carl August musste mit der Abberufung des alten Kammerpräsidenten Carl Alexander von Kalb ein Exempel statuieren, dem er nur die Schärfe – auch gegen Anna Amalia – nehmen konnte, indem er Kalbs Sohn Johann August Alexander in das Amt berief.

Zwischen Anna Amalia und Carl August mussten schwierige Personalprobleme gelöst werden, zumal sich Carl August in den ersten Regierungsjahren nicht gerade als ein Meister struktureller Reformen erwies. Sein kühner Vorstoß, den jungen Goethe, der am 7. November 1775 als Besucher in Weimar eintraf, sehr schnell in das Geheime Consilium aufzunehmen, rief den Protest der unter Anna Amalia etablierten Räte hervor. Fritsch stellte spontan sein Amt als erster Minister zur Verfügung. Es konnte weder in Anna Amalias Interesse liegen, mit einer Desavouierung Fritschs ihre eigene Personalpolitik infrage stellen zu lassen, noch Goethe vor den Kopf zu stoßen, der die Freundschaft des Herzogs genoss und für Anna Amalias Liebhabertheater von unschätzbarem Wert war.

Goethe kam nach Weimar, weil Carl August zu dem Dichter der „Leiden des jungen Werther" von der ersten Begegnung an Zutrauen gefasst hatte. Aber Goethe besaß auch ganz prosaische Gründe. Er floh vor einer unglücklichen Liebe und suchte eine Stellung oberhalb der durchaus nicht armseligen Perspektiven eines Frankfurter Advokaten. Niemand wusste Ende 1775, wie lange Goethe in Weimar bleiben würde, was er dort erstrebte. Anna Amalia besaß außer ihrer persönlichen Zustimmung zu der Einladung an Goethe keinen Anteil am Zuzug des Dichters. Sie konnte nur sachlich registrieren, dass neben dem wackeren Gymnasialprofessor Musäus und neben Wieland, der sich nun wieder auf sein literarisches Genie besinnen konnte, ein dritter Dichter von Rang den bescheidenen Weimarer Hof zierte und durch Carl August und dessen Gemahlin mit allen Mitteln gehalten werden sollte.

Als Goethe bereits am zweiten Tag seiner Anwesenheit zur herzoglichen Tafel geladen wurde, sah ihn Anna Amalia zum ersten Mal und schien mit dem Ergebnis ihrer Beobachtungen zufrieden. Da es an Anna Amalias Wittumshof, beeinflusst durch Wieland und die kleine Spottdrossel Louise von Göchhausen (Anna Amalias Mädchen für alles), recht freimütig und unkompliziert zuging, konnte sich auch der junge Goethe dort schnell heimisch fühlen. Er muss erleichtert gewesen sein, als er merkte, dass Wieland ihm die Satire „Götter, Helden und Wieland" nicht übel nahm, sondern eifrig dafür warb, den Neuankömmling schnell in das allgemeine Hofleben zu integrieren. Goethe schien ihm der richtige Mann, die Qualität der höfischen Liebhabereien zu heben. Wieland sah aber auch, dass es notwendig sein würde, das Ungestüm des jungen Goethe zu bändigen. Nicht nur, dass er mit dem Herzog allerlei öffentlichen Schabernack trieb. Carl August und Goethe brachten die Ruhe und Beschaulichkeit der höfischen Ordnung, die durch Anna Amalia und deren Geheime Räte geprägt worden war, gründlich durcheinander, indem sie bewusst gegen die in Weimar üblichen Konventionen verstießen: Sie knallten auf dem Markt mit Peitschen, betranken sich, randalierten oder pöbelten biedere Bürger an.

Der Geheimrat Fritsch und das Geheime Consilium nahmen keinen unmittelbaren Schaden, indem Carl August vielleicht geäußert hätte, die Strukturen der Politik zu verändern. Fritsch fürchtete vielmehr, die um sich greifende Spontaneität könnte auch ihn in ihren Strudel ziehen. Sein Rücktrittsgesuch nahm das Gerücht über Goethes Aufnahme in das Consilium zum Anlass, zielte jedoch generell auf die Wahrung der Stabilität in der Regierungspolitik. Fritschs Eingreifen führte zu einer Diskussion, die Monate anhielt und seitens Anna Amalias dadurch bestimmt wurde, die Tradition nicht zu verachten, den neuen Regierungsstil zu respektieren und selbst nicht gänzlich den Einfluss auf die Regierungspolitik zu verlieren. Anna Amalia schrieb Fritsch am 13. Mai 1776 einen langen Brief. Sie schlug vor, Fritsch sollte als Vorsitzender an der Spitze des Consiliums verbleiben und für Goethes Aufnahme in das Gremium stimmen. Anna Amalia formulierte ihren Wunsch indirekt, appellierte an die Religiosität und vor allem an die Pflicht, ihrem Sohn zu dienen: „Mich dünkt, die Welt würde es Ihnen verargen, wenn Sie einen Fürsten verlassen, der Ihrer Einsicht, Ihrer Rechtschaffenheit bedarf; urteilen Sie selbst, ob sich das verträgt mit der Religion, die Sie bekennen."[13] Der Appell fruchtete wenig, zumal jetzt auch noch Graf Görtz, der sich als Oberhofmeister Louises „abgeschoben" fühlte, um seinen Abschied bat, auf Reisen ging und wenig später in preußische Dienste trat. Fritsch hatte generell etwas dagegen, nicht für den Staatsdienst qualifizierte und obendrein nicht aus dem Adel stammende Dichter in das Consilium einzusetzen. Erst eine von Carl August zugesagte Pension – für die sich Fritsch bei Anna Amalia bedankte – führte zur Einsicht. Fritsch betrachtete die Pension als Kompromissangebot und blieb als erster Minister im Amt.

Aber sein Misstrauen bestand fort. Goethes Anwesenheit zog einen Schwarm von Dichtern des „Sturm und Drang" in die Stadt an der Ilm. Sie kamen nicht mit dem Ziel, in Weimar das Mekka der deutschen Literatur zu schaffen, sondern hofften vielmehr, gleich Goethe würde es ihnen hier gelingen, in Lohn und Brot zu kommen. Literarische „Zugvögel" wie Jacob Michael Reinhold Lenz oder Friedrich Maximilian Klinger mit ihrer unangepassten Lebensart und der deutlich spürbaren Gier nach einträglichen Pfründen weckten eher die Zurückhaltung der Weimarer Hofgesellschaft auch gegenüber Goethe, der diese literarischen Wandergesellen erst angelockt hatte.

Anna Amalia nahm die Dinge nicht prinzipiell und rief nicht nach Verdikten. Sie überlegte, in welchen Fällen es notwendig war, ihre Autorität als Herzogin-Mutter ins Spiel zu bringen. Sie musste nicht eingreifen, denn der intellektuelle Argwohn unter den Dichtern selbst sorgte, selbstverständlich im Namen der Moral, dafür, dass bestimmte Erscheinungen in das rechte Lot gerückt wurden oder auch zu bedauernswerten Zuspitzungen führten. Im konkreten Fall machte Klopstocks „Moralpredigt" Goethe für die ganze Unruhe und Zügellosigkeit am Weimarer Hof verantwortlich. Klopstock warf Goethe vor, sich in die Ehe Carl Augusts mit Louise einzumischen. Goethe bewies nur äußerlich Ruhe und Klugheit. Gemeinsam mit Carl August, wenn auch in jeweils eigenen Schreiben, wies er die Vorwürfe Klopstocks zurück.

Anna Amalia registrierte hier ein deutliches Signal für den Willen ihres Sohnes, alle Prozesse des Staates selbst zu regeln und Goethe darin aktiv einzubeziehen. Aber sie wollte weiterhin über alle staatspolitisch bedeutsamen Fragen informiert werden und interessierte sich tatsächlich für diese. Die Diskussion politischer und gesellschaftlicher Probleme bildete einen festen Bestandteil ihrer geistigen Kultur. Anna Amalia verband Kunst und Politik auf eine Weise, die ihre Autorität am Leben erhielt, obwohl ihr unmittelbarer Einfluss auf die konkrete Landespolitik ständig weiter sank. Carl August regierte das Land. Anna Amalia akzeptierte das. Aber in jeder ihrer kulturellen, künstlerischen oder mäzenatischen Bemühungen war die Hoffnung zu spüren, diese für den eigenen staatspolitischen Einfluss nutzen zu können. Die „Affäre" Fritsch-Goethe von 1776 und Herders Berufung vermittelten einen Vorgeschmack auf die kommenden Jahre.

Seit Jahren war in Weimar die Stelle des Stadtpfarrers und Superintendenten unbesetzt. Goethe und die Herzogin Louise kannten Herder aus Darmstadt, wo er zu den Gästen des vom Kriegsrat Merck gepflegten Kulturkreises gehörte. In Weimar gab es gegen Goethes Vorschlag einer Berufung Herders zahlreiche Widerstände. Von Herder ging der Ruf aus, in religiösen Fragen recht freimütige Ansichten zu vertreten. Aber gegen die Phalanx Carl August, Louise, Goethe, Wieland und Anna Amalia konnten sich die Gegner einer Ernennung Herders nicht durchsetzen. Sie machten darauf aufmerksam, dass eine Berufung des Theologen und Dichters als Professor an die Universität Göttingen gescheitert war, weil der sich geweigert hatte, sich vor der zuständigen Fakultät einem Rechtgläubigkeitsexamen zu unterziehen. Carl August und Anna Amalia verlangten keine ideologische Gesinnungsüberprüfung, von Goethe und Wieland gar nicht zu sprechen.

Im Januar 1776 erging die Einladung an Herder. Goethe schrieb am

14. Februar 1776 befriedigt an seine Tante Johanna Fahlmer, dass Herder den Ruf nach Weimar bereits angenommen hat: „Mit der Herzogin-Mutter habe ich sehr gute Zeiten, trieben auch wohl allerley Schwänck und Schabernack."[14] Von Herder war bekannt, dass er trotz seines großen Wissens und seiner philosophischen Tiefe im Umgang mit seinen Mitmenschen nicht leicht zu nehmen war. Anna Amalia sah die Dinge mit dem Abstand der Herzogin-Mutter gelassen.

Am 1. Oktober 1776 kam Herder mit seiner Familie in Weimar an und schien zunächst erst einmal ganz zufrieden, denn er schrieb an den Schweizer Theologen und Schriftsteller Johann Kaspar Lavater: „Ich bin also jetzt in Weimar, nicht Prediger so schlechtweg, wie Ihr meint, sondern Oberhofprediger, Oberkonsistorial- und Kirchenrat, Generalsuperintendent, Pastor, Primarius und zehn Dinge mehr, eben so lange Namen. Hoffe mich aber mit der Zeit recht gut zu stehn und zu finden, der Autorschaft, will's Gott, abzusterben und dem Herrn im lebendigen Menschen zu leben, brav zu schaffen und in sieben Fächern umherzuwählen."[15] Tatsächlich besaß Herder über die Jahre hinweg nicht die notwendige Ausdauer und Geduld, alle Kirchenämter auszufüllen und dennoch ein reiches dichterisches und persönliches Leben zu führen. Es erging ihm im Grunde auf kirchlicher Ebene nicht besser als Goethe in der Staatspolitik. Der Fürst überhäufte sie mit administrativen Aufgaben.

Anna Amalia gefiel die neue Situation aus einem anderen Grunde. Nach Musäus und Wieland etablierten sich Goethe und Herder in Weimar. Sie nahm die damit verbundenen Eifersüchteleien am Hofe gelassen und freute sich vor allem, dass sie mit ihrem kleinen Freundeskreis und dessen Neigungen zu Literatur, Musik und Theater potenzielle Verbündete von hoher literarischer und philosophischer Qualität hinzugesellen konnte. Es störte sie auch nicht, dass die Dichter keine adlige Herkunft besaßen. Sie fühlte sich stark genug, den an ihrem Hofe versammelten Menschen aristokratische Verhaltensnormen zu vermitteln.

Die Liebhaberin schöner Unterhaltung

Anna Amalia richtete sich zunächst im Wittumspalais ein und ließ alle Räume nach ihrem Geschmack sowie nach der vorgesehen Funktion sorgfältig ausgestalten: Das „Tafelrundenzimmer" für gesellige Gespräche, andere Zimmer für Musikdarbietungen, als Zeichenräume oder zum Schreiben. Das Wittumspalais war zunächst nur für die kalte Jahreszeit als Wohnsitz vorgesehen. Bis 1781 verbrachte Anna Amalia die Sommermonate mit ihrem Hofstaat auf der Ettersburg.

Ob im Stadtpalais oder auf dem Ettersberg, Anna Amalia konnte an jedem Ort ihren geistigen, künstlerischen oder politischen Interessen nachgehen. Sie betrieb Sprachstudien in Griechisch, Englisch, Italienisch oder Latein – verbunden mit Übersetzungen literarischer Werke –, engagierte sich besonders intensiv für die Musikpflege und führte eine ausgedehnte Korrespondenz. Sie verstand durchaus, dass sich die Welt nicht nur politisch veränderte. Namentlich in Weimar, so Anna Amalias Erkenntnis, verfügte Carl August mit Wieland, Goethe und Herder über ein literarisches Gewicht, von dem die deutsche Literatur, aber auch das Ansehen Weimars profitierten. Sie selbst bevorzugte eher die fröhliche und geistvolle, aber auch leichte Unterhaltung. Sie spürte, dass eine gewisse Konkurrenzsituation zwischen ihrem „alten" und dem „neuen" Hof Carl Augusts, die es in ihrer kurzen Ehe nicht gegeben hatte, belebend auf die Debatte um ernste Fragen der Kunst und um das fröhliche höfische Dasein wirken konnte.

Anna Amalia verfolgte erstmals, wie der „junge" Hof unter Carl August und Louise um Selbstständigkeit rang. Sie wählte für ihren vertrauten Gesprächskreis solche Ratgeber, die mit Goethe oder Wieland in Verbindung standen – sei es der Leipziger Maler Oeser oder der Darmstädter Kriegsrat Merck. Wenn auch der „alte" und der „neue" Hof räumlich getrennt voneinander agierten, so nahm die gesamte Weimarer Hofgesellschaft doch nicht solche Dimensionen an, dass man sich aus dem Wege gehen konnte – oder auch wollte. Es gab viele gemeinsame Interessen. Ein Zeichen für Anna Amalias Willen, „jung" zu bleiben, bestand darin, dass es bei ihr in den ersten Jahren fröhlich und unterhaltsam zuging. Böttiger nannte die Zeit in Ettersburg treffend eine „Zigeunerwirtschafft. Comödie bei Fackelschein im Walde."[16]

Tatsächlich blieb Anna Amalia in den Jahren von 1775 bis etwa 1782 ihren Traditionen aus der Regentschaft treu und favorisierte die leichte Unterhaltung. Sie konzentrierte sich auf das Liebhabertheater. Derartige Laientheater pflegte man damals an vielen Höfen als ein Ereignis, an dem viele Mitglieder der Hofgesellschaft aktiv teilnehmen konnten. Auch in Weimar gab es seit Jahren Liebhabertheater am Hofe, in bürgerlichen Kreisen und selbst bei Schulkindern. Am Hofe wurde jeder, vom Herzog bis zum Kammerherr, in die Inszenierungen einbezogen. Man legte Wert auf qualitätvolle Spielpläne und ansprechende Inszenierungen. Die Priorität eines einzelnen Mitglieds der Hofgesellschaft, etwa Anna Amalias, spielte keine Rolle. Die Konkurrenz anderer Höfe blieb groß und jeder wollte sich in den schönen Seiten des adeligen Rollenspiels besonders hübsch darstellen. Es ging nicht darum, professionelle Schauspielergruppen zu ersetzen, sondern der Hof wollte sich als künstlerisch origineller Musenhof darstellen. Weimar besaß den Vorteil, dass Goethe, Herder, Wieland und auch Musäus am Ort lebten und dem Liebhabertheater ein vielfältiges künstlerisches Leben verliehen. Goethe konnte nicht nur schreiben, seine Fähigkeiten als Regisseur und Schauspieler taten ein Übriges.

Die Inszenierungen wurden so vorbereitet, dass sie auf der Esplanade, im Schloss Ettersburg oder im Freien aufgeführt werden konnten. Wenn die Aufführungen im Redoutenhaus stattfanden, durften sogar Bürger aus Weimar zusehen. Diese Verteilung der Inszenierungen auf verschiedene Spielstätten resultierte in erster Linie aus dem Schlossbrand. Alle räumlichen und personellen Möglichkeiten des Hofes mussten genutzt werden. Die Bühnen im Redoutenhaus und in Ettersburg wurden erst im Laufe der Zeit eingerichtet. Man kniete sich so intensiv in das Theaterleben und in musikalische Darbietungen, dass Carl August Goethe um eine regelrechte Intendanz bat und erhebliche Mittel zur Verfügung stellte, die Anna Amalia aus ihrem Vermögen ergänzte. Die Anwesenheit der Dichter und der Drang zu künstlerischer Darstellung bildeten nach 1775 einen Grundstock für eine kulturelle Entwicklung, die erst sehr viel später in das klassische Weimar mündete und zu deren Initiatoren auch Anna Amalia gehörte.

Zunächst betonte man gemeinsam das Freundliche und Komödiantische in Spiel und Musik, nicht selten mit treffsicheren Seitenhieben auf aktuelle deutsche und Weimarer Zustände verbunden. Französische oder italienische Komödien und Singspiele wurden von begeisterten Angehörigen der herrschenden Familie, Höflingen, Dichtern und Bürgern einstudiert – stets begriffen als gesellschaftliches Ereignis mit gutem Essen und Trinken. Der Enthusiasmus war so groß, dass es nur guter Stücke und annehmbarer Musik bedurfte, die Theaterfreunde stets neu zu motivieren.

Das Interesse war an jenen Stücken besonders groß, die in der eigenen Hofgesellschaft entstanden. Sie weckten den Stolz auf die Weimarer künstlerische Gestaltungskraft: Man hatte im Kreis der deutschen Musenhöfe etwas zu bieten. Viele Weimarer engagierten sich: Wieland, Bertuch, Einsiedel oder Seckendorff und natürlich Anna Amalia. Die eigentliche geistige und dramaturgische Seele war und blieb Goethe. Bis 1782 inszenierte das Ensemble des Liebhabertheaters etwa sechzig Stücke. Die Glanzstücke stammten aus der Feder Goethes: 1776 das Singspiel „Erwin und Elmire“ sowie „Die Geschwister“. Im folgenden Jahr inszenierte Goethe die „Mitschuldigen“ und „Lilli“, mit der Goethe pädagogisch in die vertrackte Ehe seines Herzogs eingriff. 1778 folgten „Der Triumph der Empfindsamkeit“ und „Das Jahrmarktsfest von Plundersweilern". Bis 1782 kamen „Die Laune des Verliebten", „Jery und Bätely" sowie „Die Vögel" von Aristophanes zur Aufführung.

Die Begeisterung für das Liebhabertheater gipfelte in der Aufführung der Goetheschen „Iphigenie" am 6. April 1779. Der Dichter selbst spielte den Orest, Prinz Constantin den Phylades und Knebel den Thoas. Das Stück wurde im selben Jahr noch mehrfach in veränderter Besetzung aufgeführt – jeder wollte teilhaben an dem großen Erfolg, an der Freude der Inszenierung und der öffentlichen Wirkung des Stückes, denn das Liebhabertheater repräsentierte einen Bestandteil des in Weimar entstehenden Musenhofs. Anna Amalia passte sich in die Gesamtinszenierung der Hofgesellschaft ein, weil diese ihrem Wunsch nach Unterhaltung entsprach. Aber Anna Amalia beanspruchte ihre herausgehobene Rolle und sah diese in der selbstständigen Leistung auf musikalischem Gebiet. Musik und Theater hatten bereits zu den Statussymbolen der Regentin gehört, mit ihnen hatte sie ihr Selbstwertgefühl bestätigt.

Mit der modischen Theaterleidenschaft stiegen die Ansprüche an die musikalische Unterhaltung. Wolf musste ständig für neue Noten aus dem Leipziger Musikverlag Breitkopf sorgen. Die Herzogin-Mutter ließ sich in der Belétage des Wittumspalais ein privates Musikzimmer einrichten und stellte, bevor das Redoutenhaus als Gesellschaftsgebäude und neue Spielstätte eingerichtet war, den Festsaal im 2. Stock für Konzerte, Bälle, Redouten und die Aufführungen des Liebhabertheaters und der Kapelle zur Verfügung.

Außerdem nahm Anna Amalia aktiv an der Auswahl der Stücke und an der Rollenbesetzung teil. Bereits vor 1781 traf sich im Tafelrundenzimmer des Wittumspalais eine gesellige Runde unter der Leitung des „Maitre de Plaisir" Carl Friedrich Freiherr von Seckendorff-Aberdar, in der alle möglichen literarischen und musikalischen Themen zu den Aufführungen der Kapelle und des Theaters besprochen wurden. Dabei kamen auch die Kompositionen Anna Amalias zur Sprache, die sie von der Hofkapelle aufführen lassen wollte.

Die kompositorischen Arbeiten der Herzogin-Mutter sind eine Realität und haben zu ihrer Zeit am Weimarer Hof eine Rolle gespielt. Anna Amalia schrieb z. B. ein „Concerto" für 12 Instrumente und obligates Cembalo in G oder das „Divertimento" für Fortepiano, Klarinette, Viola und Violoncello, in denen sie sich am aktuellen Klangbild und Kompositionsstil zwischen Empfindsamkeit und Klassik orientierte. Ihre Kompositionen wurden durch praktische Beispiele zeitgenössischer Musik aus Neapel, Wien oder London angeregt. Besonders öffnete sie sich für die Musik von Christoph Willibald Gluck, der an vielen Höfen zu diesem Zeitpunkt noch unbeachtet blieb.

Sofort nach der Ankunft Goethes hatte Anna Amalia mit der Vertonung seines Singspiellibrettos „Erwin und Elmire" begonnen. In Abänderung der Goetheschen Gattungsbezeichnung „Schauspiel mit Gesang" gestaltete sie eine als „Oper" bezeichnete Vertonung des Stückes. 241 Seiten umfasste ihre Partitur! Die Arbeit ließ erkennen, in welch starkem Maße Anna Amalia sich an Gluck zu orientieren versuchte. „Erwin und Elmire" erlebte zwischen 1776 und 1778 als Teil eines großen Gesamtrepertoires der Liebhabergesellschaft mindestens acht Wiederholungen. Jacob Michael Reinhold Lenz ließ in Wielands „Teutschen Merckur" 1776 gar eine Lobeshymne: „Auf die Musik zu Erwin und Elmire, von Ihrer Durchlaucht, der verwittibten Herzogin zu Weimar und Eisenach gesetzt" drucken und schwärmte: „Ja, ja, Durchlauchtigste, Du zauberst uns Elmiren/ In jede wilde Wüstenei;/ Und kann der Dichter uns in sel'ger Raserei/ Bis an des Todes Schwelle führen:/ So führst Du uns von da noch seliger und lieber/ Bis nach Elysium hinüber."[17] Ob Lenz, der vor allem zu Goethe ein recht gespaltenes Verhältnis hatte, diesen Hymnus ernst meinte oder sich vielmehr über den pausbäckigen Eifer der Protagonisten belustigte, mag dahingestellt bleiben.

Im Frühjahr 1776 bezog die Herzogin-Mutter das nordwestlich von Weimar gelegene Schloss am Ettersberg als Sommerwohnung. Die dramatischen Liebhabereien wurden für die warme Jahreszeit aus dem Wittumspalais „in Freiheit und Natur" verlegt. Sie ließ die Gartenanlagen rekultivieren, den Wald aufforsten, Waldnischen einschlagen, ein Naturtheater anlegen und im Schloss ein richtiges Theater einbauen. In lauen Sommernächten illuminierten dienstbare Geister den Park und zündeten Feuerwerk. Selbst einfache Proben für die Darbietungen schlossen gewöhnlich mit einem Ball oder einem ausgedehnten Souper ab. Man amüsierte sich am „alten" Hofe.

Das Ettersburger Theater erlebte im Oktober 1778 die Premiere des von Goethe verfassten – bereits oben erwähnten – heiteren Stückes „Das Jahrmarktsfest zu Plundesweilen". Wieder hatte Anna Amalia gemeinsam mit dem hilfreichen Freiherrn von Seckendorff die Musik geschrieben und die Vorbereitungen der Inszenierung überwacht. Wieland schrieb an Merck, dass der halbe Hof und ein guter Teil der Stadt in die Aufführung einbezogen werden würden. Es gelang tatsächlich eine lustige Inszenierung, die so ganz dem Wunsch aller Beteiligten nach geistvoller Unterhaltung entsprach. Besonders Goethe, so Louise von Göchhausen an dessen Mutter, hätte sich „mächtiglich" angestrengt, die Rolle eines Marktschreiers „herauszuputzen". Anna Amalia erhielt für ihre stilvolle Komposition den gebührenden Beifall.

Anna Amalia war nolens volens gezwungen, wollte sie den Fortgang der Kunst auch als Mäzenin befördern, nicht nur praktische kompositorische Leistungen darzubieten, sondern sich auch als kenntnisreiche Dame in theoretischen Fragen der Musik und Dramatik auszuweisen. Die emsige Protektorin eines Liebhabertheaters für die ganze Hofgesellschaft Weimars wollte zugleich ein „geistiger Kopf" sein – zumindest auf einigen Gebieten, denn dass sie die Begabungen Goethes, Herders oder Wielands nicht übertreffen konnte, so klug war sie dann doch. Nicht umsonst schmeichelte ihr Wieland, dass sie ein besonders liebenswürdiges Gemisch auserwählter Menschlichkeit, Weiblichkeit und fürstlicher Erhabenheit wäre.

Sie verfasste einige theoretische Aufzeichnungen über Fragen der Musik und sogar einen Essay unter dem Titel „Gedanken über die Musick", der in ihrer freimütigen Gesprächsrunde eifrig diskutiert wurde. Zum gleichen Zeitpunkt debattierten Herder und Goethe philosophische Fragen der Ästhetik, von denen sich Anna Amalia offensichtlich beeindrucken ließ. Mit ihren allgemeinen Gedanken zur Musik hoffte sie, den gehaltvollen Diskurs Goethes und Herders in eine für die Hofgesellschaft verständliche Sprache umsetzen zu können. Die Tonkunst, schrieb sie, habe „Gesetze", die so „einfach" seien, „daß sie unmittelbar und ohne ihren Zweck zu verfehlen auf die Seele wirken kann … jeder Mensch liebt sie weil Harmonie u Rhythmus in seiner Natur liegt allein dieses schränkt sich auf ein dumpfes Gefühl ein oder vielmehr auf den blossen Instinct ohne zu wissen worinne die wahre Schönheit dieser erhabenen Kunst bestehe." Sie führte die direkte Wirkung der Musik auf die menschliche Psyche darauf zurück, dass die „Tonkunst … ihren Ursprung und ihre Gesetze von der Natur" erhalte, denn: „Das ganze Welt Gebäude ist auf Ordnung und Harmonie gegründet gleich wie die natur." Weil diesen Gesetzen auch eine „Moralität" innewohnt, forderte sie, dass man die „Sinnen, welche den Genuß des Lebens veredeln", schult und ausbildet. „Es were aber noch weit rühmlicher daß man zur Ausbildung solcher Talente zuerst gute Schulen anlegte".[18]

Nach den Worten dieses Traktats ging es Anna Amalia eigentlich weniger um eine Bereicherung der allgemeinen Musiktheorie. Sie wollte in realistischer Einschätzung ihrer intellektuellen Fähigkeiten eher das allgemeine Verständnis für Musik, Kunst und Kultur bei der Hofgesellschaft vertiefen. Die Arbeit mit dem Liebhabertheater sollte besser werden. Sie gründete keine philosophische Schule für die ästhetische Erziehung in Weimar. Ihre lebendige Schule blieben das Liebhabertheater und die Hofkapelle, die auf eine gewisse Zeit begrenzte künstlerische Gestaltungsfreude einer interessierten Pensionärin.

Selbst der eindrucksvollste Enthusiasmus erlischt eines Tages, wenn ihn nicht neue Quellen speisen und aufregende Persönlichkeiten mit Leben erfüllen. Am Beginn der 80er-Jahre erschöpfte sich die Begeisterung für die theatralischen Eigenproduktionen des Hofes langsam. Es gab zwar weiterhin neue Inszenierungen und in Ettersburg führte Anna Amalia die Tradition auch fort. Aber der Hof an sich setzte mit Anna Amalia gemeinsam neue Akzente.

Es war verständlich, dass die künstlerische Kreativität der Höflinge trotz anregender Impulse von Seiten der Dichter mit den Jahren nachließ. Goethe und Herder wurden überdies mit administrativen Aufgaben belastet, die ihre literarische Arbeit erheblich einschränkten. Goethe drängte überdies selbst in die Administration und übernahm freiwillig ständig neue Aufgaben. Er mutierte bis in den eigenen Haushalt zum pedantischen Bürokraten. Anna Amalia wusste, warum sie 1781 die Nobilitierung Goethes unterstützte: Er wurde jenen Menschen ebenbürtig, mit denen er als kommissarischer Kammerpräsident, Kriegsrat, Wegebaudirektor oder Mitglied des Geheimen Consiliums auf gleicher Augenhöhe verhandeln musste. Wo sollte da der freie Geist im unterhaltsamen Ettersburg oder Tiefurt blühen? Es gab weitere Gründe für das Ende jener Zeit, in der Anna Amalia dank ihrer Initiatorenrolle einen Mittelpunkt der ganzen Hofgesellschaft gebildet hatte.

Ein Liebhabertheater reichte nach den ersten Jahren der Konsolidierung unter Carl August nicht mehr für die Repräsentation des Weimarer Hofs und die Demonstration des eigenen Wertes im Konzert vergleichbarer Höfe aus. Weimar benötigte wieder ein richtiges Theater! Das Schicksal sandte einen günstigen Wink. 1779 teilte der Unternehmer Anton Georg Hauptmann seinem Fürsten mit, dass der erst vier Jahre vorher erbaute Redoutensaal auf der Esplanade den gestiegenen Anforderungen der Liebhaberinszenierungen nicht mehr genügte. Er wollte das Haus umbauen und Wohnungen einrichten lassen. Carl August und Anna Amalia erkannten die Chance und überzeugten Hauptmann, ein Comödienhaus zu errichten. Tatsächlich baute der das Theater gegenüber dem Wittumspalais und bereits 1780 fand dort die erste Vorstellung statt. Zwei Jahre später erhielt die Schauspielergruppe von Joseph Bellomo die Lizenz, das Haus professionell zu bespielen. Weimar besaß wieder ein ständiges Theater, und die Liebhaberaufführungen verloren ihren Charakter als alleinige dramatische Repräsentation des Hoflebens.

Es war eine Demonstration fürstentreuer Seligkeit, wenn die Anhänger Anna Amalias deren Umzug von Ettersburg in das bescheidene Pächterhaus von Tiefurt im Jahre 1781 als grundsätzliche Wahl zu Gunsten aufgeklärter Bescheidenheit und gegen höfische Prachtentfaltung feierten. Anna Amalia musste Ettersburg verlassen, weil das Schloss für sie zu teuer wurde, weil Carl August und Louise den Sommersitz für sich selbst beanspruchten und weil die ausklingende Euphorie für das Liebhabertheater keine aufwendige Hofhaltung in Ettersburg mehr rechtfertigte. Der Herzog entfernte seine Mutter damit aber auch weiter von den direkten politischen Entscheidungen am Hofe. Die Not mutierte zur Tugend: Anna Amalia in philosophischer Einsamkeit, beim frischen Glanz der Morgensonne die Vögel fütternd!

In Tiefurt wohnte seit 1776 der Prinz Constantin mit seinem Erzieher Knebel recht und schlecht zusammen. Constantin galt als Außenseiter, bei dem niemand genau wusste, wie mit ihm umzugehen war. Man entledigte sich seiner auf elegante Art und schickte ihn auf längere Zeit in das Ausland. Als er mit einer schwangeren Französin und einer schwangeren Engländerin zurückkehrte, steckte man ihn in das kursächsische Militär. Tiefurt stand deshalb Anna Amalia zur Verfügung. Sie hatte seit Langem ein begehrliches Auge auf das kleine Pächterhaus geworfen. Hier konnte sie schalten und walten, wie sie wollte. Es gab keine schwatzhafte Dienerschaft, selbst der Oberhofmeister von Einsiedel hielt sich lieber in der Stadt Weimar als an dem kleinen Hof auf. Nur Louise von Göchhausen und der allzeit treue Wieland wichen nicht von der Stelle.

In Tiefurt zelebrierte Anna Amalia eine schlichte Hofhaltung, die geradezu exzentrisch anmutete und den Eindruck hervorrief, sie wollte das Majestätische ihrer kleinen Person unterstreichen. An der Gestaltung des Parks um das Pächterhaus sparte sie nicht. Sie ließ die Atmosphäre einer ebenso romantischen wie kunstvollen englischen Landschaft zaubern. Im Innern des Gebäudes schmückten grüne Ranken die einfach getünchten Wände, geschmackvolle und der Mode entsprechende Möbel und Bilder betonten die gewünschte durchgeistigte Atmosphäre. Die Holzdielen wurden mit gefärbter und gewachster Leinwand bespannt. Porzellane, Fayencen und Gipsabdrücke antiker Figuren betonten die künstlerischen und literarischen Ambitionen der Hausherrin.

Bei der Auswahl ihrer Gäste wahrte die Hausherrin strenge Exklusivität. Es sollte eine Ehre und Auszeichnung sein, bei ihr weilen, an ihrer Tafel Platz nehmen oder gar an den fröhlichen und heiteren Gesprächen teilnehmen zu dürfen. Im Allgemeinen überwog in Tiefurt eine fröhliche und ausgelassene Stimmung. Die konnte jedoch unvermittelt umschlagen, wenn sie den Launen Anna Amalias zuwiderlief. Man achtete dann sehr wohl auf ihren durchdringenden und forschenden Blick und suchte sich ihrem langen, beklemmenden Schweigen zu entziehen.

Anna Amalia gefiel es, wenn die eingeladenen Dichter literarische, philosophische oder gar politische Fragen debattierten. Sie versuchte mitzureden und gewährte den Gästen freie geistige und individuelle Spielräume. Sobald Wieland z. B. ein Manuskript aus der Tasche zog und aufgefordert wurde, daraus vorzulesen, hatte atemlose Stille im Raum zu herrschen. Bereits die kleinste geräuschvolle Ablenkung veranlasste den Meister, seine Handschrift unter beleidigenden Ausfällen in die Tasche zu stopfen und sich trotzig schweigend in einen Schmollwinkel zu verziehen, aus dem er erst wieder auftauchte – wenn das Abendessen aufgetragen wurde. Anna Amalia duldete die Allüren.

Die Situation geriet nur außer Kontrolle, wenn mehrere der empfindsamen Dichter zu einer Diskussion kamen, in der, wie es Henriette von Egloffstein mehrfach erlebt hat, Wielands launische Kritikasterei, Herders beißender Spott, Knebels spontane Emotionalität und Goethes diktatorische Autorität aufeinanderprallten. Dann half nicht einmal mehr die versöhnliche Vornehmheit der Gastgeberin. Den großen Geistern entglitten die Contenance und die selbst eingeforderte Ehrfurcht vor dem gewichtigen Gegenstand ihres Streits. Eitle Hähne hackten aufeinander ein und vergaßen die Wirkung, die von ihrem Verhalten ausging. Anna Amalia verließ dann majestätisch schweigend den Raum: Schämen Sie sich, meine Herren!

Der schriftliche Kontakt zwischen Goethe und Anna Amalia war in den Jahren des Liebhabertheaters besonders eng. Nach Tiefurt reiste der Genius vor allem, um ein gutes Essen einzunehmen. So hat er es zumindest in seinen Tagebüchern vermerkt! Ernste geistige Streitgespräche bildeten die Ausnahme. Alles in allem dominierte die Unterhaltung, die Information, der Witz und die Freude an einer gepflegten, geistvollen Debatte, verbunden mit der Lust am Aufenthalt in ländlicher Abgeschiedenheit und an leckeren Speisen. In Tiefurt schmiedete Anna Amalia nicht am Nimbus Weimarer Unsterblichkeit. Hier richtete sie auch keinen konkurrierenden Hof zum Schaden des Herzogs ein. Ihre leichte Art der Geselligkeit gehörte ebenso zu den Attributen eines kleinstaatlichen Musenhofs wie das Liebhabertheater.

Anna Amalia gefielen die geselligen Runden in Tiefurt so gut, dass sie im Sommer 1781 anregte, das, was hier gesagt, geschrieben, musiziert und gelacht wurde, sollte nicht der Vergessenheit anheimfallen, sondern ausgewählt in einer kleinen Zeitschrift für die Teilnehmer zusammengefasst werden. Aus dieser Idee erwuchs das wöchentlich erscheinende „Journal von Tiefurt". Anna Amalia schwebte keineswegs ein Konkurrenzblatt etwa zu Wielands „Teutschem Merkur" vor. Sie wollte sich eine spaßige Unterhaltung mit Geschichten, Versen, Anekdoten, Informationen und auch gehörigem Hofklatsch gönnen. Die Autorenschaft eines Goethe, Wieland, Herder, Seckendorff, Einsiedel oder Knebel konnte dem in elf Exemplaren in Umlauf gebrachten Blatt nur Gewinn bringen. Es erhöhte den Reiz des Unternehmens, dass die Autoren anonym blieben und unter diesem Schutz aktuelle Zustände mit Worten karikieren konnten, die sie bei voller Namensnennung nicht gewagt hätten. Selbst Carl August, der kurmainzische Statthalter in Erfurt, Carl von Dalberg, der Kriegsrat Merck aus Darmstadt oder die unvermeidliche Louise von Göchhausen zählten zu den Schreibern.

Das „Journal von Tiefurt" war keine Zeitschrift, die auf ein scharfes Profil oder eine lange Lebensdauer hin konzipiert wurde. Es entstand aus einer glücklichen Laune heraus und besaß keine Chancen, die Freuden des romantischen Landlebens in Tiefurt zu überdauern. In jenen glücklichen Tiefurter Jahren schrieb Herder ernsthaft an den Ideen zur Philosophie der Geschichte der Menschheit, Wieland übersetzte die Briefe von Horaz in die deutsche Sprache und Goethe arbeitete an der Versfassung der Iphigenie auf Tauris – und verschliss sich zunehmend in der Regierungsarbeit.

Der Zauber poetischer Sommernächte im Tiefurter Park verflog im Sog der Jahre. Der Fluss zunächst reichlich gespeicherter Dichtungen, Mitteilungen und Nichtigkeiten aus dem Hof- und Landleben versiegte allmählich. Die neue Weimarer Herrschaft konsolidierte sich. 1783 brachte Carl Augusts Gemahlin Louise den Thronfolger Carl Friedrich zur Welt. Unter Goethes Leitung nahm die Systematik landesherrlicher Aufmerksamkeit für die Förderung von Wissenschaft, Kunst und Kultur zu. Gleichzeitig wuchs bei Goethe die lastende Sorge, seiner Verantwortung als Dichter zunehmend weniger gerecht werden zu können. Der Herzog begann sich in die Reichspolitik zu integrieren und förderte den Gedanken eines deutschen Fürstenbundes. Die politische und geistige Entwicklung Weimars entfernte sich von dem Bild, das die Regentschaft Anna Amalias geprägt hatte. Die Herzogin-Mutter blieb eine interessierte Zeitzeugin. Sie konnte sich guten Gewissens allen Dingen widmen, die ihrer persönlichen Neigung dienten, büßte nichts von ihrer Autorität ein und verfolgte aufmerksam, wie die Staatsführung unter Carl August und Goethe an Ernsthaftigkeit gewann. Anna Amalia vertiefte ihre Kenntnisse in den klassischen und modernen Sprachen mit einem für jedermann offensichtlichen Eifer, immer wieder von Wieland hilfreich unterstützt. Sprachstudium und Auseinandersetzung mit dem literarischen Leben ihrer Zeit bildeten für die Frau eine Einheit. Das Hauptaugenmerk richtete sie auf die Musik. Wieland bemerkte sogar einmal mit gutmütigem Spott, am Hof der alten Herzogin würde „geklimpert, gegeigt, geblasen und gepfiffen, dass die Engel im Himmel ihre Freude daran hatten."[19] Aber die Herzogin-Mutter las auch viel oder ließ sich von Höflingen, Gästen oder Dichtern vorlesen.

Die sprudelnde Energie und Leichtigkeit, die ihre Mitwirkung am Liebhabertheater oder in der Tiefurter Gesellschaft ausgezeichnet hatte, schien mit dem Ende des „Journals aus Tiefurt" in der Mitte der 80er-Jahre wie abgeschnitten. Die äußeren Impulse blieben langsam aus, die eigene Phantasie erlahmtc. Am Hofe Anna Amalias grassierte für einige Jahre die Langeweile, die die Herrin mit ihren Gesellschaftern durch anhaltendes Kartenspiel zu betäuben suchte. Man beschäftigte sich zwar weiter mit Sprachen, Literatur und Musik, aber es fehlte an einer neuen zündenden Idee.

Anna Amalia hatte ihre in der Regentschaft formulierten Wünsche nach freier und ungebundener Unterhaltung verbraucht und wusste in der Mitte der 80er-Jahre auch nicht mehr so recht, wie es mit ihrem Einfluss und ihrer Wirksamkeit am Hof weitergehen sollte. Allein mit freundlicher Geselligkeit, Witz und Esprit würde es wohl nicht gehen. Sie besaß durchaus Träume, ihr Wissen über die Geschichte und die Kunst zu vervollkommnen. Seit Jahren versuchte sie, nach Italien zu reisen. Familiäre Rücksichten und eine schwere Erkrankung ließen ihre Pläne 1781 und 1785 scheitern. Anna Amalia zählte generell nicht zu den besonders reiselustigen Damen der Adelsgesellschaft. Innerhalb des Herzogtums besuchte Anna Amalia auch nach ihrer Regentschaft regelmäßig die verschiedenen Landesteile und Städte. In die Braunschweiger Heimat fuhr sie bereits seltener. Die einzigen wirklich „weiten" Reisen führten sie 1777/78 an den Rhein und 1782 in den Wörlitzer Park und nach Dessau. Italien lag stets in allzu weiter Ferne – und war gedanklich doch immer nah.

Im Herbst 1786 fuhr Goethe plötzlich und unerwartet nach Italien. Er schrieb etwa einmal monatlich an Anna Amalia und gab ihr zahlreiche Hinweise für ihre eigenen Besuchspläne. Die Herzogin-Mutter, inzwischen 49 Jahre alt, wertete die Briefe mit Herder intensiv aus. Der Entschluss, selbst zu reisen und sich einen Lebenstraum zu erfüllen, nahm nun greifbare Gestalt an. Im Juni 1788 kehrte Goethe von seiner langen Reise zurück, und zwei Monate später brach Anna Amalia nach Italien auf. Herder war bereits vor der Rückkehr Goethes in das Land der Kunst abgereist.

Goethes Italienaufenthalt war nicht die Ursache, sondern höchstens der Anlass für das Drängen zur eigenen Fahrt. Im Frühjahr 1788 schrieb Anna Amalia an den alten Freund Merck: „... Wie glücklich bin ich, einmal meinen Wunsch in Erfüllung zu bringen und das schöne, natur- und kunstreiche Land mit eigenen Augen zu sehen und zu genießen ..."[20] Sie legte keinen Wert auf außergewöhnliche Repräsentation und reiste ohne großes Gefolge. Lediglich Kammerherr von Einsiedel, der Arzt Dr. Huschke und die allgegenwärtige Louise von Göchhausen sowie der durch Goethe attachierte ortskundige Italiener Collina bildeten eine kleine Reisegruppe, die gelegentlich durch wechselnde Persönlichkeiten angereichert wurde.

Fast zwei Jahre blieb Anna Amalia unterwegs. Ein halbes Jahr verbrachte sie in Rom, ein ganzes in Neapel. Anfang Oktober 1788 machte ihr Herder in Rom seine Aufwartung. Er besuchte zwar das Land mit dem Trierer Bruder des kurmainzischen Statthalters Dalberg, aber Johann Friedrich Dalberg, dessen Freundin und Herder hatten sich verzankt und dieser war froh, sich Anna Amalia anschließen zu können. In Italien schätzte man an Anna Amalia primär die verwandtschaftliche Nähe zu König Friedrich II. von Preußen. Im Gefolge einer so bedeutenden Dame konnte selbstverständlich kein armer Pastor aus Weimar stehen. Herder glänzte deshalb in der Rolle eines „Bischofs von Thüringen".

In Rom wohnte die Gruppe auf dem Monte Pinicio und besaß einen direkten Blick auf den Vatikan mit dem Petersdom. Anna Amalia hielt einen strengen Tagesplan ein. Vormittags besuchte sie vier Stunden lang Museen oder Ausstellungen. Nachmittags schlenderte man durch die Natur. Abends gab es die Geselligkeit mit zahlreichen Gästen, zu deren Stamm u. a. der Freiherr von Dalberg, Johann Friedrich Reiffenstein, das Malerehepaar Angelica Kauffmann und Antonio Zucchi oder auch viele Künstler aus Goethes italienischem Bekanntenkreis gehörten. Die Abendgesellschaften uferten so sehr aus, dass Anna Amalia den Zutritt begrenzen musste, um nicht das eigentliche Ziel ihres Aufenthalts – die unterhaltsame Begegnung mit der Kunst, Geschichte und Natur – aus den Augen zu verlieren.

Zunächst genoss es Anna Amalia, wenn die höchsten Würdenträger des Vatikans und des römischen Adels Einladungen aussprachen. Sie profitierte von den Begegnungen, z. B. mit dem Kardinalstaatssekretär Boncompagni oder dem Kardinal Bernis. Die als „Gräfin Allstedt" inkognito auftretende Anna Amalia war von der großen Aufmerksamkeit im Adel überrascht. Die pompöse Art der italienischen Konversation und die Überfülle plötzlich erwachsender gesellschaftlicher Verpflichtungen störten sie jedoch zunehmend. Sie mochte keine Massenkonversationen bei Gesellschaften mit mehr als dreihundert Gästen, auf denen die Oberflächlichkeit regierte. Sie bevorzugte stattdessen das ihrem intellektuellen Niveau entsprechende persönliche Gespräch voller Geist und Witz.

Sogar Papst Pius VI. empfing sie. Die Protestantin äußerte sich darüber im Familienkreise ein wenig spöttisch, fühlte sich jedoch geschmeichelt und nahm zur Kenntnis, dass sich ihre Popularität in den römischen Adels- und Diplomatenkreisen schlagartig erhöhte: Eine Abendgesellschaft folgte der anderen. Anna Amalias Verdruss stieg und begann die Freude am individuellen Kunstgenuss zu überwuchern. So wunderbar sie Rom als Stadt europäischer Kultur empfand und so positiv sie über ihre Eindrücke nach Weimar berichtete, im Innern haderte die „Gräfin Allstedt", dass ihr die übertriebenen Repräsentationspflichten die Freude vergällten. Am 1. Januar 1789 verließ sie Rom in Richtung Neapel – eine Flucht auf der Suche nach dem Genuss des antiken Ideals, den sie in Italien suchte. Ende Februar 1789 kehrte sie noch einmal nach Rom zurück. Mitte Mai brach sie erneut nach Neapel auf und blieb dort bis zum April 1790.

Neapel gefiel Anna Amalia besser als Rom. Die Berichte über die Tage und Nächte in Neapel wirkten gelöster als die Schilderungen aus der Ewigen Stadt. Einsiedel schrieb im September 1789 an Herder: „Zwei Abende der Woche füllt das Theater aus, zwei andere Abende Konzerte in unserem Hause, wo sich der Kreis der Zuhörer täglich mehrt. Die übrigen Abende besuchen wir die sog. Akademie der Nobili und Amici wechselweise und dann und wann auch eine Konversation. Die Morgen werden auf der Gitarre verklimpert, die Nachmittage verschlafen. Portici oder der Pausilipp dienen zu Spazierfahrten, und was unter dem Fittich der Nächte vorgeht, das soll meine Feder nicht enthüllen."[21] Die Herzogin-Mutter wird doch ihrem Goethe treu geblieben sein?

Anna Amalia fühlte sich in Neapel ausgesprochen wohl. Sie gab sich ganz ihren Schwärmereien hin, malte, musizierte, las oder schrieb, genoss die Aufmerksamkeit, die man ihr auch in der neapolitanischen Gesellschaft entgegenbrachte und musste sich nur wenigen lästigen Zwängen unterwerfen. In Neapel besaß sie die Freiheit eines ausgewogenen Verhältnisses zwischen ihren eigenen künstlerischen Betätigungen, der Würdigung von Land, Volk, Geschichte und Natur, der unvermeidlichen Repräsentation sowie der geselligen Unterhaltung. Diese Freiheit schloss sogar das Recht des Verzichts auf eigene künstlerisch-kreative Leistungen ein. Die Herzogin besuchte Italien nicht, um sich an der Antike für den Lebensberuf einer Dichterin, Malerin oder Komponistin zu schulen. Sie wollte das Leben genießen und viele persönliche Erlebnisse sammeln, die sie später im geselligen Leben Weimars einbringen konnte. Im Vordergrund stand die ungezwungene Lebensfreude. In Rom hatte sie alle bedeutenden Bauwerke, Galerien und Kunstwerke gesehen. In Neapel strahlte der Himmel und bildete eine einzigartige Symbiose mit der Natur und der Musik.

Es hatte in Anna Amalias vorausgegangenem Leben keine Zeit gegeben, in der sie sich so unbeschwert allen Freuden des Daseins hingeben konnte. Nun wollte sie diese glücklichen Monate ausdehnen, so lange es nur ging. Aber die Wirklichkeit war unbarmherzig. Im Sommer 1789 brach in Frankreich eine Revolution aus, die ganz Europa erschütterte. Der Italienaufenthalt verschlang enorme Mittel, in den Jahren 1788 bis 1790 mehr als die Hälfte der gesamten Schatullausgaben. Carl August drängte seine Mutter zur schnellstmöglichen Rückkehr. Vor allem befürchtete Carl August jedoch, dass Anna Amalia in den sich zwischen Österreich und Preußen zuspitzenden Konflikten Schaden nehmen könnte. Schließlich beauftragte er Goethe, das Problem zu lösen. Goethe reiste Anna Amalia bis Venedig entgegen, und am 20. Juni 1790 kehrten sie gemeinsam in das Ilmtal zurück.

Verständnisprobleme mit der Klassik

Anna Amalia kam in ein sich veränderndes Weimar zurück. Geselligkeit, Tanz, Konzerte oder unterhaltsames Theater gab es zwar auch weiterhin. Aber das Denken und Fühlen jener Menschen, die den Weimarer Musenhof durch ihre literarischen und dramatischen Arbeiten prägten, entwickelte sich weiter. Goethe oder Herder waren nicht zur Unterhaltung nach Italien gereist. Das Ideal der antiken Welt, so wie es Johann Joachim Winckelmann 1764/67 in der „Geschichte der Kunst des Altertums" beschrieben hatte, trat in das Zentrum der Überlegungen Goethes. Italien bestärkte seine Hinwendung zum klassischen Ideal. Am Beginn der 90er-Jahre pflegte er noch nicht die später so bedeutende Partnerschaft mit Schiller. Seine eigene Kunst wurde ernster und reifer. Das „Jahrmarktsfest von Plundersweilern" gehörte einer vergangenen Zeit an, auch bedingt durch die erregenden Ereignisse im revolutionären Frankreich.

Goethe und Herder diskutierten die Frage, ob Anna Amalia in Italien vielleicht ähnliche Eindrücke gesammelt hätte wie sie selbst. Herder schlug vor, Anna Amalia die Intendanz über die Musik und das Theater in Weimar zu geben. Aber die Herzogin-Mutter besaß ganz andere Pläne. Ihr Wunsch war die Boheme einer italienischen Künstlergalerie in Weimar, in der jeder frei und nach eigenem Gutdünken schöpferisch tätig sein könnte – wie unter der warmen Sonne Italiens. Das Angebot der Dichter, Anna Amalia auf den Weg zu neuen philosophischen Ideen und literarischen Werken mitzunehmen, verstand die Fürstin nicht.

Als Anna Amalia zurückkehrte, musste sie ihre Wohnung in Belvedere einrichten. Wittumspalais und Tiefurt wiesen Wasserschäden auf. Aber das Echo auf die Ereignisse in Frankreich wog schwerer. Die Familie, namentlich die als Generäle in preußischen und sächsischen Diensten stehenden Söhne Carl August und Constantin, bezog selbstverständlich die monarchische Position. Den wahren Ernst der Lage verstand Anna Amalia zunächst nicht. Sie verwunderte sich sehr über die prorevolutionäre Position, die z. B. Herder einnahm, entzog ihm jedoch nicht ihre Zuneigung. Sie sorgte mit ihren finanziellen Mitteln sogar dafür, dass er Weimar nicht in Richtung Göttingen verließ.

Anna Amalia fühlte sich in Weimar zunächst fremd. Sie vermisste das leichte und unterhaltsame italienische Leben. Der Herzog und Goethe befanden sich bei der preußischen Armee in Schlesien und Constantin hatte keine Zeit für sie. Das politische Leben lief an ihr vorüber. Sie konnte sich nur mit ihrem kleinen Hof beschäftigen und überbrückte die aufkommende Langeweile durch malen, musizieren oder schreiben. In der Erinnerung an die Italienreise fand sie schließlich den Gegenstand ihres weiteren Handelns. Sie schrieb ein Reisejournal, in dem nicht nur die tatsächlichen Erlebnisse, Gedanken und Gefühle während der Reise ihren Niederschlag fanden, sondern das auch ein Ausdruck der Enttäuschung war, in Weimar mit ihrer Art der Sehnsucht nach dem Süden allein zu sein.

Sie war voller Freude und Enthusiasmus zurückgekehrt, mit verrückten Plänen im Kopf. Aber nur wenige Menschen interessierten sich wirklich für sie. Dazu zählten Herder und Wieland. Deren Einfluss war es zu verdanken, dass Anna Amalia die literarische Arbeit fortsetzte. Sie übersetzte Wielands Werke in die italienische Sprache, korrespondierte ausführlich, u. a. mit den in Italien verbliebenen Malern Angelika Kauffmann und Wilhelm Tischbein. Anna Amalia nötigte ihre unmittelbare Umgebung, möglichst viel Italienisch zu sprechen. Man konnte sich des Eindrucks nicht erwehren, dass ihr Tun ein wenig gekünstelt und aufgesetzt wirkte. Die unbeschwerte Zeit in Tiefurt war unwiederbringlich vorbei. 1790/91 verlangte die französische Revolution nach dem politischen Gespräch. Die Erkenntnisse Goethes aus seiner eigenen Italienreise und die Ereignisse in Frankreich führten zu einer Überprüfung der bisherigen Positionen im Verhältnis zwischen Aufklärung, Wirklichkeit und ästhetischen Ansprüchen. Die von Anna Amalia früher – und auch noch in Italien – gepflegten Formen fröhlicher und leichter Unterhaltung konnten den politischen und theoretischen Bedürfnissen nicht mehr gerecht werden.

Natürlich hatte sie in Italien auch gelernt. Die Kardinäle Capecelatro, Bernis und Boncompagni hatten sie durch ihre philosophischen und literarischen Interessen beeindruckt. In Weimar wollte Goethe sie entsprechend ihren intellektuellen Fähigkeiten in das geistige Geschehen der Residenz einbeziehen. Goethe schlug Carl August 1791 vor, in Weimar eine „gelehrte Gesellschaft“ zu gründen, in der ausgewiesene und interessierte Menschen im aufklärerischen Sinne vereint werden sollten. Er gewann auch Anna Amalia für diesen Plan, und vom Herbst 1791 bis zum Frühjahr 1792 fanden die Veranstaltungen des „Weimarer Gelehrtenvereins“ im Palais Anna Amalias statt. Goethe führte einen Verein, der feste Statuten und eine klare Organisationsstruktur besaß. Dieser gelehrte Verein wurde später zum ideellen Vorbild für die literarischen Abende der Maria Pawlowna und für die Begegnungen in Ettersburg unter der niederländischen Prinzessin Sophie.

Die vom Gelehrtenverein im Hause Anna Amalias veranstalteten „Freitagsgesellschaften“ besaßen ein festes Teilnehmerprofil: Mitglieder der fürstlichen Familie, intelligente Angehörige der Hofgesellschaft, Dichter und Universitätsgelehrte. Anna Amalia war weder die Initiatorin, noch bestimmte sie den Inhalt der Vorträge, deren Auswahl einem strengen Verfahren unterlag und die nachgerade zu gedruckten Publikationen vorbereitet wurden. Niemand hat die Sitzungen des Gelehrtenvereins origineller beschrieben als der geistvolle Spötter Karl August Böttiger, dem bereits die Ansammlung der verschiedensten Themen, die den Zuhörern alle Aufmerksamkeit abverlangte, großen Spaß bereitete. Über die Sitzung vom 4. November 1791 teilte er mit: „... Der Präsident der Gesellschaft der Geheime Rath v. Göthe eröffnete sie mit fortgesetzten Betrachtungen über das Farbenprisma ... Hierauf las *Herder* einen trefflichen Aufsatz über die wahre Unsterblichkeit für die Nachwelt vor, ... Auf Herdern folgte der Geheime Rath und Archivarius Voigt, der uns aus dem hiesigen an den ehrwürdigsten Documenten so reichen Archiv ein sehr merkwürdiges Diplom vorlegte und erläuterte, dass der Kaiser Friedrich der Rothbarth im Jahre 1167. zu Erfurt dem Abte Ekhard im S(ankt) Georgenstifte zu Naumburg ertheilte ... Hierauf las der Professor der Botanik D(oktor) Bartsch, als Ehrenmitglied, eine sehr Sachreiche Abhandlung vom Schiffsbote oder dem *Nautilus* und einer kleinen Schneke, die im Meeressand gefunden, und erst durchs Microskop deutlich wird ... Nun zeigte der M(agister) Lenz, der jetzige Inspector der Kunstkammer und des Naturaliencabinetts in Jena eine Reihe Intestinalwürmer in Spiritus, die er selbst aus den Eingeweiden vieler Thiere hervorgesucht und präparirt hatte ....“[22] Weil die Zeit vorgerückt war, musste ein weiterer Vortrag, von Friedrich Justin Bertuch über die Farbentinten bei Japanern und Chinesen, entfallen.

Die Programmwahl entsprach Goethes Wunsch nach einem breiten Bildungsangebot für interessierte Zuhörer, nicht jedoch Anna Amalias Vorstellungen von einer literarisch-musikalischen Unterhaltung. Sie beschränkte sich auf ihre gelegentliche Anwesenheit und auf die Bereitstellung des Sitzungsraumes. Als Böttiger im März 1792 über antike Gefäße referierte, ließ sie ihre aus Italien mitgebrachten Stücke vorführen. Insgesamt erlahmte ihr Interesse bald und die gelehrten Abendgesellschaften an ihrem Hof kamen 1793 zum Erliegen. War das die von der Nachwelt gerühmte „Tafelrunde“ Anna Amalias?

Die Zeitumstände nahmen bedrohliche Formen an. In Frankreich regierte der Terror. 1792 begann der 1. Koalitionskrieg europäischer Fürsten gegen Frankreich. In dieser Situation unterstützte Carl August den schrittweisen geistigen Zusammenschluss Goethes und Schillers, der in die Formulierung der Prinzipien der Klassik mündete. In Anlehnung an das antike Kunstideal suchten Goethe und Schiller nach Vollkommenheit in der Übereinstimmung von Inhalt und Form. Goethe fand in der Natur ein Modell für den universalen Zusammenhang aller Erscheinungen. Schiller betrachtete die Geschichte als wichtigsten Bezugspunkt bei der Suche nach Freiheit, Gleichheit und Gerechtigkeit. Nicht die Unruhe der Zeit, Kriege oder Gewalttaten sollten die Zukunft der Menschheit bestimmen, sondern das sittliche Ideal einer evolutionären ästhetischen Erziehung. Die „schöne Seele“, der Mensch in seiner Einheit von Pflicht und Neigung sollte das Bild der Dichtung prägen. Weimar konnte der Ausgangspunkt und das Zentrum der so formulierten Klassik sein.

Das Konzept verlangte harte theoretische und praktische Arbeit, die über den Rahmen lieb gewordener Freizeitunterhaltung in Liebhabertheatern oder selbst verfassten Journalen hinausging. Goethe übernahm 1791 die Leitung des neuen Hoftheaters. Aus Rentabilitätsgründen machte das Theater große Zugeständnisse an den Publikumsgeschmack. Man spielte August von Kotzebue, seltener jedoch Shakespeare oder Schiller. Erst zum Ende des Jahrhunderts begründeten „Wallenstein“, „Maria Stuart“ oder die „Jungfrau von Orleans“ den legendären Ruf Weimars als Mittelpunkt der klassischen deutschen Literatur und Dramatik. Goethe arbeitete seit seiner Rückkehr aus Italien am „Torquato Tasso“, auch am „Egmont“ und „Faust“. Zunächst überwogen jedoch naturwissenschaftliche und medizinische Studien, die sich nicht nur in der Farbenlehre niederschlugen, mit der der Dichter einen schwer nachvollziehbaren Feldzug gegen die Ansichten des Physikers und Astronomen Isaac Newton verband.

Anna Amalia stand der theoretischen Richtung, die Goethe und Schiller einschlugen, skeptisch und relativ fremd gegenüber. Einerseits war sie es der Würde ihrer Position schuldig, die geistigen und künstlerischen Aktivitäten des regierenden Hofes zu fördern und durch eigene Verlautbarungen und die Teilnahme an Theateraufführungen, Bällen oder Maskenzügen zu unterstützen. Andererseits überstiegen die neuen geistigen Ansprüche das traditionelle Verständnis Anna Amalias von der höfischen Unterhaltung. Goethes naturwissenschaftliche Studien hielt Anna Amalia für reine Zeitverschwendung. Sie stieß auf den Beifall Herders, der den Versuch, die Aufklärung in der Klassik zu retten, nicht mitvollzog und zunehmend in Konflikte mit Carl August und Goethe geriet.

Die Missverständnisse, Aversionen und gegenseitigen Vorwürfe zwischen den Klassikern und Anna Amalia wuchsen mit den Jahren an, ohne dass die Präsentation des regierenden Hofs in der Öffentlichkeit darunter gelitten hätte. Es ging um grundsätzliche Unterschiede im Verständnis von Kunst und deren Wirkung. Friedrich Schiller hatte bereits 1787, unmittelbar nach seiner Ankunft in Weimar, über Anna Amalia das harsche Urteil gefällt: „Ihr Geist ist äusserst borniert, nichts interessiert sie als was mit Sinnlichkeit zusammenhängt, dies gibt ihr den Geschmack, den sie für Musik und Mahlerei und dgl. hat oder haben will.“[23] Bei dieser Meinung blieb Schiller. Goethes Urteil fiel weniger brutal aus. Er gestand sich ein, dass er selbst in bestimmten Bereichen der Kunst wie Anna Amalia über das Dilettieren nicht hinauskam.

Anna Amalia setzte ihrerseits dem groben Klotz Schillers einen groben Keil auf. Unterstützt durch Wieland betonte sie, dass sie natürlich nicht über die ästhetischen Kenntnisse Schillers verfüge, sondern lediglich aus dem Gefühl sinnlicher Wahrnehmungsfähigkeit urteilen könne. Das war eine sehr bissige Replik, die sie noch steigerte. Sie warf Schiller nach dessen „Braut von Messina“ vor, dass er sein Talent als Dichter bald verspiele, wenn er sich weiter so extensiv der „Dramatischen Kunst“ unterwerfe.

Sie erhob nicht den Anspruch, durch ihre eigenen Studien zu theoretischen Fragen der Musik das Niveau eines öffentlich anerkannten Denkers zu erreichen. Sie wollte sich selbst über die Ästhetik der Kunst klar werden und sie wollte in dem kleinen Kreis ihres eigenen Witwenhofes nicht nur Karten spielen, sondern sich auch über ihre eigenen malerischen, musikalischen oder schriftlichen Arbeiten unterhalten können. Das war ein Ehrgeiz, der sich ganz logisch über kurz oder lang selbst erschöpfen musste, so wie es das Liebhabertheater und das „Journal aus Tiefurt" schon in vergangenen Jahren demonstriert hatten.

Gleichzeitig bewies Anna Amalia bei ihren musiktheoretischen Traktaten eine gute Beobachtungsgabe für die gesellschaftliche Wirklichkeit. Sie kritisierte den neuen bürgerlichen Massenkunstbetrieb. Einer ernsten Debatte über Kunst und Realität beim Aufbruch in die Moderne konnte sie nicht folgen. Sie klammerte sich zwar an die von Herder in dem 1800 veröffentlichten Werk „Kalligone" vertretenen Thesen, simplifizierte diese aber auf zuspitzende Weise, bedingt durch die persönlichen Interessen ihrer eigenen Kunstbefriedigung. Es kam nicht darauf an, die Gedanken der Klassiker zu verstehen oder gar durch eigene Anregungen zu bereichern. Wichtig war vielmehr, dass man mit den großen Geistern Weimars an einem Hof lebte, deren materielle Lage sicherte und zu ihnen in Kontakt treten konnte, wann immer man wollte. Dazu gehörte ebenso der sichtbare Nachweis literarischen Eigeninteresses. Carl August unterstützte die ganze Richtung der klassischen Bildung und Literatur. Er förderte sie intensiv, nachdem mit dem Frieden von Basel 1795 eine längere Friedensperiode begann. Anna Amalia verstand ihren Sohn nicht mehr. Trotz der alltäglichen Freundlichkeiten am Hofe – das Misstrauen gegenüber den Studien Goethes und auch die Tatsache, dass ihre Beziehungen zu Schiller über Jahre hinweg kühl und distanziert blieben, zeigten, dass sich die alternde Fürstin lieber in ihre kleine höfische Welt unterhaltsamer Freizeitbeschäftigung zurückzog, als sich imposant im Lichte einer großen Mäzenatin des klassischen Weimarer Musenhofs zu präsentieren. Nach all den Jahren, in denen sie unter schwierigen Bedingungen die Entwicklung des Herzogtums mitbestimmt hatte, besaß sie das Recht, sich nur noch ihren persönlichen Neigungen hinzugeben. Zumal ihr Leben nicht frei von Sorgen blieb.

Der Krieg tobte außerhalb der eigenen Landesgrenzen weiter. Es gab keine Garantie für die eigene Sicherheit, zumal die Männer der Familien in Weimar und Braunschweig Kriegsdienst leisten mussten. Im September 1793 starb Prinz Constantin nach der Belagerung von Mainz in einem Feldlager bei Wiebelskirchen an der Saar am Typhus. Anna Amalia war zutiefst erschüttert. Als Fürstin bewahrte sie Haltung. Nur ihrem Bruder Friedrich August schrieb sie: „Du hast ein Herz, lieber Fritz, ich weiß, dass Du mit einer Mutter leidest, die sich in der größten Betrübnis befindet, und dass Du teilnimmst an meinen lebhaften Schmerzen ..."[24] Auf das Denkmal, das Anna Amalia ihrem Sohn Constantin im Park von Tiefurt errichten ließ, ließ sie Worte einmeißeln, die vom „unseligen Krieg" sprachen, der ihr den Sohn genommen hat.

Der Schrecken des Krieges, aber auch die 1796 folgende Friedensperiode führten zu keiner Entpolitisierung Anna Amalias. Obwohl die Interessen der Dichter wie auch des Herzogs und die Art der von Anna Amalia betriebenen Geselligkeit an ihrem eigenen kleinen Hof mit jedem Jahr weiter auseinanderliefen, blieb Anna Amalia ganz zwangsläufig mit den Ereignissen am regierenden Hof eng verbunden. Goethe, Schiller oder Wieland und Herder, die Gäste des Hofes aus fürstlichen Häusern, Reisende aller Art und vor allem Emigranten aus dem revolutionären Frankreich und den von Frankreich besetzten deutschen Staaten besuchten sie und besprachen mit ihr oder in ihrer Gegenwart die alle bewegenden politischen Ereignisse.

Anna Amalia bestellte sich Schriften über staatspolitische Themen und aktuelle politische Probleme. Als wahre konservative Anhängerin der monarchischen Ordnung fürchtete sie um den Bestand des Deutschen Reichs und seiner Machtstrukturen. Die Emigranten betrachtete sie differenziert und mit gemischten Gefühlen als Vorboten einer großen Gefahr. Die Flüchtlinge aus den linksrheinischen Gebieten hatten zum großen Teil ihr Hab und Gut verloren. Sie benötigten dringend finanzielle Unterstützung. Anna Amalia half, sah aber auch in den persönlichen Erlebnissen, in Briefen ihrer Freunde und in den Berichten der Besucher deutliche Signale für das nahende Ende der Welt, in der sie ihr Leben lang agiert hatte. Ihre vordringliche Sorge galt der Zukunft Braunschweigs, Preußens und Weimars, aber auch des Heiligen Römischen Reichs Deutscher Nation. Sollte all das, wofür sie gewirkt hatte, am Ende ihres Lebens untergehen?

Aus dieser Sorge begrüßte Anna Amalia das Bemühen ihres Sohnes, eine Eheschließung des Erbprinzen Carl Friedrich mit der russischen Großfürstin Maria Pawlowna zu arrangieren. Russlands Kaiser Paul I. galt vielen deutschen Fürsten als Garant für die Bewahrung der monarchischen Ordnung in Europa. Aber die Verhandlungen zogen sich über die Jahre hin, getragen von vielen Hoffnungen in die Zukunft Weimars.

Der Klang des Todes

Trotz allen politischen Ungemachs bemühte sich die Herzogin-Mutter, ihre gewohnte Lebensart beizubehalten. Sie genoss die anhaltende Verehrung des Volkes, pflegte gute Beziehungen zu allen Familienmitgliedern und sorgte dafür, dass sie die geistige und künstlerische Idylle ihrer kleinen Hofgesellschaft aufrechterhalten konnte. Den Dichtern brachte sie Respekt entgegen und die Dichter respektierten sie. Es wurde von Monat zu Monat deutlicher, dass sich Anna Amalia auf ihre kleine Welt zurückzog. Sie wurde älter, die Kraft ließ nach und sowohl die geistig-literarischen Werke der Dichter als auch die politischen Ereignisse nahmen Dimensionen an, die sie bei allem persönlichen Sachinteresse zwangen, die Zeitläufte im Focus des persönlichen Umfelds zu betrachten. Nach über sechzig Lebensjahren nahm die Zahl der Familienmitglieder, Freunde, Bekannten und Wegbegleiter, die Anna Amalia vertraut waren, ab. 1801 starb die Mutter Philippine Charlotte. Im gleichen Jahr folgte die ihr besonders vertraute Gemahlin Wielands, Dorothee. Wieland und Anna Amalia schlossen sich noch enger zusammen. Ein besonders herber Schlag für Weimar und Anna Amalia war der Tod Herders im Dezember 1803. Herder war über so viele geistige und persönliche Stränge mit der herzoglichen Familie, den Klassikern und den Bürgern der Stadt verbunden, dass sein Ableben über Zuneigung, Streit und Differenzen hinweg als großer Verlust empfunden wurde.

In den Jahren von 1804 bis 1806 versuchte Anna Amalia, die familiären Bindungen zu überdenken und auf den inneren Frieden in der Familie hinzuwirken. Dazu zwangen nicht nur die ständig bedrohlicher klingenden politischen und Kriegsnachrichten. Sie wollte es so und nutzte Gelegenheiten wie die Eheschließung des Erbprinzen Carl Friedrich mit der russischen Großfürstin Maria Pawlowna im Sommer 1804. Anna Amalia war aus der Erfahrung ihres eigenen schweren Beginns in Weimar entschlossen, in der reichen und schönen Großfürstin die sichere Zukunft der regierenden Familie und des Landes zu sehen. Nicht umsonst trat Anna Amalias engster Freund Wieland als enthusiastischer Wortführer einer geradezu apologetischen Verehrung Maria Pawlownas auf. Anna Amalia selbst sparte nicht mit Lobeshymnen, dass die neue Erbprinzessin ein wahrer Schatz wäre und dass sie selbst als Großmama nun bald in ihren Urenkeln fortleben würde. Angesichts der von Frankreich und von Napoleon ausgehenden Kriegsgefahr genoss Anna Amalia sogar den Wirbel um Maria Pawlowna, weil er von den politischen Bedrohungen etwas ablenkte.

Aber die Empfangseuphorie für Maria Pawlowna war bald verflogen. Im Jahre 1805 fanden sich Großbritannien, Österreich, Schweden und Russland zur dritten Koalition gegen Napoleon zusammen. Der Krieg rückte näher. Nach der russisch-österreichischen Niederlage im Dezember 1805 bei Austerlitz geriet Maria Pawlowna in persönliche Gefahr. Es war nur noch eine Frage der Zeit, wann es zum Krieg zwischen Frankreich und Preußen kommen würde: Carl August stand nach wie vor als General im Dienste des preußischen Königs. Maria Pawlowna konnte zur Geisel in den Händen Napoleons werden.

Anna Amalia machte sich große Sorgen um die Zukunft. Sie hatte all ihre strukturpolitischen Vorstellungen mit dem Deutschen Reich verbunden. Diese Ordnung zerbrach mit dem Marschschritt der französischen Armee. Während Goethe Überlegungen anstellte, welche Rolle Weimar als Hauptstadt der deutschen Literatur unter den Bedingungen eines durch Napoleon beherrschten Deutschlands einnehmen könnte, gab sich Anna Amalia dem Schmerz über den Untergang der alten Ordnung hin. Die Auflösung des Heiligen Römischen Reiches, die Abdankung des Kaisers und die Gründung des Rheinbunds von Napoleons Gnaden ließen die alte Dame im Jahre 1806 nicht zur Ruhe kommen. Dabei stand der größte persönliche Schlag noch bevor.

Napoleon fiel mit seinen Truppen in Thüringen ein. Maria Pawlowna und der Erbprinz Carl Friedrich flohen am 11. Oktober 1806 aus Weimar. Am 13. Oktober befanden sich von der regierenden Familie noch die beiden Damen Louise und Anna Amalia sowie die Prinzessin Caroline in Weimar. Louise forderte ihre Schwiegermutter energisch auf, die Stadt unverzüglich und gemeinsam mit der Enkelin Caroline zu verlassen. Anna Amalia rang mit sich, ob sie in ihrem hohen Alter ein Beispiel für die preußische Tugend der Standhaftigkeit geben oder in das heimatliche Braunschweig fliehen sollte. Am Ende nahm ihr die couragierte Louise die Entscheidung ab. Am Morgen des 14. Oktober verließ Anna Amalia auf Befehl Louises die Stadt und das Herzogtum –, nachdem das preußische Königspaar, das sich auf dem Wege zur Armee kurzzeitig in der Stadt aufgehalten hatte, abgereist war.

An diesem 14. Oktober 1806 trafen bei Jena und Auerstedt die französische und die preußisch/sächsische Armee aufeinander. Die Doppelschlacht endete mit einer Niederlage der preußischen Armee, mit dem Präludium zum Zusammenbruch des preußischen Staates. Für Anna Amalia nahmen die Ereignisse einen dramatischen Charakter an. Carl August stand im Felde und befehligte an der Unstrut die preußische Avantgarde.

Während die Kanonen über die Schlachtfelder bei Jena und Hassenhausen donnerten, hörte Anna Amalia den Klang des Todes aus zunehmender Ferne. Sie floh über Erfurt, Mühlhausen, Heiligenstadt und Göttingen nach Kassel. Mit ihr und der zwanzigjährigen Caroline fuhren – wie sollte es anders sein – Louise von Göchhausen und der Freiherr von Einsiedel. Sie quälten sich über die Straßen des Krieges und warteten sehnsüchtig auf jede Nachricht aus Weimar. Wo war der Herzog? Wie schlug er sich in diesem Existenzkampf? Anna Amalia blieb ohne Informationen, wurde unruhig und entschloss sich: Lieber in den Untergang als diese Ungewissheit! Am 23. Oktober erreichte sie bereits wieder Eisenach. Sie musste die Einwohner beruhigen, denn die sahen in der

Herzogin-Mutter einen sicheren Schild und wollten sie nicht wieder ziehen lassen. Aber deren Drang in die Residenzstadt war stärker: „Den 30. kamen wir endlich noch wieder zurück. Wir fanden Unglück und manches Elend und doch fanden wir auch Ursache, Gott und unsrer trefflichen Herzogin zu danken, dass es nicht noch schlimmer wurde."

Anna Amalia ärgerte sich darüber, dass der Herzog sein Land im Ungewissen beließ, mehrere Tage nicht erreichbar war und mit seiner Rückkehr nach Weimar keine Eile hatte. Aber diese Sorge verblasste vor dem Desaster ihres eigenen Lebens. Sie empfand es wie ein Symbol für den Untergang ihrer Welt, dass ihr Bruder, Herzog Carl Wilhelm Ferdinand von Braunschweig, in der Schlacht bei Hassenhausen tödlich verwundet wurde und am 10. November den Verletzungen erlag. Sie war wie erstarrt, bewahrte aber ihre Haltung.

Nach langen Verhandlungen und Wochen kehrte Carl August, der mit seinen Soldaten bis in die Elbniederungen bei Havelberg marschiert war, endlich zurück, Weimar blieb wie die anderen thüringischen Kleinstaaten bestehen. Nur das heimatliche Braunschweig wurde dem neuen Königreich Westfalen zugeschlagen. Anna Amalia bekam einen Anflug von Todessehnsucht und beglückwünschte den gefallenen Bruder, weil er das Elend der Welt nicht mehr ertragen musste.

Anna Amalia erregte sich über Goethe, der scheinbar unberührt seinen naturwissenschaftlichen Studien nachging, und erkannte nicht, dass dieser Goethe, von dessen geistiger Größe sie sich schon lange entfernt hatte, in allem, was er dachte und leistete, dem neuen bürgerlichen Geist Europas Rechnung trug. Naturwissenschaft, Technik und die Dichtung – Weimar, das Zentrum des neuen, vom Genius Napoleons getragenen Deutschlands. Das waren Gedanken, die sich Anna Amalia nicht offenbarten, die sie nicht verstehen konnte, von denen sie nichts mehr wissen wollte. Goethe war nicht der einzige Weimarer, an dem sie Zeichen einer neuen Zeit entdeckte, die ihr ebenso fremd wie feindlich erschien. Weimarer Persönlichkeiten wie der vielseitige Unternehmer Friedrich Justin Bertuch oder die Schriftstellerin Johanna Schopenhauer brachten Inhalte und Formen einer bürgerlich geprägten Geselligkeit und eines geistigen Lebens hervor, die nach Anna Amalias Vorstellungen zu den Privilegien der höfischen Kultur gehörten. Für jene Politiker, wie den kurmainzischen Statthalter in Erfurt von Dalberg, der sich auf die Seite Napoleons schlug und dafür Großherzog von Frankfurt wurde, hatte Anna Amalia nur Verachtung übrig. Sie sah nicht einmal, dass die Mehrzahl der deutschen Fürsten Napoleon im Rheinbund willig folgten, dass eine große Anzahl deutscher Dichter und Denker im Wirken Napoleons zumindest zeitweilig eine Chance erblickten, das untergegangene Deutsche Reich mit modernen Inhalten und Strukturen neu erstehen zu lassen.

Anfang April 1807 erkrankte Anna Amalia an einer Erkältung. Weder sie selbst noch ihre Umgebung nahmen das Fieber wirklich ernst. Lediglich Herzogin Louise, die stets in sich gekehrte, abweisend wirkende und von Anna Amalia oft verkannte Schwiegertochter, bemerkte Veränderungen im äußeren Ansehen der Schwiegermutter. Sie forderte eine gründliche Untersuchung Anna Amalias. Es geschah jedoch nichts. Am 10. April 1807 hielt sich Anna Amalia im Wittumspalais auf. Carl August besuchte sie und beide führten eine lange Unterhaltung. Der Sohn verabschiedete sich und ging. Die Mutter wollte sich etwas ausruhen, schlief ein – und erwachte nicht wieder. Als Carl August am Nachmittag noch einmal zurückkehrte, war die Mutter sanft entschlafen. Einen angenehmeren Tod kann man keinem Menschen wünschen.

Am 14. April 1807 wurde Anna Amalia neben ihrem Bruder Herzog Friedrich August von Braunschweig-Oels in der Jacobskirche zu Weimar beigesetzt – nicht weit entfernt vom Grab Johann Gottfried Herders. Die Aufbahrung und Beisetzung folgte allen Regeln des fürstlichen Hauses, unter großer Anteilnahme der Bevölkerung und der deutschen Öffentlichkeit. Mit Anna Amalia starb eine Frau, die dem Land als Regentin und gemeinsam mit ihren Ministern Wege in eine eigenständige Zukunft gebahnt hatte: dynastisch, staatlich und kulturell. Als Herzogin-Mutter hatte sie an der Seite ihres Sohnes mitgewirkt, der Weimarer Residenz den Ruf eines Musenhofs zu erarbeiten. Sie wirkte aktiv, lebensfroh und mit einigen Erfolgen zum Wohle ihrer Untertanen.

Es war der Wille des regierenden Hauses und Goethes, dass Anna Amalia nach ihrem Tode in der Öffentlichkeit eine Wertschätzung erfahren sollte, die ihre tatsächliche Bedeutung für die Rolle des musischen Weimar in Deutschland überstieg.

Am 19. April 1807 wurde in den Kirchen des Herzogtums der Nekrolog auf Anna Amalia verlesen, den Goethe auf der Grundlage biografischer Notizen des Ministers Christian Gottlob Voigt verfasst hatte: „Zum feyerlichen Andenken der Durchlauchtigsten Fürstin und Frau Anna Amalia verwitweten Herzogin zu Sachsen-Weimar und Eisenach, geborene Herzogin von Braunschweig und Lüneburg". Der Nekrolog gab die Sprachregelung vor, in der die Verstorbene gesehen werden sollte: „Das ruhige Bewusstsein ihre Pflicht gethan, das was ihr oblag geleistet zu haben, begleitete sie zu einem stillen, mit Neigung gewählten Privatleben, wo sie sich von Kunst und Wissenschaft, so wie von der schönen Natur ihres ländlichen Aufenthaltes umgeben, glücklich fühlte. Sie gefiel sich im Umgang geistreicher Personen, und freute sich Verhältnisse dieser Art anzuknüpfen, zu erhalten und nützlich zu machen; ja, es ist kein bedeutender Nahme von Weimar ausgegangen, der nicht in ihrem Kreise früher oder später gewirkt hätte." Jedes einzelne Faktum für sich genommen entsprach den historischen Tatsachen. Aus der Sicht des Jahres 1807 und in der undifferenzierten Summation ganz unterschiedlich bewertbarer Fakten, erweckte der Nachruf den Eindruck, Anna Amalia sei die alles entscheidende Begründerin und aufmerksamste Mäzenatin all dessen gewesen, was sich mit dem Begriff des Weimarer Musenhofs verband. Einschließlich ihrer eigenen künstlerischen Selbstbetätigung.

Goethe erschien der Nekrolog noch nicht ausreichend für die Manifestation eines erkennbar tendenziösen Bildes über Anna Amalia. Unter seiner und Minister Voigts Ägide schrieb einer ihrer treuesten Konfidenten, der Jenaer Professor für Beredsamkeit und Poesie, Heinrich Carl Abraham Eichstaedt, ebenfalls 1807 eine akademische Gedächtnisrede auf Anna Amalia (Memoria augustae principis ac dominae Anna Amaliae). Eichstaedt stellte Anna Amalias segensreiches Wirken für die Kunst und Wissenschaft, vor allem für die Jenaer Universität in das Zentrum seiner Elogen. Er vergaß nicht darauf hinzuweisen, dass Anna Amalia nach dem Ende der Regentschaft in besonderer Weise literarisch, musikalisch, bildnerisch tätig gewesen ist. Eichstaedt verstieg sich sogar zu einem historischen Vergleich. Er stellte das antike Athen und das Florenz der Renaissance mit dem „blühenden" Weimar auf eine kulturgeschichtliche Ebene. Dank Anna Amalia!

Während der Nekrolog von Goethe/Voigt zunächst nur im eigenen Sprengel vorgetragen wurde und Eichstaedts Rede auf den akademischen Rahmen begrenzt blieb, erschien im Mai 1807 ein dritter Nachruf in dem von Bertuch herausgegebenen „Journal des Luxus und der Moden", das von breiteren bürgerlichen Schichten in ganz Deutschland gelesen wurde. Der Nachruf unter dem Titel „Den Manen der verewigten Herzogin Anna Amalia" stammte aus der Feder Carl Ludwig Fernows, des letzten Bibliothekars Anna Amalias. Fernow bekräftigte die bei Goethe und Eichstaedt verankerte Aussage, dass Anna Amalia in ihrer gesamten Lebensleistung ausschließlich eine Freundin und Beschützerin der Musen gewesen sei. Ihr Lebensinhalt habe aus Kunstliebe und Mäzenatentum bestanden. Damit habe sie die Grundlagen für alle positiven Leistungen gelegt, die in den letzten Jahrzehnten aus Weimar hervorgegangen sind.

An diesen wichtigsten Nachrufen auf Anna Amalia fallen in der kritischen historischen Rückschau drei wesentliche Punkte auf: Sie postulierten die über Jahrzehnte währende herausragende Rolle Anna Amalias als Mutter des Weimarer Musenhofs, indem sie sich auf die Ausarbeitungen Voigts (und Goethes) stützten; Goethe erwirkte bereits am Todestag Anna Amalias bei seinem Verleger Cotta in Augsburg dessen Einverständnis, keinen „unberufenen", d. h. nicht von Goethe zensierten oder genehmigten, Nekrolog zu publizieren; die Nachrufe überhöhten die reale Lebensleistung Anna Amalias und verliehen ihr als „Mutter des Weimarer Musenhofs" einen Nimbus, dem sie bei aller Wertschätzung für ihre bewahrenswerten Leistungen objektiv nicht gerecht werden konnte, denn der „Weimarer Musenhof" ist auch zu ihren Lebzeiten weit mehr gewesen als die musischen Liebhabereien und das begrenzte Mäzenatentum Anna Amalias. Bei so viel zielstrebiger Aufmerksamkeit für das Bild Anna Amalias in der Geschichte erwacht die Frage, warum gerade Goethe diese Inszenierung plante und realisierte. Es gehört sehr viel poetische Phantasie zu einer Interpretation, die Goethes Mühen in die geistig-emotionale Sphäre einer verborgenen und verbotenen Liebe zu Anna Amalia ansiedelt. Die Nekrologe zu simplen Werken der Selbstinszenierung Weimars als Mittelpunkt der klassischen deutschen Literatur zu degradieren, wird dem Lebenswerk Anna Amalias ebenfalls nicht gerecht.

Da erscheint eine politisch-rationale Motivation des überhaupt nicht unpolitischen Dichters Goethe plausibler. Natürlich konnte Goethe im Tod Anna Amalias ein Moment des Niedergangs sehen. Nach dem Tode Herders 1803 und dem Ableben Schillers 1805 ging mit Anna Amalia eine weitere Persönlichkeit, die zum Aufbau dieses Musenhofs beigetragen hatte. Natürlich erlitt die Jenaer Universität in jenen Jahren durch die Abwanderung bekannter Gelehrter einen Substanzverlust. Goethe begann nicht erst mit den Nekrologen eine politische und geistige Offensive, deren Thema die Rolle Weimars als Zentrum der deutschen Literatur unter den Bedingungen der napoleonischen Herrschaft war.

Über die nationale und kulturelle Selbstbehauptung Weimars hatten denkende Köpfe seit der preußischen Niederlage vom Oktober 1806 besorgt gesprochen. Der Beitritt zum Rheinbund im Dezember 1806 und der Verzicht Napoleons auf die Auflösung des Herzogtums hatten die größten Gefahrenmomente beseitigt. Goethe verstand die Niederlage vom Oktober 1806 als Chance, Weimar zum geistig-literarischen Zentrum Deutschlands in der durch Napoleon reformierten neuen staatlichen Struktur des Rheinbundes zu erheben.

Anfang 1807 ließ Goethe Anna Amalias Bibliothekar Fernow an Böttiger schreiben: „Besonders müsse man in Sachsen, welches vor so vielem anderen verschont worden u. so günstige Bedingungen für seine fernere Existenz erhalten, jetzt mehr als je zusammenhalten, da Dresden u.

Leipzig, Jena u. Weimar künftig leicht der Hauptsitz der germanischen Geisteskultur im nördlichen Deutschland bleiben dürften ... Es sei also jetzt, wo alles auf der Spitze stehe, eine wahre Verräterei, mit dem alten Leichtsinne fortzufahren, Orte, welche als ein Sitz der Kultur, u. Männer, welche als tätige Beförderer derselben einige Ansprüche auf öffentliche Achtung haben können, unwürdig zu behandeln ... Besonders müssen Weimar u. diejenigen in W(eimar), welche zum Teil dazu beigetragen haben, auch selbst in den Augen der Franzosen unsere Literatur achtungswürdig zu machen, jetzt mit gebührender Rücksicht behandelt werden, um so mehr, da der K(aiser) Napoleon selbst auf W(eimar) aufmerksam geworden sei, so daß er den berühmten Johannes Müller in einer Unterredung gefragt hat, ob denn Weimar auch in Deutschland wegen seiner höheren Bildung in demselben Ansehen stehe wie bei den französischen Gelehrten? Man müsse also auf alle Weise verhüten, daß der, in dessen Hand jetzt Deutschlands Schicksal liege, die Achtung, die wir ihm durch ein höheres geistiges Übergewicht abgenötigt haben, nun verlöre usw. Dies ungefähr war der Inhalt dessen, was mir G(oethe) sagte, u. ich glaube, Sie werden eingestehen, daß er recht hat."

In diesem Zusammenhang stand auch die Mahnung Goethes an Cotta, nur die von ihm selbst initiierten Nekrologe zu drucken. Cotta hatte mehrfach Notizen mit abfälligen Bemerkungen über das literarische Leben in Weimar publiziert. Goethe war vorerst nicht so sehr daran interessiert, mit seinen neuen Ideen an die Öffentlichkeit zu treten. Die Gedanken, sich in den neuen politischen Verhältnissen unter der Führung Napoleons einzurichten, die allseitige Zusammenarbeit mit den Franzosen zu suchen und in diesem Zuge Weimars Bedeutung zu erhöhen, waren noch zu ungewohnt und dürften auch nicht nur Befürworter gefunden haben. Das Problem sollte erst einmal von den Intellektuellen diskutiert werden. Als Sprachrohr konnte die „Jenaische Allgemeine Literatur-Zeitung" dienen. Das Blatt reflektierte die Wissenschaftspolitik des Herzogs, wurde dirigiert von Goethe und herausgegeben – von Eichstaedt!

Goethe überlegte, ob es nicht sinnvoll wäre, einen nationalen Dichter- und Schriftstellerkongress nach Weimar einzuberufen. Er verband sich mit Persönlichkeiten wie dem Historiker Johannes von Müller, der in dem von Napoleon konstruierten Königreich Westfalen die Bildungspolitik leitete – und er nutzte auch das Ableben Anna Amalias, um in den Nekrologen für die zentrale Rolle Weimars in der Literatur eines durch die Ideen der bürgerlichen Revolution in Frankreich und durch Napoleon erneuerten Deutschland zu werben.

Goethes Bild vom Erbe Anna Amalias im künftigen Weimar kam zu früh – der Stern Napoleons sank und der Rheinbund zerfiel. Der folgende Weg Deutschlands zum Nationalstaat war voller Niederlagen und Höhepunkte. Weimar musste seinen Ruf als Stadt der klassischen deutschen Literatur in jeder Generation neu verteidigen. So merkwürdig es erscheint: Goethes Bild über Anna Amalia besitzt über alle politischen Konstruktionen und Wandlungen hinweg Bestand. Unverdrossen glauben die Menschen bis in unsere Tage der von Goethe aus konkreten politischen Gründen im Jahre 1807 erdachten Legende, Anna Amalia habe den Weimarer Musenhof geschaffen. Dabei hat sie selbst, wie auch ihre Nachfolgerinnen Louise, Maria Pawlowna oder Sophie, im praktischen fürstlichen Leben des Hofs zu Weimar eine praktische und reale Rolle gespielt, die ohne Zweifel dem Weimarer Musenhof gedient hat. Anna Amalia hatte es überhaupt nicht nötig, zur Legende erhoben zu werden und mit einem falschen Mythos durch die Geschichte zu geistern.

Louise
von Hessen-Darmstadt

(1757–1830)

Herzogin und Großherzogin von Sachsen-Weimar-Eisenach

Die Großherzogin Louise hat die gesamte Weimarer Klassik als Zeitzeugin mitgestaltet. Die Gemahlin Carl Augusts ist im modernen öffentlichen Bewusstsein lediglich durch die spektakuläre Begegnung mit Napoleon im Oktober 1806 präsent. Der Ausspruch des Kaisers der Franzosen, dass diese Frau wertvoller wäre als 200 französische Kanonen, verlieh Louise Unsterblichkeit. Goethe hielt Louise für eine verschlossene Natur. Eine Frau, die länger als ein halbes Jahrhundert an der Spitze des Weimarer Hofs lebte, darf eine größere Aufmerksamkeit beanspruchen. Louise, in Charakter, Wesen und Erscheinung ganz anders strukturiert als Anna Amalia, trug direkte Verantwortung für die Pflege des literarischen Weimar. Ihre Individualität innerhalb des musenhöfischen Gefüges lässt sie als interessante Persönlichkeit hervortreten. Ihre stille Zurückhaltung und ihr strenger kritischer Geist widerstanden jeder Form wohlfeiler Selbstinszenierung eines Hofes, dessen einziges Kapital in den dort wirkenden Dichtern lag.

Goethe befand es im Todesjahr Louises für notwendig, zur Beurteilung ihrer Persönlichkeit alle sie berührenden Wechselfälle in der Politik, im Militär- und Kriegswesen, alle poetischen, künstlerischen und wissenschaftlichen Entwicklungen – ausgelöst durch den zwingend erforderlichen Wiederaufbau des Residenzschlosses nach 1775 – heranzuziehen. Aus deren Melange erwuchs Goethe eine Persönlichkeit, die, aus beschränkten materiellen Voraussetzungen stammend, durch Disziplin und Standhaftigkeit ein ansehnliches Maß an Wohltaten geleistet hat.[1] Wenn Goethe von Wohltätigkeit schrieb, meinte er die soziale Sphäre und das fürstliche Mäzenatentum für Wissenschaft, Kunst und Literatur. Goethe übertrieb sein Lob nach Louises Tod am 14. Februar 1830 wie bereits 1807 nach dem Ableben Anna Amalias: „Ich komme mir selber mythisch vor, da ich so allein übrig bleibe."[2]

Aber man konnte ihn verstehen: Mit Louise ging eine der letzten Persönlichkeiten, die dem Weimarer Hof als Hort der deutschen Literatur

Gestalt und Ansehen verliehen hatten. Goethe erlebte eine Stunde voller Einsamkeit. Die Tage unbändiger Lebenslust, die Illusionen, die herben Enttäuschungen Louises – das lag alles weit zurück.

Wechselvolle Kindheit im Schatten einer „Großen Landgräfin“

Die Umstände ihrer Geburt am 30. Januar 1757 warfen ein bezeichnendes Licht auf das persönliche, politische und materielle wie auch geistige Umfeld, welches das kleine Mädchen erwartete. Der Vater, Ludwig, war der 1719 geborene Erbprinz des Landgrafen Ludwig VIII. von Hessen-Darmstadt. Die Mutter, die 1721 geborene Prinzessin Henriette Christiane Caroline von Pfalz-Zweibrücken-Birkenfeld, heiratete Ludwig 1741. Sie führten eine schwierige Ehe, weil beide Partner unterschiedliche Charaktere und Interessen besaßen, aber Gesetz, Moral und Tradition verdammten sie zur Zweisamkeit. Ludwig galt als heftig, egoistisch, starrsinnig und rücksichtslos, nicht einmal unbegabt bei Herrschaftsaufgaben, aber kindlich verliebt in den Drill seiner Soldaten auf dem Paradeplatz in Pirmasens. Die Gemahlin zeichnete sich durch Bildung, Sachlichkeit, Energie und politisches Geschick aus. Nach fünf Ehejahren brachte sie das erste Kind (Caroline) zur Welt.

Ludwig konnte die kleine Familie finanziell nicht durch Paraden unterhalten. Er verdingte sich in der französischen Armee, wechselte indes bald die Fahne. Preußens König verhieß Aufstieg und gesicherte Einkünfte. Friedrich II. gab dem Hessen das Kommando über ein Regiment im uckermärkischen Prenzlau sowie den Rang eines Generalleutnants. 1750 zog die Familie nach Prenzlau. Ludwig kommandierte das Regiment, Caroline knüpfte in Berlin und Potsdam intensive persönliche und politische Fäden zum Machtzirkel Friedrichs II. Bei allen politischen Leidenschaften vergaß Caroline ihre Pflichten nicht. Sieben Kinder brachte sie zur Welt: 1751 Friederike, 1753 den ersehnten Thronfolger Ludwig, 1754 Amalie und 1755 Wilhelmine. Als nächste Tochter folgte im Januar 1757 Louise. Später, 1759 und 1763, kamen noch die Knaben Friedrich und Christian.

1756 eröffnete Preußens König den dritten Krieg gegen Österreich um den Besitz Schlesiens. Landgraf Ludwig VIII. stand aus finanziellen Erwägungen auf der Seite Habsburgs. Er verlangte von seinem Sohn, den Dienst in der preußischen Armee zu quittieren. Der Erbprinz gehorchte, aber Caroline riet von vorschnellen Aktionen ab. Ludwig sollte erst einmal ins Feld ziehen, sie würde in Berlin die niemand kompromittierenden Bedingungen aushandeln, damit aus dem Starrsinn des Darmstädter Landgrafen kein Konflikt mit Preußen erwuchs. Sie reiste nach Berlin.

Louise erblickte dort am 30. Januar 1757 das Licht der Welt. Am selben Tag schrieb Caroline ihrem Gemahl: „Noch eine Tochter, mein lieber Prinz, das ist alles, was zu tun ich heute morgen um sechs Uhr den Verstand gehabt habe. Aber ich kenne Sie und weiß, dass Sie mit Güte all die kleinen Kreaturen aufnehmen, die der Himmel uns gibt … Der Landgraf erlaubt, dass sie Louise heißen wird; ich möchte diesen Namen haben, weil er der Ihrige ist, mein lieber Prinz. Haben Sie die Güte, den Königinnen und Prinzessinnen zu schreiben und sie zu bitten, die Patenschaft zu übernehmen … Verzeihen Sie mir nur, mein lieber Prinz, dass ich weiter nichts geleistet habe als eine solche Kleinigkeit."[3]

Wütend zerriss Ludwig den Brief: Er hatte dem preußischen König vorauseilend die Geburt eines männlichen Erben angekündigt. Als ihm Friedrich II. am 4. Februar 1757 zum Sohn gratulierte, schüttelte Ludwig ein zweiter Wutanfall. Caroline brachte das „Missverständnis" in Ordnung. Bei der Taufe am 8. Februar im Berliner Wohnsitz Carolines dominierte die preußische Seite eindeutig die „Gevatterschaft". Louise blieb der Rufname des Mädchens, aber ihr erster Vorname lautete Elisabeth – nach der Gemahlin Friedrichs II. Das Fest verlief nach Carolines Worten befriedigend. Nur die kleine Louise störte mit zeterndem Geschrei.

Im Herbst 1757 verließ die Familie Berlin, Preußens König gab seinem Darmstädter General ohne Groll den Abschied. Der ging wieder zu seinen Soldaten nach Pirmasens. Caroline zog mit den Kindern nach Buchsweiler und lebte ab 1764 in Darmstadt. Sie hing ihren preußischen Träumen nach. Im Grunde musste Caroline alle Familienangelegenheiten selbstständig lösen, blieb aber in rechtlicher Hinsicht von ihrem Gemahl abhängig. Die Kinder stützten sich in ihren frühen Jahren allein auf die Mutter. Sie erlebten kein „sittliches" Familienleben, das auf der Harmonie ihrer Eltern in den adligen Konventionen beruhte. Aber sie entgingen auch der formalen Hofetikette. Caroline legte Wert auf natürliche Charakterbildung, ungezwungenen Umgang mit den Menschen und der Natur, selbstständige Wissensaneignung, bestimmtes Auftreten, Zielstrebigkeit sowie geistige Vielseitigkeit. Wie in vielen Adelsfamilien gab es auch bei Louise eine Erzieherin, an der sie ein Leben lang mit freundlicher Erinnerung hing: das Fräulein von Ravannel.

Die Kinderjahre in Buchsweiler und in dem benachbarten Bergzabern verbrachte Louise so angenehm, dass sie noch nach Jahrzehnten voller Freude daran zurückdachte. Den Umzug nach Darmstadt, in das alte Stadtschloss, erlebte sie mit der Mutter und den Geschwistern als interessante Abwechslung. Der Vater kam nur gelegentlich aus Pirmasens herüber. Die Familie lebte in Darmstadt nahezu ärmlich. Caroline sammelte Freunde um sich, pflegte eine ausgedehnte Korrespondenz und erzog ihre Kinder nach bestem Wissen und Gewissen. Louise besaß eine gute Auffassungsgabe. Sie erledigte ihre Aufgaben entschlossen und ausdauernd. Sie zeigte breit gefächerte Interessen, bildete ein eigenes Urteilsvermögen und einen guten Geschmack aus. Zu diesen Tugenden passte ein anmutiges Äußeres, das Louise durch selbst gesteuerte Disziplin und natürliche Zurückhaltung im öffentlichen Auftreten sehr wohl dosierte.

Im Herbst 1768 verheiratete man die älteste Schwester, Caroline, mit dem Landgrafen Friedrich V. von Hessen-Homburg. Einschneidender wirkte der plötzliche Tod Ludwigs VIII. am 17. Oktober 1768 in seinem Jagdschloss Kranichstein auf die Familie. Louises Vater bestieg als Ludwig IX. den Landgrafenthron, verkündete ein rigides Sparprogramm für die Hofhaltung und verschwand wieder nach Pirmasens. Von dort aus regierte er über seine Minister Moser und Hesse. Die höfische Repräsentation überließ er weiterhin seiner Gemahlin. Deren Lage erleichterte es nur wenig, als die Prinzessin Amalie von Preußen als Vorsteherin des Damenstifts zu Quedlinburg Carolines Töchtern Amalie und Louise für den Fall der Nichtverheiratung die Option auf einen Platz in dem Stift gewährte. Die Töchter sollten doch besser gewinnbringend unter die Haube kommen! Friedrich II., überall im Reich um Einfluss bemüht, bot seinen starken Arm: Der Kronprinz und spätere König Friedrich Wilhelm II. sollte Carolines Tochter Friederike ehelichen! Die Vermählung erfolgte bereits im Juli 1769 in Darmstadt durch „Prokuration", d. h. bevollmächtigte Vertreter unterschrieben die Urkunden. Anschließend reiste Caroline mit Friederike zu deren Ehegemahl nach Berlin.

In der gleichen Zeit prägte Louise ihre positiven Eigenschaften durch eine sichtbare Hinwendung zur Religion weiter aus. Johann Gottfried Herder besuchte die Familie in Darmstadt, wobei ihm Louises ernste Frömmigkeit auffiel. Anlässlich ihrer Konfirmation im Dezember 1771 bestätigte Louise die gute Meinung Herders. Sie arbeitete ihr „Glaubensbekenntnis" selbst aus und zeigte der erfreuten Mutter, dass ihr Schritt vom Kind zum Erwachsenen mit starker seelischer Festigkeit im protestantischen Glauben, Willensstärke und der Fähigkeit zur klaren Formulierung eigener Überzeugungen einherging: „Ich weiß nun durch Gottes Gnade, wie ich meine Seele erhalten und zeitlich und ewig ruhig und glücklich werden kann, und wehe mir, wenn ich wider diese Überzeugung handeln wollte. Ich trete also mit einem überzeugten und aufrichtigen Gemüte, mit Mund und Herzen der Lehre Jesu bei. Der Herr wird mir helfen, dass ich im Bekenntnis und Gehorsam dieser Wahrheit bis an mein seliges Ende feste stehe. Ich bitte ihn darum und übergebe meine Seele den Händen und der Fürsorge Jesu zu treuer Bewahrung. Ich schwöre und will es halten, dass ich die Rechte seiner Gerechtigkeit halten will."[4] Die Mutter wusste diesen Ausdruck persönlicher Reife an ihrer Tochter zu schätzen und bezog das Mädchen in die eigenen Bemühungen um ein Leben mit der Kultur, der Kunst und einer regen geistigen Tätigkeit ein. Die Suche nach einem passenden Ehemann stand dem natürlich nicht entgegen.

Caroline folgte dem Beispiel vieler deutscher Höfe und wollte das eigene Ansehen durch Kunst und Kultur erhöhen. Die geografische Lage nahe Frankfurt und zum südwestdeutschen Raum sowie der kunstsinnige Kriegszahlmeister und Schriftsteller Johann Heinrich Merck boten günstige Voraussetzungen. Merck unterrichtete die landgräflichen Töchter. Er initiierte in seinem Haus einen beispielhaften literarischen Salon, den „Zirkel der Empfindsamen", in dem der junge Goethe, der Dichter Johann Wilhelm Ludwig Gleim, Herder oder Wieland verkehrten. Mercks Domizil verhalf Caroline zu künstlerischer Reputation. Die Damen erhoben den Schriftsteller und Philosophen Friedrich Gottlieb Klopstock mit schwärmerischer Hingabe zum Inbegriff wahrer Dichtkunst. Caroline setzte sich für die Sammlung und Herausgabe der Oden Klopstocks ein. In der Lieblichkeit einer friedlichen Landschaft zwischen Rheintal und Odenwald konnten die Damen ihre literarischen Sterne anhimmeln und ganz in der Poesie ihrer noch relativ unverdorbenen Welt versinken. Die Landgräfin bot ihnen keinen finanziellen Wohlstand, aber die Schönheit der Literatur und Dichtkunst: Caroline förderte mit bescheidenen Mitteln einen Musenhof – mit wunderschöner Dichtkunst, dünnem Tee und hartem Gebäck.

Jede Idylle stößt einmal an ihre Grenzen. Die Dichter strebten nach Anerkennung in der Welt. Die Landgräfin musste ihre Töchter verheiraten. Da traf es sich gut, dass die russische Kaiserin Katharina II. Anfang der 70er-Jahre den Freiherrn Achatz Ferdinand von der Asseburg, einen damals noch in dänischen und später in russischen Diensten stehenden Diplomaten, auf die Rundreise durch protestantische deutsche Fürstenhöfe schickte.[5] Mit Hilfe Friedrichs II. sollte der Freiherr eine Braut für den russischen Thronfolger Paul auswählen. Die Anwärterin sollte politisch unbedeutend, sanft, gebildet, von tadelfreiem Ruf und vor allem gesund und fruchtbar sein. Asseburg suchte zwischen Württemberg und Gotha nach der geeigneten Kandidatin. Friedrich II. informierte Caroline über die Mission Asseburgs, und Preußens Staatsminister von Finkenstein steckte es dem Freiherrn direkt: Preußens König wünschte eine Darmstädter Prinzessin in St. Petersburg!

Gelang der Plan, würde Friederike dereinst an der Seite des preußischen Königs stehen und eine ihrer Schwestern avancierte zur Gemahlin des nächsten russischen Kaisers. Die Perspektive beflügelte Friedrich II., Caroline, Katharina II. und Asseburg, obwohl alle sehr schnell registrierten, dass zumindest die Prinzessin Louise keinesfalls zur orthodoxen Religion übertreten würde. Sie erklärte mit der ihr eigenen Festigkeit, dass sie weder sanftmütig noch klug genug wäre, für eine noch so hohe Position ihren protestantischen Glauben abzulegen.

Trotzdem musste das Mädchen auf die Reise nach St. Petersburg gehen, um sich mit ihren Schwestern erst einmal zur Besichtigung aufzustellen. Katharina II. ließ 800 000 Gulden für die Reisekosten überweisen, und im Mai 1773 begann die beschwerliche Fahrt über Erfurt und Potsdam nach Lübeck. Johann Heinrich Merck begleitete die Wagen als Finanzchef. In Frankfurt am Main sah Goethe Louise auf der Zeil, als sie „schlank und leicht" in die Kutsche stieg.[6] In Erfurt gab der Statthalter, Freiherr von Dalberg, einen Empfang, an dem die Herzogin Anna Amalia aus Weimar mit ihren beiden Söhnen Carl August und Constantin teilnahm. Ohne es zu ahnen, sah Louise ihren künftigen Ehemann. Die Landgräfin schrieb ihrer Mutter ganz neutral, dass die Söhne Anna Amalias gut erzogen wären. Sie hielt Carl August für höflich und rechtschaffen. Er schien ihr als künftiger Herzog gut geeignet.

Ein längerer Zwischenstopp folgte in Potsdam. Friedrich II. taxierte die Chancen der drei Prinzessinnen. Er entschied sich für Wilhelmine. Ein Zuschuss Friedrichs zur Reisekasse in Höhe von 10 000 Talern fasste Caroline als Verpflichtung zur Erfüllung seiner Wünsche auf. Weiter ging es über Lübeck nach Travemünde. Dort lagen drei russische Kriegsschiffe bereit. Caroline ging mit ihren Töchtern an Bord der Fregatte „Heiliger Merkur". Sie segelten unter flauen Winden nach Reval. Eine kaiserliche Extrapost brachte die Damen im Eilmarsch zum Schloss Gatschina nahe St. Petersburg. Am 26. Juni 1773 empfing Katharina II. die vier Damen.

Der Legende nach stand die Kaiserin hinter einem Fenster und beobachtete die Ankunft der hessischen Damen. Sie formulierte sofort ein fertiges Urteil über jedes der jungen Mädchen. Amalie: „C'est un mouton." – Das ist ein Hammel. Louise: „C'est une tête." – Das ist ein Dickkopf. Wilhelmine: „C'est ce qu'il nous faut." – Das ist es, was wir brauchen. Dabei wirkten alle drei Mädchen müde, zerschlagen und verlegen. Gemeinsam fuhr man nach Zarskoje Selo. Unterwegs gesellte sich Thronfolger Paul hinzu. Alle gaben sich heiter und ausgelassen. Katharina und Caroline redeten nicht lange um den heißen Brei herum. Asseburg hatte gut vorgearbeitet, Friedrich II. die Weichen gestellt und Katharina II. entschied nach eigenem Augenschein: Wilhelmine sollte die

Auserwählte sein. Die Einigung erfolgte drei Tage nach der Ankunft und noch am selben 29. Juni jagten Eilkuriere nach Pirmasens, um die formelle Einwilligung des Vaters abzuholen.

Ludwig IX. stellte eigene Forderungen für die Abgabe einer seiner Töchter nach Russland. Er setzte den Minister Moser in Marsch. Ehe Moser in Petersburg eintraf, hatten sich Katharina und Caroline bereits über alle Details in dem Handel geeinigt: Hessen-Darmstadt überließ Wilhelmine der Gnade Katharinas und Pauls und konnte dafür einen Großteil seiner Schulden bezahlen.[7] Der Kelch ging an Louise vorüber. Bereits am 16. Juli 1773 plauderte sie in einem Brief an ihre Großmama in Zweibrücken ganz zwanglos über Erlebnisse in Petersburg. Ihre Disziplin und höfische Professionalität bei den Strapazen während der Visite belohnte die Kaiserin standesgemäß mit dem Katharinen-Orden. Im Oktober 1773 heirateten Paul und Wilhelmine, die nach der Konversion zum orthodoxen Glauben den Namen einer Großfürstin Natalja Alexejewna trug, mit einem rauschenden Fest.[8] Louise amüsierte sich bei der Vermählung. Sie wirkte auch äußerlich befreit und – ging keinem ehrlichen Streit aus dem Wege. Zum Thronfolger Paul, der unter den Erniedrigungen durch Katharina II. litt, fand Louise ein besonders vertrautes Verhältnis.

Caroline trat mit ihren beiden Töchtern noch im Oktober die Heimreise an. Zum Abschied gab es reiche Geschenke an Diamanten und Schmuck. Dazu üppige Wechsel an die Frankfurter Bank: 100 000 Rubel für die Landgräfin; 50 000 für jede der Töchter; 20 000 für Reiseauslagen. Damit ließen sich die Strapazen auf den herbstlich verschlammten Wegen ertragen. Am 24. Dezember 1773 traf Caroline mit ihren Kindern in Darmstadt ein. Sie fühlte sich krank, überstand jedoch den Streit mit Ludwig IX., der gar zu gern einen hohen russischen Rang mit entsprechender Rente herausgeschlagen hätte. Die Aussicht, dass sich die Tochter Amalias bald mit dem Erbprinzen von Baden verloben würde, belebte Caroline. Tatsächlich fand die Verlobung am 22. Januar 1774 statt. Carolines Gesundheitszustand aber gab immer mehr Anlass zur Besorgnis. Sie litt an Wassersucht. Schon die Rückreise von Petersburg war ihr als eine endlose Qual erschienen. Die Darmstädter Ärzte sahen, dass es keine Rettung mehr gab. Am 30. März 1774 starb die „Große Landgräfin".

Mit dem Tod der Mutter hatte Louise ihre entscheidende Bezugsperson verloren. Der Vater löste den Hof in Darmstadt auf. Er verheiratete Amalie, mit der sich Louise nicht sonderlich gut verstand, eilends mit dem Erbprinzen von Baden. Louise musste erkennen, dass es kaum Menschen gab, die sich wirklich für ihre Zukunftssorgen interessierten. Den einzigen aufrechten Zuspruch fand sie bei ihrer Schwester Wilhelmine und dem Großfürsten Paul, aber die lebten im fernen Russland. Die 16-jährige Louise wirkte verschlossen und abweisend, dabei suchte sie sich lediglich selbst und sann nach einem Ausweg aus der deprimierenden Situation. Wer wollte ihr helfen und was vermochte sie selber zu tun? Zu allem Überfluss musste sie zur Schwester Amalia nach Karlsruhe ziehen, lediglich begleitet durch ihre Oberhofmeisterin von Pretlack.

Der in Karlsruhe regierende Markgraf von Baden förderte an seinem Hof ebenfalls die Wissenschaften und Künste. Das musische Leben erinnerte Louise an die Mutter, hob ihre Schwermut ein wenig auf und sie empfand sogar Freude, als der verehrte Friedrich Gottlieb Klopstock im Winter 1774/75 Karlsruhe besuchte. Konzerte Christoph Willibald Glucks in Karlsruhe empfand Louise gar als Glück. Dennoch wollte sie Karlsruhe so schnell wie möglich verlassen und ein eigenes Leben beginnen. Nach Maßgabe aller Voraussetzungen blieb nur der Weg in eine „standesgemäße" Ehe – möglichst mit einem Partner, der Louise genügend Luft zur Entfaltung ihrer Persönlichkeit ließ.

Um Klarheit über ihre künftigen Lebensinhalte zu gewinnen, reiste Louise im Sommer 1774 in die Schweiz und besuchte in Zürich den bekannten Pfarrer und Schriftsteller Johann Kaspar Lavater. Lavater verstand Louises wunde Seele, die sie nur schwer offenbaren konnte. Sie hüllte sich in der Regel in Herdersche fromme Strenge und trug Herders Gedichte jeden Tag bei sich. Zu Lavater schöpfte Louise Vertrauen, ihm öffnete sie sich in vielen Briefen. Sie besuchte in der Schweiz auch Albrecht von Haller, Johann Jacob Bodmer, Salomon Geßner, Johann Jakob Breitinger und nahm deren gefühlvolle Naturpoesie in sich auf. Wie die Große Landgräfin lehnten sich die Dichter gegen die erstarrte höfische Kunst eines Johann Christoph Gottsched auf. Die Gespräche stärkten Louises Selbstwertgefühl. Von Genf aus fuhr sie nach Ferney und besuchte Voltaire, „den Alten vom Berge". Louise kannte damit auch die Vorbilder und Gedanken, von denen sich selbst der junge Goethe und der strenge Herder inspirieren ließen.

Aber selbst die geistige Hinwendung zu Lavater und die Bemühungen des badischen Markgrafen, sie in den literarisch-künstlerischen Kreis seines Hofes aufzunehmen, konnten Louises seelische Erschütterung nach dem Tode der Mutter, ihre Enttäuschung über die kalte Gleichgültigkeit des Vaters nicht kompensieren. Nach außen hin gab sie sich meist gelassen und fröhlich, aber der innere Ernst, eine gewisse Härte und Verschlossenheit, aber auch der sehr direkte und geradlinige Charakter machten es keinem Menschen leicht, Zugang zu Louises Innerem zu erlangen.

Lavater bestärkte Louises Wunsch nach einer schnellen Eheschließung. 1774 besaß sie zwei potenzielle Optionen. Der Erbprinz Friedrich Franz von Mecklenburg-Schwerin warb um sie. Und: Seit Monaten, bereits zu Lebzeiten der Mutter, wechselten zwischen Darmstadt, Karlsruhe, Erfurt und Weimar verhaltene Signale, aus denen der aufmerksame Beobachter Hinweise für den vielseitigen Wunsch nach einer Verbindung Louises mit dem Erbprinzen Carl August schließen konnte. Merck, Moser, Wieland und der Prinzenerzieher Carl Augusts, Graf Görtz, feilten an dem Projekt. Wahrscheinlich waren Wieland und Merck die Initiatoren.

Wieland hatte schon im Frühjahr 1771 den von der Landgräfin und Merck in Darmstadt getragenen Musenhof besucht. Im September 1772 trat er seine Stelle in Weimar an. Im Februar 1773 informierte Merck Wieland über die geplante Reise der Landgräfin nach Petersburg und beschrieb in diesem Zusammenhang das Wesen Louises: „Die Prinzessin hat alle Eigenschaften, die einen großen, starken, stilltätigen Charakter ankündigen. – Auch sonst hat sie viele Vorzüge. Sie tanzt unter ihren Schwestern am besten, mit aller Grazie, scheint kaum den Boden zu berühren. Sie spielt vortrefflich Klavier, sie zeichnet recht gut. Im Englischen hat sie es bei uns am weitesten gebracht. Sie will keines Menschen Lob und Tadel über ihre Talente. Sie hat zu wenig Eitelkeit für eine Dame und das lässt sie von dem großen Haufen verkannt werden."[9] Eine perfekte Reverenz, aber zu diesem Zeitpunkt konnte Louise noch nicht als Heiratskandidatin für Carl August gelten. Gleichzeitig vertieften Caroline und Anna Amalia in Briefen ihre persönliche gegenseitige Wertschätzung

Es folgte die Begegnung im Mai 1773 in Erfurt. Ab Oktober 1774 traten der kurmainzische Statthalter in Erfurt, von Dalberg, und der Darmstädter Minister Friedrich Carl von Moser als Vermittler auf den Plan. Sie ermittelten, dass sich Louise gegen den Prinzen aus Mecklenburg entschieden hätte. Dalberg und Moser gerieten daher in Verwirrung, als Louises Oberhofmeisterin im November 1774 streute, Louise wollte den Schweriner Prinzen als Besucher empfangen. Louise hätte erfahren, Carl August interessiere sich lediglich für sie, weil seine Mutter und der preußische König das so wollten. Einen Mann, der sich derart bereitwillig gängeln ließ, wollte sie nicht heiraten. Ob diese Aussage auf einem gezielten Gerücht beruhte, ob ein Missverständnis oder eine Finte vorlagen, um den Entscheidungsprozess in Weimar zu beeinflussen, das Gerücht verfehlte seine Wirkung nicht. Dalberg betonte der Wahrheit entsprechend, dass Carl August in voller Souveränität über seine künftige Gemahlin selbst entscheiden würde. Der Vorschlag Frau von Pretlacks, Carl August solle sich so schnell wie möglich Louise vorstellen, wurde unverzüglich in die Tat umgesetzt.

Louises Weg nach Weimar

Louise bereitete sich zielstrebig auf ein Leben in Weimar vor. Vor einer Eheschließung Louises gab es jedoch ein erbrechtliches Problem zu lösen. Ihre Mutter hatte testamentarisch festgelegt, dass der preußische König einer Ehe Louises zustimmen musste. Sie hatte sogar definitiv bestimmt, dass die Weimarer Regentin Anna Amalia Friedrich II. um seine Erlaubnis für eine Eheschließung Louises mit Carl August bitten sollte! Die Entscheidungsfreiheit, die Louise für sich in Anspruch nahm, besaß vor dieser Erblast nur einen relativen Wert. Außerdem verlangte Anna Amalia, beim Landgrafen Ludwig IX. persönlich um die Hand Louises anhalten zu dürfen.

Trotz aller Konflikte zwischen Anna Amalia und ihrem Sohn: Carl August setzte sich durch und die Dinge entwickelten sich nun im Handumdrehen. Anna Amalias Nachforschungen bei Moser, ob die Gesundheit Louises eine sichere Nachkommenschaft verhieß, ergab keine Einwände. Louise hatte sich für Carl August entschieden und duldete von seiner Seite keine Verzögerungen. Am 17. Dezember 1774 traf Carl August in Karlsruhe ein. Schon einen Tag später wusste er, dass seine Braut einen geistvollen Verstand und einen festen Charakter besaß. Er berichtet nach Weimar: „Ich habe gestern Abend die Bekanntschaft der Prinzessin Louise erneuert ... Sie ist gewachsen und schöner geworden. In den wenigen Minuten, in denen ich den Vorzug hatte, ist sie mir als eine Prinzessin von Geist und Charakter erschienen. Ich gebe mir alle mögliche Mühe, sie kennenzulernen."[10] Graf Görtz beurteilte die Dinge sachlich. Er schrieb am gleichen Tag an seine Frau: „Die Sache scheint gemacht zu sein." Getreu seinem Auftrag lobte Görtz: „Beide passen sich gut zueinander: gleichen Charakter, gleiche Ansicht der Dinge, und so sind sie natürlich miteinander zufrieden."[11]

Einen Tag später, am 19. Dezember, bat Carl August Anna Amalia formal um ihre Einwilligung zur Ehe mit Louise. Formal, denn er hatte sich schon vor seiner Abreise aus Weimar deutlich erklärt. Dalberg berichtete: „Als der Erbprinz Carl August sich für die Tochter unserer verewigten Landgräfin entschieden, war ich zugegen. Niemand hat zugesprochen – niemand geraten. Seiner eigenen Entschließung überlassen, sagte dieser rechtschaffene junge Fürst: ‚Jedermann rühmt ihren Charakter. Sie wird mir helfen, meine Untertanen glücklich zu machen. Den angenehmen Eindruck, den sie in Erfurt auf mich machte, habe ich nie vergessen ... Ich würde mich unendlich glücklich schätzen und das Glück meines Lebens für sicher halten, wenn sie mich für würdig befinden würde, mir ihr Herz und ihre Hand zu bewilligen.'"[12]

Anna Amalia ersah aus der Bitte ihres Sohnes die Einwilligung Louises, die offenbar erkannte, dass ihr Bräutigam äußerlich nicht gerade einem Adonis glich, der aber akzeptable innere Werte und Qualitäten zu besitzen schien. Die Brautleute gaben einander in dieser Hinsicht wenig nach. Carl August fand Louise auch nicht gerade schön, doch von edlem Herzen, freimütig und kräftig. Man sprach rundum von „Liebe", aber Wieland drückte das Wesen der Beziehung klar und deutlich aus: „Ich denke beyde werden das füreinander empfinden was zum Glück des ehelichen Lebens (welches Fürsten ohnehin weniger empfinden als Privatleute) nöthig ist; und das ist genug und alles wohl erwogen, besser als wenn sie Amandus und Amanda miteinander spielten."[13]

Die Brautleute ließen sich offenbar den Blick nicht durch Illusionen trüben. Im Übrigen: Anna Amalia hatte ihrem Sohn einen Verlobungsring im Wert von 1500 Florin mit in das Reisegepäck gelegt. Carl August erfuhr dann in Karlsruhe, dass Louises Schwester Amalie bei ihrer Verlobung mit dem Prinzen von Baden-Durlach einen Ring im Wert von 7000 Florin erhalten hatte! Carl August musste daraufhin seine Mutter um einen im Werte ebenbürtigen Ring bitten.

Am 19. Dezember 1774 verlobten sich die Liebenden. Erst am 28. Januar bzw. 5. Februar 1775 erfuhr die Öffentlichkeit beider Länder von dem schönen Ereignis. Dem Vater schrieb Louise am 20. Dezember förmlich: „... Es betrifft den Herzog von Weimar, welcher hier ist und um meine Hand wirbt; da ich es mir nicht getrauen würde, irgendwelchen Schritt ohne die Erlaubnis Ihrer Hoheit zu thun, wage ich es, um Ihre Einwilligung, mein teurer Vater, zu einer Verbindung zu bitten, die, wie ich hoffe, eine glückliche sein wird, da der Herzog einer der rechtlichsten Männer der Welt ist."[14] Carl August hielt beim Landgrafen förmlich um die Hand Louises an. Widerstände waren aus Pirmasens nicht zu erwarten.

Nur dem Schwager Paul vertraute Louise am 23. Dezember 1774 in gewohnt spröder Zurückhaltung ihre Zufriedenheit an: „Sie empfinden Freundschaft für mich, Durchlaucht, ich wage fast, dessen sicher zu sein; Sie werden also Anteil an der Entscheidung nehmen, die ich getroffen habe, den Herzog von Sachsen-Weimar zu heiraten. Sie sind ein Ehrenmann, der Herzog ebenso, Sie werden sich vorstellen können, dass ich glücklich sein werde. Ich wage, davon überzeugt zu sein, aber setzen Sie Ihre Güte und Freundschaft für mich fort, und sie werden dazu beitragen, mich glücklich zu machen."[15]

Von Karlsruhe aus reiste Carl August weiter nach Paris, hielt sich dort einige Monate auf, besuchte seine Braut im Mai 1775 noch einmal in Karlsruhe – erneut in schönster gemeinsamer Harmonie – und kehrte am 22. Juni nach Weimar zurück.

Die disziplinierte Einigkeit der Ehekandidaten löste nicht die Probleme, die Anna Amalia in Weimar auftürmte, um der Gefahr zu entgehen, durch ihren volljährigen Sohn und dessen Gemahlin an eigenem Einfluss zu verlieren. Anna Amalia wollte die Hochzeit um zwei bis drei Jahre aufschieben. Louise sehnte sich aus Karlsruhe fort, so schnell wie möglich. Carl August wollte über alle Attribute eines rechtmäßigen Herrschers verfügen. Anna Amalia musste den Widerstand aufgeben, und beide Seiten konnten ihre Ratgeber Moser und Schmid mit dem Aushandeln des Ehevertrags beauftragen. Die Verhandlungen begannen im Juli 1775. Die Kontrahenten rangen um Dotationen, Witwenrechte und Vormundschaftsregeln. Louises Vertreter musste besonders darauf achten, eine solide finanzielle und höfische Machtstellung der Prinzessin durchzusetzen. Louise verstand, dass die Vertragsverhandlungen die Weichen für ihre künftige Rolle in Weimar als der einer selbstständigen Fürstin stellten.

Über reiche finanzielle Mittel verfügten weder Hessen-Darmstadt noch Sachsen-Weimar-Eisenach. Louise überließ es ihren Vertrauten von Pretlack und Moser, die für sie günstigsten Summen auszuhandeln. Indirekt ließ sie kritische Spitzen über die Weimarer Angebote fallen – um den eigenen Bonus zu vergrößern. Unter Anrechnung ihres mütterlichen Erbteils erhielt sie jährlich 2527 Taler an Einnahmen. Mit dem Heiratsgut von 20 000 Gulden verzichtete sie auf alle weiteren Ansprüche an das Land Hessen-Darmstadt. Das Geld für die Aussteuer in Höhe von 28 000 Gulden stellte der Vater zur Verfügung. Aus den familiären Rücklagen bekam Louise 12 400 Gulden. Die eigenen Gelder komplettierte der Weimarer Hof: eine als Leibrente zu betrachtende Morgengabe von 5000 Talern sowie 6000 Taler Hand- und Spielgeld. Louise bekam einen eigenen Hofstaat und die Garantie: Falls Carl August frühzeitig sterben sollte, behielt Louise, solange sie sich nicht erneut vermählte, das Erziehungsrecht für ihre Kinder. Bei einem minderjährigen Erbprinzen übernahm sie nach den Regeln des Hausgesetzes den Tutor legitimus und die Regierung. Als Witwengabe legte der Ehevertrag 12 000 Taler jährlich fest – abgesichert durch eine Hypothek auf das Oberamt Eisenach. Natürlich sollte es dem Hof Louisens auch nicht an den notwendigen Nahrungsmitteln fehlen.

Entsprachen die finanziellen Aufwendungen dem unerlässlichen Niveau bei der Eheschließung Anna Amalias, traf dies auch auf den

Trousseau Louises zu. Möbel, Stoffe, Schmuck, Geschirr, Wäsche, Kleidung, Küchengeräte – alles was die künftige Herzogin für ihren Hofstaat benötigte, reiste mit der Aussteuer nach Weimar, wie weiland bei Anna Amalia. Ähnlich sind auch die Sonderforderungen an die Weimarer Stände und Städte ausgefallen, Eheschließung, Herrschaftswechsel und Witwensitz durch „freiwillige" Spenden zu finanzieren. Allein die Landstände mussten im Jahre 1775 etwa 40000 Taler aufbringen – ein hübsches Sümmchen im Vergleich zur finanziellen Ausstattung Louises durch den Ehevertrag.

Am 3. September 1775 trat Carl August mit Vollendung des 18. Lebensjahrs und Erreichen der Volljährigkeit die Herrschaft als Herzog von Sachsen-Weimar-Eisenach an. Am 18. September reiste er zur Hochzeitsfeier nach Karlsruhe. Am 3. Oktober fand die Vermählung statt. Die Zeremonie fiel sparsam aus. Louises Vater fehlte. Die Gratulationen aus dem Hochadel blieben förmlich. Louise äußert sich nur gegenüber ihrem Schwager Paul in Petersburg offen: „Sie hätten Mitleid mit mir gehabt, wenn Sie mich an diesem Tag gesehen hätten; ich war in heftigster Erregung. Und ich sage Gott Dank, dass er vorüber ist."[16] Sie hoffte, dass zumindest das langweilige Leben vorbei war. Carl August meldete am 4. Oktober 1775 brav den Ehevollzug nach Berlin. Friedrich II. durfte wieder einmal zufrieden sein. Sofort nach der Hochzeit reiste das Paar ab. In Frankfurt am Main traf es Goethe. Erneut lud der Herzog den Dichter nach Weimar ein.

Am Dienstag, dem 17. Oktober 1775, kamen Carl August und Louise in Weimar an. Der Volksjubel entsprach der provinziellen Pracht, die schon bei Anna Amalia entfaltet worden war. Handwerkerinnungen, Kaufmannsgilden und allerlei uniformierte Abteilungen – von den Jägern über die Postillione bis zu den Husaren – paradierten unter Fahnen und musikalischem Lärm zwischen Webicht, Kegelbrücke, Marktplatz und Fürstenhaus. Kanonen donnerten und alle schienen glücklich.

Auf den Einzug folgten festliche Tage. Bälle, Empfänge, Huldigungen, szenische und musikalische Darbietungen, Überreichung von Geschenken, Nachtmusiken – das ganze Land spendete dem jungen Paar Glück und Segen. Allein, Louise entzog sich dem Zeremoniell zum Teil. Mit der Begründung anhaltender Erschöpfung brachte sie nicht das von ihr erwartete Stehvermögen auf, sich den Untertanen ebenso freundlich wie distanziert zu zeigen. Dieser Auftakt förderte Louises Popularität nicht besonders, denn der feierliche Einzug galt den Menschen in seiner ganzen naiven Fröhlichkeit als der eigentliche Beginn der Herrschaft Carl Augusts.

Louise lernte beim Aufbau ihres Hofstaats sehr schnell, welchen Sprengstoff Personalfragen bei Hofe besitzen konnten. Die Ausstattung des Hofes und die Auswahl des Personals mussten ihrem Rang entsprechen und durften keinesfalls hinter dem Niveau Anna Amalias zurückstehen. Die Berufung des Grafen Görtz zum Oberhofmeister Louises düpierte Anna Amalia. Görtz stellte man die im Range gleiche Gräfin Gianini als Oberhofmeisterin zur Seite. Dazu kamen Hofdamen und Kammerherren. Die Entscheidungen traf der Herzog. Diese kleine Mannschaft entsprach jedoch Louises Bedürfnissen bei der Wahrung aristokratischer Formen ebenso wenig wie ihrem Wunsch nach geistiger Unterhaltung und Geselligkeit. Ihre geistig-literarischen Ansprüche basierten auf dem Umgang mit Lavater, Herder und Klopstock. In Weimar fand sie nur Wieland und Musäus vor, Goethe musste dem Lockruf erst noch folgen. Gegenüber ihren Erfahrungen in Darmstadt und Karlsruhe bedeutete Weimar einen Rückschritt: Kriegsrat Merck und dessen Musenhof fehlten. Das Schloss existierte nur als Brandruine. Louise besaß nicht die emotionale Leichtigkeit und auch nicht das taktische Geschick, ihre Enttäuschung zu verbergen.

Sie vertraute nur wenigen Menschen. Dazu zählten Charlotte von Stein, Dalberg und Graf Görtz. Zu Carl Augusts mutwilliger wie unsteter Lebensweise fand Louise keinen Zugang. Carl August und Louise besaßen einen starken Charakter und neigten nicht zu Kompromissen. Sie konnte sich aufeinander nur verlassen, wenn es um den Erhalt des Herzogtums und der Dynastie ging. Ihre Ehe erschöpfte sich oft genug im erbitterten Streit um Banalitäten. Goethe berichtete im Januar 1776 an Charlotte von Stein: „Louise war gestern lieb. Großer Gott ich begreife nur nicht, was ihr Herz so zusammenzieht. Ich sah ihr in die Seele, und doch wenn ich nicht so warm für sie wäre, sie hätte mich erkältet. Ihr Verdruss über's Herzogs Hund war auch so sichtlich. Sie haben eben immer beyde unrecht. Er hätte ihn draus lassen sollen, und da er hinn war, hätt sie ihn eben auch leiden können."[17] Carl August hatte seine schmutzigen Hunde mit in Louises Zimmer gebracht. Welch ein Aufruhr! Der Herzog lieferte mit seinen Freundinnen, Gelagen oder Jagden wesentlich gravierendere Anlässe für den Ärger Louises.

Goethe lebte seit November 1775 in Weimar und muss Louise und Carl August nach drei Monaten bereits sehr nahegestanden haben, wenn er einen derart direkten Einblick in die peinlichen Zerwürfnisse einer Ehe erhielt, die als tadelsfreie fürstliche Verbindung gelten sollte. Louise selbst ließ niemals ein Wort der Klage über das Verhalten ihres Gatten verlauten. Je intensiver sie über die Gerüchte schwieg, umso gereizter klatschte der Hof und trieb sie in den Ruf einer kalten und hartherzigen, frustrierten Dame, die so gar nicht zu dem lebensfrohen Carl August passte. Andererseits hegte die künstlerisch interessierte Gesellschaft im Umfeld des Weimarer Hofes Erwartungen an Louise. Ihr Hang zur Philosophie, zum Theater, zur Literatur sprach sich herum. Sie konnte neben den gewohnten Bedürfnissen Anna Amalias durchaus neue Akzente setzen. Die Anwesenheit des jungen Goethe sollte zudem stimulierend wirken. Louises geistige Favoriten aus Darmstadt und Karlsruhe gehörten zu Goethes weitem Kreis und es sollte keine Schwierigkeiten bereiten, wenn sich Carl August, Louise, Anna Amalia, Wieland und Goethe einig würden, alle diese bedeutenden Köpfe nach Weimar zu ziehen. Wenn sie nur wollten!

Zwar wirkte Louise gegenüber manchen Menschen hart, steif und grob. Sie besaß jedoch lediglich vor fremden Menschen eine natürliche Zurückhaltung, die sich mit steigender Zuwendung verflüchtigte. Graf Stollberg schrieb über eine Begegnung mit Louise im Jahre 1775: „Heute Mittag hatten wir die Herzogin zwischen uns! Verstand wie ein Engel und durch ihre anscheinende, nach und nach sich entnebelnde Kälte leuchtet das liebenswürdigste Herz hervor. Mit ihr von Lavater zu sprechen, war mir ein inniger Genuß."[18] Am 2. Februar 1776 schrieb Louise an Lavater über ihre Probleme im Umgang mit anderen Menschen: „Nun ja, weil Sie es denn wünschen, nehme ich Ihre Zuneigung an, aber nicht zu viel gesagt; vielleicht glauben Sie mich besser, als ich in der Tat bin; Goethe und der Statthalter [= Dalberg] sollen Richter sein." Louise verstand, dass sie mit diesem Vorschlag lediglich einem Problem auswich und korrigierte sich sofort: „... es wäre wohl am besten, ich wär's selbst." Aber sie kannte sich gut: „Ich hätte Ihnen soviel zu sagen und kann nichts herausbringen, als dass ich Sie so gerne wieder sähe; ich brauch's Ihnen aber nicht zu sagen, Sie müssen's fühlen – und fühlen's auch, dass das einer meiner sehnlichsten Wünsche sei. O, wenn ich Sie jemals wieder sähe! Was das ein Trost für mich wäre! Ich ersterbe. Ihre Freundin Louise."[19]

Für eine jung verheiratete Herzogin besaß der Brief keinen optimistischen Grundton. Nicht etwa unterschiedliche Ansichten zwischen Lavater und Goethe über den Menschen bildeten den Anlass für die Unsicherheit, sondern die Ratlosigkeit Louises über einen Ehemann, der – wie sich nun herausstellte – gar nicht zu ihr passte, den zu verstehen sie aber auch keine geeigneten Mittel besaß. Wieland hat das Dilemma dieser Ehe dem Sinne nach in der Frage zusammengefasst: Warum können Louise und Carl August einander nicht mit den Augen Wielands betrachten? Ganz realistisch hat Wieland den Schluss gezogen: Alle Orakel helfen nichts, die Ehe geht nicht und so wird es auch bleiben. Der Dichter behielt Recht – die Verantwortung lag bei Louise und Carl August selbst. Keiner konnte und wollte den anderen verstehen, und da sie keine Toleranz duldeten – ging jeder seiner Wege, nur vereint in der Verantwortung für das Herzogtum. Eine Trennung kam nicht in Frage. Wieland ergriff die Partei Louises und beklagte ihr Leid:

Mit dir, du Engel, wandert oft mein Geist ...
O flüst're mir ein Wort des Schmerzes zu ...

Der junge Goethe majorisierte mit seiner Leidenschaft den bescheidenen Weimarer Hof und auch die Probleme zwischen Louise und Carl August. „Ich treib's hier freilich toll genug" – schrieb er im Januar 1776 an Merck.[20] Charlotte von Stein hoffte, dass Goethe wieder zur Vernunft kommen würde. Für den Moment klagte sie, dass der ganze Hof verquer war: „Ein Fürst, unzufrieden mit sich und der ganzen Welt, der täglich sein Leben aufs Spiel setzt, obgleich er wenig Gesundheit hat, es zu erhalten, ... eine missvergnügte Mutter [= Anna Amalia], eine unzufriedene Gattin. Alles gute Menschen, die aber nicht zusammen passen."[21] Frau von Stein urteilte in diesem Punkte realistischer als Klopstock, der Goethes Mutwilligkeit für den Gram Louises verantwortlich machte. Diesen Vorwurf musste Goethe energisch zurückweisen. Er entsprach nicht der Wahrheit. Louise sah in Goethe den Dichter, der ihre literarischen Erinnerungen und Interessen verkörperte und der vielleicht in der Lage sein könnte, ihr eigenes Wesen zu ergründen.

Goethe beobachtete jede ihrer Gemütsregungen. Er notierte Anfang 1776: „Die Junge Herzogin war heut hoben ganz in Gestalt und Wesen eines Engels, sie waren lieb zusammen, sie war auch lieb mit mir."[22] Wenn sie sich – oft in Goethes Gegenwart – mit dem Herzog zankte, sah es der Dichter als Aufgabe an, den Familienfrieden durch eine Erheiterung Louises wiederherzustellen.

Louise beantwortete Goethes Bemühungen zunächst mit Zurückhaltung. Carl August Böttiger schrieb Jahrzehnte später über die Beziehungen Louises zu Goethe in ihren ersten Weimarer Jahren: „Es wurden einst eigene Künste hier gespielt, um Göthen spielfähig bei der regierenden Herzogin zu machen. Erst gieng er nach Meiningen, wo er am Hofe öffentlich mit den Herrschaften Whist spielte. Nach dieser Einleitung kam er hieher u. nun mußte die Sache so eingerichtet werden, daß der Stallmeister v. Stein mit der Herzogin spielte, plötzlich abgerufen wurde, u. nun Göthe, der schon darauf wartete, bat, sich indeß für sie einzusetzen. Nun war das Eis gebrochen, und die Sache gieng von nun an ohne

Schwierigkeit."[23] Louise verhielt sich nach diesen Worten recht abweisend und fasste erst langsam zu dem stürmischen und selbstbewussten Dichter persönliches Vertrauen.

Goethe war noch jung und die Altersweisheit lag fern. Er traute sich, zum Geburtstag Louises im Jahre 1777 im Liebhabertheater das Zauberspiel „Lila" aufzuführen, in dem er sich die Aufgabe eines Heilsbringers der gestörten Ehe seines Herzogs zudachte. Das ging entschieden zu weit. Goethe hat in einer überarbeiteten Fassung Lila ihren Gatten aus der Macht „böser Geister" befreien lassen und damit ihre Liebe gerettet. Der Bezug des Stückes zum realen Anlass verschwamm. Bei aller Verehrung: Louise blieb die Herzogin und Goethe ein hochrangiger Diener seines Fürsten – mit extremen Freiheiten zum Ausleben seiner Leidenschaften. Dennoch geizte der Dichter auch nach der Verschlüsselung in der „Lila" nicht mit Anspielungen, in denen er für die verwundete Seele Louises Partei ergriff: Nicht das rätselhafte Ungeheuer fürchtet Lila, die Art der Liebe ihres Gemahls ist es, „die ich mir nicht zueignen kann". Goethe sah den Ausweg aus der Ehekrise seines Herzogs in der Zauberkraft der Liebe.

Diesen Standpunkt teilte der 1776 nach Weimar gekommene strenge Generalsuperintendent Johann Gottfried Herder nicht so absolut. Auch er äußerte sich zum Geburtstag seiner Herzogin am 30. Januar 1777 mit standesgemäßen Versen, in denen er auf Goethes „Lila" einging und im Unterschied zu diesem mahnte, nicht so sehr auf Zauberkräfte, sondern auf die Kraft Gottes zu vertrauen. Vielleicht war gerade die Symbiose einer Zauberkraft der Liebe und des Gottvertrauens das rechte Mittel, damit Louises Lebensmut nicht sank. Carl August blieb seinem unsteten Leben treu und in ihrer Ehe nahmen die Konflikte kein Ende.

Alle guten Ratschläge der Dichter konnten nur mäßigend wirken. Der Dauerstreit innerhalb der Ehe Carl Augusts, hervorgerufen durch den Lebensüberschwang des Herzogs und die grobe, streitlustige und bisweilen beleidigende Art Louises erstarb dadurch nicht. Ab und an bewiesen beide Seiten ihren guten Willen. Louise ging nicht nur mit Goethe und anderen jungen Leuten auf die Eisbahn zum Schlittschuh laufen, sie beteiligte sich auch an vielen anderen alltäglichen Vergnügungen der Hofgesellschaft. Dann drückten wieder äußere Belastungen die Stimmung.

Im April 1776 starb die Schwester Wilhelmine in St. Petersburg. Louise und der Thronfolger Paul wechselten Briefe, in denen sie ihre Trauer und ihr persönliches Entsetzen über den „grausamen" und „schrecklichen" Schicksalsschlag mitteilten. Louise traf der Schwesterntod tief, bei ihrem Gemahl fand sie nicht das erwartete Mitgefühl. Sie zog sich traurig und enttäuscht nach Belvedere zurück. Graf Christian von Stollberg klagte erneut: „Louischens Zustand rührt mich unbeschreiblich ... Sie sind freilich gar nicht füreinander gemacht und haben sich nie geliebt."[24]

Die Klage nützte nichts. Das Herzogspaar musste repräsentieren und der Öffentlichkeit ein Bild von Eintracht und Harmonie bieten. Empfänge für die Landstände, Offiziere, Gilden oder Zünfte, die Magistrate der Städte oder mannigfache Deputationen oder die Einladungen zu Volksfesten in Städten und Dörfern ließen zu keinem Zeitpunkt die Gefahr einer bitteren Vereinsamung aufkommen. Louise bewahrte überall ihre Zurückhaltung und Strenge, sodass es die Menschen immer weniger wagten, die Herzogin in die Fröhlichkeit der Landeskinder einzubeziehen. Louise mag wohl recht gehabt haben, wenn sie später darüber klagte, dass man sie in den ersten beiden Jahrzehnten ihrer Weimarer Zeit kaum gegrüßt hätte. Dennoch, der Weimarer Hof ließ in seinen kleinen gesellschaftlichen Vergnügungen nicht nach. Im Winter gestaltete man die Eisfläche des Schwanensees zum Zentrum diverser Vergnügungen. Das Herzogspaar feierte tätig mit. Man fuhr mit den Schlitten hinaus nach Tiefurt oder Ettersburg. In der warmen Jahreszeit bildeten Gartenfeste und Landpartien den Kern der höfischen Lustbarkeiten.

Die Herzogin liebte die schöne, stille Natur und geistvolle Gespräche, den Park von Belvedere oder die reizvollen Dornburger Schlösser hoch über der Saale. Dort konnte sie aufatmen, wenn der Gemahl in Unruhe längst wieder weitergezogen war und sie ein weiteres Mal allein gelassen hatte. Aber selbst dort fand sie keinen Frieden. Am 25. Juli 1777 schrieb Louise an Frau von Stein aus Belvedere: „... Das Wetter begünstigt mich wenig, kaum kann ich aus dem Hause gehen, das betrübt mich. Vorgestern war ich zu Ettersburg und habe mich zu Tode gelangweilt. Ich versichere Ihnen, dass ich mich immer fürchte, dorthin zu gehen, obgleich die Stimmung meiner sehr teuren Schwiegermutter ein wenig besser ist als zu Ihrer Zeit ... Was mich in Belvedere betrifft, so kümmere ich mich wenig um das Menschengeschlecht und wünschte, es kümmerte sich wenig um mich ... Der Herzog schmollt seit einigen Tagen mit mir und ich weiß nicht weshalb, aber ich bin sehr ruhig ..."[25]

Andererseits gestalteten der Herzog, Goethe, Knebel und die Steins Louises Namenstag am 9. Juli 1778 zu einem fröhlichen Fest auf den Ilmwiesen. Louise versagte sich auch nicht den von Anna Amalia initiierten künstlerischen Laiendarstellungen im Liebhabertheater. Ihr gefielen die meist von Goethe inszenierten Aufführungen. Louise, die seit ihren Darmstädter und Karlsruher Tagen den Umgang mit Theater und Literatur geübt hatte, nahm an den fröhlichen Spielen in der Regel als

Zuschauerin teil. Ob das „Jahrmarktsfest von Plundersweilern" oder die „Iphigenie", Louise verpasste kaum eine Aufführung. Aber sie gab auch kaum Urteile oder Meinungen ab, die ein besonderes inneres Interesse am künstlerischen Erlebnis im Theater oder Konzertsaal offenbart hätten. Ganz versteckt und indirekt äußerte sie sich gegenüber Charlotte von Stein, dass die Ettersburger Aufführungen nicht immer ihrem Geschmack entsprächen. Sie hielt die Aufführungen des Liebhabertheaters und die von Anna Amalia organisierte Laienkunst offenbar für schrill, überspannt und für wenig anspruchsvoll.

An manchen Tagen kam Louise sich in Weimar völlig überflüssig vor. Sie fand dann weder die Kraft noch den Willen, aufkeimendes Selbstmitleid aus ihrem Kopfe zu verbannen. Am 18. November 1776 schrieb sie an Lavater: „Lange, nur zu lange, hatte ich gegen Sie geschwiegen, ohne Sie jemals zu vergessen – und mein Schweigen! Ach es kam nicht aus Mangel an innigstem Zutrauen, liebster, bester Freund! Könnte ich alles mit Ihnen teilen, alle Ahndungen, alle glücklichen, ja auch leidenden Stunden! Aber unmöglich war's mir zu schreiben, ich fühlte mich zu allem untätig: ich war fast zur Kleinmütigkeit gesunken – aber stark! Hinauf bin ich wieder gestiegen! – nichts von denen liebevollen Aussichten, alles düster und dumpf um mich her, alle Hoffnung erloschen – aber mein Gott hat mich nicht verlassen, gibt mir Mut alles zu ertragen, bin von neuem belebt und gestärkt, bin's immer mehr, dank's ihm unendliche Male ... Leben Sie wohl; – helfen Sie mir meinen Geist aufrecht erhalten!"[26] Schwankende Gefühle und Selbstmitleid – wenn die Heiterkeit des Dichters Goethe und die Ausgelassenheit höfischer Spiele Louise nicht aus ihrer Lethargie befreien konnten, vielleicht besaß der Generalsuperintendent Herder den geeigneten Zugang zu Louises Seele – oder vielleicht sogar der geistvolle Wieland?

Louise und die Weimarer Dichter

Als Herder am 1. Oktober 1776 nach Weimar kam, wurde er von der Hofgesellschaft freundlich begrüßt und sein sonst stets kritischer Geist nahm die ihm wieder oder neu begegnenden Persönlichkeiten mit sanftem Wohlwollen wahr: Die Herzogin dünkte ihm ein herrlicher edler Engel. Wieland nannte er einen „bon homme" (dem man weiter nichts übel nahm, wenn man ihn erst kannte). Allein, die allgemeine Herzlichkeit geriet bald an ihre Grenzen. Herder und Goethe besaßen unterschiedliche Ansichten, wie der junge Carl August in die Pflicht eines wohltätigen Landesherrn geführt werden sollte. Goethe identifizierte sich mit den Handlungen und Denkweisen des Herzogs und begleitete ihn Schritt für Schritt auf dem „Pfad der Tugend", getragen von der Idee, in Weimar die Grundsätze des Reichsrechts durch aufgeklärte Ideen zu erneuern. Herder moralisierte und führte eherne Prinzipien der Religiosität ins Feld: Er warf sich dem Rousseauschen Freiheitsideal entgegen und rief den Widerstand Goethes hervor. Louise stand zwischen den Fronten. Ein glänzender Geist, wie Goethe oder Herder, fand bei ihr nur Akzeptanz, wenn er die christlichen Werte mit den Bedürfnissen des alltäglichen Lebens in Übereinstimmung brachte. Vor diesem Denkmuster fand Carl August keine Gnade. Selbst Goethe erschien ihr trotz seines dichterischen Genies und dem bewussten Suchen nach zwischenmenschlichen Kompromissen nicht ernsthaft genug. Herder dagegen hielt den Schlüssel zur Lösung der Selbstzweifel Louises in der Hand. Stärker als Lavater avancierte Herder zur geistigen Bezugsperson Louises. In ihm fand sie Halt und Beistand.

Herders Gemahlin Karoline kannte Louise aus dem Darmstädter Kreis der „schönen Seele". Sehr gebildet, bisweilen feinfühlig, aber auch vorwitzig in ihren Urteilen, ergänzte sie den Geist Herders. In ihr lernte Louise eine unbekannte Welt kennen: Eine glückliche Frau und Mutter bildete den Mittelpunkt einer harmonischen Familie und forderte von allen Frauen ihres Umgangs eine zumindest ähnliche Einstellung. Dem konnte Louise nicht entsprechen. Sie fand den Zugang zur heilen Familie der Herders gerade im rechten Moment: Im Jahre 1778 erwartete Louise ihr erstes Kind, an das sie alle Hoffnungen auf eine glücklichere Zukunft knüpfte. Wieland sprach es offen aus: Man ersehnte einen „Messias", der das Land glücklich machen würde. Goethe handelte praktisch und ließ das Fürstenhaus für den Familienzuwachs umbauen.

Am 3. Februar 1779 wurde Louise von der Tochter Louise Augusta Amalia entbunden. Am Hof und in der Bevölkerung zeigte man sich enttäuscht. Das Land brauchte einen Erbprinzen für seine Zukunft. Nur die Herders zeigten warmherzige Anteilnahme. Herder schrieb sofort nach Louises Niederkunft an Lavater: „Ich ... freue mich herzlich, dass das liebe Geschöpf, ihr Fleisch und Blut da ist... Ich hoffe und wünsche, dass die Schmerzen sich bald in Freuden, Mutterfreuden verwandeln mögen. Sie ist alles, was Du weißt, und tausendmal mehr: Ein Baum Gottes an Standhaftigkeit und fester Seele ..."[27]

Louise freute sich trotz der staatspolitisch verständlichen Enttäuschung von ganzem Herzen über ihre Tochter und bezeichnete sie im Oktober 1779 als das Glück ihres Lebens. Die Anteilnahme Lavaters und der Familie Herder tat ihr gut. Während Carl August die Welt durchstreifte, predigte Herder von der Kanzel: „Nur in seiner Gattin, in seinen Kindern lernt ein Fürst sein Land und seine Landeskinder lieben."

Louise sprach er Mut zu: „Verneure ihre Tage, ihren Mut und ihre Heiterkeit und Glückseligkeit des Lebens, dass sich ihre Seele aufschwinge, dir für alles Dank zu sagen, was nur du in ihrem Herzen liesest."[28] Beim Herzog verhallten die Mahnungen ungehört. Ende 1779 reiste er in die Schweiz. Seit 1780 schwärmte er für Jeanette Luise Gräfin von Werthern-Neuheiligen. Während seine Gemahlin Anfang 1781 erneut und ihrer Pflicht entsprechend schwanger wurde, spannte Carl August seine Mutter in die Werbungen um die Gräfin ein und erklärte sogar, mit dem Willen seiner Frau zu handeln. Louise fand diese Heuchelei widerwärtig, fand jedoch weder Zeit noch Kraft, dagegen zu opponieren.

Am 3. September 1781 wurde die Herzogin von ihrem zweiten Kind entbunden. Das Mädchen starb nach wenigen Stunden. Welch ein Leid für Louise! Aber Carl August sah keine Veranlassung, seine Liebschaften aufzugeben, Anna Amalia geriet über die Erfolglosigkeit des jungen Paares zunehmend in Zorn. Louise vereinsamte zusehends. Nur die Herders munterten sie auf: Sie sollte sich beim Studium der klassischen Literatur nicht so quälen: „Durch Lesen und Hören geht's von selbst ins Ohr wie eine Melodie oder wie ein Tanz in die Füße."[29] Louise empfing sinnliche Anregungen, die sie bei ihrem Gemahl nicht fand, erwarb weitere geistige Bildung und genoss in ihrer individuellen Lebensart den geistlichen Schutz des in der Beachtung des Evangeliums sehr peniblen Generalsuperintendenten.

Louise beteiligte sich nicht aktiv an den Veranstaltungen des „Tiefurter Journals," sie schrieb keine epigonalen oder naiven Verse, aber sie galt manchem Besucher Weimars als wahre Seele des Musenhofs, weil sie ernsthaft und anhaltend geistig arbeitete, weil sie keine Anstrengungen unternahm, mit ihrem reichen Wissen in der Philosophie, Geschichte, Literatur, Religion oder in den Naturwissenschaften öffentlich zu prahlen. Ihr zurückhaltender Charakter, ihre Bildung, ihre Klugheit und das Trauerspiel ihrer Ehe hoben Louise nicht etwa intellektuell über Goethe, Herder oder Wieland heraus. Aber sie konnte den Dichtern unter günstigen Umständen ein ernster Diskussionspartner werden – ernsthafter als Anna Amalia. Im überspannten Weimarer Musenhof-Klima geriet sie dadurch in eine Außenseiterposition, zumal der Thronfolger ausblieb. Als Herder 1782 in Wielands „Teutschem Merkur" gegen Ideen von der Seelenwanderung polemisierte, schrieb ihm Louise: „Wie süß ist der Trost, hier nur einmal zu leben, nur einmal die Probe auszuhalten und in der Hölle zu sein, wie fühlt man sich dadurch stark, alles zu ertragen, was einem aufgelegt wird, und wie wohl wird einem dann die Ruhe dünken, in dem schönen, reinen Mond."[30] Immanuel Kant hat die Geselligkeit als eigentliche Bestimmung des Menschen bezeichnet. Louise verkörperte die Antithese. Sie schloss sich so gut es ging gegenüber den oberflächlichen Liebhabereien der Weimarer Hofgesellschaft ab. Selbst das gefühlvolle Christentum Lavaters ging ihr jetzt auf die Nerven. Sie protestierte mit starken Worten („widerlich") gegen Lavaters „Poesien", in denen der Dichter auch ein Gedicht Louises veröffentlichte. Goethe war sich bewusst, dass viele Menschen Lavaters „Poesien" übel nehmen würden, aber er hielt sie für ein höchst glückliches Werk. Louise befand nur Herder ihres Zorns für würdig und der bestärkte sie nach Kräften.

Louise und Herder passten zueinander: Sensibel, zart, stark in ihrem Glauben und voller Mitgefühl für die Sorgen des anderen, bildeten sie in den ersten Weimarer Jahren einen Widerpart zu Carl August und Goethe. Goethe erkannte den hohen moralischen Wert Louises. Sie tat ihm leid, er sah jedoch keine Möglichkeit, dem Übel in der Ehe abzuhelfen, außer, Louise fände selbst einen Lebensbereich oder Menschen, dem sie ihr Herz zuwenden konnte. Sie müsste mehr aus sich herausgehen und weniger wechselhaft im Umgang mit anderen Menschen sein. Goethe versuchte durch seine Dichtkunst, durch seine Fähigkeit zur Unterhaltung und durch sein Organisationstalent manchen Ausgleich.

Aber wer wollte schon über Jahre stets bei den gleichen Differenzen des fürstlichen Paares verharren? Doch: Wo blieb der Thronfolger? Nach dem Tod der 1781 geborenen Tochter breitete sich quälende Stille aus. Goethe versuchte die Stimmung 1782 durch Zauberspiele und Maskenzüge zu heben, entfachte jedoch nicht die Fröhlichkeit vergangener Jahre. Louise widmete sich ihrer kleinen Tochter, Carl August reiste durch die Welt. Trafen sie aufeinander, bemühten sie sich um korrektes Auftreten. Goethe ertrank in der Regierungsarbeit. Herder verzweifelte an seiner geringen Lebenskunst. Trostlosigkeit griff in Weimar um sich. Selbst Anna Amalias Tiefurter Fröhlichkeit erheiterte nicht mehr.

Erst im Sommer 1782 geriet die Residenz wieder in Spannung: Louise meldete die dritte Schwangerschaft. Nichts sollte einen glücklichen Ausgang behindern. Man ging friedlich miteinander um, der Herzog nahm sich zusammen, man mied aufregende Feste und Ereignisse. Dieses Mal täuschten die Erwartungen nicht. Am 2. Februar 1783 erblickte der so lang erhoffte Thronfolger das Licht der Welt. Goethe schrieb am 17. Februar an Merck: „Du wirst dich auch mit uns über die Ankunft eines gesunden und wohlgestalten Prinzen ... gefreut haben. Es macht freylich einen großen Unterschied und wir hoffen die guten Einflüße dieses erwünschten Knaben täglich mehr zu spüren. Wir haben uns in keine große und kostspielige Feyerlichkeiten ausgelaßen, doch ist alles rege, besonders rühren sich alle poetische Adern und Quellen, groß und klein, lauter und unrein, wie du dich einmal, wenn du die Mutter besuchst, durch den Augenschein überzeugen kannst."[31]

Das Land besaß also endlich einen Erben, der vielleicht sogar der Ehe Louises eine positive Bindung verschaffen konnte. Charlotte von Stein und Karoline Herder hatten bei der schweren Geburt des Kindes geholfen. Karoline behielt das Ereignis gut im Gedächtnis: „Der Erbprinz, ein halber Riese, der ein Kind der Vorwelt zu sein schien, kam tot zur Welt, und ich weiß, dass er durch meine unermüdete Anhaltsamkeit zum Leben kam, da schon die Umstehenden anfingen zu verzweifeln."[32] Der Herzog atmete erleichtert auf. Nach 7-jähriger Ehe besaß er einen Thronerben. Mutter Anna Amalia konnte endgültig in den Stand einer herzoglichen Großmutter versetzt werden. Goethe erhöhte das Bewusstsein des dynastischen Durchbruchs und ließ zu Louises Geburtstag am 30. Januar 1784 im Maskenzug „Planetentanz" die Figuren der Liebe sowie des Lebens und Wachstums agieren. Viele Leute zückten in jenen Woche die Feder zum Ruhme des Erben.

Als der Junge am 5. Februar 1783 auf den Namen Carl Friedrich getauft wurde, versammelte der Herzog nicht nur die Familie, Verwandte und Paten, sondern die Vertreter aller Schichten des Landes. Herder blieb es vorbehalten, den kleinen Erbprinzen in das rechte historische Licht zu rücken: „Der Geist solcher Vorfahren, eines Friedrich des Weisen und Philipp des Großmütigen möge auch ihn umschweben und ihn auf leuchtender Bahn führen, das tapfere Wahrheitsgefühl seines Vaters, die stille, goldene Großmut seiner Mutter aber müssen das felsenfeste Fundament seiner Tugenden, Bestrebungen und Verdienste werden, damit er für das glänzendste und gefährlichste Los der Regierung bestimmt, sich früh an die Wahrheit, auch an bittere Wahrheit gewöhne und sein Herz gesund, sein Verstand richtig, seine Hand und seine Tat fest und treu werden möge."[33] Wieland brachte die allgemeine Ansicht auf einen Punkt: Herder habe wie ein Gott gesprochen und niemals sei in deutscher Zunge Besseres gesagt worden!

Herders Predigt bildete den Ausgangspunkt für eine lebhafte und geistvolle literarische Korrespondenz, die ihn selbst, Wieland, Goethe, Merck und sogar Lavater den ganzen Sommer über fesselte. Wieland schrieb gar eine Kantate, in der er Louisens Mutterhand schützend über den Schlummer des Fürstenkindes halten ließ und obendrein Sachsens und Germaniens Genie als Schutzgeister nach Weimar beorderte. Den Abschluss der Feierlichkeiten bildete am 13. März ein Karnevalszug durch die Stadt, den Carl August im Kostüm eines orientalischen Fürsten anführte. Goethe ritt in weißem Atlaswams und Purpurmantel auf einem weißen Pferd. Besonders amüsant wirkten nachgestellte Szenen aus dem Don Quichotte und dem „Eingebildeten Kranken" von Molière – Louise stand auf dem Balkon des Fürstenhauses und nahm die komische Parade huldvoll ab.

Louise blieb auch in dieser Situation zurückhaltend, selbst gegenüber Freunden wie Herder, die es ausnehmend gut mit ihr meinten. Als sie den Eindruck gewann, dass es zwischen Herder und ihr eine Missstimmung gäbe, schickte sie dem Freund ein Bild von sich und schrieb: „Mein Bild ist nun bei Ihnen, mein lieber Herder und soll Ihnen täglich sagen und versichern, dass Sie mir trauen sollen, dass ich Sie ohne Nebel sehe und dass Sie mir wert sind und es ewig bleiben werden."[34] Durch Herder hatte sie ihren Platz in Weimar behauptet. Die Geburt des Thronfolgers bestätigte diese Erkenntnis. Bald musste sie jedoch erfahren, wie trügerisch das Glück des Augenblicks ist. Am 24. März 1784 starb über Nacht ihre kleine Tochter Louise Augusta Amalia. Der „Stickfluss" führte den Tod so schnell herbei, dass man nicht einmal die Mutter rechtzeitig wecken konnte. Louise sah ihr Kind nur noch tot. Am 27. März wurde die Tochter um drei Uhr morgens in der Stadtkirche bestattet.

Wieland beobachtete in dieser Stunde zutiefst menschliche Züge bei Louise und dem Herzog. Wieland, Goethe und Herder nahmen sehr persönlichen Anteil am Leben der fürstlichen Familie. Goethe, der über die Jahre ein besseres Verhältnis zu Herder gewann, lieh sich dessen Manuskript zu den Ideen der Geschichte der Menschheit, um Louise zu deren Entspannung daraus vorzulesen. Das Mitgefühl der Dichter war für sie außerordentlich wichtig. Louise schrieb am 2. April 1784 ohne jede Beschönigung an Lavater: „Als ich Ihnen Ende des vorigen Jahres schrieb, freute ich mich über die gute Auflösung meines Schicksals, hoffte, das Ärgste überstanden zu haben, und ahnte nicht, was mir noch bevorstände. Mittwoch vor acht Tagen muß ich so unglücklich sein, meine Tochter zu verlieren. Sie starb Nachts plötzlich am Schlage. Es tut unbeschreiblich weh, sich seiner schönsten, besten Hoffnungen beraubt zu sehen. Seit Jahren bin ich nach und nach fast von allen Verbindungen losgekommen, fand ein neues festes Band, ein neues Leben in meinen Kindern und auch dieses wird mir zur Hälfte genommen. – Der Herzog lässt Ihnen viel Liebes sagen; er ist mit mir überzeugt, daß Sie Anteil an unserem Unglück nehmen werden."[35]

Louise benötigte dringend eine Erholung. Sie reiste nach Wilhelmsthal und blieb dort einige Monate. Ein Brief an Herder vom 11. Juni 1784 bewies ihren Sinn für die Schönheit der Landschaft, aber auch die Sehnsucht nach Liebe und Zuneigung: „Ich schreibe Ihnen, lieber Herder, aus dem schönen stillen Wilhelmsthal, wo mir's wohl ist. In langer Zeit habe ich keinen so ruhigen Ort gesehen, nichts stört seine Stille und sie scheint auch hier unzerstörbar zu sein. Die Berge mit dem schönsten Grün bewachsen; der See, das Abgesonderte von der ganzen Welt! Das hat alles einen Reiz, den ich nicht beschreiben kann. Mit einem Wort, ich bin ruhig und wünschte nur die ganze Zeit unseres Aufenthaltes im Lande an diesem Ort zuzubringen. Die ganze Gegend um Eisenach ist wirklich was man Großes und Schönes sehen kann: insonderheit die Wartburg. Ich will aber nichts darüber sagen, denn sie ist so schön, so erhaben, daß sie ganz unbeschreiblich ist. Ich wünsche Sie zu mir, wenn ich so glücklich bin, die unendliche Größe zu sehen und zu fühlen. Sie würden gewiß manchen guten Augenblick haben, er würde aber auch sogleich erlöschen, wenn Sie wieder in die Stadt und unter die Rasse von Menschen kämen." Konnte Louise ihre Sicht auf das Leben, auf Weimar und auf ihre Sehnsüchte deutlicher ausdrücken? Im Schlusssatz bekräftigte sie: „Gedenken Sie meiner manchmal mit Liebe, meine beiden, lieben Freunde. Die Einsamkeit soll Balsam für meine Seele sein und Gefühle erwecken, die gewiss nicht tot, aber nur verschleiert sind."[36]

Doch bald zeigten sich auch wieder Unruhe und Unzufriedenheit. In einem Brief an Charlotte von Stein herrschte Louise ihre Freundin an, weil diese nicht mehr schrieb, und bekannte kurz und knappe: „Ich langweile mich und bin krank." Louise litt unter Erkältungen, Krämpfen und Koliken. Die Landschaft fand sie schön, betonte aber zugleich den krassen Gegensatz zwischen der Landschaft und den Menschen. Boshaft fragte sie Charlotte von Stein, die auf ihrem Landgut lebte: „Sind Sie allein mit Ihren Ochsen und Kühen oder haben Sie noch andere Gesellschaft?"[37]

Wilhelmsthal reduzierte weder die physische noch die psychische Labilität Louises. Der Herzog begleitete sie 1784 zur Kur nach Pyrmont, ein Erfolg blieb aus, zumal Carl August ihr keine Ruhe gönnte. Ein männlicher Thronerbe sicherte die Dynastie nicht. Carl Friedrich schien zwar kräftig, aber wer konnte sich über dessen Lebenserwartung ein Urteil bilden? So standen dem Kuraufenthalt 1784 zwei Fehlgeburten gegenüber, die zu einer weiteren Schwächung Louises an Leib und Seele beitrugen.

Es galt kein Erbarmen: Am 18. Juli 1786 brachte die Herzogin eine Tochter zur Welt, die auf den Namen Louise Caroline getauft wurde. Lavater gratulierte in überschwänglicher religiöser Mystik – die der nüchternen Louise mehr und mehr auf die Nerven ging und der sie mit höflichen Sachinformationen antwortete. Weit intensiver beschäftigte sie Goethes plötzliche Abreise nach Italien. Kühl gegen den einst so geliebten Lavater und gesteigertes Interesse an Goethe, das schien eine interessante Wendung anzudeuten. Louise betonte, dass sie sich kein Urteil über die schönen Geister erlaubte, weil diese bisweilen unergründlich erschienen. Darum brach sie auch nicht mit Lavater und blieb ihm bis zu dessen Tod freundschaftlich verbunden.

Louises entscheidende geistige Bezugspersonen blieben Herder und dessen Gemahlin Karoline. Hier trafen sich drei verletzbare Seelen und richteten sich aneinander immer wieder auf. Louise benötigte einen ständigen Ratgeber, der sie in ihrer, wie sie es ausdrückte, „Hoffnungslosigkeit" verstand, ihr zuhörte und mit dem sie ganz offen über alle bedrückenden Fragen reden konnte. Die Herders halfen ihr, obwohl Herders Stellung in Weimar keineswegs stabil war, er ständig unter Geldnot litt und sich so manches Mal ernsthaft überlegte, ob er nicht lockenden Angeboten aus Hamburg oder Göttingen folgen sollte.

Louise drängte Herder am Ende der 80er-Jahre, sich mit einem Schreiben an den Herzog zu wenden, in dem er um die Befreiung von der trockenen Aktenarbeit eines Kirchenbeamten und um die Berufung auf den theologischen Lehrstuhl an der Universität Jena bat. Carl August konnte den Wunsch nicht erfüllen, aber er lernte Herder in einem persönlichen Gespräch zum ersten Mal wirklich kennen – und schätzen. Außerdem erhöhte er Herders Gehalt um 300 Taler, sodass der die dringendsten Schulden begleichen konnte. Ein etwa zeitgleiches anonymes Geldgeschenk an die Herders in Höhe von 2000 Rheinischen Florin erhöhte deren Sicherheitsgefühl und den Willen zum Verbleib in Weimar. Der Absender des Geldgeschenks ist nie ermittelt worden, aber Briefe Louises und ihres Bruder Christian aus dem Jahr 1788 nähren die Vermutung, dass die Herzogin die geheime Spende gezahlt hat.

Mit diesem Geld durfte Herder den Trierer Bruder des Erfurter Statthalters von Dalberg auf dessen Italienreise begleiten. Kurz vor Goethes Heimkehr im April 1788 reiste Herder nach Italien ab. Im Herbst folgte ihm Anna Amalia und Herder schloss sich im Winter und Frühjahr 1788/89 ihrem kleinen Kreise an. Der briefliche Kontakt zwischen Louise und Herder blieb herzlich. Am 28. Oktober 1788 schrieb Herder zum ersten Mal aus Rom. Ihn überwältigten die Eindrücke dieser Stadt und er konnte seine Hochstimmung nur in den Wunsch kleiden, gemeinsam mit Louise all die Zeugnisse einer klassischen Zeit bewundern und berühren zu dürfen. Die Herzogin reagierte am 28. November mit herzlicher Freude. Sie bedauerte, nicht mit Herder in Italien sein zu können. Er sollte die Betrübnisse der Vergangenheit vergessen und sich auf das eindrucksvolle Erlebnis konzentrieren. Als Herder am 14. März 1789 antwortete, kleidete er seine liebevolle Verehrung für Louise nicht mehr in Betrachtungen über die antike Kunst. Er sprach die Sehnsucht direkt aus: Früher hätte er bei ihr eine gewisse fürstliche Gleichgültigkeit zu beobachten geglaubt, aber jetzt wäre ihr beiderseitiges Verhältnis so vertraut, dass er offen und über seine Gefühle sprechen könne. Herder wusste, dass Louise erneut ein Kind erwartete und sprach ihr Mut zu, damit ihre Wünsche in Erfüllung gingen.

Louise brachte am 13. April 1789 einen toten Jungen zur Welt. Steif, hölzern, unnahbar – so begegnete Louise jetzt selbst Freunden. Man sah ihr an, dass sie den eigenen Tod herbeiwünschte: Der Herzog sollte eine andere Frau heiraten, die ihm weitere Söhne schenken würde. Carl August wirkte beruhigend auf seine Frau ein, aber die weinte fortwährend und schluchzte, nur Herder allein könnte sie wirklich verstehen. Herder reagierte mit Bedacht. Streng ermahnte er Louise, sie wäre eine edle Frau mit männlichem Mut. Es nütze nichts, mit dem Schicksal zu hadern. Die Zeit heile alle Wunden. Er bewundere sie vor allem wegen ihres Lebensmutes und ihrer Kraft, Probleme zu bewältigen. Der Brief war kurz, präzise und fordernd. Die Herzogin verstand den Ton, ging darauf ein und drehte den Spieß zu Lasten Herders um. Er sollte zu seiner Lebenssituation Stellung nehmen. Eine Gehaltszulage, Rangerhöhung, die geheime Zuwendung und die Italienreise – das alles resultierte aus seiner Drohung, Weimar zu verlassen. Louise drängte Herder, seinen Wunsch nach einer Abkehr von Weimar zu überdenken. Hatte er ihr nicht immer wieder seine tief empfundene Freundschaft verkündet? Er musste nur sagen, welche Wünsche er erfüllt sehen möchte. Der Herzog würde alles in seinen Kräften Stehende tun, diese zu erfüllen. Herder hatte dem Herzogspaar in einer unkontrollierten Reaktion „fürstliche Gleichgültigkeit" vorgeworfen. Louise reagierte, indem sie ihn unter Druck setzte: Wie konnte Herder derart ungerecht sein, in einer Situation, in der sie verzweifelt sterben wollte! Und sie versprach, ewig seine treue Freundin sein zu wollen.

Herder, dessen hypochondrische Reizbarkeit überall Unbill erzeugte, erhielt während der Reise ein Lehrstuhlangebot aus Göttingen. Er quälte sich und sein Umfeld erneut mit der Frage, ob er bleiben oder gehen sollte. Louise beschlich, ähnlich wie Goethe, der Gedanke, dass Herder sein Leben in Göttingen vielleicht noch weniger organisieren konnte als in Weimar, wo er fürstliche Hilfe erfuhr. Herder empfand nicht einmal – wie Goethe – die Italienreise als Befreiungsschlag. Er räsonierte. Als ihn die Berufung in Rom erreichte, wollte er Weimar stehenden Fußes entfliehen. Daheim bearbeiteten die Herzogin und Goethe Karoline Herder, ihren Mann zum Bleiben zu bewegen.

Der Herzog versprach Hilfe: Er wollte diskret Herders Schulden bezahlen, ihn zum Vizekonsistorialpräsidenten befördern, das Gehalt auf

500 Taler jährlich erhöhen, ihm die Aussicht auf das Kanzleramt an der Universität Jena eröffnen, eine Witwenpension von 200 Talern zusichern sowie das Studium von Herders Kindern und deren Nachkommen bezahlen. Die Vorschläge erreichten Herder in Bologna. Sie überzeugten ihn nicht. Noch am 26. Juni 1789 schrieb er aus Innsbruck an Louise, dass ihm in Italien die bittere Krise seines Lebens bewusst geworden sei. Er wäre des Daseins müde. Eine Entscheidung würde er erst in Weimar treffen, aber die freundschaftliche Zuneigung Louises läge ihm am Herzen. Am 9. Juli kam Herder zu Hause an. Weimar zog ihn an und stieß ihn ab. Was sollte er tun? Oder pokerte Herder nur, um das Salär in die Höhe zu treiben?

Drei Tage später schrieb er an Louise und sezierte den Zwiespalt seiner Seele. Er betonte, dass Louise den ersten Brief bekam, den er nach seiner Rückkehr schrieb und dass er diesen Brief in jenem Haus verfasste, in dem er die Freuden und die Kümmernisse seines Daseins erlebt hatte. Er wollte in Weimar bleiben, wenn der Herzog die Bedingungen erfüllte, die er, Herder, stellen würde. Herder bot Louise an, zunächst ihr seine Wünsche mitzuteilen. Sie würde sicherlich ihren Einfluss auf den Herzog geltend machen. Louise reagierte klug. Sie antwortete nicht, dass sie sich für Herders Bedingungen einsetzen würde. Seine Forderungen konnten erfüllt werden und würden doch nur neue Vorbehalte hervorrufen, wenn Herder nicht gerne und aus freien Stücken bliebe. Er musste sich in Weimar wohlfühlen. Er durfte seinen Entschluss nicht nach wenigen Tagen bereuen. Aber Herder misstraute Goethe, der die Verhandlungen führte, er misstraute den Vorschlägen des Herzogs. Am Ende blieb er trotzdem in Weimar. Die Pflicht obsiegte ebenso wie die Überredungskünste der Ehefrau Karoline, der Charlotte von Stein und der Herzogin Louise. Sie festigten in dem Denker und Literaten die simple Einsicht, dass er die einzige moralische Instanz an einem recht freigeistigen Musenhof war. Dieses Argument veranlasste Goethe zu der spöttischen Bemerkung: „Der regierenden Herzogin zuliebe solltest Du fast allein hier bleiben!" Karoline sah, frei von jedem Spott, die Motive ähnlich. Sie schrieb den Willen Herders zum Verbleib in Weimar sich selbst, ihren Kindern – und der Herzogin zu. Herder beugte sich dem Druck und blieb nicht aus freier Selbsterkenntnis. Er erhielt alle versprochenen Zuwendungen. Doch jeder wusste, die alten Probleme würden bald zurückkehren.

Louises Bemühungen um Herder, ihre enge Freundschaft zu Charlotte von Stein, die Verehrung für Goethe, die Ankunft Schillers in Weimar – das alles prädestinierte Louise, als Herzogin in das Zentrum eines Weimarer Musenhofs zu treten, dessen Ruf eben durch die großen Dichter gespeist wurde. Knebel sprach die Erwartung offen aus und formulierte sie so, als wäre sie bereits erfüllt: „Unsere Herzogin ist die beste Frau von der Welt; was Gutes bei uns geschehen kann, kommt noch durch sie ans Licht. Sie denkt und sinnt darauf und weiß es anstehen zu lassen, wenn es nicht so kommen will. Es sind verständige, gute Menschen hier, mehr als an irgend einem Orte in Deutschland vielleicht."[38]

Dahinter verbarg sich der Wunsch, Louise möge eine ähnliche Rolle wie einst Anna Amalia spielen und deutliche Signale für die Ausgestaltung des Musenhofs setzen. Diese Erwartung konnte Louise nicht erfüllen. Im Unterschied zu Anna Amalia besaß Louise keinen Ehrgeiz, die Dichter und Denker in Liebhabertheatern, Journalen oder Gesprächsrunden um sich zu versammeln. Louise tat in dem fröhlichen Treiben gerne mit. Aber sie litt in ihrer Ehe. Sie wurde mit den Qualen ihrer Schwangerschaften nicht fertig und nach wie vor fehlte der zweite männliche Thronerbe. Louise brillierte nicht mit weiblichem Charme und sprühender Intelligenz in Salons, Zirkel oder Gesellschaften. Gegenüber Herder bekannte sie offenherzig: „Meine Freundschaft für Sie ist und bleibt gewiss dieselbe. Ich nehme aber an mir wahr, dass ich immer zurückhaltender und misstrauischer werde. Ich tadele mich deswegen, aber ich kann nicht Herr über diese schlimme Seite werden."[39]

Das Jahr 1789 brachte ganz neue Sorgen. Die französische Revolution bedrohte die Throne Mitteleuropas. Die Herzogin wusste nicht, wie sich die geistigen Köpfe, die den literarischen Ruhm des Musenhofs bestimmten, zu der neuen Entwicklung verhalten würden. Ihr Misstrauen wuchs, als Herder 1790 in einer Predigt den Angehörigen höherer Stände angeborene Vorurteile vorwarf. Louise schöpfte keinen Verdacht gegen Herder, aber sie spürte, dass etwas Neues kam, was ihr vielleicht gefährlich werden konnte.

Im April 1792 erklärte Frankreich Österreich den Krieg. Österreich verbündete sich mit Preußen in der 1. Koalition und Herzog Carl August zog als Kommandeur des 6. Preußischen Kürassierregiments ins Feld. In dieser Situation brachte Louise am 20. Mai 1792 ihren Sohn Bernhard zur Welt. Endlich war der lange und sehnsüchtig erwartete zweite männliche Erbe da. Louise war glücklich und alle ihre Freunde teilten das Glück. Selbstverständlich wurde das Ereignis gebührend gefeiert, ruhte das fürstliche Erbe doch nun „auf den vier Augen" – Carl Friedrichs und Bernhards.

Herder hielt die Taufrede und sparte nicht mit politischen Anzüglichkeiten, die der Herzogin auffielen: „... Im Gegensatz zu einer einstigen Schmeichlerverehrung, die die Fürsten zu Göttern übertrieb, werde ihm jetzt durch die niedrige Leidenschaft des Gegenteils, aufgebrachten Hass, tollkühne Frechheit und scharfen Tadel, Gelegenheit gegeben, durch von ihm zu erlangende und zu bewährende Tugenden seine Berechtigung zu dem Vorrecht seiner Geburt zu erweisen."[40] Herder prognostizierte den Anbruch einer neuen Zeit geistiger und politischer Bewegung. Goethe sprach im gleichen Jahr nach der Schlacht bei Valmy von einer neuen Epoche der Weltgeschichte. Louise sah die in den 80er-Jahren erreichte Harmonie zwischen dem Fürstenhaus und den Dichtern gefährdet. Das Ansehen des Weimarer Herzogtums beruhte nun einmal auf der Symbiose mit den Dichtern, aber deren politische und theoretische Ansichten gingen mit fortschreitender Revolution auseinander. Louise versuchte, die Leidenschaften der großen Geister zu dämpfen. Mit der Revolution rückten jedoch auch in Deutschland existenzielle Fragen der Gesellschaftsentwicklung in den Mittelpunkt und übersprangen den Rahmen rein theoretischer Debatten, in denen man mäßigend wirken konnte.

Carl August diente der Aufgabe, „fränkische Unmenschlichkeiten" von deutschen Monarchien fernzuhalten. Louise dachte und lebte ganz in diesem Sinne. Für Goethe sollte sich die französische Revolution von 1789 als das wichtigste politische Ereignis seines Lebens erweisen. Gemeinsam mit Schiller suchte er einen Ausweg aus dem Ende der Aufklärung, und beide gelangten in der Weimarer Klassik zur Verwirklichung ihres dramatischen und poetischen Genies.

Herder begrüßte die Ideale der Revolution mit starken Worten. In den „Ideen zur Geschichte der Menschheit" hatte er das Gottesgnadentum der Fürsten verteidigt. Jetzt bekämpfte er in den „Humanitätsbriefen" die bestehende Ordnung und vor allem die „krankende Fürstenheit". Er wollte Louise nicht direkt mit seinen neuen Ansichten konfrontieren. Aber die Worte des Predigers blieben niemandem verborgen. Herders Hinwendung zu den Idealen der Revolution verletzte Louises Bewusstsein von der historischen Rolle der fürstlichen Herrschaft. Dass gerade ein Mensch, dem sie ihr Innerstes geöffnet hatte und dem sie die Existenz ermöglichte, einen derart schroffen Sinneswandel beging, kränkte sie persönlich.

Louise lockerte die Beziehungen ein wenig. Der kranke, reizbare, erneut von Schulden geplagte Verehrer der französischen Revolution, der sein Verweilen in Weimar als Opfer betrachtete, das er der Herzogin darbot, bildete sich mehr und mehr ein, dieses „Opfer“ wäre umsonst. Er fühlte sich einsam und betrogen. Der Herzog ernannte ihn zwar zum bestallten Vizepräsidenten des Oberkonsistorium, zog aber die Stelle des Präsidenten ein, sodass die ganze administrative Arbeit weiter auf Herder lastete. Herders persönliche Sorgen glichen denen von 1789. Nur die Intensität und das Engagement der Herzogin und des Herzogs bei der Lösung dieser Sorgen wandelte sich, weil Herder offenbar nicht in der Lage war, sein Leben in verträglichen Bahnen zu organisieren. Goethe spielte die Partie des Herzogs: Man half den Herders, aber nicht mehr mit dem Willen zu Zugeständnissen, damit der Prediger und Dichter um jeden Preis in Weimar blieb.

Dieser Konflikt von 1795/96 zeigte, dass die romantische Harmonie der 80er-Jahre dahin war, dass es weltanschaulich-politische Gegensätze gab und dass sich in dem kleinen Weimar neue Rivalitäten herausbildeten. Herder zog sich zurück und betrachtete die wachsende Freundschaft zwischen Goethe und Schiller mit Argwohn. Während Goethe in Italien weilte, hatte er sich mit Schiller gut verstanden. Jetzt wandten sich Goethe und Schiller einander zu. Das hielt Herder für Verrat. Louise hatte sich zwei Jahrzehnte lang eng an Herder gebunden gefühlt. Er war die geistige Stütze in ihren kritischsten Jahren. Diese Hilfe schwand Schritt für Schritt. Wenn es auch melodramatisch klingt: Herder ließ Louise ohne den anhaltend notwendigen Beistand. Ihr Verhältnis reduzierte sich auf formale Freundlichkeiten und die pflichtgemäße Regulierung finanzieller Ansprüche.

Aber Louise benötigte in den Jahren der französischen Revolution trotz allem Selbstbewusstsein geistige Orientierungen durch Dritte. Sie konnte ihre Einsamkeit und ihre Eigenwilligkeit nur mit Hilfe anderer Menschen überwinden. Das persönliche Verhältnis zu Goethe war nicht besonders eng. Die wenigen wechselseitigen Briefe aus den Jahren 1795–1797 lassen kein Urteil darüber zu. Wieland gehörte ganz Anna Amalia und liebte jeden. Schiller lebte erst seit 1787 in Weimar und Jena. Er besaß nicht die langjährigen Bindungen an das Fürstenhaus wie Goethe. Schiller gehörte niemandem, er war der Dichter der „Räuber“. Louise tat sich gegenüber dem Neuankömmling zunächst schwer. Schiller übertrieb, als er Louise sofort zur eifrigen Patronin kürte, die seinen Arbeiten zugetan wäre. Sie begegneten einander höchstens bei Spaziergängen im Park und Schiller kolportierte das allgemeine Vorurteil, Louise wäre fürstlich, stolz und kalt. Schiller hielt sich aber auch lange Zeit vom Hofe fern, sodass keine persönliche Beziehung zur Herzogin aufgebaut werden konnte. Für den Winter 1789/90 ist Louises Interesse an den

Schriften Schillers bezeugt, aber dies bedurfte erst der vermittelnden Überzeugungsarbeit Charlotte von Steins.

Frau von Stein las der Herzogin Schillers Arbeit über den Dreißigjährigen Krieg vor. Die beiden Damen begannen sich intensiver mit dem Werk Schillers zu beschäftigen. Bis 1793 erzielten sie so gute Fortschritte, dass Louise die Patenschaft über Schillers ersten Sohn übernahm. Sie wertete Schillers diesbezügliche Bitte „als einen Beweis Ihres Zutrauens und gütiger Gesinnung für mich, die ich gewiss zu schätzen weiß."[41] Schillers Bitte war nicht ganz uneigennützig. Die Entfremdung zwischen Louise und Herder warf die Frage nach der Oberaufsicht über die Erziehung des Erbprinzen Carl Friedrich auf. Schiller wollte sich um die Stelle bewerben, nahm jedoch aus Rücksicht auf seinen schlechten Gesundheitszustand davon Abstand.

Schillers dramatisches Schaffen und die für das fürstliche Paar greifbaren praktischen politischen Probleme, die der „Wallenstein" reflektierte, verstärkten das Interesse Louises an dem Dichter. Zu Louises Geburtstag wurden am 30. Januar 1799 die „Piccolomini" aufgeführt, drei Monate später folgte „Wallensteins Tod". Schiller befand sich in der Hochphase seines Schaffens – und in der Gunst des Fürstenhauses. Louise verehrte Schillers Gattin für den Wallenstein ein wertvolles silbernes Kaffeeservice. Schiller quittierte die feine Gabe mit philosophischer Gelassenheit und ironischem Anflug: „Poeten sollten immer nur durch Geschenke belohnt, nicht besoldet werden; es ist eine Verwandtschaft zwischen den glücklichen Gedanken und den Gaben des Glücks, beide fallen vom Himmel."[42] Dennoch blieb da eine Distanz. Louise machte sich am Ende des 19. Jahrhunderts mehrfach über die geistige Dominanz der Dichter am Weimarer Hof lustig. Sie amüsierte sich über den Dilettantismus der Epigonen und widersprach ihrem Bruder Christian nicht ernsthaft, als dieser einmal schrieb, er würde niemals wieder nach Weimar kommen, weil ihm dort auf Schritt und Tritt dichtende Menschen begegneten, die ihn unter moralischen Druck setzten. Louise betrachtete die Dinge souveräner, denn sie wusste natürlich, dass Goethe, Wieland, Schiller, Herder, Knebel, Jean Paul und andere das künstlerische und geistige Rückgrat für den Hof bildeten, an den sich viele Menschen klammerten.

In der Öffentlichkeit legte sie Wert auf Harmonie zwischen dem Fürstenhaus und den Dichtern. Die persönliche Vertrautheit aus den Jugendjahren schwand jedoch. Goethes und Schillers ästhetische Prinzipien entfernten sich mehr und mehr von Herders Ansichten zur Literatur und Sprache. Herder blieb den Grundsätzen der Aufklärung treu, wie er sie schon als Illuminat vertreten hatte. Den geistigen Purzelbaum, den

Goethe und Schiller mit ihrem Klassik-Konzept vollzogen, indem sie die Menschen zur unendlichen moralischen Selbsterziehung und geistigen Persönlichkeitsentfaltung, möglichst fern von den praktischen Realitäten des Alltags, anhielten, war für den rationalen Humanisten und Aufklärer Herder nicht nachvollziehbar. Er isolierte sich von der Gesellschaft. Seine Beziehungen zu Carl August wurden eisig. Aber bis zum Schluss bewahrte Herder Dankbarkeit für das lange herzliche Verhältnis zu Louise. Für ihn gehörten die vertrauten Jahre in ihrer Nähe zur positiven Bilanz seines Lebens. Auch deshalb, weil Louise nicht nur seinem individuellen Charakter nahestand, sondern weil sie zu den wenigen Mitgliedern des Hofes gehörte, die regelmäßig die Kirche besuchten und aufmerksam den Predigten Herders lauschten – obwohl sie dessen offenen Sympathien für die französische Revolution nicht teilte und auch nicht verstand, warum Herder dem versteckten Rat Goethes nicht folgte, dessen Lied zu singen, wessen Brot man aß. Louise hoffte bis zu Herders Ableben im Jahre 1803, dass es doch noch eine Möglichkeit geben könnte, zu der geistigen Nähe vergangener Jahre zurückzukehren. Als Herder starb, war Louise unendlich traurig und vermochte ihre Gefühle zunächst nicht in Worte zu fassen. Sie wusste, dass es in Weimar zum guten Ton gehörte, tiefe Gefühle mit Pathos auszusprechen. Sie brachte das nicht fertig und musste es in Kauf nehmen, wieder einmal verkannt zu werden.

Die äußere Form wahren

Louises Abschied von Herder wirkte wie das Adieu an die in Weimar versinkende Welt der Aufklärung, in deren Bann die Herzogin trotz aller Leiden und Unbilden lebte und in der sie sich ihrer Umwelt präsentierte. Louise, die nach außen sehr oft schroff, hoheitsvoll oder abweisend wirkte, die unter den Belastungen der vielen Schwangerschaften sowie ihrer schwierigen Ehe litt, besaß von den Weimarer Verhältnissen ihre eigenen Ansichten, die sie je nach Sachlage und Möglichkeit in die Praxis umsetzte. Sie ging vorsichtig zu Werke und wählte die Partner ihrer Offenheit mit Bedacht. Besonderes Vertrauen genoss ihr Bruder, der Landgraf Christian von Hessen. Sie gab sich allgemein keinen öffentlichen Stimmungen hin, äußerte sich kaum über Dritte und gab auch keine Urteile über die Leistungen der Dichter ab. Ihr Interesse galt scheinbar ausschließlich der Politik und Staatsverwaltung.

Nach der Geburt des Erbprinzen Carl Friedrich hatte Louise in ihren Korrespondenzen eine größere Souveränität gewonnen. Sie schrieb mit sicherem Gefühl über Goethe und Herder. Sie vertraute ihren Briefen persönliche Ansichten über Weimars Leben an und befreite sich langsam von einer inneren Last, die sie ganz abwerfen konnte, als 1792 mit dem Prinzen Bernhard ein zweiter Sohn zur Welt kam. In dem Bruder Christian besaß Louise einen vorzüglichen Briefpartner. Er war ebenso eigenwillig wie sie selbst, genoss aber bei Carl August und Anna Amalia Ansehen wegen seiner Vorliebe für witzige literarische Pointen und französischen Esprit. Louise vertraute dem gebildeten Bruder und er bot einen guten Kontrast sowohl zur eigenen Schwermut als auch gegenüber der religiösen Strenge Herders und dem Genie Goethes. Nur in dem entscheidenden Schwachpunkt ihres Leides konnte selbst der liebe Bruder nicht helfen. Für den Erhalt der herrschenden Dynastie durch die Geburt einer ausreichenden Zahl von Söhnen war Louise sogar zum eigenen Tod bereit. Die anhaltende Untreue ihres Mannes aber hat sie nicht verwunden.

Wenn Carl August ein vernichtendes Urteil über seine Frau abgab, entsprach das lediglich seinen Wünschen nach unbeschränkter erotischer Freiheit und nicht dem wahren Wesen Louises: „Meine Frau, da sie kein Talent hat, welches ihr Wesen einölte und biegsam erhielte, wird steif und verliert zugleich das Bewusstsein von einer gewissen Lieblichkeit, die so nötig ist. Da ich mich dem Dienste unseres allgemeinen Vaterlandes habe verpflichten müssen, kann ich nicht meiner Frau die Gesellschaft sein, die sie braucht, und bloßer Umgang mit Männern ist Weibern nicht zuträglich; sie verlieren das schöne Weibliche und werden im Charakter Hermaphroditen, welches ich nie liebenswert finden konnte."[43] Er beleidigte seine Frau auf unverschämte Weise. Wie wollte er da deren Achtung erringen? Obendrein verlangte der Herzog, dass sich Louise freundschaftlich gegenüber seinen Geliebten, z. B. Emilie Gore, verhalten sollte.

Louise empörte sich darüber bei Charlotte von Stein, wahrte jedoch gegenüber ihrem Mann und der Öffentlichkeit die Form. Innerlich widerstrebend, lud sie Emilie Gore sogar mehrfach in den Sommersitz nach Wilhelmsthal. Sie musste sich über die Jahre hinweg daran gewöhnen, dass ihr Mann ständig eine oder mehrere Geliebte hielt. 1791 kehrte Emilie Gore zum dauernden Aufenthalt nach Weimar zurück. Louise stand die größte psychische Prüfung allerdings noch bevor. Ende der 90er-Jahre nahm Carl August die Beziehung zu der Schauspielerin Karoline Jagemann auf, die ihm schließlich vier Kinder gebar. 1809 erhob er sie sogar in den Adelsstand. Louise blieb nur die Rolle der verbitterten, stummen und freundlich lächelnden Dulderin.

Welches weibliche Wesen auch gerade die Gunst Carl Augusts besaß, Louise bewies nicht nur aristokratische Würde und äußerliche Gelassenheit. Mit eisernem Willen spielte sie ihre Rolle und nur gelegentlich brach sich die Wahrheitsliebe in schroffen Ausbrüchen Bahn. Sie gab sich Mühe, dem von Goethe und Schiller kreierten Bild einer antiken Schönheit mit edler Seele nahezukommen. Allein, das von Goethe und Schiller vertretene Ideal galt wohl für die Dichtung und die Poesie, die den Weimarer Hof in Europa berühmt machte. Die raue Wirklichkeit des ehelichen Alltags war brutal. Louise kam es dennoch niemals in den Sinn, sich von ihrem Mann zu trennen. Öffentlich legitimierte sie seine unehelichen Handlungen sogar, denn es stand für sie mehr auf dem Spiel als das individuelle Leiden einer vernachlässigten, betrogenen und seelisch gequälten Frau. Louise war bereit, alles für den Bestand der Herrscherfamilie und für das Land zu tun, für das sie Verantwortung übernommen hatte. Es mag erstaunen, dass Carl August, der seine Frau in menschlicher Hinsicht schäbig behandelte, ihren politischen Rat suchte und ihre systematische Haushaltsführung schätzte.

Louise äußerte in ihren Briefen nur selten eigene Meinungen zu wichtigen politischen Fragen. Es ist jedoch unzweifelhaft, dass sie regen Anteil an Carl Augusts Engagement für den 1785 gegründeten Fürstenbund nahm und ihn auch in seinem Dienst als General der preußischen Armee unterstützte. Sie besuchte Carl August in seiner Garnison Aschersleben, obwohl sie das Leben dort trist und langweilig fand. Aber Louise mochte gleichzeitig nicht die lange Abwesenheit ihres Mannes aus Weimar – und das nicht nur, weil er sich damit ihrer Kontrolle entzog.

Als der Herzog 1792 in den Krieg gegen Frankreich zog, fand er Louises vollständige Unterstützung. Carl August verteidigte jene konservativen Werte des alten Reichs, die ihren eigenen Lebenssinn bestimmten. Sie verfolgte den Feldzug voller Sorge um das Schicksal Carl Augusts. Als sie Mitte September die ersten persönlichen Nachrichten vom Kriegsschauplatz erhielt, suchte sie in den Zeilen des Gemahls nach den guten Eigenschaften, die ihn in ihren Augen auszeichneten. Von Goethe ließ sich Louise ausführlich die Schlacht bei Valmy und die Rolle, die ihr Ehemann darin gespielt hatte, beschreiben. Wenn Goethe am 16. Oktober 1792 aus Luxemburg schrieb: „Keine Feder und keine Zunge kann das Elend der combinirten Armee beschreiben“[44], dann konnte sich Louise einen Reim auf die verheerende Lage der geschlagenen alliierten Armee machen. Sie eilte im Januar 1793 zu Carl August in dessen Frankfurter Winterquartier. Die Wochen bis zum März 1793 waren für beide Partner heilsam. Sie verstanden einander gut – ein Ergebnis der mit persönlichen Schrecken und elementarer Lebensangst verbundenen Trennung.

Im Sommer 1793 nahm Carl August an der Belagerung von Mainz teil und geriet wiederholt in ernste Gefahr. Louise antwortete am 23. Juli auf einen Bericht Goethes: „Ich beneide Ihnen den traurigen Anblick nicht, den Sie bei der Belagerung von Mainz vor Augen haben. Auch Ihretwegen wünsche ich eine baldige Übergabe der Stadt, denn dieser Anblick, wie Sie selbst bemerken, muß einem blosen Zuschauer noch entsetzlicher sein, als jedem anderen, der bei dem Vorgang etwas zu tun und zu wirken hat ..."[45] Carl August nahm keinen persönlichen körperlichen Schaden, wurde aber durch den Tod seines Bruders Friedrich Ferdinand Constantin getroffen, der am 6. September 1793 in Wiebelskirchen dem Typhus erlag. Erst sein Ableben verdeutlichte, wie sehr Constantin im Schatten des Bruders gestanden hatte. Louise bekannte, niemand hätte sich jemals Gedanken um den Prinzen gemacht, man hätte nicht einmal Kenntnis von seiner Erkrankung gehabt.

Carl August kehrte im Dezember 1793 nach Weimar zurück. Er nahm seinen Abschied aus der preußischen Armee. Der König von Preußen bewilligte den Antrag am 5. Februar 1794. Carl August schied zwar aus dem aktiven Militärdienst aus, aber sowohl er selbst als auch Louise widmeten ihre politische Aufmerksamkeit dem Kampf gegen die, wie die Herzogin es formulierte, „gehasste Republik der Narren".

Wie Anna Amalia befassten sich auch Carl August und Louise mit den nach Thüringen strömenden französischen und deutschen Emigranten. Der Ansturm wurde so stark, dass die Lebensmittelpreise stiegen und das Herzogspaar schließlich den Zuzug aus Frankreich und den linksrheinischen Gebieten bremsen mussten.

Louise benötigte gerade in diesen Kriegsjahren Menschen an ihrer Seite, die ihr die Kraft gaben, durch eine offene Ansprache jene charakterlichen Mängel auszugleichen, die ihr den Kontakt mit der Umwelt erschwerten. Charlotte von Stein blieb über alle Unebenheiten der Zeit hinweg eine offene Freundin. An ihr reagierte Louise ihre Gemütsschwankungen ab und dieser Freundin gestand sie ihre Empörung, dass die Dichter Sympathien für die Mainzer Republik äußerten: „Als ob diese Schufte das Vorrecht hätten, ungestraft Verbrechen zu begehen."[46] Auch zwischen Louise und Frau von Stein gab es Probleme. Charlottes Sohn Fritz wollte partout nicht in Weimarer Diensten bleiben und strebte eine größere Karriere in Preußen an. Der Herzog musste ihn ziehen lassen, der ganze Zorn entlud sich über der Mutter. Louise ließ sich zu erregten Tiraden gegen die Freundin hinreißen. Aber alles beruhigte sich wieder und die freundschaftliche Liebe kehrte zurück.

Probleme mit den eigenen Kindern

Der Krieg verschärfte die Sorgen um den Erhalt der Familie und verlangte auch nach einer perspektivischen Sicherheit für die Kinder. Louise besaß seit Jahren zu ihren eigenen Kindern ein kompliziertes Verhältnis. Nur drei ihrer sieben Kinder hatten die ersten Lebensjahre überlebt: Carl Friedrich, Caroline und Bernhard. Louise besaß nie den Willen, eine warmherzige Mutter zu sein. Die natürliche Liebe zwischen Mutter und Kind ist nie ein tragendes Thema ihrer Lebensführung gewesen. Vor der Kindesliebe rangierten Geradheit, Pflichterfüllung und Disziplin. Louise warf sich kein Versagen bei der Erziehung ihrer Kinder vor. Derartige Skrupel kannte sie nicht.

Selbstverständlich genossen Louises Kinder eine vorzügliche Erziehung und Ausbildung. Um den Erbprinzen Carl Friedrich kümmerten sich Herder und Goethe in besonderer Weise. Dennoch reichten ihre Bemühungen nicht aus. Beide Eltern waren starke Charaktere mit einem präzisen Blick für die Realitäten des Lebens. Carl Friedrich aber neigte allzeit zum Träumen, zur Scheu vor Menschen und dem Wunsch, in einer idealisierten Scheinwelt leben zu wollen. Goethe hinterließ kaum Zeugnisse über seine pädagogischen Versuche an Carl Friedrich. Herder dagegen hat diese ausführlich dokumentiert. In einem Schreiben an Louise, datiert auf den 4. August 1788, legte er die Grundsätze seiner Erziehungs- und Bildungskonzeption dar. Herder schrieb, es wäre notwendig, dass Carl Friedrich die „Willkür seiner Phantasie" einzuschränken lerne. Er müsse Schritt für Schritt an systematisches Arbeiten herangeführt werden. Herder hielt zwei Eigenschaften für die Feinde Carl Friedrichs: Der Junge neige nicht zu eigener Aktivität und es fiele ihm schwer, sich auf Sachbezüge zu konzentrieren. Herder stellte aber auch fest, dass der Erbprinz über Wissbegierigkeit, Gutmütigkeit und die Fähigkeit zum Lernen und Erkennen verfüge.

Louise verfolgte Herders Bemühungen um Carl Friedrich sehr aufmerksam und freute sich auch über jeden Fortschritt. Sie verwahrte sich dagegen, wenn Hofleute ihren Sohn als kleinen schwächlichen Menschen belächelten. Allein, die Erziehung des Erbprinzen stieß auch auf Schwierigkeiten, deren Ursachen weniger in seiner Person als in den Querelen seiner Erzieher untereinander lagen. Herders Spannungen mit dem Fürstenhaus und mit Goethe nahmen zu. Es blieb unausweichlich, dass sich die Meinungsverschiedenheiten auch auf den Lehrer Schäfer und den Erzieher Ridel auswirkten. Die wiederum trugen ihre Unsicherheiten auf dem Rücken des Erbprinzen aus. Sie überforderten den Jungen durch die Masse der ihm auferlegten Aufgaben und behinderten dadurch seine positiven Anlagen. Der Herzog, Louise, Herder und weitere Mitglieder des Hofes diskutierten noch vor der Konfirmation Carl Friedrichs im März 1799 die Frage, ob der Junge gemeinsam mit anderen Kindern erzogen werden sollte, ob man ihn auf Reisen schicken könnte oder ob es besser wäre, ihn weiterhin einzeln zu unterrichten. Die Debatte mutet angesichts der Tatsache merkwürdig an, dass Herzog und Herzogin zur gleichen Zeit Briefe nach St. Petersburg schickten, in denen sie ihren Erbprinzen als Ehepartner für eine der Töchter Kaiser Pauls I. anboten. Der Kammerherr Wilhelm von Wolzogen reiste im Mai nach Petersburg, die Verhandlungen gingen zügig voran und im Sommer 1801 konnte ein Ehevertrag unterzeichnet werden.

Der junge Ehekandidat saß derweil in Weimar, hin und her gerissen zwischen den politischen Ereignissen und einer unvollendeten Ausbildung. In Petersburg verlangte man die Anwesenheit des Bräutigams. Um dem jungen Mann ein wenig Weltläufigkeit beizubringen, schickte man ihn vorerst nach Paris. Der Anachronismus im Vergleich mit Petersburg schien mit der Hand greifbar: In Paris errang Napoleon die alleinige Macht und schickte sich an, Europa neu zu ordnen. Als Carl Friedrich 1803 zurückkehrte, räsonierte Louise, dass er sich nicht so zu seinem Vorteil verändert hätte, wie sie es erwartet hatte. Er versprach zwar weitere Besserung, aber die elterlichen Zweifel verloschen nicht. Carl Friedrich reiste nach Petersburg, um sich der Schwiegermutter vorzustellen und nach einjähriger Prüfung seine Gemahlin Maria Pawlowna nach Weimar heimzuführen.

Louise musste den Knaben ziehen lassen und sie fand das in Ordnung. Sie suchte auch keinen Ersatz in ihrer Tochter Caroline. Das Mädchen galt seit Jahren als jedermanns Liebling. Ein Sonnenschein aus sich selbst heraus. Caroline besaß in geistiger, künstlerischer und kommunikativer Hinsicht alles, was Louise fehlte. Die Mutter beging den Fehler, der Tochter die Leichtigkeit des Seins zu neiden. Das führte zu ungerechtfertigter Härte und Grobheit. Louise und Caroline fanden nie zueinander – bis zum Jahre 1816, als Caroline, die zwischenzeitliche Erbprinzessin von Mecklenburg-Schwerin, starb, beweint von den Geschwistern und der Schwägerin Maria Pawlowna.

Dann gab es noch den Prinzen Bernhard. Der Junge bereitete seiner Mutter keine Probleme: Gerade, kräftig und natürlich, gab es niemals einen Zweifel, dass Bernhard seinen Weg beim Militär machen würde. Louise war und blieb stolz auf diesen Sohn. Wie differenziert Louises Verhältnis auch zu ihren Kindern war, sie vernachlässigte bei keinem ihre Pflichten. Ob mit oder ohne Liebe, das gehörte zur Rolle der Mutter und Hausherrin.

Am 1. August 1803 konnte die Familie endlich in das wieder aufgebaute Residenzschloss einziehen. Im Vergleich zum Fürstenhaus war das neue Schloss mit großem Luxus und Prunk ausgestattet. Louise fühlte sich in dem neuen Heim außerordentlich wohl. Die Einrichtung entsprach ihrem Geschmack und ihrem Standesbewusstsein – nach fast dreißig Ehejahren! Das neue Schloss erzeugte eine höhere Würde, vergrößerte die Distanz der fürstlichen Familie zu den Höflingen, der Stadt und auch zu den Dichtern. Die bevorstehende Verschwägerung mit dem russischen Kaiserhof passte genau in dieses Bild erhaben demonstrierter Fürstlichkeit. Wenn nur die Ängste nicht so bohrend gewesen wären: Wie lange würde der 1795 in Basel mit Frankreich geschlossene Separatfrieden halten, der auch dem Herzogtum Sachsen-Weimar-Eisenach militärische Neutralität gewährte?

In dramatischer Zeit

Der Einzug in das Residenzschloss, die bevorstehende Verheiratung Carl Friedrichs, aber auch das Ableben Herders im Winter 1803 und die Bekanntschaft mit Madame de Staël schienen Louise Ereignisse von hoher Symbolkraft zu sein und auf einen Wandel hinzudeuten, dessen Merkmale sie nicht definieren konnte. Sie ahnte lediglich: Mit Herder ging für sie ein ganzer Lebensabschnitt zu Ende, der durch die Belastungen des Ehelebens und durch den Weimarer Dichterkreis bestimmt worden war. Mit Madame Anne Louise Germaine de Staël brach das brodelnde Paris in Weimar ein. Louise gestand, früher hätte sie eine derart unkonventionelle Frau wie die Staël weder empfangen noch zur Kenntnis genommen. Offensichtlich bildete die Gegnerschaft zu Napoleon, die Madame de Staël in die Emigration getrieben hatte, ein verbindendes Band zwischen zwei Frauen, die in keiner Hinsicht gegensätzlicher sein konnten. Zudem traf die eloquente französische Schriftstellerin gerade zu dem Zeitpunkt ein, als Herder starb und Louise für jede Zuwendung aufgeschlossen schien.

Die Visite der Staël löste in Weimar unterschiedliche Reaktionen aus. Goethe schätzte das Werk der Dichterin und war neugierig auf die komplizierte Frau. Als sie kam, wahrte er Distanz und schien ganz zufrieden, als sie 1804 wieder abreiste. Anne de Staël besaß ihrerseits ein recht schnelles Urteil über Weimar: Anna Amalia, Carl August und Louise seien die entscheidenden Persönlichkeiten, im Übrigen gleiche Weimar eher einem großen Schloss als einer kleinen Stadt. Die Dichter wären Sterne ganz anderer Größe. Die hatten es offenbar nicht leicht, sich gegen die wortgewandte französische Dame zu behaupten. Goethe schrieb am

23. Januar 1804 an Friedrich Schiller: „Heute habe ich zum erstenmal Mad. de Stael bey mir gesehen; es bleibt immer dieselbe Empfindung; sie gerirt sich mit aller Artigkeit noch immer grob genug als Reisende zu den Hyperboreern, deren capitale alte Fichten und Eichen, deren Eisen und Bernstein sich noch ganz wohl in Nutzen und Putz verwenden ließe; indessen nöthigt sie einen doch die alten Teppiche als Gastgeschenk, und die verrosteten Waffen zur Vertheidigung hervorzuholen."[47]

Louises Probleme im Umgang mit Madame de Staël besaßen nicht die Subtilität Goethescher Empfindungen. Anne de Staël wurde sofort in alle gesellschaftlichen Ereignisse der Residenz integriert. Sie nahm sogar an den geselligen Abenden Anna Amalias teil. Louise dankte der Frau für jede freundliche Aufmunterung. Anne de Staël verstand sehr schnell, dass die Herzogin eines sensiblen Verständnisses bedurfte und dennoch nicht aus ihrer bisweilen starren Reserviertheit herausfinden würde. Sie las Louise aus Werken französischer Klassiker vor. Das ausgesprochen herzliche Verhältnis Louises, ihres Gemahls und Anna Amalias zu dem französischen Gast resultierte also vor allem aus der persönlichen Begegnung und nicht aus deren literarischem Werk. Als im April 1804 der Vater Anne de Staëls, der ehemalige französische Finanzminister Jacques Necker, starb, erwies Louise der Tochter die gleiche Aufmerksamkeit, die sie selbst nach dem Tode Herders empfangen hatte.

Das zentrale Ereignis im Jahre 1804 war jedoch die Hochzeit des Erbprinzen in St. Petersburg. Louise betrachtete die im Juli geschlossene Verbindung mit Maria Pawlowna als dynastisch-politische Notwendigkeit und teilte keineswegs die überbordenden Hoffnungen in den Reichtum der jungen Braut. Als Carl Friedrich im November 1804 mit seiner jungen Gemahlin Maria Pawlowna nach Weimar kam, reiste ihnen die Herzogin, dem Protokoll und dem Anstand entsprechend, bis nach Naumburg entgegen. Selbstverständlich empfing sie ihre Schwiegertochter freundlich. Maria Pawlowna stand in der Adelshierarchie zwar weit über dem Weimarer Herzog, aber man hatte sie gewählt, dem eigenen Hause Schutz vor Napoleon zu verleihen. Da musste man eine gewisse Form der dynastischen, politischen und finanziellen Unterordnung in Kauf nehmen. Kein Geschäft ohne Kompromisse.

Ihrem Bruder Christian schrieb die Herzogin ausdrücklich, dass sie der Schwiegertochter „unbefangen" gegenübergetreten wäre und dass Maria eine ebenso charmante wie geistreiche und verbindliche Frau voller Grazie wäre. In einem Punkte waren sich Anna Amalia und Louise sogar einig: Der feierliche Einzug und die Darstellung der jungen Erbprinzessin hatten sich trotz deren Reichtums exakt in dem Rahmen zu bewegen, der für sie selbst einst gegolten hatte. So geschah es auch. Aber die

Hinwendung Schillers vom „Wilhelm Tell" im Frühjahr 1804 zur devoten Untertänigkeit der „Huldigung der Künste" im Herbst des gleichen Jahres kam Louise doch sehr merkwürdig vor.

Louise ertrug die drei Wochen anhaltenden Jubelfeiern für Maria Pawlowna mit erstaunlich freundlicher Geduld. Sie hielt sich zurück, wollte die Schwiegertochter erst genauer kennenlernen. Carl Augusts übereifrige Komplimente an Maria Pawlowna überraschten Louise nicht. Sie hielt sich in diesem Punkte an die Weisung Anna Amalias, welche die Losung ausgab, dass Maria ein wahrer Schatz wäre. Anna Amalia zeigte auch gleich die Richtung ihrer Zuneigung an: sie werde nun in ihren Enkeln fortleben! Der Satz enthielt natürlich einen Seitenhieb gegen die spröde und eigenwillige Louise und führte Carl Friedrich und Maria Pawlowna sofort zu dem wichtigsten Gedanken: Weimar benötigte einen weiteren Thronfolger. Das junge Paar säumte nicht und bereits am 25. September 1805 erblickte ein kräftiger Knabe das Licht der Welt. In Anwesenheit der gesamten Familie wurde der Junge zwölf Tage später im großen Saal des Schlosses auf die Namen Paul Alexander Carl Constantin Friedrich August getauft. Was Louise selbst nur unter Leiden und nach vielen Jahren gelungen war, leisteten ihr erster Sohn und dessen Frau sofort. Der Grundstein für die nächste Generation war gelegt.

Allein, das Glücksgefühl wich bald quälender Angst. Der kleine Enkel war gerade einen Monat alt, als der russische Kaiser Alexander I. Weimar besuchte. Er zog mit Österreich in den Krieg gegen Napoleon. Alexanders Besuch verdeutlichte, dass die friedliche Ruhe in Weimar zu Ende ging. Mit Anne de Staël war sich Louise einig, dass mit Napoleon eine große Gefahr für ganz Deutschland einherging. Sie warf dem preußischen Königspaar vor, die Franzosen bis in die Mitte Deutschlands vordringen zu lassen. Als Napoleon im Jahre 1804 den Herzog von Enghien aus Deutschland entführen und hinrichten ließ, erschien ihr diese Bluttat wie eine Bestätigung der Vorwürfe gegen den preußischen König und sie wiederholte empört die Worte der Madame de Staël: „que dans toute l'Europe on était en France" – man ist überall in Europa in Frankreich. Louise verstand zwar, dass die deutschen Fürsten viele politische Gesichtspunkte berücksichtigen mussten, beklagte jedoch deren allgemeinen Mangel an Handlungsbereitschaft gegenüber Napoleon. Nach der Besetzung des linken Rheinlands entrüstete sie sich über die Unterwürfigkeit ihrer eigenen Verwandten vor Napoleon.

Weimar geriet durch die dynastische Ehe mit Petersburg in höchste Gefahr. Russland und Österreich erlitten im Dezember 1805 bei Austerlitz eine schwere Niederlage. Es wirkte wie ein Menetekel, dass der kleine Enkel Louises im Frühjahr 1806 starb. Der hoffnungsvolle Ansatz zur Stabilisierung der Dynastie verflog in einem Moment, in dem die Kriegswolken drohend auf Thüringen zurollten. Louise machte sich ernste Sorgen um die Familie und den Staat. Ihre wachsende Unruhe konnte auch durch die Ankunft Maria Pawlownas nicht gebändigt werden. Nach Austerlitz geriet Louise geradezu in Verzweiflung. Sie sah die durch ihr eigenes Leben repräsentierte deutsche Adelskultur vor ihrem Ende angelangt und begann, über persönliche Konsequenzen nachzudenken. Was würde die Zukunft bringen? Musste sie vielleicht Weimar verlassen? Drohte der Tod? Louise spielte sogar in aller Ernsthaftigkeit mit dem Gedanken, möglichen kommenden Leiden durch den eigenen Freitod zu begegnen.

Aber in Carl August und auch in Maria Pawlowna besaß Louise Partner mit ebenso starkem persönlichen und politischen Willen. Nach der Gründung des Rheinbunds und der Auflösung des Alten Reichs im Juli/August 1806 hofften sie noch, dass die sächsischen Herzogtümer dem Druck Napoleons standhalten und zu den preußischen Fahnen stehen würden. Für sich selbst sahen sie keine Alternative. Sollte Preußen untergehen, würde Weimar mit in den Abgrund gerissen werden. Ein Beitritt zum Rheinbund schied aus. Wie sollte das auch möglich sein, da man gerade ein dynastisches Bündnis mit Russland geschlossen hatte, mit Russland, das sich mit Frankreich im Kriege befand. Diese Gedanken beschäftigten Louise gemeinsam mit ihrem Mann – in der Theorie. In der politischen Praxis bestimmte Napoleon auch ihre Handlungen.

Seit dem Sommer 1806 rüsteten Frankreich und Preußen zum Krieg gegeneinander. Die Armeen beider Staaten sammelten sich an den Grenzen Thüringens. Napoleon wollte den geraden Weg nach Berlin gehen und die Preußen schlagen, wo immer sie sich stellen mochten. König Friedrich Wilhelm III. konzentrierte seine Hauptarmee letztlich zwischen Erfurt, Weimar und Naumburg. In der Doppelschlacht von Jena und Auerstedt wurde die preußische Armee am 14. Oktober 1806 geschlagen.

Carl August kommandierte die preußische Avantgarde und sicherte die Armee gegen Süden. Er befand sich am 14. Oktober weder in Weimar noch auf den Schlachtfeldern bei Jena und Auerstedt. Maria Pawlowna hatte sich am 11. Oktober mit ihrem Gemahl über Berlin in das dänische Exil nach Schleswig begeben. Der 14-jährige Prinz Bernhard meldete sich freiwillig zu den Soldaten und wurde dem Stab des Fürsten Hohenlohe bei Jena zugeteilt. Als am Morgen des 14. Oktober der Kanonendonner von Jena nach Weimar herüberdröhnte, entschloss sich die Herzogin-Mutter Anna Amalia auf Anraten Louises zur Flucht. Prinzessin Caroline begleitete sie.

Die Familie hatte im Vorfeld des 14. Oktober über die Möglichkeit der Einnahme Weimars durch Napoleon gesprochen. Gegen alle Ratschläge und Einwände blieb Louise fest: Ihr Platz war in Weimar, sie würde nicht weichen und nahm auch die Aussicht auf eine Gefangenschaft oder sogar den Tod in Kauf. Goethe schrieb am 20. Oktober 1806 an Johann Friedrich Cotta: „Wir leben! Unser Haus blieb von Plünderung und Brand, wie durch ein Wunder verschont. Die regierende Herzogin hat mit uns die schrecklichsten Stunden verlebt. Ihr verdanken wir einige Hoffnung des Heils für künftig, sowie für jetzt die Erhaltung des Schlosses."[48]

Prinz Bernhard überbrachte die erste Nachricht von der verlorenen Schlacht. Louise schickte ihn weg – er sollte sich so schnell wie möglich in Sicherheit bringen. Die Franzosen rückten in Weimar ein, die Plünderungen begannen. Goethe schlug sich zu Louise durch und sprach ihr Mut zu. Sie forderte Charlotte von Stein auf, im Schloss Schutz zu suchen, erkundigte sich nach dem Schicksal Wielands ... Aber sie musste ohnmächtig mitansehen, wie die Stadt brannte, wie geraubt und geplündert wurde, wie die ungezählten Verwundeten in Kirchen und auf Plätzen vor Schmerz stöhnten und schrien. Und sie wartete, wie sich die Dinge entwickeln würden. Die für ihre Geradlinigkeit, Schroffheit, Unnahbarkeit, eiserne Disziplin und Distanziertheit, aber auch für ihre Herzensgüte gegenüber vertrauten Menschen bekannte Frau vibrierte vor Aufregung. Noch niemals war sie in ihrem Leben in eine derart extreme Situation geraten, in der die Menschen von ihr Willenskraft und Entscheidungsfähigkeit verlangten. Sie wusste bis zum Nachmittag des 15. Oktober selber nicht, welche Entscheidungen sie treffen sollte. Sie hatte jetzt einen Kampfplatz als Herrscherin inne, den sie niemals ohne Not räumen würde.

Aug' in Auge mit Napoleon

An jenem Nachmittag quoll das Residenzschloss mit Soldaten und Offizieren in glänzenden Uniformen über. An ihrer Spitze „ein Mann von Mittelgröße, ganz einfach gekleidet, ohne alle Abzeichen, in einem graudunklen, langen Überrocke mit schwarzen Aufschlägen und auf dem Haupte einen kleinen dreieckigen Hut mit einer unscheinbaren, dreifarbigen Kokarde, der Kaiser Napoleon. In diesem Augenblick war auch die Herzogin Louise, begleitet von ihren Hofdamen und dem Minister von Wolzogen aus ihren Zimmern tretend, oben an der Treppe erschienen. Als der Kaiser etwa noch vier oder fünf Stufen vor sich hatte, nahm er den Hut ab und blieb vor ihr stehen. Diese in gemessener Haltung sich neigend und vorwärts beugend sprach Worte der Begrüßung. ‚Je vous plains, Madame' antwortete der Kaiser, sie starr ansehend und ging dem Saale zu."

Später haben Kolporteure dem Bedauern Napoleons die Worte hinzugefügt: „J'écraserai votre mari". Ob der Kaiser die Herzogin bedauerte oder deren Gemahl verachtete, Louise begriff, dass die Existenz des Herzogtums auf dem Spiele stand. Sie war schockiert. Sie nahm ihren ganzen Mut zusammen. Sie wusste zwar auch nicht, wo der Herzog abgeblieben war, aber sie wollte den Besitzstand retten. Am nächsten Morgen bat sie den Kaiser um eine Audienz. Die Herzogin berichtete über das Gespräch an ihren Bruder Christian: „Er empfing mich sehr barsch und sagte mir sehr viel Herbheiten für mich und den Herzog. Ich antwortete ihm mit Freimut und versuchte mich so gut ich konnte herauszuwickeln. Er drohte heftig, sprach von Fehlern, die wir gegen ihn begangen hätten usw." Drei Monate später ergänzte Louise: „Er ist ein furchtbares Wesen! Ich finde, dass er zwar Furcht einflößt, aber er hat gar nichts Achtung Einflößendes; ... Als ich ihn zu sprechen verlangte, empfing er mich mit einem äußerst zornigen Gesicht und sagte: ‚Was wollen Sie? Ihr habt den Krieg gewollt, nun habt Ihr ihn! Gegen meinen Willen zwingt Ihr mich, Kaiser des Abendlandes zu werden! Ich werde Euch alle unter meinen Fuß zwingen! Ich werde die Welt erobern, wenn ich nur will!'" Der Wutausbruch gipfelte in dem Vorwurf: „Wie konnte Ihr Mann so toll sein, mit mir Krieg zu führen?"

Louise entgegnete fest: „Der Herzog, mein Gemahl, steht seit 30 Jahren in preußischen Diensten, er hat nur seine Pflicht als preußischer General getan. Wie würde Eure Majestät über einen Ihrer Verwandten gedacht haben, wenn er Sie beim Ausbruch des Krieges im Stich gelassen hätte? Würden Sie ihn nicht ehrlos genannt haben?"

Die Worte klangen Napoleon vernünftig. Er hatte die Schlacht gewonnen und der Mut der kleinen Herzogin imponierte ihm. Mit Russland suchte Napoleon in diesem Augenblick ebenfalls keinen Konflikt. Der Korse erschien zur Gegenvisite: „Am Abend machte er mir Besuch und blieb lange bei mir, aber unterließ es nicht, mich mit Sarkasmen gegen den Herzog zu überschütten. Ich versuchte, mich nicht aus der Fassung bringen zu lassen ..." Des Kaisers großer Zorn verrauchte und man übte sich in Konversation: „Der Krieg, Madame, ist aus dem Willen der Vorsehung, glauben Sie mir, ich bin nur Werkzeug." „Und wir die Opfer ...?" „Nein. Um Ihretwillen sei Ihrem Gemahl verziehen, so wenig er selbst taugt. Er mag Herzog seines Landes bleiben, wenn er, wohlgemerkt, binnen 24 Stunden die preußische Armee verlässt und hierher zurückkehrt. Wenn nicht, ist seine Absetzung erfolgt."

Napoleon hielt Louise zwar für eine Frau, „die selbst vor unseren zweihundert Kanonen keine Furcht hat", aber sein Entschluss war leichter ausgesprochen als erfüllt. Wo war der Herzog? Immerhin, eine Sofortwirkung gab es: Am selben Tage verbot der Kaiser bei Strafe des Todes jegliche weiteren Plünderungen in Weimar. Louises beherztes Auftreten verfehlte seine Wirkung nicht, bildete jedoch nicht das ausschlaggebende Motiv für Napoleons Entschlüsse. Preußen musste endgültig niedergerungen werden, um dessen Getreidelieferungen an England zu stoppen, das Inselreich als Hauptgegner zu blockieren und Voraussetzungen für einen Ausgleich mit Russland zu schaffen. Der Rheinbund befand sich fest in Napoleons Hand, die kleinen sächsischen Staaten konnten in ihrem bisherigen Bestand integriert werden, sie würden keinen Ärger bereiten. Es genügte, ähnlich wie in Bayern und Württemberg, dem sächsischen Kurfürsten eine Königskrone zu schenken.

Weimar bildete einen besonderen Fall. Napoleon wollte Europa auch kulturell erobern. Dazu benötigte er Verbündete – wie einen Dichter Goethe. Aber leicht machte es Napoleon dem Weimarer Hof nicht. Die Regierung musste sich im Namen ihres abwesenden Fürsten und mit Billigung Louise bedingungslos unterwerfen und flehentlich darum bitten, das Herzogtum zu erhalten. Niemand wusste, dass Carl August über Mühlhausen und Göttingen den geschlagenen preußischen Truppen nach Norden folgte. Louise bat bei Napoleon um weitere 24 Stunden Aufschub. Den Brief überbrachte der junge Beamte Friedrich von Müller, der in den folgenden Tagen und Wochen unsterblichen Ruhm im Dienste seines kleinen Vaterlands erwarb. Die Herzogin Louise, Goethe und der in Weimar angereiste französische Ägyptologe Dominique Vivant Denon, der für Napoleon nach brauchbaren „Beutekunstwerken" forschte, knüpften im französischen Hauptquartier die notwendigen Verbindungen für Weimars ehrenhaften Eintritt in den Rheinbund.

Napoleon zog weiter, nach Berlin, später nach Breslau. Müller blieb ihm auf den Fersen. In Potsdam sagte ihm der Kaiser ohne weitere Umstände: „Sie kommen von Weimar? Was macht die Herzogin? Wir haben in der Tat der Herzogin viel Lärm und Unruhe in ihrem Schloss gemacht; das tat mir leid; aber im Kriege geht es nicht anders ... Ihre Herzogin hat sich sehr standhaft bewiesen; sie hat meine ganze Achtung gewonnen ..."[49] Vielleicht empfand er tatsächlich einen gewissen Respekt für Louise.

Es dauerte fast zwei Wochen, ehe man in Weimar den Verbleib des Herzogs kannte. Am 27. Oktober 1806 schrieb er Louise aus Havelberg in der Prignitz, wohin er sich mit seinen Soldaten zurückgezogen hatte, dass die Entscheidung, nach Weimar zu gehen, allein in der Hand des preußischen Königs läge, den er um seine Entlassung gebeten hatte. Carl August wusste bereits um die tapfere Haltung seiner Gemahlin und zollte vorbehaltlose Anerkennung. Louise schickte Müller mit diesem Brief und einem eigenen Handschreiben zu Napoleon. Aber der Kaiser reagierte bei dem Treffen am 6. November 1806 unwirsch. Er kanzelte Müller regelrecht ab: „... Weiß Ihr Herzog wohl, dass ich ihn billig der Regierung entsetzen sollte? Wenn ich gleichwohl dies bis jetzt noch nicht getan, so liegt die Ursache bloß in meinem Wohlwollen für die Frau Herzogin und darin, dass ich gastlich in ihrem Schlosse aufgenommen, einer Fürstin, die schon so viel gelitten, gerne noch größere Schmerzen ersparen wollte ..."[50]

Napoleon schickte einen Brief an Louise, in dem „votre bon cousin" die gleichen Vorwürfe mit nicht minderer Schärfe erhob. Das traf auch auf Napoleons offizielle Antwort vom 7. November zu, in der er auf den Brief Carl Augusts vom 27. Oktober und auf den Vortrag Müllers reagierte. Bei allem Theaterdonner und Drohgebärden besaß Napoleon kein Interesse an der Zerschlagung der thüringischen Kultur- und Kunststaaten. Indem er das Zentrum der deutschen Literatur in seiner kleinstaatlichen Struktur bestehen ließ, demonstrierte er den Respekt des französischen Feldherrn vor der deutschen Kultur. Er handelte mit dem politischen Kalkül eines Mannes, der vorgab, die kulturelle Erneuerung Europas zu befördern. Galant titulierte er Louise als „Ma Cousine, la Grande-Duchesse de Saxe-Weimar", ließ die für Carl August notwendigen Pässe zur Rückkehr nach Weimar ausfertigen und erklärte, dass er die Souveränität des Herzogs von Weimar anerkenne und die weimarische Angelegenheit für erledigt hielte.

In dem abschließenden Gespräch mit Müller betonte der Kaiser nicht nur, dass Weimar seine Existenz dem mutigen Eingreifen Louises verdankte, sondern er verwies gleichzeitig auf seine Achtung für Louises Schwester, die Markgräfin von Baden. Der Markgraf von Baden hatte sich Napoleon bedingungslos unterworfen und Gleiches erwartete Napoleon nun auch vom Weimarer Herzog. Das Schwesternpaar Louise-Karoline sollte ihm als leuchtendes Beispiel für alle Fürstenhäuser dienen: So konnte man die Gnade Napoleons zum eigenen Vorteil zu nutzen. Die Anrede als Großherzogin war kein launiger Versprecher, sondern die wohl kalkulierte Offerte eines Machtpolitikers, der sich mit der Möglichkeit einer Rangerhöhung für Weimar die Option auf eine wirksamere Vermittlertätigkeit gegenüber dem Konkurrenten Russland erhoffte.

Carl August unternahm wenig, diesen Wünschen Napoleons zu entsprechen. Er war gezwungen, im Dezember 1806 dem Rheinbund beizutreten und die Last einer Kontribution von 2 200 000 Franc zu tragen.

Bereits am 20. November 1806 hatte Louise einen persönlichen Brief an Napoleon gerichtet, in dem sie dringend um die Reduzierung der Kontributionen nachsuchte. Ohne Erfolg.

Louise ist nach den dramatischen Ereignissen vom Oktober und November 1806 im ganzen Land gefeiert worden. Ihr Anteil an der Rettung des Herzogtums haben sie nicht stolz gemacht und ihren Charakter nicht verändert. Charlotte von Stein hat die Wahrheit gesagt, wenn sie feststellte, dass eben dieses Auftreten zutiefst dem eigentlichen Wesen Louises entsprach. Für einen Augenblick rückte sie in das Rampenlicht der Geschichte und sie ist sich in der Extremsituation treu geblieben. Das war alles.

Der Alltag im Kriege

Louise besaß keine Zeit, tiefsinnig über ihr Schicksal nachzudenken. Der Krieg und der Rheinbund brachten so schwere neue Lasten, dass es kaum möglich schien, die geforderten Mittel aufzubringen. Das Leben der Menschen musste weitergehen und der Ruf Weimars als Mittlerin deutscher Kultur durfte nicht leiden. Am 10. April 1807 verstarb zudem Anna Amalia. Es war in Weimar für niemand ein Geheimnis, dass Louise ihrer Schwiegermutter zu keiner Zeit besonders nahegestanden hat. Sie trafen sich dort, wo es um eine Beurteilung der politischen Entwicklung nach der französischen Revolution ging. Sie waren sich in der Notwendigkeit einig, die konservativen Werte der Adelsherrschaft zu bewahren. Beide Frauen lehnten die Ausbreitung der Revolution auf Deutschland und Napoleons Eroberungen strikt ab. Louise bewahrte in diesem Augenblick des Todes Anna Amalias die zurückhaltende Distanz und schrieb an ihren Bruder Christian lediglich, dass Goethes Rede wohl gelungen sei, dass sie, Louise, jedoch darüber erstaunt wäre, dass Anna Amalia im Leben wie im Tode die gleiche große Reputation genoss. Louise empfand offensichtlich keine wirkliche Trauer. Den Nekrolog Goethes auf Anna Amalia hielt sie jedenfalls für derb überzogen.

Louise reiste im Sommer 1807 mit ihrer Tochter Caroline nach Schleswig zu Maria Pawlowna. Durch die Friedensschlüsse von Tilsit im Juli veränderte sich die politische Situation in Mitteldeutschland. England drängte Dänemark zu einer entschiedenen Haltung gegen Napoleon und bedrohte Kopenhagen mit kriegerischen Handlungen. Maria Pawlownas Position wurde in Schleswig unhaltbar und es gab nach Tilsit keinen anderen Grund mehr, Weimar fernzubleiben. Im September kehrten die Damen nach Weimar zurück. Der Empfang geriet großartig. Goethe schrieb in Anlehnung an Schillers „Huldigung der Künste“ ein

Vorspiel für das Theater, in dem er Anna Amalia, Louise und Maria Pawlowna als die Frieden stiftenden Damen pries. In der allgemeinen Notlage setzte der Dichter verstärkt auf die literarischen Werte und Traditionen. Goethe erwies sich einmal mehr als vorausschauender Denker, der erkannte, dass nach der Niederlage Preußens und dem Übergang Napoleons zu einer Politik der „moralischen Eroberung" dessen Aufmerksamkeit für die literarischen Verdienste Weimars vielleicht produktiv umgesetzt werden konnte.

Bald nach der Schlacht von Jena und Auerstedt schrieb Goethe in Briefen an seine Freunde, „dass nichts in der Welt beständiger ist, als frühe, auf Wissenschaft und Kunst und gründliche Thätigkeit gegründete Verhältnisse", und dass man in diesen kritischen Momenten „treu ... zusammenhalten, und wo möglich noch eifriger wirken" müsste.[51] Die Niederlage Preußens bedeutete nicht das Ende Deutschlands. Vor den Literaten lag eine besondere Verantwortung für den Erhalt der deutschen Nation. Goethe überlegte, ob es nicht möglich wäre, die deutschen Dichter und Schriftsteller enger um Weimar zu sammeln. Über die Literatur konnte sich Weimar bei eigener Traditionspflege zu den großen Fragen der Zeit äußern.

Solche Gedanken stießen bei Louise auf Zustimmung. Goethe verstand es, Louise in den Mittelpunkt des höfischen geistigen Lebens zu stellen, so wie er einst Anna Amalia für die gelehrten Gesprächsrunden gewonnen hatte. Unter ihrem Schirm diskutierte man die neuesten Werke des Meisters, über Grundfragen der Wissenschaften, Politik und der Zeit. Goethe las aus dem „Faust" oder aus den „Wahlverwandtschaften". In seinen wöchentlichen Mittwochgesellschaften machte Goethe Louise mit dem Werk des Weltbürgers Alexander von Humboldt bekannt. Er erläuterte der Herzogin die von ihm entwickelte Farbenlehre. Louise folgte Goethes Darbietungen mit wachem Verstand. Als Goethe ihr zum Geburtstag 1808 das gedruckte Werk widmete, antwortete sie etwas unterkühlt: „Ich fühle mich sehr geschmeichelt durch die gütige Zueignung Ihres Werkes über die Farbenlehre... das Buch wird mich der vielen und angenehmen Stunden erinnern. Ich bitte Sie ferner, mir Ihre Freundschaft zu erhalten, deren Wert ich gewiss fühlen und zu schätzen weiß."[52] Eine gläubige Zustimmung zu Goethes Farbenlehre klang aus diesen Worten nicht.

In dem Bestreben, das Herzogtum unter napoleonischer Herrschaft zu bewahren und gleichzeitig eine möglichst selbstständige Position zu verteidigen, aber auch etwas für den Bestand der deutschen Nation zu leisten, arbeiteten Goethe, der Herzog, Louise und die junge Maria Pawlowna zusammen. Das Jahr 1808 lieferte dafür anschauliche Belege.

Goethe führte den Schriftsteller Zacharias Werner in den geselligen Kreis um Louise ein. Louise las aus Werners Werken die für sie selbst gültigen Schlussfolgerungen heraus, Deutschland und die deutsche Literatur dürfen in der europäischen Kultur den Platz, den sie durch die Auflösung des Heiligen Römischen Reichs und die Eroberungen Napoleons einzubüßen begannen, auf keinen Fall verlieren. Ihr rationales politisches Denken strahlte auch auf die Beurteilung des Gesamtwerkes von Zacharias Werner aus. Wie Maria Pawlowna schien ihr vieles zu mystisch, zu „subtil" und vor allem missfiel ihr Werners Manie, seine Verse und Dramen bevorzugt einem weiblichen Publikum vorzustellen. Louise mochte es nicht, wenn verzückte „Backfische" hehren Dichtern willig zu Füßen lagen.

Sie selbst aber schwärmte: Im Februar 1808 brachte Maria Pawlowna die Tochter Maria zur Welt, und Louise, die ihren eigenen Kindern wenig Herzenswärme vermittelt hatte, widmete sich trotz ernsthafter Erkältung voller Hingabe ihrer Rolle als Großmama. Die kleine Enkeltochter erfreute ihr Herz. Louise besaß aus eigener Erfahrung viel menschliches Verständnis dafür, dass Maria Pawlowna lieber einen männlichen Erben zur Welt gebracht hätte.

In das Jahr 1808 fiel auch eine für das Verhalten Louises charakteristische Episode. Am 24. Oktober wurde in Weimar die Freimaurerloge „Amalia" neu gegründet. Goethe hatte dies maßgeblich gefördert. Es lag nahe, dass er an der Feierlichkeit teilnahm. Aber Goethe fühlte sich nicht wohl in seiner Haut. Als er vor vielen Jahren Freimaurer geworden und einer Loge beigetreten war, die dem System der Strikten Observanz folgte, hatte er auf diese Ordnung einen Eid geschworen. Die Strikte Observanz duldete keine anderen freimaurerischen Systeme neben sich und vereidigte alle ihre Mitglieder, sich niemals einem anderen System anzuschließen. Die alte Amalienloge war 1782 zwar stillgelegt, formal aber niemals aufgelöst worden. Der Minister Jakob Friedrich von Fritsch, ihr Meister vom Stuhl, dem Goethe den Eid geleistet hatte, lebte noch. Man konnte die alte Loge 1808 nicht einfach wieder reaktivieren, sondern musste sie nach dem System Schröders neu stiften.

Louise half Goethe bei der Gründungsveranstaltung aus der Klemme. Sie erschien, als Goethe, der in Jena weilte, sich gerade auf den Weg nach Weimar zum Stiftungsakt begeben wollte, bei ihm im Jenaer Schloss und wünschte durch die dortigen wissenschaftlichen Sammlungen geführt zu werden. Goethe hatte nun einen plausiblen Entschuldigungsgrund und sagte bei Friedrich Justin Bertuch sofort seine Teilnahme an der Gründungsversammlung ab. Louise wusste um die gesamte Tätigkeit der Freimaurer in Weimar, unterstützte sie und bewies genügend List, den befreundeten Goethe vor einer ihm peinlich erscheinenden Situation zu bewahren. Nicht ohne Selbstzweck, denn die herzogliche Familie war mit der 1764 gegründeten alten Loge „Amalia" eng verbunden gewesen. Der Vorfall dokumentierte, wie eng die fürstliche Familie, die Regierungspolitik und die Weimarer Dichter mit der Freimaurerbewegung verwoben waren.

Louise freute sich, dass Madame de Staël 1808 zum zweiten Mal nach Weimar kam. Mit dieser Frau verstand sie sich, und der Seufzer „Wie unglücklich sind wir alle" entsprang dem gemeinsamen Empfinden, dass Weimar trotz der Anstrengungen Goethes und Carl Augusts bereits ein Stück seiner geistig-literarischen Substanz verloren hatte. Louise und Madame de Staël vermissten Anna Amalia und Schiller. Goethe lebte gerade in Karlsbad. Maria Pawlowna war Anfang Juni zu ihrer Familie nach Petersburg abgereist. Niemand wusste, wann sie zurückkehren würde, denn es sickerte gerade das Gerücht durch, dass demnächst in Erfurt und Weimar ein Treffen zwischen Napoleon und dem russischen Kaiser Alexander I. stattfinden würde. Dieser Erfurter Fürstentag fand Ende September/Anfang Oktober 1808 statt. Napoleon erinnerte sich daran, dass Carl August Krieg gegen ihn geführt hatte, dass Louise ihm die Stirn geboten hatte und dass der Weimarer Herzog auch in der Zwischenzeit kein treuer Vasall geworden war. Carl August erhielt die Weisung, eine Besichtigung des Schlachtfelds von 1806 vorzubereiten und für Geselligkeit zu sorgen. Napoleon demonstrierte Alexander I. die Macht französischer Waffen. Carl August beauftragte Goethe mit dem Arrangement auf dem Schlachtfeld und beschränkte sich selbst darauf, eine Jagd im herzoglichen Jagdgebiet bei Apolda vorzubereiten.

Goethe ging mit Eifer ans Werk. Er sah eine Chance, mit den Feierlichkeiten auf dem Schlachtfeld seiner Idee näherzukommen, Weimar als zentralen Ort deutscher Literatur und des deutschen Nationalbewusstseins unter Napoleons Schirmherrschaft weiter ausgestalten zu können. Mit Hilfe des Ministers Voigt, des Jenaer Professors Eichstädt und des Jenaer Stadthauptmanns ließ Goethe auf dem Windknollen bei Jena, dem Platz, von dem aus Napoleon im Oktober 1806 die Schlacht eröffnet hatte, einen antiken Tempel nachbilden, an dessen Stirnseite die goldenen Lettern prangten: PRAESENTES DIVOS NVNC PRISCA THVRINGIA IVNXIT EN NOVVS ATTONITOS IVNGET AMOR POPVLOS. In sinngemäßer Übertragung lautete das Festmotto: „Die Götter der Welt hat jetzt das alte Thüringen vereint, siehe, neue Liebe wird einen die erstaunten Völker." Goethe wollte das Kreuz der Ehrenlegion nicht umsonst erhalten haben: Thüringen als Friedensstifter für die großen Weltkonflikte! Allein, die politische Wirklichkeit sah anders aus: Napoleon ließ sich auf dem Schlachtfeld feiern, Alexander I. nahm die Huldigungen artig zur Kenntnis, man speiste im Festzelt angenehm und ritt zur Jagd in das Apoldaer Gehege. Goethes Traum erfüllte sich nicht.

Louise bewertete den Trubel rund um das Erfurter Fürstentreffen kritisch. In der Erinnerung an den Oktober 1806 schauderte sie: Louise musste jetzt mit all den Königinnen und Fürstinnen, die ihre Krönchen dem kleinen Korsen verdankten, auf einer Stufe stehen. Sie verstand in diesem Augenblick ihre Schwiegertochter Maria Pawlowna nur zu gut, die rechtzeitig das Weite gesucht hatte. Louise flüchtete sich in die Erinnerung an Herder, der einst die hohen moralischen Ansprüche an wahre fürstliche Gesinnung formuliert hatte und zugleich davon überzeugt war, dass die Werkzeuge des menschlichen Stolzes aus Ton sind, und wie leicht kann der zerbrechen.

Aber Louise konnte trotz dieser Gedanken nicht anders: Sie musste freundlichste Mine zum bitteren Spiel machen. Es entsprach keineswegs ihrem freien Willen, dass ihre eigenen Zimmer im Residenzschloss für Napoleon als Aufenthaltsräume reserviert wurden. Im Grunde genommen betrachtete sie die Tage, die mit prunkvollen Tafeln, Bällen, Theateraufführungen und Jagden dahingingen, als neuerliche Demütigung. 1806 konnte sie wenigstens etwas für ihr Land erreichen. Louise durchschaute die demonstrative Würdigung Goethes und Wielands durch Napoleon. Der Kaiser wollte sich als Förderer der schönen Künste darstellen – als ein Gesamtkunstwerk von militärischem Genie, modernisierender Reformfähigkeit und der Fähigkeit, die geistigen Werte Europas zu erneuern. Es blieb ganz real die Abhängigkeit von Napoleon, der ehrgeizige Versuch, vielleicht den Rang eines Großherzogtums zu ergattern. Ein vergebliches Bemühen! Auch der russische Kaiser half nicht. Nach dem Erfurter Fürstentag sah Carl August keine andere Variante, als abzuwarten, an inneren Reformen zu arbeiten und sich immer wieder darauf zu besinnen, dass der Ruf Weimars auf seinen Dichtern und Gelehrten beruhte.

Louise besprach in dieser Zeit mit ihrem Mann viele Fragen der künftigen Gestaltung Deutschlands. Sie verfolgte die Kriegshandlungen auf dem europäischen Kontinent. Louise war sich bewusst, dass ein freies Deutschland nicht in wenigen Wochen oder Monaten geschaffen werden konnte. Jede Schwäche Napoleons, seine Niederlagen in Spanien oder in Tirol, wertete sie als Signal für den beginnenden Niedergang. Napoleons Bemühungen, eine Frau zu finden, die ihm Söhne schenkte, damit er eine eigene Dynastie gründen könnte, beantwortete Louise mit Hohn und Spott. Ein Bonaparte würde niemals das Gewicht der alten europäischen Adelsgeschlechter erlangen!

Auf sehr tragische Weise kündigte sich weiteres Unheil an. Im September 1810 explodierte in Eisenach ein französischer Munitionstransport. 60 Tote waren zu beklagen und ein Teil der Stadt wurde zerstört. Selbst die rationale Louise glaubte an ein Vorzeichen für neues und noch schlimmeres Unglück. Ihre Befürchtungen erfüllten sich im Sommer 1812. Französische Truppen zogen durch Weimar. Napoleon versammelte die Fürsten des Rheinbunds, den Kaiser von Österreich und den König von Preußen in Dresden. Der Krieg sollte nach Russland hineingetragen werden. Carl August führte in Dresden eine längere Unterredung mit dem Kaiser der Franzosen, die nichts an den Pflichten des Herzogtums gegenüber Napoleon änderte, die gegenseitigen Aversionen aber auch nicht beseitigte. Im Juni 1812 begann der Marsch Napoleons auf Moskau, und Weimarer Soldaten zogen mit in Richtung Osten. Während Carl August in Töplitz zur Kur weilte, harrte Louise während der kritischen Monate des Feldzugs gegen Russland in Weimar aus. Der Gedanke an den Krieg und dessen Folgen für das Herzogtum beschäftigten sie so stark, dass Louise viele Dinge in den Hintergrund drängte.

Immer wieder durchdachte sie die Frage, welche Haltung Preußen im Kampf gegen Napoleon einnehmen würde. Nach der Niederlage der Großen Armee in Russland, der Flucht Napoleons und der Konvention von Tauroggen erwartete Louise eine vom preußischen König ausgehende Initiative zur Befreiung ganz Deutschlands. Sie begrüßte im März 1813 den Aufruf Friedrich Wilhelms III. zur Volkserhebung gegen die französische Besatzungsmacht. Gleichzeitig fürchtete sie, in Weimar könnten sich ähnliche Ereignisse wie im Oktober 1806 wiederholen. Tatsächlich beobachtete die Herzogin Mitte April 1813 von den Fenstern des Schlosses aus Scharmützel zwischen Preußen und Franzosen. Viel mehr fürchtete sie die Rache Napoleons. Der wusste um die guten Kontakte Carl Augusts zur Kaiserin von Österreich, die jede nur mögliche Chance nutzte, gegen ihren Schwiegersohn vorzugehen. Der Kaiser der Franzosen hielt Carl August für den „unruhigsten" Fürsten in ganz Europa.

Die Affäre „Spiegel–Voigt" schien Napoleon eine günstige Gelegenheit zu bieten, den Weimarer Herzog massiv in die Schranken zu weisen. Im April 1813 war Weimar für einige Wochen regelrechtes Frontgebiet. Die Franzosen standen noch in Weimar, hatten Jena jedoch schon vor dem anrückenden Blücherschen Korps geräumt. In dieser Situation hielt sich der Kanzler Friedrich von Müller in Jena auf und erwartete den Einmarsch der Preußen. Müller hatte mit seinem Mitarbeiter, dem Regierungsrat Voigt jr., eine geheime Chiffre vereinbart, die sie verwenden wollten, um sich gegenseitig über die jeweiligen Truppenbewegungen zu informieren. Am 18. April schickten Voigt jr. und der Hofmarschall Freiherr von Spiegel einen derart chiffrierten Brief mit Informationen über die französischen Truppen an Müller nach Jena. Die Franzosen fingen den Brief ab, nahmen Voigt jr. und Spiegel fest und brachten sie auf die Petersberg-Zitadelle in Erfurt. Sie sollten kurzerhand als Spione erschossen werden. Müller intervenierte vergeblich bei Napoleon. Herzogin Louise veranlasste Carl August, noch in der Nacht nach Erfurt zu reisen: Napoleon verlangte, den Herzog unverzüglich zu sehen. Der Kaiser hatte sogar gedroht, nicht nur Voigt und Spiegel erschießen zu lassen, sondern die Stadt Jena niederzubrennen. So sehr er Müller beschimpfte, so freundlich begegnete er Carl August. Aber er wahrte die seit 1806 verfolgte Taktik: Die Beilegung der Affäre sollte der Herzog seiner tapferen Frau verdanken. Er wurde ohne greifbare Resultate nach Weimar zurückgeschickt. Als Napoleon am 23. April 1813 durch Weimar reiste, sprach er mit Louise, und ihrem Einsatz verdankten Voigt wie Spiegel ihre Freilassung. Jena wurde nicht niedergebrannt. Wieder einmal hatte Herzogin Louise das Land und die Stadt Jena vor einer Katastrophe bewahrt. Charlotte von Steins Ausruf, in Weimar würde alles zusammenstürzen, wenn Louise nicht so tatkräftig handeln würde, war sicherlich der Nähe ihrer beiderseitigen Beziehungen geschuldet. Aber die Verdienste Louises um den Bestand des Staatswesens in den schweren Kriegsjahren sind unbestritten.

Louise sah ihre Hauptaufgabe allerdings nicht in Disputen mit Napoleon, sondern in der tätigen Sorge für die geschädigten Menschen. Sie förderte den von Johannes Daniel Falk ins Leben gerufenen „Verein der Freunde in der Not" durch eigene Spenden, von denen sie nie besonderes Aufheben machte. Kriegsopfer, Plünderungen, die Städte und Dörfer mit ständig wechselnden Einquartierungen verlangten nach immer neuen finanziellen Mitteln – von den Kriegskontributionen gar nicht zu sprechen. Louise ließ ihren gesamten Schmuck verpfänden. Die Sorgen und Nöte türmten sich zu einem riesigen Berg auf. Die ganze Anspannung mündete in die Völkerschlacht bei Leipzig im Oktober 1813. Napoleon wurde geschlagen Der Übergang des Herzogs auf die Seite der antinapoleonischen Koalitionäre am 2. Dezember 1813 brachte neue Lasten und Verpflichtungen für das Land.

Weimar verwandelte sich für wenige Wochen in einen Treffpunkt der europäischen Monarchen. Während Napoleon bei seiner Flucht aus Leipzig Weimar umging und darauf verzichtete, Louise Komplimente für ihre Tapferkeit zu unterbreiten, gaben sich Russlands und Österreichs Kaiser, der preußische König und andere Koalitionäre die Schlossklinke in die Hand. Louise erlebte Geschichte und gestaltete sie aktiv mit. Carl August, nun als russischer General und Kommandeur aller sächsischen

Truppen, zog erneut in den Krieg, Prinz Bernhard folgte ihm. Louise musste abermals um das Leben von Mann und Sohn fürchten. Das Bewusstsein, die Last einer Fremdherrschaft abgestreift zu haben, löste bei dieser Frau keine begeisterten Emotionen aus. Not und Elend blieben im eigenen Land und der Krieg fand kein Ende.

Dennoch empfand Louise Napoleons Niedergang als eine „schreckliche Tragödie". Napoleon hatte sie bei den persönlichen Begegnungen beeindruckt. Sie forderte, den gestürzten Napoleon vor Demütigungen zu bewahren. Ihre sittlichen Ehrbegriffe, mit denen sie 1806 ihren Gemahl vor Napoleon verteidigt hatte, ließen sie nun voll Verachtung auf die abtrünnigen Marschälle und Politiker blicken, die ihr Ansehen und ihren Reichtum nur dem Kaiser verdankten. Konsequent wünschte sie Napoleon eher die Kugel als eine ruhmlose Verbannung.

Die Berufung ihres Gemahls zum Gouverneur der niederländisch-belgischen Provinzen beeindruckte Louise nicht sonderlich. Sie hätte es lieber gesehen, wenn Carl August mit blankem Säbel an der Spitze sächsischer Regimenter in Frankreich einmarschiert wäre. Sie ärgerte sich, dass Carl August zu selten schrieb. Andererseits freute es die Herzogin, in den Zeitungen über die rührige Arbeit ihres Gemahls lesen zu können. Ihr Wunsch erfüllte sich. Der Herzog reiste doch noch nach Paris und gesellte sich zu den monarchischen Befreiern Europas, ebenso wie er im Juni 1814 an der Siegesparade in London teilnahm. Wo er sich auch aufhielt, er korrespondierte stets mit seiner Frau, die sich für alle seine Erlebnisse und vor allem für die politischen Sachfragen interessierte und die auch auf ihn einwirkte, die Zukunft des Herzogtums in jeder Hinsicht zu sichern.

Am 1. September 1814 kehrte Carl August zu Louise zurück. Die Vorbereitungen zum Wiener Kongress liefen auf vollen Touren. Louise war sich bewusst, dass in Wien Entscheidungen über die politische Gestalt Deutschlands fallen müssten. Entsprechend intensiv beschäftigte sie sich mit den Folgen der antinapoleonischen Kriege. Gerade ihre realistische Sicht auf das Verhalten der deutschen Fürsten ließ sie ernste Zweifel hegen, ob es in Wien tatsächlich zu Lösungen kommen würde, die ihrem nationalkonservativen Gefühl für die politische Größe Deutschlands entsprächen. Louise sah, dass unter den Völkern Europas große Unruhe herrschte, dass nationalliberale und freiheitliche Strömungen entstanden. Sie brauchte nur auf die Studenten in Jena und auf deren Forderungen nach bürgerlichen Freiheiten zu blicken. Die Journalisten und Publizisten verlangten nach Pressefreiheit. Wenn Louise schrieb, man müsse sich in dieser für ganz Europa wichtigen Situation weise verhalten, sonst würde man später ungeschickte Entschlüsse bereuen, dann meinte sie nicht, man sollte dem demokratischen und bürgerlichen Aufbruch freien Lauf lassen.

Louise fragte, welche Verfassung man dem künftigen Deutschland geben sollte. Auf der Suche nach einer Antwort misstraute sie selbst dem Freiherrn vom Stein, dessen Modellen einer rückwärts gewandten Reichsverfassung sie relativ geringe Chancen einräumte, und dessen enge Bindung an Russland sie mit Argwohn betrachtete, weil der russische Kaiser den dynastischen Wünschen Carl Augusts auf Besitz und Krone in Sachsen eine klare Absage erteilt hatte. In Alexander I. erkannte sie den Autokraten und registrierte aufmerksam den Gedanken Talleyrands, dass der Unterschied zwischen Napoleon und Alexander nur darin bestehe, dass Napoleon sich selbst bei einer falschen Entscheidung noch veranlasst sehe, diese zu begründen, während sich Alexander lediglich auf seinen freien Willen als Selbstherrscher beriefe. Für den sächsischen König ergriff sie Partei, weil sie nicht einsah, dass der für seine Anlehnung an Napoleon bestraft werden sollte. Die Könige von Bayern und Württemberg erhielten auch keine Strafe. Sie blickte mit Sorge nach Elba und ahnte, dass der Usurpator zurückkehren und neuen Unfrieden stiften würde. Als Napoleon wieder in Frankreich landete, war Louise über diesen Fakt wenig erstaunt. Sie fürchtete vielmehr, die Völker Europas könnten nicht noch einmal die Kraft aufbringen, Napoleon endgültig zu vertreiben.

Insgesamt betrachtete Louise die politische Szene aufmerksam, kritisch und zugleich distanziert – wie es ihrem Charakter entsprach. Sie reiste nicht mit nach Wien, stritt sich auch nicht mit dem Herzog über das Ausmaß der Gebietserweiterungen oder die Rangerhöhung. Das unterschied Louise von ihrem Gemahl: Sie betrachtete die unter Napoleon angestrebte Erhebung zum Großherzogtum nun als gerechte Gabe, da sie aus der Hand der europäischen Fürsten kam. Ihre Haltung tendierte stets zur Nüchternheit und sie warnte vor Illusionen. Sie sah nach dem Ende des Heiligen Römischen Reichs die neue Zeit heraufkommen, musste dem als Herrscherin Rechnung tragen, wollte ihre eigenen Grundsätze aber nicht aufgeben. Dieser Spagat sollte ihr gemeinsam mit dem aufgeschlossenen und reformfreudigen Carl August gelingen.

Nach dem Sturm – die letzten Jahre

Seine liberale Gesinnung, das Grundkonzept der Weimarer literarischen Klassik, eine nach Pressefreiheit verlangende Publizistik und der ebenso nationalliberale wie freiheitliche und rebellische Geist Jenaer Studenten und Gelehrter führten Carl August zu der Verfassung vom Mai 1816 mit den darin gewährten bürgerlichen Grundrechten wie der Presse-, Versammlungs- oder Religionsfreiheit. Carl August ging zur Wahrung des monarchischen Prinzips bei gleichzeitiger Respektierung verfasster bürgerlicher Gesellschaftsgrundlagen kein geringes Risiko ein. Im Deutschen Bund betrachtete die offizielle Politik in Berlin und Wien das Geschehen in Weimar mit Misstrauen. Der russische Kaiser intervenierte mehrfach, nachdem die Ergebnisse des Wartburgtreffens vom Oktober 1817 ruchbar geworden waren.

Louise äußerte sich in ihren Privatbriefen wiederholt zu den Ereignissen. Ihre politische Haltung war ebenso zwiespältig wie die ganze Entwicklung Ausdruck einer Übergangssituation war, in welcher der Großherzog an seiner Macht festhalten und gleichzeitig der bürgerlichen Evolution Rechnung tragen wollte. Louise bagatellisierte die Dinge und nannte die Begeisterung für Verfassungen eine „Manie", eine Modeerscheinung, weil die „guten Völker" überhaupt nicht wüssten, was sie da verlangten. Unsicherheit verspürte sie dennoch, denn sie wünschte sich, dass auch der preußische König eine Verfassung gewähren sollte. Das würde der Weimarer Politik Sicherheit verleihen.

Sie glaubte, im Landtag, der 1817 ins Leben gerufen wurde, säßen nur Abgesandte des „guten Volkes". Louise informierte sich regelmäßig über den Fortgang der Landtagsdebatten, aber auch über die Zuspitzung der politischen Krise in den Jahren 1817/18, als der Großherzog unter massiven Druck aus Wien und Petersburg geriet, als das Verfassungsexperiment auf dem Spiele stand und die russische kaiserliche Familie geschlossen in Weimar erschien, um den freiheitlichen Tendenzen die Spitze zu nehmen. Während Maria Pawlowna mit dem 1817 gegründeten „Patriotischen Institut der Frauenvereine" eine nicht ungeschickte konservative Politik gegen freiheitliche Erneuerungen betrieb, unterstützte Louise ihren Gemahl und versuchte, die Wogen zu glätten. Nach dem Wartburgfest beteuerte sie in mehreren Briefen, dass man die vaterländische Gesinnung der Studenten betonen müsste, dass diese in ihrem jugendlichen Überschwang zu extremen Äußerungen neigten und dass man der ganzen Sache keine überzogene Bedeutung beimessen dürfte. Die negativen politischen Reaktionen in anderen deutschen Bundesstaaten hielt sie für weit übertrieben.

Sie konnte nicht verhindern, dass die Höfe und Regierungen vor allem in Berlin, Wien und Petersburg in den burschenschaftlichen Bestrebungen und in der freien Presse einen massiven Angriff auf die politische Ordnung der „Heiligen Allianz" erblickten und zu Gegenmaßnahmen rüsteten. Namentlich die Kotzebue-Affäre beschwor eine Verfassungskrise herauf, an deren Ende die Karlsbader Beschlüsse mit ihren Überwachungs- und Repressivmaßnahmen gegen die liberalen Gelehrten und Studenten an den deutschen Universitäten und gegen die freie Presse standen.

Louise verurteilte 1819 den Mord an Kotzebue mit aller Schärfe. Aber gegenüber dem jungen Studenten Sand ließ sie Milde walten, indem sie sich darauf berief, dass man ihn in Jena für einen guten jungen Menschen gehalten habe, der in seiner Entwicklung noch unfertig war und zu extremen Ansichten neigte. Louise wandte sich gegen jegliche Mystifizierung der verwerflichen Mordtat Sands und lehnte auch die öffentliche Erörterung des Falls in der deutschen Presse ab. Sie meinte, dass daraus nur hysterische junge Frauen ihre Motive gewönnen, Sand zum Märtyrer zu erheben, und dass die Publizierung der Ansichten Sands zwangsläufig Nachahmer auf den Plan rufen würde. In diesem Fall bewirkte die Gelassenheit Louises nichts. Sand wurde hingerichtet und Weimar musste sich den restriktiven Bestimmungen der Karlsbader Beschlüsse von 1819 beugen.

In diesen politisch aufgeregten Jahren zwischen 1815 und 1820 gönnte sich Louise einige Ruhephasen. 1817 reiste sie nach Baden-Baden, Karlsruhe und Homburg, gab sich dort ihren Erinnerungen an die ferne Jugend hin, erstaunte ihre Angehörigen durch detaillierte Kenntnisse in der Natur, gelangte am Ende jedoch zu dem Schluss, dass es für sie keine Rückkehr in die Welt ihrer Kindheit gab. Sie fuhr nach Hause zurück und hoffte, dass dort ein dringend gehegter Wunsch in Erfüllung ging.

1816 war ihr Sohn Bernhard mit der Prinzessin Ida von Meiningen verheiratet worden. Louise hatte die junge Braut mit den Worten in das Eheleben verabschiedet: „Gott wolle sie mit Söhnen segnen, die wir so nötig haben." Aber das erste Kind war ein Mädchen. Bis zum Jahre 1818 verfügte das Haus Sachsen-Weimar-Eisenach immer noch nicht über einen männlichen Erben, der Carl August und Carl Friedrich nachfolgen konnte. Umso größer war Louises Erleichterung, als Maria Pawlowna am 24. Juni 1818 einen Erbprinzen zur Welt brachte: den späteren Großherzog Carl Alexander. Es war eine politische Demonstration in der aufgeheizten Atmosphäre des Jahres 1818, dass Carl August die Landstände und die Jenaer Studentenschaft zu Taufpaten des Enkels berief. Louise nahm die Geste gelassen hin, sie sah nur das Kind. Vorerst schien das Erbe gesichert und sie hoffte, sich nun einer ruhigeren Altersbeschäftigung widmen zu können. Weimar bot dafür schließlich ideale Voraussetzungen. Ruhe, Abgeklärtheit und Toleranz konnte sie im Kontakt mit dem alternden Goethe finden.

Tatsächlich pflegte Louise seit 1775 trotz ihrer Fixierung auf Herder ein enges Verhältnis zu Goethe. In den letzten zehn Jahren ihres Lebens kamen sie sich besonders nahe. Das hing nicht nur mit dem für den Weimarer Hof existenziellen geistigen Genie des Dichters und der langjährigen persönlichen Nähe, sondern auch mit dem voranschreitenden Alter zusammen. Goethes Realismus bei der Beurteilung politischer Entwicklungen traf sich mit der Geradlinigkeit Louises, wobei der Dichter stets die korrekte Untertänigkeit zur Landesfürstin wahrte. Beim Besuch der russischen kaiserlichen Familie im Herbst 1818 organisierte Goethe einen Maskenzug, mit dem er die großen klassischen Traditionen des Musenhofs in den Mittelpunkt stellte. Dieses Bild fand Louises Wohlwollen und sie drückte ihre Zustimmung auch gegenüber Goethe direkt aus.

Louises und Goethes Kontakte nahmen Züge einer alltäglichen Normalität an, ohne dadurch an Wert zu verlieren. Als Ida, die Gemahlin Prinz Bernhards, im Sommer 1819 dann endlich einen Sohn zur Welt brachte, gratulierte Goethe selbstverständlich auch der Großmama und die antwortete am 10. Juli aus Wilhelmsthal: „Die Geburt unseres neuen Enkels ist ein recht erfreuliches Ereignis für uns, und dass Sie unsere Freude teilen würden, war ich im voraus überzeugt, denn Sie haben uns von jeher so viele Beweise Ihrer Freundschaft gegeben, die wir mit dem innigsten Dank erkennen."[53]

Louise nahm Goethe, wo sie nur konnte, unter ihren Schutz. Als der Dichter sich im Jahre 1826 den Zorn des Landtags zuzog, weil seine Rechenschaftslegung über die Gelder der von ihm verwalteten Kommission für Wissenschaft und Kunst allzu summarisch ausfiel, griff sie direkt ein. Louise bestellte den Abgeordneten Heinrich Luden zu sich und löste das Problem. Sie bewies in der Ansprache an Luden ihre Fähigkeit zu suggestiven Zuspitzungen, demagogischen Verallgemeinerungen und zu einer Sicht auf staatsmännische Probleme, die den Politikern und Parlamentariern gemeinhin abgehen. Eine Großherzogin von Sachsen-Weimar-Eisenach besaß im Jahre 1826 noch das Format, dem Parlamentarier Luden zu erklären: „Der Landtag ist unleugbar in seinem Recht, aber der Geheimrat Goethe ist gewiss auch nicht der Meinung, dass er im Unrecht sei. Außer oder über dem geschriebenen Recht gibt es ja noch ein anderes Recht, das ist das Recht für Dichter und Frauen. Der ganze Landtag ist doch wohl überzeugt, dass das bewilligte Geld wirklich von dem Herrn Geheimrate verwendet worden sei? Also kann nur noch gefragt werden, ob es gut und rechtmäßig verwendet worden sei. Nun darf man doch nicht vergessen, in welcher Stellung der Geheimrat Goethe zur Welt, zu unserem Lande, zum Hofe, zum Großherzog seit einer langen Reihe von Jahren gewesen ist; diese Stellung hat natürlich auf seine Ansicht von den Dingen eingewirkt. Ich finde es daher ganz begreiflich, wie er wohl glauben kann, ihm stehe vor allen anderen das Recht zu, über die zweckmäßige Verwendung des ihm zur Verwaltung übergebenen Geldes selbst zu entscheiden. Ich verstehe natürlich die Dinge nicht und bin weit entfernt jemanden rechtfertigen zu wollen; mein Wunsch ist nur, dass die freundschaftlichen Verhältnisse unter uns erhalten und dem alten Herrn eine Verdrießlichkeit erspart werden möchte. Wie das zu bewirken, weiß ich freilich nicht. Die Besorgnis des Landtages aber, dass die Vorsteher anderer Behörden sich auf diesen Vorgang berufen und die Vorlegung spezieller Rechnungen verweigern möchten, ist doch wohl auch nicht sehr groß. Wir haben nur einen Goethe, und wer weiß, wie lange noch; ein zweiter dürfte sich vielleicht nicht bald wieder finden."[54] Da der Großherzog sich ähnlich äußerte, ließ Luden die Angelegenheit auf sich beruhen und dem Landtag entging eine Gelegenheit, sich weiter über das Geld zu streiten.

Bei allem Engagement für Goethe oder Weimar: Louise näherte sich dem siebzigsten Lebensjahr und hing Gedanken über eine Bilanz ihres Lebens nach. Mit Carl August hatte sie in langen Jahren einen Modus für ihre Ehe gefunden – man liebte jetzt sogar gemeinsam die Hunde, die Louise einst so viel Verdruss bereitet hatten. Der Großherzog blieb auch in reifen Jahren ein potenzieller Unruheherd. Aber mit fortschreitendem Alter neigte er zur Bequemlichkeit und war froh, die Gemahlin für allerlei Aufträge und staatspolitischen Entscheidungen nutzen zu können. Louise bemerkte einmal nicht ohne eine gewisse Bitterkeit, sie spielte jetzt in seinen Geschäften eine solche Rolle, dass er es im Falle ihres Todes tatsächlich bemerken würde, wenn sie nicht mehr da wäre.

Louise war sich auf ganz natürliche Weise bewusst, dass sie eine Verantwortung dafür besaß, die in absehbarer Zeit bevorstehende endgültige Trennung von ihrem Mann, mit dem sie weiß Gott kein leichtes Leben verbracht hatte, so vorzubereiten, dass sie ohne Groll, in Frieden und Eintracht gehen konnte. Dabei musste sie zuerst die eigene gesundheitliche Schwäche bekämpfen. Die zahlreichen Schwangerschaften hatten ihren Körper ausgezehrt. Louise hatte außerdem im Laufe ihres Lebens bei mehreren Unfällen Knochenbrüche erlitten, die nur schwer verheilten. Im Winter 1823 war sie – wie auch Goethe – an einer gefährlichen Herzbeutelentzündung erkrankt. Im Grunde genommen erholte sie sich von diesem bedrohlichen Leiden nicht mehr. Ihre Gesundheit blieb instabil und nur der ihr eigene starke Lebenswille richtete sie immer wieder auf. Aber sie wurde anfällig für Symbole: Als in der Nacht vom 21. zum 22. März 1825 das alte Hoftheater abbrannte, erschien ihr dieses Unglück wie ein Signal für das nahende Ende der klassischen Epoche Weimars und für den eigenen baldigen Tod.

Im September 1825 wurde das 50-jährige Thronjubiläum Carl Augusts und Louises gefeiert. Beide vertraten zwar die Ansicht, derartige Feiern sollte man bis zum endgültigen Abschied aufsparen, aber die Jubelfeier gehörte zum standesgemäßen Ritual, und die Tatsache, dass ein Fürstentum über ein halbes Jahrhundert von ein und demselben Herrscher regiert wurde, gehörte nicht zu den Alltäglichkeiten jener Zeit. Das Jubiläum vereinte alle Elemente fürstlicher Würdigungen von Paraden über Empfänge, Huldigungen, Tafeln, Bälle und den für Goethe und Weimar so typischen Maskenzügen. Goethe höchstpersönlich trat an die Spitze eines Bürgervereins, der eine Gedenkmedaille finanzierte, die der greise Dichter dem greisen Landesherrn überreichte. Da dieser aber gemeinsam mit seiner Gemahlin sehr genau wusste, dass Weimar seinen Platz in der deutschen Geschichte in nicht unerheblichem Maße der Anwesenheit des Dichterfürsten verdankte und Carl August, Goethe und Louise überdies eine enge Freundschaft verband, revanchierte sich das Fürstenpaar mit einer zweiten Medaille, welche die Bildnisse von Carl August, Louise und Goethe vereinte. Es war ein Signal an das deutsche Volk und an die Ewigkeit.

In das gleiche Jahr 1825 fiel auch der 50. Hochzeitstag Louises und Carl Augusts. Man kam überein, kein besonderes Fest auszurichten. Zwei Jubelfeiern in einem Jahr hätten die großherzogliche Schatulle vielleicht gar zu arg strapaziert und die reiche Schwiegertochter sah sich ebenfalls nicht zu einem finanziellen Beitrag veranlasst. Außerdem wussten alle Kenner des Weimarer Hofs, dass die Ehe der Herrschaften keinen Lehrbuchcharakter besaß – trotz aller politischen Gemeinsamkeiten und trotz der Rettungstaten Louises in den Kriegsjahren.

Goethe setzte sich dafür ein, dass die Stadt Weimar zur Erinnerung an die Leistungen Louises im Jahre 1806 eine Medaille prägen ließ, die ihr Bildnis mit der Inschrift „Louisen, Großherzogin von Sachsen – Das gerettete Weimar“ zierte. Louise reagierte ohne jegliche falsche Sentimentalität: „Durch das Geschenk, welches ich von Ihnen und ihrer Freunde Güte und Aufmerksamkeit erhalten habe, bin ich sehr überrascht und gerührt worden, obgleich die Überzeugung ich habe, dass aus einem einfachen Gegenstand viel zu viel gemacht worden ist, da er ganz natürlich aus den damaligen Zeitumständen entstanden war.“[55] Sie wusste zu gut, der Preis den sie in ihrem Leben bezahlt hatte, war viel zu hoch: Als Goethe die Medaille mit ihrem Bildnis prägen lassen wollte, gab es dafür in Weimar nicht einmal eine geeignete Bildvorlage, die musste erst bei Louises Bruder Christian angefordert werden. Der Großherzogin wurde bei dieser Gelegenheit einmal mehr bewusst, wie geringschätzig Carl August sie im Grunde behandelte. Sie bekam einen Wutanfall und zog sich wieder in sich selbst zurück.

Ihre Tat vom Oktober 1806 blieb in Weimar unvergessen. Louise galt den Weimaranern als gütige Landesmutter mit leidvoller Lebensgeschichte. Madame de Staël hatte Louise einst sehr treffend charakterisiert: „Die Herzogin Louise von Sachsen-Weimar ist das wahre Muster einer von der Natur zum höchsten Range bestimmten Frau: Anspruchslos und doch ohne Schwäche, flößt sie gleichzeitig Zutrauen und Ehrfurcht ein, und der Heroismus der Ritterzeit hat in ihrer Seele Eingang gefunden, ohne ihr etwas von der Sanftmut ihres Geschlechts zu rauben."[56] Die Worte schrieb eine Frau, die sich den bürgerlichen Ideen der französischen Revolution verpflichtet fühlte. Louise wurde diesem Kompliment als geistvolle und kritische Beobachterin bis in die letzten Wochen ihres Lebens gerecht. Sie lebte in dem Milieu weiter, das Madame de Staël beschrieben hatte: „Ein ausgewählter Kreis unterhielt sich dort mit regem Interesse über jedes neue Erzeugnis der Kunst ..."[57]

Louise bildete den gesellschaftlichen, den „landesmütterlichen" Mittelpunkt des Hoflebens, ohne dass sie den Anspruch erhob, Initiatorin des Weimarer Geisteslebens sein zu wollen. Ihre Eigenwilligkeit hatte sie zur „Institution" werden lassen. Ihre nicht besonders große Gestalt erschien durch den stets aufrechten Gang größer. Ein Ring weißer Löckchen umgab die Kopfhaube. Das Gesicht war fein und ebenmäßig, der Blick streng. Louise trug gewöhnlich dunkle Seidenkleider mit Puffärmeln und Handschuhe. Sie sprach ruhig und gesetzt, mit einem angenehmen Wohlklang in der Stimme. Wie bereits in jüngeren Jahren, löste jedoch ihr Erscheinen in der Gesellschaft auch im reiferen Alter eine gewisse Kühle aus. Seit ihrer Jugend hatte Louise Probleme im Umgang mit anderen Menschen. Auch gegenüber dem Ehemann und den Kindern mangelte es ihr an Gefühl und liebender Zuneigung. Sie wusste um diesen Mangel und suchte ihn bis in das Alter durch Pflichterfüllung zu kompensieren. In der Öffentlichkeit konnte sie das Bild einer ausgeglichenen, liebevollen und disziplinierten Frau und Mutter präsentieren. Innerhalb der Familie traten Stärken und Schwächen jedes einzelnen Mitglieds deutlich zutage. Nicht umsonst nutzte Louise ihr Leben lang den Bruder Christian als Klagemauer.

So sehr Louise unter ihrem Mann litt, sie erkannte dessen Vitalität und den Willen, das Beste aus der Herrschaft zu machen, tatkräftig an. Umso schwerer berührte es sie, dass ihr Sohn, der Erbprinz Carl Friedrich, zu wenig von den Gaben des Vaters geerbt hatte und sein Leben in nichtigen Kleinigkeiten und modischen Spielereien vergeudete. Der zweite Sohn, Prinz Bernhard, hatte mehr von der Kraft des Vaters, er stand Louise näher. Mit seinem Wunsch einer Übersiedlung nach Amerika schoss Bernhard allerdings über die elterlichen Zukunftsvorstellungen für ihn hinaus. Seine Reisen in die neue Welt nahmen sie grollend hin, aber insgesamt legte Bernhard eine Aktivität an den Tag, die das Wohlwollen der Mutter überstieg. Es ist ihr nicht leichtgefallen, dem Sohn die Zustimmung zu geben, als er 1827 vom König der Niederlande zum Gouverneur für die ostindischen Besitzungen Hollands berufen wurde. Während Bernhard der Mutter durch seine Umtriebigkeit Sorgen bereitete, waren die Probleme mit den „petits chers" – den kleinen Lieblingen", wie Carl August liebevoll spöttisch Carl Friedrich und Maria Pawlowna nannte, ganz anderer Art.

Louise bemühte sich stets um ein gutes Verhältnis zu Maria Pawlowna. Aus den Erfahrungen ihrer eigenen Anfangsjahre in Weimar wollte sie natürlich ihre Autorität respektiert sehen. Ihr Charakter bewahrte sie vor den hymnischen und lyrischen Sympathieausbrüchen, die der Hof Maria Pawlowna entgegenbrachte. Zugleich missfielen Louise zunehmend mehrere Seiten an der Schwiegertochter. Sie sah noch ein, dass Maria während der Kriege gegen Napoleon aus Weimar verschwand. Aber die ständigen Reisen hielten auch nach 1815 zum Ärger Louises unvermindert an. Als Maria mit großer Energie das „Patriotische Institut" inszenierte, hielt Louise den Kräfteaufwand für übertrieben und nicht der notwendigen Distanziertheit einer Fürstin angemessen. Jede Fürstin hatte sich für die öffentliche Wohlfahrt zu engagieren. Aber Menschen um der Wohltätigkeit willen das letzte Hemd aus dem Schrank zu holen, das ging ihr entschieden zu weit. Louise fühlte sich auf Grund ihres protestantischen Glaubens stets zur Wohltätigkeit für sozial benachteiligte Menschen verpflichtet. Ein Blick in ihr „Armenbuch" bestätigt die unendlich vielen Zuwendungen. Im Gegensatz zu ihrer Schwiegertochter betrachtete sie die Wohltätigkeit als stille individuelle Aufgabe und nicht als kommerzielle Organisation, als profitablen Faktor im Wirtschaftskreislauf des Landes. Selbst in den Kriegsjahren hatte Louise ihre Juwelen ohne jegliche öffentliche Rhetorik für die Linderung der allgemeinen Not zur Verfügung gestellt.

Dass ihr eigener Sohn im Schatten der russischen Großfürstin nahezu verschwand, ärgerte sie. Schließlich fand Louise, dass sich der russische Kaiserhof über Maria Pawlowna viel zu intensiv in die Weimarer Angelegenheiten mischte. Andererseits galt nicht nur die Familiendisziplin, sondern Louise erfreute sich aufrichtig und mit zärtlicher Hingabe an den Enkelkindern, die aus der Ehe des Erbprinzen hervorgingen. Es schien, als wollte sie an Maria, Augusta und Carl Alexander alles an Zuneigung nachholen, was sie ihren eigenen Kindern verwehrt hatte. In dieser Hinsicht brachten ihr die Reisen Maria Pawlownas Vorteile. Die Kinder wurden ihrer Obhut anvertraut! Nahezu täglich berichtete Louise der

Schwiegertochter über das Befinden der Kinder, über deren Freuden und Leiden.

Im Oktober 1824 begleiteten die Prinzessinnen Maria und Augusta ihre Eltern auf einer Reise nach St. Petersburg. Louise dachte an das Jahr 1773 zurück, an die demütigende Brautschau und schrieb: „Mit großer Betrübnis sehe ich Marie und Augusta scheiden, denn ich kann nicht daran glauben, dass ihnen diese Reise physisch oder moralisch wohltätig sein wird." Sie begründete ihr Missvergnügen damit, dass die Kinder aus ihrem gewohnten Milieu gerissen würden und dass der Unterricht leiden würde. Louise warnte vor allem vor den „falschen Größen", die in Petersburg „blenden" würden.[58] Sie wusste, dass die Enkelinnen den vorgezeichneten Weg in eine einträgliche dynastische Verbindung gehen mussten, aber sie wollte wenigstens verhindern, dass die Kinder leidvollen Bedingungen und Situationen ausgesetzt wurden. Das Schicksal ihrer Schwester Wilhelmine in Petersburg hatte Louise tief getroffen. Dass Maria und Augusta in Petersburg auf ihre allgemeine „Verwendbarkeit" geprüft werden sollten, war ihr klar. An eine Verheiratung nach Russland wurde allerdings nicht gedacht. Louise war bekannt, dass diesbezügliche Pläne in Richtung Preußen zielten. 1826 verlobten sich der preußische Prinz Karl und Maria. Eine Verbindung der kleinen Augusta mit dem preußischen Prinzen Wilhelm wurde zielstrebig von allen Seiten vorbereitet, selbst Wilhelm von Humboldt wirkte fördernd mit. Louise unterstützte diese Entwicklung, versagte es sich jedoch nicht, den Prinzen Karl als mokant und naseweis zu charakterisieren. Auch gegen Wilhelm machte sie verschiedene Einwände geltend. Dessen unerfüllbare Liebe zu der Gräfin Elisa von Radziwill war bekannt und vor allem: Augusta erschien Louise mit ihren 14 Jahren für eine Heirat wirklich noch zu jung.

Ende des gemeinsamen Weges

Das Interesse an den Enkeln, an der Dynastie generell, konnte die alternde Frau nicht ausfüllen. Es gab noch andere Prioritäten: Vergangenheit, Erinnerungen, Freunde, die eigene Gedankenwelt in der Stille, die Bücher – das alles bildete jetzt mehr oder weniger den Alltag einer Frau, die in der Strenge ihres Charakters mit dem Leben abzuschließen begann. Mit jedem alten Freund oder Weggefährten ging ein Stück des eigenen Lebens. Sie betrauerte den Tod des Grafen Görtz, ihrer Oberhofmeisterin Frau von Wedel oder Charlotte von Steins, die 1826 mit dreiundachtzig Jahren starb. Der Mensch zwischen Leben und Tod! Gültige Antworten fand auch Louise nicht. Sie wunderte sich nur bisweilen, dass sie mit ihren fast siebzig Jahren noch lebte und war überzeugt, dass sie vor ihrem Mann sterben würde.

Für den Sommer 1828 schmiedete Carl August noch Pläne: Aufenthalte in Berlin, Töplitz, Wilhelmsthal. Das Ende kam schnell, überraschend und ohne Vorwarnung: Carl August starb am 14. Juni 1828 auf der Rückreise von Berlin im Schloss Graditz bei Torgau an der Elbe. Louise zog sich, als sie die Nachricht erhielt, für Niemanden erreichbar zurück. Als sie aus ihren Gemächern wieder herauskam, war sie ruhig, gefasst und bereit, ihre trauernden Mitmenschen zu trösten. Nur ihren Bruder Christian bat sie am 20. Juni, so schnell wie möglich zu ihr zu kommen.

Am 28. Juni 1828 wurde Carl August in der Weimarer Fürstengruft beigesetzt. Louise blieb in Wilhelmsthal und nahm nicht an den Feierlichkeiten teil. Der stets so tapferen Frau versagten die Kräfte. Goethe wollte nach Erhalt der Todesnachricht sofort in das Wilhelmsthal fahren. Er war wohl der einzige Mensch in Weimar, der das Recht hatte, in dieser Stunde an der Seite Louises zu weilen. Seine Fassungslosigkeit, das Alter und Krankheit veranlassten ihn, von dem Gedanken Abstand zu nehmen. Am 28. Juni 1828 schrieb er an Louise: „Schon alle diese letzten traurigen Tage her suche ich nach Worten, Ew. Königlichen Hoheit auch aus der Ferne schuldigst aufzuwarten, wo aber sollte der Ausdruck zu finden seyn, die vielfachen Schmerzen zu bezeichnen die mich beängstigen? Und wie soll ich wagen, den Antheil auszusprechen zu dem die gegenwärtige Lage Ew. Königlichen Hoheit mich auffordert? Möge deshalb die treuste Versicherung eines ewig verehrend gewidmeten Angehörens für den Augenblick einigermaßen genügen, ein Versäumniß zu entschuldigen dem ich bisher abzuhelfen vergebens bemüht war. Auch gegenwärtigem Blatte gnädigst-nachsichtige Aufnahme bescheidentlichst erbittend und zu ferneren Hulden und Gnaden andringlichst mich empfehlend."[59]

Louise ließ sich mit der Antwort Zeit. Unter dem 4. August schrieb sie: „Was bleibt mir übrig, über unseren unersetzlichen Verlust zu äußern, das Sie sich nicht unendliche Male gesagt und empfunden haben. Je mehr darüber nachgedacht wird, desto empfindlicher und tiefer wird das in jeder Hinsicht Unersetzliche empfunden, denn alles, alles erinnert uns daran! Das Gegenwärtige ist höchst traurig und die Zukunft nicht tröstlich. Was dem Menschen auferlegt ist, muss er, soweit seine Kräfte reichen, ertragen. Und so gebe uns denn der Himmel Mut und Kraft dazu. ... Die ganze Zeit bin ich oft in Gedanken in Ihrer Nähe gewesen, konnte aber wegen häufiger Besuche nicht zum Schreiben kommen. Ihrem Andenken mich bestens empfehlend, wünsche ich Ihnen wohl zu leben."[60] Beide, Louise und Goethe, wussten alles voneinander. Es war eigentümlich, wie ratlos Goethe auf den Tod reagierte und welche sachliche Strenge Louise bewahrte. Nichts hatte sie so sehr mit Carl August verbunden wie die Vermittlung Goethes, dessen Genie, Klugheit und Kompromissfähigkeit. Die Briefe klangen merkwürdig fremd, unbeholfen und wortarm, als hätten Louise und Goethe einander nichts mehr zu sagen. Dieser Eindruck täuscht jedoch.

Louise stand die größte Prüfung noch bevor. Solange sie in Wilhelmsthal blieb, lag das Leben mit Carl August in weiter Ferne. Weimar war der Ort der Erinnerung! Dorthin musste sie zurückkehren. Sie wünschte kein Erbarmen. Im September tat sie den unvermeidlichen Schritt und sah auch Goethe wieder. Das muss eine dramatische Begegnung gewesen sein. Es gibt kein Protokoll und keine Notizen. Goethe soll anschließend nur tonlos gesagt haben: „Welche eine Frau, welch eine Frau!" Louise wurde deutlicher. Gegenüber Juli von Egloffstein äußerte sie: „Goethe und ich verstehen uns vollkommen, nur dass er noch den Mut hat zu leben und ich nicht."[61] Das klang melodramatisch, relativierte sich jedoch bei realistischer Analyse.

Goethes Wesen, Charakter und Weltbild schlossen aus, dass er nach dem Ableben des Landesfürsten freiwillig aus dem Leben gehen würde. Louise hat in all den Weimarer Jahren wiederholt mit dem Gedanken eines Freitodes gespielt. Die Verzweiflung entsprang stets den Qualen ihrer Ehe mit Carl August. Jetzt, im Alter, da das eigene Ende abzusehen war, sollte die Frau, die ihren Charakter nie verbiegen ließ, die sich immer treu blieb, keinen Lebensmut mehr besessen haben, weil der Mann, der ihre Ehe missachtet hat, nicht mehr lebte?

Wenn die Szene einen positiven Aspekt besaß, dann jenen der vollständigen und notwendigen Harmonie Louises mit Goethe. Sie waren die beiden letzten bedeutenden Repräsentanten des klassischen Weimar. Es war nur zu natürlich, dass der Tod des Großherzogs eine Leere in ihnen hervorrief, mit der beide nur schwer fertigwerden konnten. Louise war sich ganz nüchtern bewusst, dass es ihr nicht vergönnt sein würde, ihren Ehemann lange zu überleben. Sie glaubte es sich und ihm schuldig zu sein, dass sie die verbleibende Zeit zur Pflege seines Ruhmes als Landesvater nutzte – eigenwillig, wie sie stets gehandelt hatte.

Sie verschenkte persönliche Gegenstände aus dem Besitz Carl Augusts an dessen zahlreiche Freunde und Bekannte. Stück für Stück nahm sie diese in die Hand, weckte jedes Mal die Erinnerung an deren Geschichte, sah bildlich vor Augen, wie ihr Mann damit umgegangen war und wollte ihre eigene Erinnerung an die Freunde übertragen. Sie verband die Erinnerung an die Vergangenheit mit einem Zug mystischer

Depressionen, der schon in früheren Jahren aufgetreten war, den sie jedoch immer tapfer mit ihrer Willensstärke bekämpft hatte. Louise wollte nicht mehr kämpfen und man konnte es verstehen. Ihr Leben an der Seite Carl Augusts war schwierig gewesen, aber es war ihr Leben und dieses eine Leben war nun unwiederbringlich vorbei. Sie besaß keine Zukunft mehr. Und Carl August hatte obendrein einen letzten Beweis für seine Interesselosigkeit an der Gemahlin geliefert. Er hatte keine einzige letztwillige Verfügung zu ihren Gunsten getroffen.

Louise wollte sich endgültig vom Hofleben in das Fürstenhaus zurückziehen. Unter der Herrschaft Maria Pawlownas fiel ihr die Trennung leicht, zu dominant wirkte die Großfürstin. Als Louise ihr neues Heim im Fürstenhaus besichtigte, fiel sie eine Treppe herunter und brach sich das rechte Schlüsselbein. Getreu ihrer seelischen Verfassung betrachtete sie den Unfall als unheilvolles Vorzeichen kommenden Missgeschicks. Stärker als der Knochenbruch schmerzte Louise der unvermeidliche Abschied von ihrer Enkelin Augusta, deren Verheiratung nach Preußen inzwischen beschlossene Sache war. Im Fürstenhaus empfing Louise zwar weiter Gäste oder die Mitglieder der Familie, mied jedoch öffentliche Auftritte. Die meiste Zeit verbrachte Louise mit ihren Büchern oder sie dachte ganz einfach über die Welt nach, in der sie gelebt hatte. Sie kehrte in Gedanken an den Ausgangspunkt ihrer Lebensgeschichte, nach Hessen-Darmstadt zurück. Am 25. November 1829 schrieb Louise den letzten Brief an den Bruder Christian und schloss mit einem indirekten Fazit ihres eigenen Lebens: „Diejenigen, die sich in Darmstadt noch unserer verstorbenen Mutter erinnern, müssen sehr, sehr alt sein."[62]

Louises Leben neigte sich der Nacht zu. Ein erneuter Sturz ließ das Schlüsselbein wieder brechen. Die Verletzung wollte nicht heilen. Zu ihrem 73. Geburtstag im Januar 1830 schrieb Goethe noch hoffnungsvoll: „Indem Ew. Königlichen Hoheit gnädigst Gegenwart so manche Woche schon zu vermissen habe, fühl ich mich eines schönen Lichtpunctes in den trüben Wintertagen beraubt. Denk ich nun an die Ursache dieses Verlustes, so ist er auf's vielfachste schmerzlich. Nur darin daß mir durch den Leibarzt täglich sichre Nachricht zukommt kann ich einigermaßen Beruhigung finden. Möge in dem wachsenden Jahre, in den zunehmenden Tagen bald auch eine vollkommene Besserung eintreten und die allgemeine sehnsüchtige Hoffnung in Erfüllung gehen. Dieß ist mit vielen Tausenden der fromme brünstige Wunsch auch desjenigen der sich ehrfurchtsvoll ewig angehörig unterzeichnet."[63] Doch mit dem 10. Februar 1830 trat eine allgemeine Schwächung ihres gesamten Organismus ein. Am 14. Februar ist die Großherzogin Louise sanft und in Frieden eingeschlafen. Zuvor hatte sie noch mit ihrem Sohn Carl

Friedrich, mit dem Enkel Carl Alexander und mit Maria Pawlowna gesprochen.

Louise hat kein schriftliches Testament hinterlassen. Sie hat lediglich mündlich verfügt, dass sie in der größtmöglichen Stille beigesetzt werden möchte. Ihren Sarg schmückten nur ein von der Bürgerschaft gestifteter Lorbeerkranz und die Gedenkmedaille auf den 14. Oktober 1806. Louise hätte mehr Aufmerksamkeit verdient, im Leben wie im Tode.

Maria Pawlowna

(1786–1859)

Großfürstin von Russland,
Großherzogin von Sachsen-Weimar-Eisenach

Am 9. November 1804 kam der Weimarer Erbprinz Carl Friedrich mit seiner jungen Frau Maria Pawlowna, Großfürstin von Russland aus der Familie Romanow-Holsten-Gottorf, in Weimar an. Fünf Jahre hatte der Weimarer Hof um diese eheliche Verbindung gerungen. Im August 1804 fand in Petersburg die Hochzeit statt. Die Reise nach Weimar dauerte mehrere Wochen. Als das junge Paar endlich das Weimarer Residenzschloss erreichte, fühlte sich die 18-jährige Maria nur noch müde und zerschlagen. Die Untertanen des Herzogs Carl August bereiteten ihr einen nicht minder jubelnden Empfang als ihn seinerzeit Anna Amalia und Louise erfahren hatten. Anna Amalia und Louise nahmen die junge und unerfahrene Maria in den Schoß der Weimarer Familie und des Hofes auf. Herzlich die eine, freundlich die andere.

Maria brachte eine größere Mitgift ein als die beiden Damen zusammen. Anna Amalias Sprachregelung ließ nichts an Deutlichkeit zu wünschen übrig. Am 28. November schrieb sie an Knebel: „Mit Freude und wahrer Liebe sage ich Ihnen, dass meine neue Enkelin ein wahrer Schatz ist, die ich unendlich liebe und verehre. Sie hat Glück und wohl auch den Segen dazu zu uns gebracht … Sie ist ohne kleinlichen Stolz, sagt jedem was Gutes und Schmeichelhaftes und hat ein wahres Gefühl für das Gute und Schöne. Mit ihrem Manne geht sie um wie eine wahre Freundin; auch der Prinz hat viele Liebe und Achtung für sie … Ich kann mich auch schmeicheln, dass sie mich liebe. In meinen Enkeln werde ich also glücklich werden.“[1]

Diese Formulierungen mahnten Louise zur Disziplin, allerdings ohne wirklichen Grund, denn sie stimmte in den an allen Straßenecken zu hörenden Jubelgesang – wenn auch verhalten – ein. Sie schrieb dem Bruder Christian in Darmstadt: „Du weißt, dass ich nicht enthusiastisch bin, deshalb habe ich noch kein bestimmtes Urteil über sie [= Maria Pawlowna]; ich kenne sie auch dazu noch nicht genug und gestehe Dir daher – aber nur Dir allein – dass ich sie nicht ganz verstehe und über sie nachdenke. Bis jetzt sind wir sehr gut zusammen und ich werde gewiss immer Dieselbe für sie bleiben ... Sie hat hier alle Köpfe verdreht, besonders den des Herzogs, der ganz von ihr eingenommen ist ..."[2]

Die Eingewöhnung: freundlich und distanziert

Herzog Carl August empfand tatsächlich für die junge, hübsche und vor allem reiche Schwiegertochter persönliche Sympathien. Deren offene und charmante Art gefiel ihm besonders. Der Herzog sah jedoch auch, dass Maria ihn kontrollieren würde. Künftig waren alle politischen Schritte mit dem russischen Kaiserhaus abzustimmen. Das würde angesichts der bedrohlicher werdenden Kriegslage und des eigenen liberalen Freigeistes keine leichte Aufgabe werden. Andererseits enthielt Marias Mitgift den Schlüssel zur Lösung manch schwierigen finanziellen Engpasses. Carl August konnte gar nicht anders: Er benötigte das beste Einvernehmen mit seiner Schwiegertochter und sie machte es ihm leicht.

Auf die Unterstützung durch seine Untertanen konnte sich der Herzog verlassen. Man hatte deren große Erwartungen durch die Präsentation der großfürstlichen Mitgift im Fürstenhaus angestachelt und der Empfangsjubel im ganzen Lande ließ keine Wünsche offen. Allein der Vergleich der Trousseaus Anna Amalias und Louises mit dem Reichtum Marias erweckte Sehnsüchte. Auch die großen Weimarer Dichter hatten sich der künftigen Gönnerin nicht verweigert. Wieland und Knebel verfassten hymnische Verse. Goethe hielt sich vorerst diskret zurück, aber Friedrich Schiller schrieb quasi über Nacht mit der „Huldigung der Künste" eine artige, devote Verbeugung vor dem autokratischen russischen Kaiserhaus.

Die Weimarer Hofgesellschaft summte über mehrere Wochen wie ein aufgeregter Bienenschwarm: Maria, Maria, Maria! Man feierte ohne Ende. Selten war der Atem der großen europäischen Politik derart körperlich im Ilmtal zu spüren. Man sonnte sich bisher nur in der Größe seiner Dichter und Literaten. Jetzt war man mit dem Kaiser aller Reußen verschwägert, mit einer Dynastie, von der Hessen-Darmstadt und Braunschweig-Wolfenbüttel trotz aller Leiden aus der Vergangenheit finanziell sehr reichlich profitierten. Das gab Mut und Hoffnung.

Maria schaute dem Treiben mit freundlicher Gelassenheit und disziplinierter Ruhe, aber auch mit anfänglicher Fremdheit zu. Sie sagte nur Freundlichkeiten, achtete auf ihren Carl Friedrich – die treue Seele wies stets den rechten Weg, falls sie irgendwo anzuecken drohte. Sie hörte geduldig auf die vielen Ratschläge, mit denen man sie an das Leben in Weimar gewöhnen wollte, verbarg ihre Unsicherheiten und wusste bei alldem sehr schnell, wie sie sich verhalten musste, um am Weimarer

Hof die Rolle zu spielen, die ihrer Bildung und Erziehung in den jungen Petersburger Jahren entsprach, mit der sie der russische Kaiserhof beauftragt und für die sie sich selbst entschieden hatte. Maria übernahm den Part der reichen russischen Großfürstin, deren Anwesenheit dem kleinen Herzogtum Schutz, Aufschwung und Sicherheit verheißen konnte.

Die Weimarer Öffentlichkeit verhielt sich nach den Wünschen des fürstlichen Hauses freudig erregt und folgte mit sicherem Instinkt der eigenen Erwartung. Ob herzogliche Familie, Hofadel, Bedienstete, Dichter, Musiker, Bürger oder Landleute – aus allen Schichten erklang der Ruf, die junge Großfürstin möge die materiellen Grundlagen aller Lebensbereiche, von der Kunst bis zur Landeskultur, sichtbar und zügig verbessern. Friedrich Schiller blieb es vorbehalten, in einem kurzen und sehr präzisen Wort die Wünsche eines ganzen Volkes auszudrücken. Er schrieb seinem Freund Gottfried Körner am 20. November 1804, dass „wir" mit Maria in der Tat eine „ausgezeichnete Acquisition" gemacht haben.[3]

Die „Acquisition" besaß weder die Zeit noch den Willen, ihre „Akklimatisierung" geruhsam angehen zu lassen. Sie musste sofort in das kalte Wasser springen. Der Krieg, die russischen Reichsinteressen, die politischen, finanziellen und kulturellen Bedürfnisse Weimars diktierten zielstrebige Handlungen, parallel und auf mehreren Ebenen. Das eigene Selbstwertgefühl verlangte nach der permanenten Demonstration des russischen Rückhalts. Schiller, der vom ersten Tage an den persönlichen Kontakt mit Maria suchte, schrieb am 10. Dezember 1804 noch vorsichtig und diplomatisch an Georg Göschen: „Über unsere Erbprinzessin wollen wir nicht gern etwas voreiliges und verfälschtes sagen, bei einiger näheren Bekanntschaft wird sich das Gute schon von selbst darbieten ..."[4] Zu diesem Zeitpunkt setzte Maria bereits ein erstes wichtiges Zeichen für die Weimarer Öffentlichkeit. Am 18./19. Dezember weihte ihr Priester Nikita Jasnowski die griechisch-orthodoxe Kirche der Apostelgleichen Maria Magdalena in jenem Gebäude an der Ackerwand, das man in Weimar gemeinhin das „Haus der Frau von Stein" nennt. Ungeachtet der Tatsache, dass später noch eine Kapelle im Residenzschloss eingerichtet wurde, ging Maria bis zum Tode in der Kirche an der Ackerwand ihrer Religion nach. Am 26. Januar 1805 schrieb sie an den russischen Metropoliten Amwrosij in Petersburg: „Meine Kirche ist völlig eingerichtet und in dieser finde ich große Freude, meine Gebete zum Allgegenwärtigen empor zu senden."[5]

Für Maria war es selbstverständlich, dass sie sofort einen eigenen Hofstaat erhielt. Unabhängig vom konkreten Wohnsitz im Residenzschloss oder in Belvedere beanspruchte sie – neben dem gemeinsamen Hof mit ihrem Gatten und in Übereinstimmung mit den entsprechenden Artikeln im Ehevertrag – einen Hofstaat, eine Kanzlei und Schatullverwaltung. Die Beamten und Hofdiener mussten unter der strengen Führung und Kontrolle durch die Großfürstin jene reichhaltigen und anspruchsvollen Aufgaben technisch bewältigen, die das Ansehen ihrer Herrin und deren Rolle im höfischen Spiel verlangten.

Zu Marias Selbstfindung und Reputation gehörte ein umfangreicher Briefwechsel mit Familienangehörigen, Politikern, Diplomaten, Finanzfachleuten, Militärs, Künstlern oder Wissenschaftlern. Neben dieser Korrespondenz oblagen Kanzlei und Schatulle die Planung, Realisierung und Verwaltung sämtlicher Einnahmen und Ausgaben. Eine russische Großfürstin, die sich in Weimar der öffentlichen Wohlfahrt, der Landeskultur und dem Mäzenatentum widmen wollte, die gern reiste und eine große Familie mit zahlreichen finanziellen Bedürfnissen besaß, bedurfte einer peniblen Haushaltsführung. Nicht der kleinste Rechnungsbeleg durfte verloren gehen. Die Hofdiener handelten ganz geflissentlich nach den Weisungen ihrer Herrin.

Alle amtlichen Vorgänge bei Geburten, Taufen, Eheschließungen, Todesfällen oder in Erbschaftsangelegenheiten mussten bearbeitet werden. Das galt nicht nur für Weimar. Die über Russland, Deutschland und andere europäische Staaten verzweigte Romanow-Familie verlangte in jedem Glied solidarische Aufmerksamkeit. Ein versäumter Namenstag der Kaiserin-Mutter wäre einer Katastrophe gleichgekommen! Die große Familie der Wettiner besaß ebenfalls genügend Persönlichkeiten, die protokollarisch betreut sein wollten, die Maria allerdings auch erst einmal kennenlernen musste.

Bei allen Verwaltungsaufgaben achtete Maria auf Effizienz. Die personelle Zusammensetzung wechselte mehrfach. Zunächst stand Friedrich Schillers Schwager Wilhelm von Wolzogen dem kleinen Hofstaat vor. Er kannte Maria seit 1799, hatte sie selbst über Jahre hinweg studiert und das russische Leben bei den Eheverhandlungen kennengelernt. Wolzogen hatte den Ehevertrag ausgehandelt. Er besaß das Vertrauen seines Herzogs und des russischen Kaiserhofs. Seine Berufung zum Oberhofmarschall Marias galt auch als Dank und Anerkennung für die diplomatische Leistung, die er mit dem Ehevertrag vollbracht hatte. Hofstaat, Kanzlei und Finanzverwaltung bildeten die Organisationsbasis, auf der Maria leben konnte. Die Hofdiener wurden freundlich behandelt, mussten jedoch hart arbeiten. Es gab keinen Lebensbereich, der für Maria nicht wichtig war und den sie sich nicht im Interesse ihrer aristokratischen Mission erschließen wollte.

In den ersten Monaten ihres Aufenthalts in Thüringen stand eine umfangreiche Korrespondenz mit der Mutter und den Geschwistern im

Zentrum ihrer Aufmerksamkeit. Sie wollte wissen, wie es „zu Hause" ohne sie weiterging, teilte ihre Beobachtungen und Erlebnisse mit, suchte Rat und Unterstützung für das eigene Leben. Für Marias wechselnde Gefühle, Erfahrungen und jugendliche Grundeinstellungen in den ersten Weimarer Monaten sind zwei Briefe vom 25. Februar und vom 27. April 1805 charakteristisch.

Zu Beginn des Jahres 1805 schrieb die Mutter Maria Fjodorowna an ihre Tochter, dass es doch sicher Überwindung kosten würde, sich den drei großen Männern Weimars („trois beaux esprits de Weimar"), Wieland, Schiller und Goethe, zu nähern. Sie selbst würde, falls sie einmal nach Weimar käme, davor eine gewisse Scheu bekommen. Maria bemühte sich mit der Unbekümmertheit ihrer Jugend, die Bedenken der Mutter zu zerstreuen, schließlich hatte sie Goethe ja bereits am 29. November 1804 zum ersten Mal in seinem Hause besucht und am 10. Januar 1805 weilte sie dort gemeinsam mit Carl Friedrich zur ersten ausführlichen Visite. Sie antwortete: „Liebe Mama, was die Gelehrten betrifft, so sind gerade sie dermaßen verlegen, die guten Leute, dass es drollig ist. Allgemein gesprochen, haben sie den Grazien kein Opfer dargebracht. Der alte Wieland trägt ein Käppchen, was mich, als ich ihn zum ersten Mal sah, ihn für einen Juden halten ließ. Goethe hält seinen Hut ganz senkrecht dicht am Körper, als ob es ein Blumentopf sei, und Schiller, dessen Physiognomie schön, jedoch leidend ist, scheint sehr oft zu taumeln. Würden Sie, liebe Mama, es glauben, – diese drei Individuen bekommt man während drei Vierteln der Zeit kaum zu Gesicht: entweder sind sie krank oder sie richten sich darauf ein, eine gewisse Zeit, die sie bestimmen, ihre Behausung zu hüten ..."[6]

Noch offenherziger, wenn auch um eine gerechtere Beurteilung bemüht, schrieb Maria am 27. April 1805 über den Weimarer Hof und die Dichter an ihre Mutter: „Würden Sie, liebe Mama, es für möglich halten, dass Weimar eine unglaubliche Mischung von Hohem und Niedrigem ist? Einerseits diese drei kapitalen Köpfe [Goethe, Schiller und Wieland], außergewöhnliche Menschen, jeder von ihnen durch seine Eigenart von den anderen unterschieden und kenntnisreich; andererseits der Herzog: der denkbar originellste Mensch, der glücklich ist, wenn ihm ein Bonmot einfällt, das so amüsant ist, dass seine Zuhörer sich darüber totlachen; die Herzogin: gebildet, liebenswert, wenn man sie näher kennt, ehrwürdig, geistreich; die Herzoginmutter: die das bemerkenswerte Talent besitzt, dass Jung und Alt sie gerne aufsuchen und sich bei ihr wohlfühlen, die einen mit ihrer Weisheit, die anderen mit ihrer lärmenden Heiterkeit. Auf der anderen Seite, liebe Mama, – Männer und Frauen, die recht unbedeutend oder geradezu unangenehm sind und unter denen man eine Menge Plattfüße findet, um es nicht deutlicher auszudrücken; und schließlich, um das Ganze zu krönen, – eine mittlere Sorte von Menschen, die sich nur in der Richtung bewegen, in die sie gestoßen werden, und die sich die Zeit vertreiben, dass sie gaffen oder die geistreichen Menschen beschauen und bestaunen, sowie auf die Dummköpfe acht geben: und dies ist eben Weimar!" Erschreckt durch die Kühnheit im Urteil hielt Maria inne: „Nur zu Ihnen wage ich derart zu sprechen und Ihnen meine Denkweise zu offenbaren." Sie beruhigte sich selbst: „Es ist aber ergötzlich, so viele schreiende Kontraste und gegensätzliche Dinge zu betrachten."[7]

Maria lebte sich in der Weimarer Familie ein, hielt den Kontakt zur Hofgesellschaft – freundlich, verlegen und unnahbar. Sie begegnete der Öffentlichkeit in freundlicher Distanz. Als sie zu Pfingsten 1805 in Eisenach einzog, verhielt sie sich nicht anders als beim Empfang im November 1804 in Weimar: huldreich! Dabei beschränkte sich ihre Anwesenheit in den ersten Monaten keineswegs auf das Familienleben und die höfische Repräsentation. Bereits wenige Wochen nach ihrer Ankunft bezog der Herzog die Schwiegertochter in seine Sorgen ein.

1804 focht er gemeinsam mit Goethe einen Konflikt gegen Friedrich Justin Bertuch aus. Bertuch gab die weithin bekannte „Allgemeine Literatur-Zeitung" seit Januar 1804 in Halle an der Saale heraus und entzog sie dem Einfluss des Weimarer Hofs. Carl August und Goethe hatten die Zeitschrift als Sprachrohr für die geistige und wissenschaftliche Entwicklung im Herzogtum betrachtet. Sie richteten in Gestalt der „Jenaischen Allgemeinen Literatur-Zeitung" ein Nachfolgeblatt ein, das jedoch an personellen und vor allem finanziellen Problemen kränkelte. Erst mit der Ankunft Marias änderte sich die Situation positiv. Der Herzog und Goethe erlangten Marias Einverständnis zur Finanzierung des neuen Blattes aus ihrem Dotalvermögen. Die dafür erforderlichen Vertragsverhandlungen zogen sich bis Anfang Mai 1805 beim deutschen Bankier Marias, Christian Gottlieb Frege, in Leipzig, hin.

Mit der Finanzierung der „Jenaischen Allgemeinen Literatur-Zeitung" leistete Maria einen ersten wirkungsvollen Beitrag zum geistigen und wissenschaftlichen Leben des Landes. Sie bemühte sich von Anfang an um ein freundliches persönliches Verhältnis zu den großen Dichtern. Maria profitierte von deren Weltruhm. Mit Friedrich Schiller, dessen Dramen Maria schon aus Petersburg kannte, der sie mit der „Huldigung der Künste" begrüßte und der ihrer Heimat im „Demetrius" Aufmerksamkeit zollte, fand sie schnell einen persönlichen herzlichen Kontakt. Sie schickte ihrer Mutter ein von Schiller selbst kopiertes Exemplar der „Huldigung der Künste" – ein Geschenk des Dichters, der im Gegenzug

Das Weimarer Residenzschloss vor dem Brand von 1774. – Zeitgenössische Gouachemalerei.

Heutige Ansicht des Residenzschlosses in Weimar mit der Bastille. – Fotografie.

Ernst August II. Constantin (1737–1758),
seit 1748 Herzog von Sachsen-Weimar-Eisenach. –
Ölgemälde von Johann Friedrich Löber 1757.

Anna Amalia (1739–1807),
Herzogin von Sachsen-Weimar-Eisenach. –
Ölgemälde von Johann Ernst Heinsius 1780.
Frankfurt/Main, Goethe-Museum.

Der Weimarer Musenhof. Friedrich Schiller liest im Park von Tiefurt aus seinen Werken. Vor ihm sitzend (v. l.): Herzog Carl August, Anna Amalia und Luise; dahinter u. a. Fichte, Herder, Wieland und Goethe. – Ölgemälde von Theobald Reinhold Frhr. v. Oer 1860.

Das Sommerschloss Belvedere bei Weimar. – Lithografie von Johannes Riedel um 1860.

Johann Eustachius Graf von Schlitz genannt Graf Görtz (1737–1821), Oberhofmeister in Weimar, Erzieher der Söhne Anna Amalias.

Jacob Friedrich Freiherr von Fritsch (1731–1814), Weimarer Minister unter der Regentschaft Anna Amalias und dann unter Großherzog Carl August. – Ölgemälde von Johann Ernst Heinsius nach A. Graft 1774/75.

Carl August (1757–1828),
seit 1815 Großherzog von Sachsen-Weimar-Eisenach. –
Ölgemälde von Johann Friedrich August Tischbein 1795.
Weimar, Schloss Weimar.

Louise (1757–1830),
Großherzogin von Sachsen-Weimar-Eisenach. –
Ölgemälde von Johann Friedrich August Tischbein um 1783.
London, Sotheby's.

Erbprinz Carl Friedrich (1783–1853) mit den beiden Geschwistern Prinzessin Caroline und Prinz Bernhard. 1828 trat er die Nachfolge seines Vaters als Großherzog von Sachsen-Weimar-Eisenach an. – Ölgemälde von Johann Friedrich August Tischbein 1798. Arolsen, Residenzschloss.

Maria Pawlowna (1786–1859), Großfürstin von Russland, war seit 3. August 1804 mit Carl Friedrich verheiratet und seit 1828 Großherzogin von Sachsen-Weimar-Eisenach. – Lithografie nach H. Müller, undatiert.

Ernst Christian August Freiherr von Gersdorff (1781–1852), Staatsminister in Weimar, war offizieller Verhandlungsführer für Weimar auf dem Wiener Kongress 1814/15. – Kreidezeichnung von Johann Joseph Schmeller um 1825.

Augusta (1811–1890), Tochter von Maria Pawlowna und Carl Friedrich, wurde durch ihre Ehe mit Wilhelm von Preußen 1871 deutsche Kaiserin.

Franz Liszt (1811–1886)
wurde 1842 auf Anregung Maria Pawlownas zum Großherzoglichen Hofkapellmeister in außerordentlichen Diensten ernannt. – Gemälde von M. Barabas, undatiert.

Richard Wagner (1813–1883)
kam 1848 auf Initiative Franz Liszts nach Weimar.
Ein Jahr später wurde anlässlich Maria Pawlownas Geburtstag
der „Tannhäuser“ aufgeführt. –
Gemälde von C. Jäger, undatiert.

Das Goethe-Schiller-Denkmal in Weimar des Dresdner Bildhauers Ernst Rietschel wurde 1857 im Beisein der Großherzoglichen Familie enthüllt.

Carl Alexander (1818–1901),
seit 1853 Großherzog von Sachsen-Weimar-Eisenach. –
Fotografie.

Sophie (1824–1897),
Königliche Prinzessin der Niederlande,
Großherzogin von Sachsen-Weimar-Eisenach,
war am 8. Oktober 1842 mit Carl Alexander vermählt worden. –
Lithografie von Léon Noël um 1850.

Großherzogin Sophie versuchte vergeblich, Friedrich Hebbel (1813–1863) nach Weimar zu holen. Porträt um 1860.

Carl August (1844–1894), Erbgroßherzog von Sachsen-Weimar-Eisenach mit seiner Gemahlin Pauline. – Xylografie 1873.

einen wertvollen Ring erhielt. Christoph Martin Wieland hing mit geradezu verzückter Verliebtheit an der jungen Maria. Sie dankte es ihm bis zu seinem Tode im Jahre 1813 durch hilfreiche Aufmerksamkeit. Das Verhältnis zu Goethe gestaltete sich schwieriger, wurde zunächst in weit stärkerem Maße von Achtung, Respekt und höfischer Distanz getragen. Goethe versäumte es niemals, Maria mit frischen Blumen zum Geburtstag zu gratulieren. Sie führten interessante Gespräche über Kunst, Philosophie oder Literatur. Goethe organisierte zu Ehren Marias Maskenzüge. Bereits im Februar 1807 führte er an ihrem Geburtstag in Weimar seinen „Torquato Tasso" auf. Dennoch: Bis zum Jahre 1810 finden sich in Goethes Briefen, Gesprächen oder Tagebuchaufzeichnungen nur wenige Hinweise auf Maria Pawlowna. Es bedurfte einiger Zeit, ehe sie das Vertrauensverhältnis zueinander fanden, das die späteren Jahre auszeichnete. Goethe musste sich ernsthaft mit Russland beschäftigen und Maria musste menschlich reifen, um Goethe ein angemessener Gesprächspartner zu werden.

Bis zum Herbst 1805 konnte Maria in freundlicher Ruhe und Zurückgezogenheit das Leben an der Ilm genießen: Sie erwartete ihr erstes Kind. Am 25. September 1805 wurde der Sohn Carl Alexander geboren. Ein Thronfolger, der kränkelte und bereits im Frühjahr 1806 starb. Die Enttäuschung war groß, aber Maria noch jung genug. Im November besuchte Marias Bruder Alexander I. Weimar, bevor er weiter nach Mähren reiste. Er zog in den Krieg gegen Napoleon und wurde am 2. Dezember 1805 gemeinsam mit dem Kaiser des Heiligen Römischen Reichs Deutscher Nation von den Franzosen bei Austerlitz geschlagen.

Marias Briefe an die Mutter oder an die Geschwister, die bis dahin mehr oder weniger persönlichen Fragen gegolten hatten, wurden jetzt von den drängenden Problemen des Krieges geprägt. In Russland entbrannte ein Streit über die Schuld an der Niederlage bei Austerlitz. Maria ergriff instinktiv die Partei ihrer Mutter, die den Sohn Alexander I. für das Debakel bei Austerlitz verantwortlich machte. Der gemeinsame Hass gegen den Usurpator Napoleon vereinte die Dynastie. Jedoch verstand sie die Politik Alexanders I. nicht, die danach strebte, eine neuerliche Konfrontation mit Napoleon zu vermeiden und gleichzeitig die russischen Ansprüche auf eine Machterweiterung in Europa zu wahren. Die Auseinandersetzungen um die militärpolitische Strategie des russischen Kaisers erfasste die ganze Familie und währte bis zum Jahre 1812.

Maria bekam die Probleme des wachsenden französisch-russischen Dualismus persönlich zu spüren. Im Oktober 1806 musste sie vor den auf Jena zumarschierenden französischen Truppen aus Weimar in das dänische Exil nach Schleswig fliehen. Nahezu ein Jahr repräsentierte sie das russische Kaiserhaus Romanow-Holstein-Gottorf zwischen Nord- und Ostsee, in einem der Stammländer ihrer Dynastie.

Am 12. September 1807 zog Maria zum zweiten Mal feierlich in Weimar ein. Napoleon wusste um die Bedeutung der Anwesenheit Marias in Weimar. Seit Dezember 1806 gehörte das Herzogtum zum Rheinbund. Großzügig und lockend ließ er Maria einen Pass ausstellen. Die Großfürstin zerriss und zertrat das Dokument. Ihre Freude über die Rückkehr in die neue Heimat konnte dadurch nicht getrübt werden. Die Weimarer Bevölkerung begrüßte ihre Erbherzogin mit dem gleichen Jubel wie im November 1804. Maria freute sich, dass gerade die Dichter ihre Heimkehr ernsthaft würdigten. Wieland schrieb ihr einen Brief: „Gnädigste Frau! Die grenzenlose Freude über Ihrer Kaiserlichen Hoheit glückliche Zurückkunft, die ich mit einem ganzen Volke, von welchem Sie angebetet werden, theile, konnte nur durch die zufälligen Umstände verbittert werden, die es mir unmöglich machten, auch das so lang entbehrte Glück Ihre Kaiserliche Hoheit zu sehen mit den vielen Tausenden, denen es vergönnt war, theilen zu können. Der erste Tag wo eine mildere Luft mir erlauben wird, die wenigen Werste[8], welche Belvedere von Weimar trennen, zurückzulegen, wird auch derjenige sein, da ich mir die Gnade erbitten werde, Ihro Kaiserlichen Hoheit mich persönlich zu Füßen zu legen …“[9] Wieland huldigte Maria – Goethe stand ihm nicht nach.

Er erinnerte an Schillers „Huldigung der Künste“, weckte Marias Emotionen und stellte das eigene Licht nicht unter den Scheffel. Goethe schrieb ein Vorspiel zur „Huldigung der Künste“, das am 19. September 1807 aufgeführt wurde. Die Großfürstin würdigte er als Hoffnung für das Land und dessen Zukunft:

„Dieser Kreis von frohen Blicken,
Alles ist auf sie gerichtet,
Sie, die lieblich würdige!
Wie sie an der Hand des Gatten,
Jung wie er und Hoffnung gebend,
Für sich selber Freude hoffend,
Segnend uns entgegentritt.“

Goethe traf das Herz und den Verstand Marias. Sie wollte etwas für die Gestaltung von Kunst und Literatur am Weimarer Hof leisten. Mochten die Brüder Alexander I. und Konstantin über das „Ilm-Athen" spotten. Die sollten erst einmal ihre vaterländische Pflicht im Kampf gegen Napoleon erfüllen! So sehr Goethes Worte auch aus dem Herzen kamen, die Wirklichkeit war rauer. Trotz Marias Rückkehr nach Weimar, der in Tilsit verabredete französisch-russische Bund blieb fragil. In Petersburg unternahm Marias Mutter gemeinsam mit der Schwester Katharina alle Anstrengungen, den Friedensvertrag und den russischen Beitritt zur schädlichen Kontinentalsperre zu unterlaufen. Maria folgte den Ansichten der Mutter. Ihr ganzer Hass galt dem korsischen Emporkömmling.

Die Großfürstin wurde in Weimar auch herzlich begrüßt, weil sie erneut ein Kind erwartete. Außerdem litt das Land nach der Schlacht von Jena und Auerstedt bittere Not, war vom Krieg gezeichnet und hoffte auf die gerühmte Wohltätigkeit Marias. Tatsächlich galt ihre Aufmerksamkeit 1807 den von Verwahrlosung bedrohten Kindern und den Soldaten. Es war für sie nicht leicht, erleben zu müssen, wie Weimars Soldaten in Ostpreußen gegen Russen in die Schlacht zogen. Als die geschundenen Scharfschützen Weimars im Dezember 1807 nach Hause kamen, schenkte Maria jedem Soldaten zwei Taler und eine Flasche Wein – der Unteroffizier erhielt sogar vier Taler. Es war lediglich eine symbolische Geste. Von den 960 ausgezogenen Söhnen kehrten 450 in die Vaterstadt zurück. Weitere 180 lagen verwundet in Jena. Die restlichen 330 waren zwischen Preußisch Eylau und Friedland gefallen.

Die letzten Monate im Jahre 1807 boten Gelegenheit, sich intensiver mit dem literarischen Geist Weimars zu beschäftigen. Maria war eine praktische Frau. Das literarische Weimar – das waren in erster Linie Goethe und Wieland. Während Wieland die junge Frau mit nicht erlahmendem Enthusiasmus, Briefen und Versen umschwärmte, wahrte Goethe die höfische Distanz und wurde gerade dadurch langsam zu einem unersetzlichen Gesprächspartner und Ratgeber. Ein Vergleich der Tagebuchaufzeichnungen Goethes und Marias für die Jahre 1807/08 bestätigt, dass die gemeinsamen Gespräche für die junge Frau einen wesentlich höheren Bildungs- und Stellenwert besaßen als für den gereiften Dichter.

Goethe, das war für Maria der Weimarer Musenhof schlechthin. Sie besaß ein gesundes Selbstbewusstsein, aber kritische Überlegungen zu den großen Dichtern hatten darin keinen Raum. Bis kurz vor ihrer zweiten Entbindung besuchte Maria Goethe regelmäßig und unterhielt sich mit ihm über literarische und gesellschaftliche Probleme. Wenn Goethe aus einem Werk Calderons in der Übersetzung durch Schlegel vorlas, notierte Maria einzelne Szenen mit exakter Personen- und Inhaltsangabe. Sie trainierte ihr Gedächtnis.

Am 3. Februar 1808 wurde Maria von einem Mädchen entbunden, das zwei Wochen später auf den Namen Maria Louise Alexandrine getauft wurde. Die Hoffnung auf einen Thronfolger musste erneut vertagt werden, aber Maria litt nicht darunter, dass sie diese wichtige Aufgabe noch nicht erfüllen konnte. Sie kümmerte sich intensiv und herzlich um das Kind, das sofort nach seiner Geburt der verwitweten Frau Batsch in Jena zur ständigen Pflege anvertraut wurde.

Maria verblieb nicht viel Zeit, sich dem Mutterglück hinzugeben oder die Gespräche mit Goethe in Ruhe zu durchdenken. Der Krieg und die russische Reichspolitik bestimmten den Lebensrhythmus. Ende Mai 1808 brach sie mit ihrem Gemahl, dem Geistlichen Jasnowski und ihrem Vertrauten Anton von Ziegesar zu einer Reise nach Petersburg auf, von der sie erst ein Jahr später wieder nach Weimar zurückkehren sollte.

Dazwischen lag im Herbst 1808 der Erfurter Fürstentag, auf dem sich Russlands und Frankreichs Kaiser trafen, um den Frieden von Tilsit zu überprüfen. Der Test fiel trotz aller äußeren Freundlichkeiten negativ aus: Russlands Kaiser war weder bereit, die französischen Eroberungen auf der Iberischen Halbinsel zu unterstützen, noch Napoleon zu helfen, sich durch die Begründung einer neuen Dynastie Eintritt in den Kreis der alten europäischen Monarchien zu verschaffen. Der Konflikt um die Vormachtstellung in Europa nahm trotz der festlichen Tage von Erfurt und Weimar schärfere Konturen an. Maria Pawlowna weigerte sich, persönlich an dem Fürstentag teilzunehmen. Die ganze kaiserliche Familie stand hinter ihr und missbilligte es, dass sich Alexander I. überhaupt auf dieses nutzlose Abenteuer eingelassen hatte.

Im Juni 1809 kehrte Maria nach Weimar zurück. Die Kriegslage spitzte sich für Russland bis 1812 extrem zu: Das Russische Reich trat aus der Kontinentalsperre aus, das mit dem Hause Romanow verwandte Herzogtum Oldenburg wurde von Napoleon annektiert und die Große Armee Napoleons marschierte im Sommer 1812 in Russland ein. Trotz all dieser dramatischen Ereignisse, in denen es um das Schicksal der Romanow-Dynastie ging, blieb Maria bis zum Frühjahr 1813 nahezu vier Jahre in Weimar. Angesichts der Flucht vom Oktober 1806 und Marias Verweigerung beim Erfurter Fürstentag mag ihr Verharren in Weimar unter den weit schwierigeren Bedingungen der Mitgliedschaft des Herzogtums im Rheinbund, der französischen Überwachung und der permanent steigenden Kriegsgefahr erstaunen. Die Gründe waren vielfältig.

Maria war seit 1806 zu einer politischen Persönlichkeit gereift und verfügte in Weimar über einen großen politischen Einfluss. In den Verfassungsdiskussionen der Jahre 1808/09 wagte es Carl August nicht, vor Marias Rückkehr aus Russland eine Entscheidung über die Verfassung zu fällen. Nach ihrer Ankunft fanden der Herzog, Goethe, Ziegesar und andere Politiker einen Kompromiss: Die Constitution wurde verabschiedet, aber nicht veröffentlicht. Weimar besaß eine Verfassung mit bürgerlichen Grundrechten, aber das Volk wusste es nicht! Man musste Vorsicht walten lassen, sowohl gegenüber Frankreich, als auch jeden Schritt vermeiden, den Russland als gegen seine Interessen gerichtet sehen könnte. Solange Maria in Weimar blieb, konnte sie vermitteln oder um Verständnis für Weimar werben.

Sie musste Weimars Positionen gegenüber einem Bruder vertreten, der autokratisch regierte, aber in den Augen der Mutter und der einflussreichen Schwester Katharina die Konfliktvermeidung gegenüber Napoleon übertrieb. Die Frauen opponierten gegen den Kaiser. Sie zwangen ihn 1810 zum Austritt aus der Kontinentalsperre und durch den Sturz des Reformpolitikers Michail Speranski im Frühjahr 1812 zu energischeren Kriegsvorbereitungen. Maria gehorchte dem Kaiser und teilte den Hass ihrer Mutter: Alle Kraft für den Kampf gegen Napoleon!

Maria war in Weimar als Sachwalterin russischer – und Weimarer – Interessen sehr nützlich. Natürlich ließ Napoleon sie scharf überwachen. Er veranlasste Ende 1811, dass in Weimar zum Zeichen seiner „besonderen Wertschätzung" eine französische Gesandtschaft für alle thüringischen Kleinstaaten eingerichtet wurde. Man wählte mit dem Baron von Saint-Aignan einen kulturvollen und gebildeten Gesandten aus. Der Baron betonte Weimars Ausnahmestellung in der europäischen Geisteswelt – er erlangte das besondere Vertrauen Goethes. Mit gleichem Eifer diente er seinem Kaiser: Die Berichte an das französische Außenministerium waren mit Beispielen über die antinapoleonische Widerborstigkeit Carl Augusts gespickt. Natürlich glaubte man in Paris, dass Maria Pawlowna dahintersteckte.

Maria lebte zwischen Krieg und Frieden, zwischen Selbstachtung und Erniedrigung, zwischen Familienehre und Schutzbedürfnis für die neue Heimat. Gleichzeitig ging der Alltag im „klassischen" Weimar weiter. Was wusste Maria bisher wirklich vom Geist der großen Dichter? Sie nutzte die Jahre zwischen 1809 und 1812, ihre Integration in das Land weiter zu vertiefen und den „Mythos" Weimars in sich aufzunehmen. Bis zum Vorabend des Vaterländischen Kriegs von 1812 nahm Maria Unterricht in Philosophie, Logik und Geschichte. In kontinuierlichen Sitzungen mit dem Hofkapellmeister August Eberhard Müller vervollständigte sie ihre musikalischen Fähigkeiten und Fertigkeiten. Drei Mal in der Woche weihte sie der Maler und Kunsthistoriker Heinrich Johann Meyer in die Geschichte der antiken Kunst ein. Maria fertigte über die Vorlesungen ausführliche Mitschriften an, die so exakt waren, dass

Meyer sie später seiner Geschichte der griechischen Kunst zu Grunde legen konnte – selbstverständlich widmete er das Werk Maria Pawlowna. Zwischen den geistigen und kunsthistorischen Studien Marias, ihren Gesprächen mit Goethe und Wieland sowie dem Entschluss Meyers und Goethes, den Grundstock für den langfristigen Aufbau eines Weimarer Kunstmuseums zu legen, bestand ein Zusammenhang.

Selbst unter den Kriegsbedingungen bemühte sich das geistige Weimar, die Traditionen des gewohnten Lebens fortzusetzen. Dazu gehörte auch, dass im ersten Halbjahr 1810 eine Reihe spektakulärer Feste gefeiert wurde. Am 14. Januar wurde Prinzessin Caroline mit dem Erbprinzen Friedrich Ludwig von Mecklenburg-Schwerin verlobt. Die Feierlichkeiten inspirierten Goethe, Wieland oder auch Knebel zu neuen Versen. Goethe arrangierte einen Maskenzug der „romantischen Poesie". Er wiederholte diesen zum Geburtstag Marias am 16. Februar 1810, wobei er ihn um den Aspekt der „Völkerwanderung", dessen besondere Attraktion in der Darstellung russischer Völkerschaften bestand, erweiterte. Der Maskenzug mochte als harmloser Spaß in der unterhaltenden Tradition des Musenhofs gewertet worden sein. Bei Lichte besehen war er eine geistvolle Provokation gegen die französische Besatzungsmacht. Wenn Maria und Caroline als mittelalterliche deutsche Kaiserinnen auftraten, die Herren im Kleide altdeutscher Fürsten erschienen und der Erbherzog Carl Friedrich sogar als ungarischer König herausstaffiert war, dann handelte es sich nicht mehr um eine beziehungslose Gaukelei. Der Maskenzug selbst, bestehend aus 60 Personen, symbolisierte den Völkerreichtum im Russischen Reich. Wieland verehrte der Großfürstin ein Gedicht mit der Weissagung: „Ein glorienvolles Loos ist Ihr bestimmt ..." Das war eine Allegorie auf die mit Russland verbundenen Hoffnungen.

Der Trost Goethes und Wielands tat Maria gut. Der politische Druck lastete schwer – aber sie musste ausharren. Im Sommer 1810 erkrankte zudem die kleine Tochter so schwer, dass die Ärzte kaum noch Hoffnung sahen. Über Wochen hinweg wich die Mutter nicht vom Bett ihres Kindes. Erst Mitte August konnten die Familie und die Dichter-Freunde aufatmen: „Alles geht sehr gut, Prinzeßchen befindet sich vergnügt und wohl ... Prinzeßchen schien sich zu freuen, alle die bekannten Gegenstände wieder zu sehn ..."[10]

Trotz aller politischen und persönlichen Beschwernisse verlief das Leben in Weimar in den Jahren 1809 und bis 1811 relativ ruhig. Man pflegte den Musenhof! Die Gespräche mit Goethe gewannen zunehmend an Vertrautheit. Den Juni und Juli 1811 verbrachte die Familie im idyllischen Wilhelmsthal. Und: Maria erwartete ihr drittes Kind. Am

30. September 1811 wurde die Tochter Maria Louise Augusta Katharina geboren. Selbstverständlich wurde das freudige Ereignis unverzüglich in Petersburg mitgeteilt. Carl August betonte die guten beiderseitigen Beziehungen – an der Mitgliedschaft im Rheinbund ließ sich vorerst nichts ändern. Für Maria gesellte sich neben der Furcht um die Sicherheit Russlands und Weimars die Frage, ob sie die Erwartungen erfüllen konnte, einen männlichen Thronfolger zur Welt zu bringen.

Die schwere Last: Napoleon in Russland

Napoleon eröffnete im Juni 1812 den Marsch der Großen Armee nach Russland und Weimars Soldaten zogen mit in das Verderben. Maria blieb in Weimar, während ihre russische Familie alle Kräfte aufbieten musste, um den Widerstand gegen die Angreifer zu organisieren. Sachsen-Weimar-Eisenach führte gegen Russland Krieg. Für Maria schien die Situation unerträglich, aber niemand behandelte sie als Gegnerin. Sie selbst trug aktiv zur Linderung der Kriegsnot bei, und die großen Dichter bezeugten unablässig ihre Sympathie. Der französische Gesandte in Weimar besaß offensichtlich eine Direktive, für Marias Sicherheit zu sorgen und ihr das Gefühl zu vermitteln, dass ihr keine Gefahr drohte. Am 29. September traf die Nachricht von der Einnahme Moskaus durch Napoleon ein. Goethe schrieb an Meyer: „... Während des Krieges mit Russland, dessen anfängliche Erfolge das Herz der Erbprinzessin Großfürstin so tief verwunden mussten, wusste sein richtiger Takt Alles sorgsam zu vermeiden, was einer russischen Prinzessin die Anwesenheit eines französischen Gesandten peinlich machen konnte; daher er denn auch unter allem Wechsel der Ereignisse stets im Besitz ausgezeichneter Achtung des herzoglichen Hofes blieb, der ihn unausgesetzt aufs zutraulichste behandelte."[11] Saint-Aignan mochte höflich sein, für Maria blieb er ein Mann Napoleons und sie konnte erst ruhiger werden, wenn der Gegner aus Russland vertrieben und der Krieg für Weimar beendet war.

Die ersten Nachrichten über die Niederlage Napoleons erreichten Weimar Mitte Dezember 1812, zeitgleich mit dem geschlagenen Kaiser, der die Stadt am 15. Dezember passierte. Er besaß keine Zeit zu einer freundlichen Begegnung mit der Schwester des russischen Kaisers. Napoleon ließ aus Erfurt und über Saint-Aignan Grüße an den herzoglichen Hof richten. Allerdings: Noch war Napoleon nicht besiegt, noch zählte Weimar zu seinen Bündnispartnern. Trotzdem trat mit dem Jahreswechsel 1812/1813 eine historische Wende ein. Alexander I., gedrängt von der eigenen Familie, vom Freiherrn vom Stein und beflügelt von der mystischen Idee, er wäre zum Retter Europas auserkoren, überschritt im Januar

1813 mit seiner Armee die russische Grenze. Napoleon sollte in Paris geschlagen werden. Russland wollte die Vormacht in Europa erringen.

Innerhalb von zehn Wochen rückten russische Soldaten bis an die Elbe vor. Preußen und Schweden erklärten Frankreich den Krieg. Österreich zog sich von Napoleon zurück. Alexander I. wiegte sich in einem religiösen Rausch: Der apokalyptische Rachegott flog über Europa. In Kalisch schloss er mit Friedrich Wilhelm III. einen Bündnisvertrag. Der Krieg erfasste im Frühjahr 1813 die mitteldeutschen Staaten. Das deutsche Volk erhob sich zum Befreiungskrieg. In Weimar begann das Jahr mit der Trauer um den am 13. Januar verstorbenen Christoph Martin Wieland. Nach Herder und Schiller ging „die dritte Säule" des klassischen Weimar dahin und überließ der Nachwelt die Pflicht zur lebendigen Traditionspflege.

Der Geburtstag Marias wurde am 16. Februar 1813 in großer Herzlichkeit gefeiert, fast als läge Friede über dem Land, und der Musenhof erstrahlte in alter Frische. Goethe und Meyer übernahmen die Regie. Sie schufen eine Inszenierung, die diplomatische Ansprüche erfüllte. In den „Bilder-Scenen mit Gesang" präsentierte sich der Musenhof mit reiner Kunst – ganz unpolitisch. Goethe und Meyer wählten drei berühmte Gemälde aus, die, untermalt durch Gedichte und Musik, von lebenden Personen dargestellt wurden. Es waren dies die Gemälde „Phädra und Hippolyt" von Guérin, „Belisarius" und „Der Schwur der Horatier" von David sowie eine freie Komposition unter dem Titel „Arkadien". So hatten die Veranstalter der Geburtstagsfeier alle wichtigen künstlerischen und politischen Richtungen aus der jüngsten französischen Geschichte beieinander – ein ausgewogenes Programm, an dem auch der Gesandte aus Paris keinen Anstoß nehmen konnte.

Das vierte Bild „Arkadien" lieferte den Kontrast. In diesem lebenden Bild erschien auf einem Hügel Apollo nebst allen Musen in einer gedrängten großen Pyramide. In der Mitte hatte man einen See angedeutet, auf dem in einer von Schwänen gezogenen Muschel ein mit Rosen bekränzter kleiner Amor oder Genius fuhr. Marias Name glänzte in goldner Schrift auf der Muschel. Hofrat Professor Riemer hatte zum „Schwur der Horatier" Verse geschrieben, die zur nationalen Einheit mahnten:

„Das Vaterland in seinem Schoose,
Nährt jede Tugend jede Kraft:
Ihm dient der Kleine wie der Große,
Wenn er für sich in's Ganze schafft:
Zu jedem Opfer gern bereit,
Wenn es das Vaterland gebeut."

Maria nahm die Anregungen dankbar auf, aber ihre Gedanken gingen im Februar 1813 in ganz andere Richtungen. Der Rheinbund bröckelte, Russland führte in Deutschland Krieg. Sie besaß die Pflicht, das kleine Herzogtum vor dem Krieg zu bewahren und sie musste die Kriegsziele des russischen Kaisers aktiv unterstützen. Kaiser Alexander I. erteilte ihr den Befehl, sich unverzüglich nach Böhmen zu begeben. Sie sollte unter Vorgabe einer Badereise dort auf ihn selbst und auf die Schwester Katharina treffen. Gemeinsam mit dieser sollte Maria alle ihr zur Verfügung stehenden Mittel nutzen und möglichst viele Informationen über die militärische Lage, die Waffenpotenziale der Kriegsparteien und über die militärisch wichtige Infrastruktur in Böhmen, Mähren und Österreich sammeln. Ein wesentliches Ziel ihrer Mission bestand in der Überredung des Fürsten Metternich und des Hauses Habsburg zu einem Militärbündnis mit Russland gegen Napoleon. Maria und Katharina besuchten die Bäder in Töplitz und Carlsbad. Sie fuhren nach Prag und Wien – an alle jene Orte, in denen sich Politiker, Militärs und Diplomaten zu Verhandlungen über die Kriegsführung gegen Napoleon trafen.[12]

Die spektakulärste Aktion Marias und Katharinas, die jeweils eines ihrer Kinder und einen prächtigen Tross mit sich führten, erfolgte in dem tschechischen Opočno. Dort traf Alexander I. am 17. und 18. Juni 1813 mit den beiden Schwestern zusammen. Es war ein entscheidendes Treffen für das Zustandekommen der russisch-österreichischen Koalition, bei dem Katharina und Maria ein Höchstmaß an politischem Verstand bewiesen. Sie kannten jedoch auch keine moralischen Skrupel. Russland erhielt bei den Gesprächen noch keine Sicherheit, ob Österreich tatsächlich zu einem konkreten Bündnis bereit war. Alexander erteilte seiner Schwester den nicht misszuverstehenden Auftrag, Metternich zu bestechen. Er schrieb an Katharina: „Ich bedaure, dass du mir noch nichts über Metternich gesagt hast und darüber, was notwendig ist, um ihn ganz für uns zu haben; ich verfüge über die notwendigen Mittel, du brauchst also nicht zu sparen."[13] Er schickte 1700 Dukaten und ermunterte sie, mit der von ihr eingeschlagenen Taktik fortzufahren, weil diese die sicherste von allen sei. Welche Taktik er meinte, verschwieg der Kaiser, aber es ist zumindest leicht vorstellbar, dass sich Metternich gegenüber den Reizen einer schönen Frau und deren gut gefüllter Börse nicht gleichgültig verhalten hat. Nur wenige Tage später erklärte Österreich an Frankreich den Krieg. Katharinas und Marias Diplomatie hatte zumindest einen Beitrag zu der Entscheidung Österreichs geleistet. Joseph von Hudelist, österreichischer Staatsrat, schrieb in jenen Tagen an Metternich: „Euer Exzellenz mögen in Opočno einen harten Stand gehabt haben, einer gegen so viele, worunter noch ein paar so schöne und gefährliche Damen wie die beiden Großfürstinnen waren, die durchaus nichts von Frieden (mit Napoleon – Anm. d. Autors) wissen wollen."[14]

Maria hat die Tage von Opočno in ihrem Reisetagebuch, noch öfter jedoch in Briefen erwähnt. Direkte Anspielungen, wie der Erfolg der Damen zustande kam, enthalten weder die Aufzeichnungen noch die Korrespondenzen. Bis in den Spätherbst reisten die beiden hübschen Schwestern durch das Kaiserreich Österreich, stets die Agenten der Geheimpolizei Metternichs auf den Fersen. Maria und Katharina spielten mit den Gendarmen Katz und Maus, fühlten sich jedoch in der Wiener Hofburg bei der Kaiserin Maria Ludovica bedeutend wohler. Nach der großen Völkerschlacht bei Leipzig im Oktober 1813 und der Niederlage Napoleons trennten sie sich. Katharina folgte ihrem Bruder in Richtung Paris. Maria kehrte im November in das vom Krieg und den ständig durchziehenden Truppen gezeichnete Weimar zurück.

Sie erntete von Goethe ein dickes Lob: „Der Erbprinzeß Kaiserl. Hoheit hat sehr hübsche und nützliche Sachen, sowohl für hier als für Jena, mitgebracht. Sie verdient ganz eigentlich eine Friedensfürstin zu seyn, ob sie sich auch gleich im Kriegerecht gut ausnimmt und seit ihrem Hierseyn manches zu vermitteln gewußt hat."[15] Goethe zollte Maria für ihre Festigkeit im Krieg hohes Lob. Seine Anerkennung ging in eine zweite Richtung. Maria lebte mit der russischen Reichspolitik, aber sie vergaß nicht ihre Verantwortung für Weimar. Die Erbprinzessin förderte die Künste und Wissenschaften, sie war wohltätig und half den sozial Schwachen. Das war die „Normalität" ihres Alltags. Gerade in dieser Zeit waren alle Anstrengungen zur Linderung der Kriegsnot erforderlich. Maria konnte in der Praxis erkennen, dass ihr Verständnis von sozialer Wohltätigkeit im patriarchalisch-paternalistischen Sinne in Weimar andere Traditionen besaß als in Russland. Von ihrer Mutter hatte sie gelernt – die Fürstin ist die Mutter aller sozialen Fürsorge. Danach hatte Maria seit 1804 gehandelt. 1805 hatte sie mit dem Minister Voigt über die Teuerung des Getreidepreises gesprochen und positiv auf Carl August eingewirkt, Getreide zu erschwinglichen Konditionen an das Volk zu verkaufen. Bereits bestehende Wohlfahrtsanstalten und Einrichtungen der Armenpflege wurden von Maria seit 1805 finanziell unterstützt. Sie bezahlte 18 Stellen für Zöglinge in einem Weimarer Waisenhaus bzw. für Kinder aus sozial schwachen Familien.

Kein Mensch, der sich um Hilfe an die Erbgroßherzogin wandte, blieb unbeachtet. Allerdings übte sie eine strenge Kontrolle über ihre Gaben, Zuwendungen und Hilfeleistungen aus. Materielle Hilfe verstand sie als Mittel zur Selbsthilfe. Sie gab stets ausreichend nach den konkreten

Bedürfnissen und machte weitere Hilfen von der Erfüllung erteilter Auflagen abhängig. Dabei fand Maria auch den rechten Ton – sie konnte mit den Menschen in Weimar gut umgehen. Sie arbeitete systematisch, verwaltungstechnisch perfekt und achtete vor allem auf den Gewinn, der neue Zuwendungen ermöglichte.

Aber Weimar war nicht Russland. Die Traditionen der öffentlichen Fürsorge, die Sozialstruktur, die Bevölkerungszahl, die Wirtschaftlichkeit von Handwerk und Landwirtschaft, das Verhältnis zwischen der Herrschaft und den verschiedenen Schichten des Volkes, alles war anders als in Russland. In Weimar gab es reiche Unternehmer, wie den Verleger und vielseitigen Geschäftsmann Friedrich Justin Bertuch, der einen Teil seines Gewinns aus wohlverstandenem eigenen Interesse für die soziale Unterstützung armer Menschen, für die Bildung der Kinder, für die Förderung von Kunst und Kultur verwandte. Aber es gab auch die breit gefächerte soziale Eigeninitiative der Bürger. Ohne diese wären Marias und Carl Augusts patriotische Aufrufe vom November 1813 weniger erfolgreich gewesen. Sie riefen zur Formierung einer Freiwilligenschar auf. Bei der Vereidigung im Januar 1814 soll Maria emphatisch ausgerufen haben, sie würde am liebsten selbst gerne den Degen ziehen. Eine Deputation der Freischar empfing aus Marias Händen eine mit ihrem Namenszug bestickte Standarte. Die andere Seite des Tuchs zierten das Landwehrkreuz und der erhabene Spruch: „Mit Gott für Fürst und Vaterland“. Maria sprach dazu „unvergessliche“ Worte.

Im Herbst 1813 entstanden in Weimar außerdem spontan Frauengruppen, die den Kriegsgeschädigten halfen. Eine Frauenkommission wollte für verwundete und kranke Offiziere der alliierten Truppen ein Hospital einrichten. Maria stellte sich tatkräftig an die Spitze. Im Februar 1814 erweiterte sie die Gruppe zu einem Verein mit umfassenderen Zielen und Aufgaben. Schon zu diesem Zeitpunkt veranlasste Maria einen Aufruf an die Frauen, ein „Patriotisches Fraueninstitut“ zu gründen. Tatsächlich meldeten sich bereitwillig Frauen zur Mitarbeit. Aus allen Bevölkerungsschichten gingen Sachspenden, Geld und tätige Hilfebeweise ein, mit denen verwundeten Soldaten geholfen sowie die im Felde stehenden Landwehrmänner und vom Kriege betroffene Ortschaften unterstützt werden konnten.

Vier Monate weilte die Erbherzogin in Weimar, bis auch dort die Nachrichten über den Einzug der Verbündeten in Paris und über die Abdankung Napoleons eintrafen. Es war schwer zu sagen, was überwog: die Freude oder die Erleichterung. Maria dachte weiter. Sie war verpflichtet, die künftige Gestaltung der russischen Politik in Deutschland und die Rolle des Herzogtums zu bedenken. Goethe sprach zu ihrem Geburtstag im Februar 1814 die Hoffnung aus: „Dich unter uns als Bleibende zu schauen.“ Vorerst musste sie jedoch erneut reisen. Von Mai bis August hielt sie sich zur Badekur in Franzensbad auf, kehrte für einige Tage zurück und fuhr am 11. September über Leipzig, Dresden und Prag nach Wien. Dort sollte über das Schicksal Europas entschieden werden.

Der Wiener Kongress erfüllte seine historische Mission, Europa eine nationale und demokratische Zukunft zu geben, nicht. Marias politische Rolle war auf dem Kongress insgesamt gering. Russlands Kaiser wollte seine Sendung als Retter Europas fortsetzen und an Territorien, Macht und Einfluss auf dem Kontinent gewinnen – es reichte neben allen Ehrenbezeugungen nur zur mystisch verklärten „Heiligen Allianz“. Die politischen Fäden zogen Metternich & Co. im Sinne einer konkret fassbaren Restauration der alten Monarchien. Dennoch mussten sie Zugeständnisse an den modernen Geist von Liberalität und Nationalbewusstsein erlauben.

Maria repräsentierte in Wien neben anderen Familienmitgliedern das russische Kaiserhaus und begleitete ihren Herzog Carl August, der sich durch dic Schwiegertochter eine aktive Hilfestellung bei der Erfüllung seiner Wünsche nach Rangerhöhung und territorialer Vergrößerung erhoffte. Aus dieser doppelten Aufgabe resultierten Gegensätze, die auch in heftigen Streitgesprächen zwischen Maria und dem Weimarer Minister Gersdorff nicht aufgelöst werden konnten. Die großen Ziele Carl Augusts nach greifbarem Zuwachs seiner Machtposition unter den mitteldeutschen Staaten erhielten in Wien einen kräftigen Dämpfer. Er wurde Großherzog, mehr nicht. Marias Wunsch nach dem Besitz Fuldas löste sich in sehr kleine „Portionen“ auf. Lediglich einige kleine Teile des „Eisenacher Oberlandes“ und des Neustädter Kreises gingen an Weimar – Gebiete, die wirtschaftlich besonders arm und sozial besonders zurückgeblieben waren.

Der Geist des „Patriotischen Instituts“

Ende Mai 1815 kehrte Maria in ein verändertes Weimar zurück. Am 10. Juni 1815 trat die Bundesakte des neuen Deutschen Bundes in Kraft. Sie erlaubte die Einrichtung gewählter Körperschaften. Carl Augusts Wille zu liberaler Verfassung und gewähltem Landtag erhielt einen kräftigen Impuls, gefördert durch Gelehrte der Jenaer Universität wie dem Historiker Heinrich Luden und dessen Vorlesungen über die Geschichte der deutschen Nation. Ein besonders starkes Signal ging von der Gründung der Burschenschaft am 12. Juni 1815 in Jena aus. Im ganzen Deutschen Bund deuteten sich politische Tendenzen an, die eine dringende

Beratung im russischen Kaiserhaus verlangten. Alexander I. hatte Europa nicht von der napoleonischen Herrschaft befreit, damit die Deutschen in die Fußstapfen des Code Napoléon traten.

Maria eilte im Oktober 1815 erneut über Berlin nach Petersburg. Sie blieb bis zum Oktober 1816. Die kaiserliche Familie konnte jedoch kein einziges der nach dem Krieg herangereiften inneren Probleme lösen. Die ewigen Werte der Autokratie überlagerten jegliche Reformbereitschaft. In Weimar wurde dagegen am 6. Mai 1816 die erste ordentliche Verfassung in Kraft gesetzt. Sie garantierte neben der Presse- und Versammlungsfreiheit zahlreiche bürgerliche Menschenrechte. Weimar übte mit seinen Verfassungsgrundsätzen im Deutschen Bund eine gewisse Vorbildfunktion aus. Publizisten, Gelehrte und Studenten der Jenaer Universität trugen die Ideen von Liberalität, Freiheit und Nation fleißig und lautstark in den Deutschen Bund hinaus. Das russische Kaiserhaus sah in Weimar einen potenziellen Gefahrenherd für den inneren Frieden der „Heiligen Allianz". Österreichs Kanzler Metternich hatte von der Wiener Hofburg aus ein scharfes Auge auf Weimar, und in Berlin betrachtete man die konstitutionellen Experimente Carl Augusts ebenfalls mit Argwohn. Da keine konkrete Handhabe zum Einschreiten bestand, konnte vielleicht die ruhige, überlegte, kluge und zielbewusste Maria mäßigend auf die konstitutionellen Heißsporne einwirken. Wenn es Maria gelang, ihren persönlichen Einfluss auf alle Bereiche des politischen, wirtschaftlichen, sozialen und öffentlichen Lebens auszudehnen, konnte der klassische Musenhof vielleicht sogar ein Beispiel für die Stabilität der „Heiligen Allianz" werden. Und Goethe galt ebenfalls nicht als glühender Revolutionär.

Als Maria im Herbst 1816 nach Weimar zurückkehrte, zeigte sich sehr schnell, dass sie den besten Willen und die Fähigkeit besaß, ihr Verständnis von einer aristokratischen Landesherrschaft so mit den konkreten Realitäten zu verbinden, dass sie selbst daraus Gewinn ziehen konnte, die Interessenkonflikte beruhigte und obendrein zum Wohlstand des Landes beitrug. Maria praktizierte Staatskunst, obwohl sie bis 1828 lediglich den Rang einer Erbgroßherzogin besaß.

Mit welcher gedanklichen Komplexität Maria handelte und wie ihre Maßnahmen im Lande wirkten, demonstrierte die Verfassungskrise der Jahre 1817/18. Im April 1817 übernahmen die Landesherrschaften in Gotha und in Weimar die alleinige Verantwortung für die Universität Jena. Wie schwer die Verantwortung wog, zu welchen politischen Konsequenzen sie führte, das demonstrierten die Wirkungen des im Deutschen Bund heftig umstrittenen Wartburgtreffens deutscher Studenten im Oktober 1817. Daran nahmen auch Jenaer Professoren teil. Deren

Auftreten auf der Wartburg trug dazu bei, dass Weimar in der konservativen Presse als „kleine Brutanstalt des Jakobinismus" gescholten wurde.

Die politische Krise begann bereits im Januar 1817 mit der „Kotzebue-Affäre". Das Wartburg-Treffen lieferte den endgültigen Anlass zum Einschreiten gegen den „Jakobinismus" auf Weimarer Art. Das Wartburgfest wurde kriminalisiert und mit einem Gespinst von Lügen und Verdächtigungen umgeben. Die russische Regierung behauptete in einem Kabinettsschreiben an Carl August, dass jede deutsche Universität als ein Reichstag und jede Studentengruppe als eine Kampfeinheit für die Vereinigung Deutschlands zu betrachten sei.

Die demokratische Presse und Öffentlichkeit suchte die Schuld an dem politischen Dilemma in dem Druck aus Wien, Petersburg und Berlin. Die in Weimar ansässige „russische Parthie" geriet ins Zwielicht. Es gab keine Kritik an Maria Pawlowna, dafür aber an dem 1814 von Dresden nach Weimar versetzten Oberhofmarschall und Staatsminister Albert Cajetan Graf Edling. Er galt wie Kotzebue als Zuträger der russischen Regierung. Im November 1817 eröffnete Kotzebue in Weimar ein eigenes „Literarisches Wochenblatt" im Stile der dem Autor eigenen intriganten Pamphletistik, mit dem er den Hass aller liberal-konstitutionellen Kräfte erweckte.

Die Entlarvung Kotzebues rangierte in den Augen der liberalen Publizisten als vordringliche Aufgabe zur Rettung der Weimarer Verfassung und Pressefreiheit. Der Historiker Heinrich Luden veröffentlichte in seiner Zeitschrift „Nemesis" Auszüge aus einem denunzierenden Geheimbulletin Kotzebues über die Lage unter den politischen Schriftstellern Weimars und Jenas. Kotzebues Schmähschrift wurde in ganz Deutschland bekannt und löste einen politischen Skandal aus. Der russische Bevollmächtigte an den sächsischen Höfen, General Chanykow, kam nach Weimar und überreichte Carl August ein drohendes Kabinettsschreiben des russischen Kaisers.

Carl August mahnte daraufhin einheitliche Pressegesetze im Deutschen Bund an und erließ im April 1818 die „Verordnung gegen Preßmißbräuche". Das Dokument nahm den Drohungen der Großmächte die Spitze, änderte die bestehenden Rechtsverhältnisse hinsichtlich der Pressefreiheit kaum und beinhaltete dennoch einige Einschränkungen für die liberale Presse. Der Landtag versuchte, die emotionalen und politischen Wogen behutsam zu glätten.

Maria sah dem Treiben nicht unbeteiligt zu. Sie verteidigte die Politik Carl Augusts und wirkte mäßigend auf die streitenden Parteien ein. Sie verfolgte ihre eigene politische Konzeption. Wenn sie sich für die Berufung des Juristen Christian Wilhelm Schweitzer in das Weimarer Staatsministerium einsetzte (Schweitzer hatte am Wartburgtreffen teilgenommen) und für ihn bürgte, dann festigte sie damit das Vertrauen der Öffentlichkeit.

Die politische Krise schien Maria der rechte Moment, die seit 1813 betriebenen sozialpolitischen Anstrengungen um die Idee eines „Patriotischen Instituts der Frauenvereine" in feste organisatorische Formen zu binden. Die politisch erregte Öffentlichkeit benötigte ein Signal: Die russische Großfürstin übte keinen Druck auf freiheitliche Ideen aus, sie hatte das soziale Wohl der Landeskinder im Sinn. Die Gelehrten, Publizisten, Abgeordneten und Diplomaten mochten um abstrakte Begriffe wie Freiheit, Liberalität oder Nation streiten – die Erbgroßherzogin sorgte für das tägliche Brot, die Erziehung der Kinder, für die Alten und Kranken. Maria vermittelte die Botschaft, dass ein konkretes Gesetz und dessen Verwirklichung besser seien, als jede Verfassung mit abstrakten Idealen.

Im Krisenjahr 1817 ergingen die „gesetzlichen Bestimmungen für das patriotische Institut der Frauenvereine in den Großherzoglich Sachsen-Weimar-Eisenachschen Landen". Keine andere Schöpfung Maria Pawlownas entsprach so sehr ihrem eigenen Charakter und Selbstbewusstsein wie das „Patriotische Institut". Es basierte in seiner Grundtendenz auf der uneingeschränkten Autorität der Vorsitzenden und einer peniblen hierarchischen Rechnungsführung.

Maria hat die programmatischen Grundlagen und die Statuten für das Institut selbst verfasst: „In dem großen Kampfe für deutsche Unabhängigkeit, da jeder sich aufgefordert fühlte, nach allen seinen Kräften zu dem allgemeinen Zwecke beizutragen, und keiner zurückstehen mochte, mussten auch die, welche von der Natur selbst bestimmt sind, das Haus zu hüten, sich berufen fühlen, ihre Tage nicht unnütz für die gute Sache verstreichen zu lassen. Die Fürsorge für die Streitenden, die Pflege der Verwundeten, die Unterstützung der Hinterlassenen von den im Felde Gebliebenen waren die nächsten und wichtigsten Zwecke der vom Gemeingeist beseelten vaterländischen Frauen; und nicht ohne Erfolg für die allgemeine Sache waren die stillen Bemühungen im Einzelnen. Einmal erweckt zur Wohltätigkeit und zur tätigen Mitwirkung an einem allgemeinen Staatszwecke, konnten, auch nach glücklich errungenem Frieden, die gegen die Vorsehung und die aufopfernde Tätigkeit der Mitbürger dankbaren Frauen den Wunsch nicht aufgeben, ferner zum allgemeinen Besten etwas beizutragen und die hohen Gefühle von Vaterlandsliebe durch Sorge für sein Wohl, in der Fürsorge für einzelne zu erhalten und zu befördern, zumal da nach allen überstandenen Leiden des Kriegs überall Mangel und Not, als dessen unmittelbare Folgen, sich zeigten."[16] Die Ziele und Absichten erfuhren in den Statuten vom 3. Juni 1817 ihre organisatorische Untersetzung.

Maria ging rigoros davon aus, dass „Jedes Zusammentreten mehrer Frauen in einer Stadt oder auf einem Dorfe zu einem und demselben wohltätigen Zweck" als „Frauen-Verein" betrachtet werde. Jeder Mensch, der durch Geld, andere Gaben oder durch Arbeitsleistungen für die wohltätige Sache wirkte, egal ob männlich oder weiblich, galt als Mitglied der Frauen-Vereine. Jeder Verein eines Dorfes oder einer kleineren Stadt musste sich dem Verein einer größeren Stadt anschließen. Sämtliche Vereine im Gebiet Weimar, mit Ausschluss des Neustädter Kreises und der Ämter Jena, Bürgel, Allstedt und Ilmenau, hatten sich dem Zentralverein in Weimar unterzuordnen. Weitere Zentralvereine gab es in Neustadt (für die Ämter Neustadt und Weyda), Jena (für die Ämter Jena und Bürgel), Allstedt, Ilmenau, Eisenach (für das Eisenacher Unterland) und Lengsfeld (für das Eisenacher Oberland jenseits der Werra). Alle zusammen bildeten das „Patriotische Frauen-Institut", über das die Erbgroßherzogin als Ober-Vorsteherin das „Central-Directorium" bildete, unter Zuziehung der Staatsministerin von Fritsch als Gehilfin und Stellvertreterin sowie des Herrn Anton von Ziegesar.

Eine Rechenschaftspflicht der Lokal-Vereine über die Ein- und Ausgaben sowie über die geleistete Arbeit bestand gegenüber den eigenen Mitgliedern nicht, sondern nur zu den übergeordneten Zentral-Vereinen und vor allem dem Zentral-Direktorium. Alle drei Monate musste mit einem persönlichen Anschreiben an deren Vorsteherinnen ein schriftlicher Bericht erstattet werden. In allen von dieser Norm abweichenden Anfragen, Hilfeersuchen oder außerordentlichen Maßnahmen war strikt der schriftliche „Dienstweg" einzuhalten. Lediglich in ganz extremen Ausnahmesituationen durfte sich ein einfaches Mitglied „durch ein besonderes Privatschreiben" direkt an eine Vorsteherin oder an Maria Pawlowna persönlich wenden. Eine „demokratische" Note erfuhr die ganze Ordnung lediglich dadurch, dass die Zentral-Vereine gehalten waren, ihre Einnahmen und Ausgaben wenigstens alle drei Monate öffentlich darzustellen. Das Zentral-Direktorium hatte dieser Pflicht einmal im Jahr zu genügen.

Das Statut regelte die Zusammenarbeit mit der staatlichen Sozialfürsorge: „Im Allgemeinen ist Wohltätigkeit durch gemeinsames Zusammenwirken der einzelnen Kräfte und Beförderung des Fleißes, der Hauptzweck eines jeden Vereins. Derselbe hat sich jedoch als einen außerordentlichen Hülfs-Fondes zu betrachten, dessen Wirksamkeit nur in soweit eintritt, als die vom Staate eingerichteten Armen- und Erziehungs-Anstalten nicht auslangend sind, daher denn auch die bey diesen

Anstalten bestehenden Vorschriften auf das strengste zu berücksichtigen sind, die Vorsteherinnen der Vereine mit den Armen-Commissionen oder Deputationen ihrer Orte stets Rücksprache zu nehmen haben, und alles sorgfältig vermieden werden muss, was bey öffentlichen Behörden zum Anstoß gereichen könnte."[17] Das Statut traf keine Aussage über die Zusammenarbeit mit bereits bestehenden unabhängigen Wohltätigkeitsvereinen. Der erste Satz des Statuts ließ allerdings die Möglichkeit zu, unabhängige Frauenvereine als Bestandteil des Patriotischen Instituts zu betrachten.

Die praktische Arbeit erstreckte sich auf fünf Kernbereiche: Die Unterstützung alter und zur Arbeit unfähiger, hilfloser Personen; die Pflege verlassener Kranker; die schnelle Hilfe in dringenden und unverschuldeten Notfällen u. a. nach Bränden oder Seuchen; die Beförderung der Arbeitswilligkeit und des „rechtmäßigen Verdienstes" arbeitsfähiger Menschen; die Erziehung und Unterrichtung verlassener weiblicher Kinder.

Die Vereine sollten nur Projekte in Angriff nehmen, die auch den jeweils realen ideellen und finanziellen Möglichkeiten wirklich entsprachen, sich nicht zersplittern, sondern auf wenige Aufgaben konzentrieren. Jeder Einzelfall sollte hinsichtlich seiner Dringlichkeit genau geprüft werden. Fortdauernde Unterstützung durfte nur bei den zur Arbeit unfähigen, hilflosen Personen gewährt werden. Im § 22 wurde das Ziel formuliert, mit Hilfe der Vereine so viele Menschen wie nur irgend möglich wieder in den „normalen" Arbeitsprozess einzugliedern.

Das Statut sah einen ganzen Katalog von Personen, Aktionen und Institutionen vor, aus denen die Geld- und Materialquellen sprudeln sollten. Im Grunde sollten jeder Untertan und jede Organisation zu Spenden aufgefordert werden. Die finanzielle Großzügigkeit Marias fand in den Bestimmungen über die Geld- und Materialbeschaffung keinen ausdrücklichen Niederschlag.

Sofort mit der Gründung des Instituts begann eine fieberhafte Tätigkeit. Noch im Jahre 1817 wurden 22 Frauenvereine gemeldet, davon allein 10 in Weimar. Die Vereine unterhielten 20 Industrie-Schulen, in denen 813 Schülerinnen ausgebildet wurden. Im Folgejahr stieg die Zahl der Vereine auf 30 mit 26 Industrie-Schulen und 855 Schülerinnen. Die Statistik wies für das Jahr 1842 schließlich 97 Vereine mit 108 Industrie-Schulen und 3809 Schülerinnen aus.[18]

Die materielle Lage des Patriotischen Instituts hat sich in den folgenden Jahren vorzüglich entwickelt. Es gehörte zur politischen Einflussnahme, dass der Kaiserhof in Petersburg das Patriotische Institut finanziell förderte. Die Gelder flossen kontinuierlich in Jahresraten, Geschenken und Sonderkonditionen von insgesamt mehreren 10 000 Rubeln jährlich in die Privatschatulle Maria Pawlownas. Aber allein aus den Zuwendungen vom russischen kaiserlichen Hof sollte das Institut nicht gespeist werden. Maria hatte das Prinzip der Hilfe zur Selbsthilfe auf ihre Fahnen geschrieben – für die Hilfsbedürftigen ebenso wie für die Helfenden! Schon bald nach der offiziellen Gründung des Patriotischen Instituts konnte sie es absehen – zum Schaden für die großherzogliche Familie würde sich die Neuschöpfung nicht entwickeln. Das Institut erfüllte von der Gründung an seinen sozialen, aber auch seinen politischen Zweck. Kritische Stimmen blieben Einzelerscheinungen. Großherzogin Louise äußerte sich zwar in Privatbriefen abfällig über die staatlich lizenzierte Schnorrerei des Instituts. Öffentlich aber war sie des Lobes voll.

Praktische Bemühungen um die Stabilisierung Weimars

In der politischen Praxis gelang es Metternich und dem russischen Kaiserhaus im Herbst 1818, die liberale Front gegen Kotzebue aufzuspalten. Russische Politiker verlangten ein Verbot der klassischen deutschen Universität und der akademischen Lehrfreiheit. Selbst Maria wurde angegriffen. In Jena rissen Studenten eine für sie errichtete Ehrenpforte ein. In Weimar tauchten Morddrohungen gegen Alexander I. auf. Die kaiserlichen Herrschaften boten bei ihrem Besuch im Herbst 1818 Paroli. Sie besuchten Einrichtungen des Patriotischen Instituts, freuten sich demonstrativ über die wohltätigen Leistungen Marias und wagten sich in die Höhle des Löwen: Sie besuchten die Universität Jena. Maria Fjodorowna erbat sich eine vollständige Liste aller Jenaer Professoren und deren Fachgebiete. Man wollte die Alma Mater auch weiterhin förderlich im Auge haben. Vielleicht ließ sich über zusätzliche Spenden bzw. ausbleibende Mittel, je nachdem, ein wenig zur Beruhigung der Lage im Sinne der „Heiligen Allianz" beitragen.

Dennoch brachten die Ereignisse der Jahre 1817/18 eine Wende zu größerer Sicherheit und Zielstrebigkeit beim persönlichen Einsatz für das Großherzogtum in Marias Leben. Dazu trug die Geburt eines Thronfolgers entscheidend bei. Maria Pawlowna wurde am 24. Juni 1818 von einem gesunden und kräftigen Jungen entbunden, der auf den Namen Carl Alexander August Johannes getauft wurde. Alle Hoffnungen ruhten darauf, dass dieser Knabe der künftige Großherzog würde. Maria wusste, dass sie den Jungen am besten auf seine künftigen Aufgaben vorbereitete, wenn sie ihn nicht nur vorbildlich ausbilden und erziehen ließ, sondern selbst die Grundlagen für dessen Herrschaft legte. Sie ging energisch daran, die Politik, das soziale Engagement, das Mäzenatentum für Kunst, Wissenschaft und Kultur in geordnete und langfristige Bahnen zu lenken – vorerst allerdings noch im Rahmen ihrer Möglichkeiten als Erbgroßherzogin.

Maria wusste, dass Goethe viele Probleme im Lande lösen konnte. Unbeschadet aller politischen Turbulenzen blieb ihr beiderseitiges Verhältnis unverändert herzlich. Am 12. Januar 1818 schrieb sie an Goethe, welche Sympathie sie für ihn empfand und dass sie stets Wert auf seine Meinung legte. Wenige Tage später schickte sie ihm ein Gedicht, das er mit höchstem Lob kommentierte. Maria konnte sicher sein, dass Goethe sich all ihren Unternehmungen gegenüber zustimmend verhalten würde. Seine Sicht auf die politischen Fragen entsprach ihrem Wunsch, die Eigenarten Weimars zu fördern und Konflikte ohne Aufregungen und Spannungen zu lösen. Aus dieser Sicht war Goethes Gedanke, dass Maria nur Gutes für das Land tat und dass sie eine der besten und bedeutendsten Frauen ihrer Zeit war, keineswegs allein eine höfliche Schmeichelei, sondern das aufrichtige Bekenntnis zu einem Menschen, der Probleme mit Weisheit und Augenmaß lösen wollte.

Nach der Geburt Carl Alexanders nahm Maria die unterbrochenen wissenschaftlichen, sprachlichen und künstlerischen Studien wieder auf. Sie legte ebenso großen Wert darauf, dass ihre beiden Töchter, inzwischen zehn bzw. acht Jahre alt, von Goethe unterwiesen wurden. Goethe und Meyer hatten schon 1816 mehrere Monate mit den Prinzessinnen in Jena verbracht. Meyer schrieb damals an Maria Pawlowna: „Prinzessin Maria zeichnet alle Tage ein wenig, wir verfertigen Jenaische Gartenhäuser im Gothischen Geschmack, wie auf dem Wege nach Zwätzen gebaut sind. Auch auf der Cunitzburg sind wir gewesen und haben in Cunitz selbst den Studenten das Lied ‚Ein freies Leben führen wir' abgelernt. Eines Abends empfahl sich Goethe dadurch, dass er allerlei Merkwürdiges aus dem Orient berichtete und der Prinzessin Chinesisch und Arabisch vorschrieb, ein andermal ich mit gar sinn- und geistreichen Bettlergeschichten. Nächstens werden Ceylanische Märchen von Schlangen unsre Unterhaltung seyn, worauf Goethe schon seit ein Paar Tagen studirt und die gehörigen Quartanten nachgeschlagen hat. Prinzessin Auguste ist wie immer recht lieb und wohnt hier neben mir im Schloss."[19] Goethe erwarb sich auch große Verdienste beim Ankauf des Prinzessinnen-Schlösschens im Jenaer Griesbach-Garten durch den Weimarer Hof. Die Kinder Marias konnten dort über Jahre hinweg in den Sommermonaten unter Goethes sachkundiger Führung leben, spielen und lernen.

Goethe wusste bei den Wünschen Marias immer Rat. Als die russische kaiserliche Familie im Spätherbst 1818 Weimar überflutete, bat Maria ihren Goethe, für die Mutter einen Maskenzug zu organisieren und dafür zu sorgen, „dass dabei einheimische Erzeugnisse der Einbildungskraft und des Nachdenkens vorgeführt und auf die vieljährig und mannichfaltig gelungenen Arbeiten des Weimarischen Dichterkreises beispielsweise hingedeutet werden möge."[20] Goethe nahm die Vorbereitungen in seine Hände. Der Maskenzug vereinte die klassischen Dichter und gelehrten Köpfe und ließ sie in den Worten ihrer Werke auferstehen. Nicht die rebellischen Studenten oder die außer Rand und Band geratene politische Presse bestimmten den Nimbus Weimars, sondern der Geist dieser Stadt wuchs aus seinen großen Dichtern und Denkern.

Maria Fjodorowna konnte stolz auf ihre Tochter sein und die Tochter war in jener Minute glücklich, ihrer Mutter zeigen zu können, in welcher Achtung gebietenden Welt sie lebte. Aber der Schein trog. Das Großherzogliche Haus kam im Sog der Karlsbader Beschlüsse von 1819 nicht umhin, Universität und Burschenschaften zu reglementieren. Dennoch stellten weder der Weimarer Hof noch Maria die materiellen und geistigen Hilfestellungen für die Universität ein. Carl August gewährte jene geistige Freiheit, die ihm im engen Rahmen der Gesetze möglich war. Aber alle Bemühungen konnten nicht darüber hinwegtäuschen, dass mit dem Gesichtsverlust der Jenaer Universität ein ansehnliches Stück vom Ruf des aufgeklärten und klassischen Weimars verloren ging.

Maria war ohne Zweifel in die Arbeit der Regierungsbehörden involviert, wusste über alle wichtigen Vorgänge Bescheid und wurde um Rat gefragt. Sie regierte jedoch nicht. Sie konzentrierte sich auf ihre Verantwortung für soziale, künstlerische und geistige Probleme und deren materielle Förderung. Als 1817 der Hofkapellmeister August Eberhard Müller starb, bot sich eine Chance, das wenig würdige Weimarer Musikleben durch die Berufung eines qualitätvollen Hofkapellmeisters dem literarischen Ruf der Stadt näher zu bringen. Carl Maria von Weber stand in der engeren Auswahl und auch Peter von Lindpaintner. Letztlich erhielt Johann Nepomuk Hummel den Zuschlag. Er galt als einer der bedeutendsten Pianisten seiner Zeit. Im Februar 1819 trat er das schwere Amt an. Nicht nur die finanzielle Kargheit bereitete ihm Sorge, sondern auch eine gewisse Borniertheit des Hofs. In Maria fand Hummel eine zuverlässige Stütze: Sie zahlte sein Gehalt von 1800 Talern im Jahr aus ihrer Privatschatulle. Das sicherte dem Künstler Freiräume, die er ausgiebig nutzte. Bis 1828 schuf er so bedeutende Kompositionen wie die fis-Moll-Klaviersonate. Er begründete 1821 mit der Aufführung der „Iphigenie in Aulis" die Weimarer Rezeption der Werke Christoph Willibald Glucks. Dank der Verbindungen Goethes besuchte auch Felix Mendelssohn Bartholdy die Stadt und 1822 erfolgte hier die Erstaufführung der Oper „Der Freischütz" von Carl Maria von Weber.

Mit zunehmendem Alter stieg Marias Verantwortungsbewusstsein für alle Aufgaben ihrer künftigen Herrschaft. Goethe wurde ihr wichtigster Ratgeber. Zahlreiche Briefe, Notizen und Berichte bestätigen ihre Zusammenarbeit in künstlerischen, wissenschaftlichen und auch administrativ-materiellen Fragen. Immer wieder bat Goethe Maria um Gesprächstermine, war er traurig, wenn ihn die Gesundheit an einer Begegnung hinderte und drängte er auf ihre Donnerstags-Treffen. Maria dankte ihm die Anhänglichkeit durch besondere Aufmerksamkeiten. Es war kein Ausdruck für übersteigerte Liebedienerei, wenn Goethe am 22. Januar 1821 in einem Billet an Maria schrieb: „Das theure fürstliche Paar heute bey mir zu verehren macht mich sehr glücklich; einen längst gehegten Wunsch sehe ich dadurch erfüllt. Den erfreulichen Augenblick erwartend unterthänigst J. W. v. Goethe."[21]

Maria verwirklichte in diesen Jahren den Gedanken, Goethe zu seinen Lebzeiten ein Denkmal zu errichten. Sie betraute Heinrich Meyer mit der Ausführung, und das Monument wurde im Jenaer Griesbach-Garten aufgestellt. Gerade an diesem Ort darf es als Beweis für die Dankbarkeit Marias gegenüber dem warmherzigen Menschen gelten, der sich um die Bildung und Erziehung ihrer Kinder verdient gemacht hatte. Goethe gab sich am 9. Oktober 1821 freudig überrascht und nicht ohne Augenzwinkern ein wenig verlegen-ironisch: „Ich dachte das projektirte Monument sey noch nicht aufgestellt und der Ort wo es hinkommen sollte problematisch. In der schönsten Mittagsstunde komme ich in den Prinzessinnen Garten, erfreue mich der herrlichen Aussicht, des reinlichen ruhigen Zustands, wie man ihn selten findet, und sehe dann das Bild und die Unterschriften. Mögen Sie wohl auf die geziemendste Weise meinen gefühltesten Dank aussprechen."[22] Maria schmeichelte der Eitelkeit des Dichters.

Die Erbgroßherzogin erkannte jedoch in den zwanziger Jahren, dass die Liebe zur Musik und Literatur allein nicht ausreichte, Weimars Zukunft in einem nach wirtschaftlicher und industrieller Vereinheitlichung strebenden Deutschen Bund zu sichern. Sie ließ daher in ihren sozialen Anstrengungen nicht nach. Das Patriotische Institut stand unverändert im Zentrum ihrer Aufmerksamkeit. 1820 öffnete in Weimar die erste Arbeitsanstalt für Erwachsene. Es konnte als Erfolg gewertet werden, dass das Institut in der Lage war, seit dem Jahre 1821 Prämien und Auszeichnungen für Absolventen der Industrieschulen zu vergeben, die sich bei der Berufsausübung bewährt hatten. Der finanzpolitische und wirtschaftliche Erfolg kam ferner in der Einrichtung von Sparkassen zum Ausdruck. Seit 1820 drängte Maria darauf, auch in Weimar eine Sparkasse zu gründen. Gemeinsam mit Persönlichkeiten des öffentlichen Lebens entwarf und verabschiedete sie die Statuten. Zu ihrem Geburtstag eröffnete dann am 16. Februar 1821 in Weimar die erste Sparkasse. Das Gründungsdokument betonte: „Die offenkundigen Erfahrungen hierüber (über den guten Erfolg, den solche Anstalten in andern Teilen von Deutschland gefunden hatten und über die Richtigkeit der bei ihrer Begründung befolgten Grundsätze) sowie der immer rege Sinn für Menschenwohl und die milde Fürsorge für die Armen bewogen unsre hochverehrte Frau Erbgroßherzogin Kais. H. die Unterzeichneten zu einer Vereinigung zu solchem Zweck unter Höchstihrer besondern Aufsicht, Leitung und Beschützung zu veranlassen und aufzufordern."[23]

Maria zeichnete 300 Taler als Grundstock für die Kasse. Sie schenkte Geldbeträge und schrieb ihre Dienerschaft in die Sparkasse ein. Von Weimar aus breiteten sich die Sparkassen über das ganze Großherzogtum aus. Zunächst entstanden sie als Filialen des Weimarer Mutterhauses, später wurden sie kommunale Einrichtungen, gleich ob in Eisenach, in Neustadt a. O. oder in anderen Städten. Stets erfreuten sich die Sparkassen der Hilfe und Unterstützung durch Maria. Das galt auch für die später gegründeten Sparkassenvereine. Bewegten sich Institut und Kassen auch außerhalb des staatlichen Budgets, so wurden sie doch Investitionsquellen für die Gesamtwirtschaft des Landes. Ihre Aktivitäten und Kapitalquellen passten sich in die vom Großherzogtum während der zwanziger Jahre vorrangig betriebene Zoll- und Handelspolitik ein.

Über das Institut erschloss Maria einen weiteren Tätigkeitsbereich – die Landeskultur. Sie nutzte Weimarer Traditionen. Bertuch hatte 1815 die Einrichtung einer „Cantral-Baumschule" in Weimar initiiert. Sie lag zuerst dort, wo sich heute der Historische Friedhof mit Fürstengruft und griechisch-orthodoxer Grabkapelle befindet. 1825/26 verlegte man die Baumschule auf die Marienhöhe und nannte sie ab 1834 als Werk Marias „Großherzogliche Landesbaumschule". Hof und initiativreiche Bürger verfolgte in ihrem sozialen Engagement auch bei der Landschaftspflege gleiche Ziele: Arme oder verwaiste Kinder bekamen eine fachliche Ausbildung. Sozial unterprivilegierte Menschen erhielten Anreize zur Leistungsmotivation. Die Baumschulen dienten nicht nur dem Obstanbau, sie leisteten darüber hinaus einen nicht zu unterschätzenden Beitrag für die Anpflanzung von Laub- und Nadelwäldern und für ausgedehnte, parkartige Landschaftsgestaltungen. Maria sorgte sich um diesen Bereich besonders intensiv. Weimar legte unter ihrem Einfluss neue Parks, Baumgruppen, Straßenbepflanzungen, Brunnen und schattige Inseln an.

Aber nicht nur Weimar verdankte seine grüne Lunge der russischen Großfürstin. Sie kümmerte sich um Wald- und Parkanlagen bei Eisenach, in Wilhelmsthal und Ilmenau. Der Park von Belvedere bestand schon, als die Großfürstin in ihre neue Heimat kam, doch seine Weite und vielfältige Schönheit wären ohne das Wirken Marias nicht denkbar.

Bei ihren Reisen durch das Land waren ihr die baumlosen Straßen und kahlen Dörfer aufgefallen. Namentlich in den 20er-Jahren kaufte und verteilte sie eine schier unzählbare Menge von Stecklingen und jungen Bäumen. In einem einzigen Jahr wurden allein im Weimarischen und im Neustädter Kreis 78 000 Obstbäume gepflanzt. 1822 entstanden in Creuzburg, Gerstungen, Berka, an der Werra und in Eisenach Baumschulen mit Einrichtungen für die Ausbildung von Fachleuten in der Gartenpflege. Man schreckte nicht vor Experimenten zurück, indem z. B. russische Obst- und Gemüsesorten eingeführt und Weimarer veredelte Pflanzen nach Russland geschickt wurden. Der Versuch, mit dem Gemüseanbau in eine ernsthafte Konkurrenz zur Erfurter Gemüsekultur treten zu können, scheiterte.

Wenn Goethe seine Erfahrungen mit Maria 1830 in dem Schema zusammenfasste: „Von höchster Geburt/Reich von Hause/Eigene Tätigkeit nach aussen/Bereite Mittel/Vereine/Technik gefördert/Pädagogischer Einfluß bis in die untersten Klassen"[24], dann fußte diese Synthese namentlich auf den oben beschriebenen Leistungen der 20er-Jahre. Goethe beobachtete Maria, er brauchte sie, litt unter ihrer oftmaligen Abwesenheit. Am 1. Januar 1824 sprach er seine Wünsche und Beschwernisse offen aus: „Wenn auch die körperlichen Leiden, die mich länger als billig in diesen letzten Wochen gefangen hielten allenfalls durch standhafte Geduld zu übertragen waren, so mußten doch die geistig-gemüthlichen Entbehrungen welche meine schönsten Aussichten auf das vergangene Vierteljahr verdüsterten unerträglich zu nennen seyn: denn wenn ich die aus der Ferne herangekommenen Freunde nur durch den trüben Schleyer einer verdüsterten Gegenwart begrüßen konnte, so fehlte mir dagegen ganz und gar die erquickliche Nähe meiner jungen gnädigsten Herrschaften, an deren gesundem Lebensmuth, geregelter Thätigkeit und unschätzbarem Wohlwollen ich mich von Zeit zu Zeit aufzuerbauen das Glück hatte."[25] Er musste sich in Geduld üben. Maria reiste im Herbst 1824 mit der ganzen Familie für nahezu ein Jahr nach Petersburg.

Der russische Familienrat stellte Überlegungen für die Zeit nach Alexander I. an. Marias Töchter kamen in ein heiratsfähiges Alter und hatten sich am Petersburger Hof zu präsentieren. Vielleicht gab es dort bereits Optionen, denn der Thronfolger Nikolaus war mit der preußischen Prinzessin Charlotte verheiratet. Außerdem konnten sich die Weimarer

Prinzessinnen an Ort und Stelle überzeugen, dass ihnen der kaiserliche Hof bereits einen hübschen Spargroschen gutgeschrieben hatte.[26] Die Kaiserinmutter unterzog die Prinzessinnen Maria und Auguste einer detaillierten Inspektion und besuchte sogar, wie der mitgereiste Lehrer Professor Ferdinand Hand berichtete, deren Unterricht.

Die innerfamiliäre Diskussion kann nicht besonders ergebnisorientiert gewesen sein. Als Russlands Kaiser Alexander I. im November 1825 überraschend in Taganrog starb, herrschte zunächst Ratlosigkeit über die Thronfolge. Maria, inzwischen in Weimar zurück, erlitt einen Zusammenbruch: „Ihre Ohnmachten waren so furchtbar, dass man erwartete, der Schlag werde sie rühren. Das Gesicht glühend rot, Hände und Füße in Todeskälte erstarrt erwachte sie aus dieser stundenlang dauernden Bewußtlosigkeit zu den heftigsten Brustkrämpfen, bis ihr Gott endlich den lindernden Trost der Tränen gewährte."[27]

Für den Weimarer Hof wurde eine einjährige Trauer angeordnet. Der Retter Europas, der geistige Vater der „Heiligen Allianz" lebte nicht mehr. So schwer der Verlust für Maria persönlich war – für sie ging eine Ära dem Ende entgegen, das Leben ging weiter, aber sie musste der Tatsache Rechnung tragen, dass der triumphale Siegeszug Russlands der Vergangenheit angehörte. Ihre Heimat spielte damals im Kalkül der Politiker Europas nur noch eine repräsentative, aber keine entscheidende Machtrolle mehr. Umso wichtiger wurde Marias umfassendes Engagement in Mitteldeutschland.

Die innerdeutschen Debatten um ein einheitliches Zoll- und Wirtschaftsgebiet sowie um eine nationalstaatliche Bürgergesellschaft hielten an und verschärften sich. Für Carl August, Louise und Maria erwuchsen neue Möglichkeiten, aktiv im Spiel um die deutsche Einheit mitzuwirken. Preußens König Friedrich Wilhelm III. bat 1824 für seinen Sohn Karl um die Hand Maries, der Tochter Maria Pawlownas. Im November 1826 kamen die beiden preußischen Prinzen Karl und Wilhelm nach Weimar. Am ersten Weihnachtsfeiertag fand die Verlobung Maries mit Karl statt. Wilhelm von Humboldt hielt sich damals gerade in Weimar auf und berichtete als Gast der Verlobungsfeierlichkeiten über seine Eindrücke in einem Brief an den Freiherrn vom Stein: „Auch Sie, theuerste Excellenz, wird gewiß diese Verbindung sehr gefreut haben. Alle Umstände vereinigen sich, ihr Segen und Gedeihen zu versprechen. Die Prinzessin ist nicht nur von sehr schönem Wuchs und sehr einnehmender Gesichtsbildung, sondern auch von dem sanftesten, besten Character, und besitzt außer den Kenntnissen und der äußern Bildung, die man in ihrem Stande voraussetzen kann, auch die innere deutsche, die sie gerade in Weimar vorzüglich gut erhalten konnte. Sie und der Prinz lieben sich wirklich und der erste Anlaß zur Verbindung war die eigene freie Wahl." Dieser Satz entsprach nicht der ganzen Wahrheit, sondern der Höflichkeit. Der folgende Satz ließ aufhorchen: „Die Schwester, die Prinzessin Auguste, soll schon in dieser frühen, kaum der Kindheit entgangenen Jugend noch einen festeren und selbständigeren Character haben. Ihr lebendiger und durchdringender Geist sprüht aus ihrem Blick, ihre Züge sind im höchsten Grade bedeutungsvoll und ihre Gestalt wird sich in einigen Jahren gewiß noch schöner als sie jetzt schon erscheint entwickeln."[28] Wilhelm von Humboldt empfahl Augusta für Karls Bruder Wilhelm, der nicht von ungefähr mit nach Weimar gekommen war. Der Freiherr vom Stein und Carl August wechselten im Januar 1827 Briefe, in denen sie das Glück der Verbindung zwischen Weimar und Berlin betonten, die Weimars Minister von Gersdorf seit dem Wiener Kongress verfolgte: Die künftige deutsche Einheit unter preußischer Führung, bei der Sachsen-Weimar-Eisenach eine bevorzugte Rolle spielen konnte. Marie und Karl heirateten tatsächlich im Mai 1827. Augustas Eheschließung folgte erst später.

Die Verheiratung der Tochter brachte für Maria viel Aufregung mit sich, zumal sie selbstbewusst und energisch mit den Prinzen von Preußen umging und nicht gewillt war, alle Wünsche aus Berlin widerspruchslos hinzunehmen. Das war jedoch kein Hindernis, die Anstrengungen um die Weiterentwicklung Weimars fortzusetzen. Maria benötigte leistungsstarke und flexible Verbündete für ihre Pläne zum Ausbau der Residenz und des Landes. Sie suchte solche Verbündete u. a. in dem Baumeister Ludwig Schorn, der Weimar im September 1826 besuchte, oder in Ludwig Friedrich Froriep. Dieser Arzt und Verleger war für Maria ein besonders interessanter Mensch. Er hatte Württembergs König Friedrich I. medizinisch betreut und kannte Marias Schwester Katharina, die 1819 als junge Königin von Württemberg gestorben war. Froriep kam nach Weimar zurück und übernahm die Leitung des von Bertuch gegründeten Landesindustriekontors. Maria, die künftige Landesherrin, und Froriep, der bürgerliche Unternehmer, konnten sich in der Sozialpolitik gut ergänzen und helfen. Gute persönliche Beziehungen zu Menschen wie Schorn oder Froriep konnten sinnvolle Investitionen in die Zukunft sein.

Unablässig schritt die Zeit voran und rückte der Augenblick näher, an dem Carl Friedrich und Maria direkte Verantwortung für das Großherzogtum übernehmen mussten. Im April 1828 fuhren beide nach Petersburg. Mitten in den Aufenthalt an der Newa platzte die Nachricht, dass Großherzog Carl August am 14. Juni 1828 auf Schloss Graditz bei Torgau überraschend gestorben war. Er hatte sich auf der Rückreise von Berlin befunden, wo er an den Feierlichkeiten anlässlich der Geburt seines Urenkels Prinz Friedrich Karl von Preußen teilgenommen hatte.

Die Großherzogin wagt einen Neubeginn Weimars

Carl Friedrich und Maria eilten auf schnellstem Wege nach Hause, kamen aber zu spät zur Beerdigung. Carl August war am 9. Juli 1828 feierlich beigesetzt worden. Am 12. August 1828 huldigten die Landstände dem neuen Großherzog Carl Friedrich. Damit avancierte Maria Pawlowna zur Großherzogin. Die Erhebung veränderte ihr Leben, obwohl Carl Friedrich versprach, im Sinne Carl Augusts weiter regieren zu wollen. Maria erfüllte zum ersten Mal neben ihrem Gemahl Regentenaufgaben. Sie trat die Herrschaft in einem Moment an, da der Deutsche Bund vor einschneidenden Strukturveränderungen stand.

Die Großherzogin „... fühlte sich in ihrer neuen Stellung hoch erhaben und nur Gott gegenüber verantwortlich." Das autokratische Erbe wirkte nach, denn sie „... übte die größte Strenge gegen sich; jede Stunde ihres bis zur Ermüdung ausgefüllten Tages hatte eine Wohltat oder eine Pflicht zum Ziel."[29] Maria legte die aristokratische Distanz nie ab. Die Untertanen formten sich darüber ihr eigenes Bild und respektierten, dass Maria in dankbarer Erinnerung an ihre Mutter Maria Fjodorowna, die am 4. Oktober des gleichen Jahres starb, ihre vornehme Zurückhaltung besonders betonte. Maria verfiel in tiefe Trauer, und auch das aus dem mütterlichen Erbe erwachsene Legat von 200 000 Rubeln half darüber nur schwer hinweg.[30]

Maria und Carl Friedrich traten kein leichtes Erbe an. Während der Großherzog und die Regierung die schwierigen Verhandlungen um die wirtschaftliche Einheit Thüringens und Deutschlands führten, kümmerte sich Maria um das Patriotische Institut und löste diverse Einzelprobleme. Am 16. Februar 1829 sicherte sie dem Weimarer „Verein zur Beaufsichtigung und Besserung entlassener Sträflinge" ihrer Unterstützung zu. Ab März 1829 beteiligte sie sich an der Vorbereitung der Großherzoglichen freien Gewerkschule, die am Geburtstag Carl Alexanders eröffnet wurde. Maria stellte Geld für Unterrichtsmittel zur Verfügung. 1828 hatten in Weimar die Arbeiten zur Errichtung des Gesamthospitals und städtischen Krankenhauses (Louisenstift) begonnen. 1834 konnte das Krankenhaus dank der Zuwendungen Marias eröffnet werden.

Die Pflicht, seit Jahren geübt, wandelte sich mit der Thronbesteigung zur Selbstverständlichkeit. Carl Friedrich musste sich mit entscheidendem Wort in die zoll- und handelspolitischen Querelen mischen. Mit der

Übernahme der Würden einer Großherzogin konnte Maria den bisherigen Kurs in der persönlichen Sozialfürsorge sowie bei der Pflege von Kunst, Wissenschaft, Bildung und Kultur nicht einfach fortsetzen. Ihr Wirken wurde Bestandteil der offiziellen Staatspolitik.

Selbstverständlich förderte Maria weiterhin die von Goethe und Meyer geleiteten wissenschaftlichen und künstlerischen Sammlungen in Jena und Weimar. Am 16. Februar 1829 schrieb Goethe ihr einen herzlichen Geburtstagsglückwunsch, der die ganze Dankbarkeit des „nachdenklich" gewordenen Dichters zum Ausdruck brachte: „... Welchen lebhaften Danck habe ich daher Ew. Kaiserlichen Hoheit abzustatten, dass Höchstdieselben das Wenige, was ich allenfalls noch zu leisten vermag nicht zu verschmähen: sondern mir sowohl meine Kräfte zu erproben, als einen rein gewiedmeten Willen darzuthun, gnädigste Veranlassung zu geben geruhen ..."[31] Wie zur Bestätigung legte Goethe am 7. Mai einen Antrag vor, in dem er um die Bewilligung von 177 Talern bat, damit er Aktien für eine Expedition von Karlsruhe nach Brasilien erwerben konnte. Mit den Aktien konnte man später an den Ergebnissen der Expedition beteiligt werden und Naturalien für die Jenaer Museen erwerben. Am 8. November 1829 bedankte sich Goethe, dass Maria seine umfangreiche Arbeit für den Staat mit bleibender Aufmerksamkeit zur Kenntnis nahm. Drei Tage zuvor hatte er ihr eine Liste mit den in den letzten Monaten erworbenen Kupferstichen, Büchern und Journalen zugesandt, wohl wissend, dass sie sich an der Finanzierung der Großherzoglichen Bibliothek beteiligte. Goethe nutzte jede Gelegenheit, die junge Großherzogin zu weiteren Leistungen anzuspornen. Zum Geburtstag Marias schrieb er am 16. Februar 1830 dankbar: „Die Fortsetzung der bedeutenden Beyhülfe, welche Höchstdieselben den mir untergebenen Anstalten zu widmen geruht, gereicht zu meiner größten Beruhigung. Denn wie Vieles müßte zurückbleiben, wie Vieles dürfte gar nicht unternommen werden, wenn ich ohne solche Theilnahme, jene, seit einigen Jahren mir zugewachsenen Anforderungen befriedigen sollte ..."[32]

Der Dank schloss die Sorge für die Kunstsammlungen, die Zeichenschule, die Gewerkeschule, Bibliothek, Universität und wissenschaftliche Sammlungen ein. Im August 1830 fügte Goethe hinzu: „Ueber 50 Jahr bin ich dem Fürsten, dem hohen Hause, dem Lande angehörig und habe so manches Gelingen und Mißlingen gesehen durch Verdienst und Schuld der Personen, wie auch durch Einwirkung höherer Gewalten; dabei hat es mir an treuem Einwirken und an ernsten Wünschen nie gefehlt, deren Erfüllung ich nun mit inniger Freude vor mir sehe. Einsicht und Uebersicht, thätige Besonnenheit, reine Beharrlichkeit und wie viel andre treffliche Eigenschaften sehe ich nicht wirksam zu klarsten, edelsten Zwecken und genieße auch auf solche Weise eines Glückes, welches wohl selten einem Menschen zu Theil wird."[33]

Anlässlich des 45. Geburtstages Marias dankte Goethe ihr am 16. Februar 1831 für die regelmäßigen Zusammenkünfte und für die Unterstützung – dieses Mal bei der Vorbereitung und Finanzierung des Lesemuseums. Am 25. April 1831 fand das Stiftungsfest zur Gründung des Lesemuseums in Weimar statt Die Initiative war von dem Oberkonsitorialdirektor Peucer ausgegangen und Heinrich Meyer hatte die Statuten entworfen. Das Lesemuseum erhielt seine Räume im Fürstenhaus, gut eine Woche später fand die Einweihungsfeier statt. Kanzler Müller hielt die Festrede und betonte, dass das Museum ohne die Unterstützung durch das großherzogliche Paar nicht entstanden wäre. So reihte sich eine kulturelle Einrichtung an die andere und jeder Beteiligte zeigte sich über die Hilfsbereitschaft Marias dankbar.

Positive Ansätze zeitigte auch das Musikleben unter dem Hofkapellmeister Hummel. Im Jahre 1829 gastierte der berühmte Geigenvirtuose Nicolo Paganini am Hoftheater. Im gleichen Jahr führte man Aubers Oper „Die Stumme von Portici" auf. Mit Zustimmung Marias beschloss die Hofkapelle, einen Fonds für die Witwen und Waisen verstorbener Kapellmitglieder einzurichten. Maria subventionierte den Fonds jährlich mit 100 Talern. Die finanzielle Hilfe allein löste jedoch nicht alle Probleme. Hummel verlangte volle Handlungsfreiheit in der Musik, die ihm Carl Friedrich verweigerte Am 7. November 1828 erließ er eine Instruktion, die Hummel in der künstlerischen Freiheit eher einschränkte als stimulierte. Franz Liszt sprach später davon, dass die Instruktion Hummel „moralisch entmannt" hätte. Hummel demonstrierte öffentlich Verärgerung und sein Interesse am Weimarer Musikleben ließ spürbar nach.

Dennoch: Ab 1831 unterstützte Marias Schatulle die Hofkapelle mit einem jährlichen Zuschuss von 700 Talern. Damit konnten nur die dringendsten Besetzungsprobleme gelöst werden. Hummel führte einen ständigen Kampf um die Besoldung der Musiker. Er bemühte sich, die Forderungen des Hofes nach neuen und interessanten Musikwerken zu erfüllen und verband diese Anstrengungen mit der Sorge um die Existenz der Kapelle – trotz seiner persönlichen Frustration. Clara Wiek kam zu Konzerten, Glucks Opern „Armide" und „Alceste" wurden aufgeführt und im Jahre 1838 leistete man sich sogar den fragwürdigen Spaß, die Handlung der Oper „Maskenball" von Auber/Scribe zu Ehren des Weimar besuchenden russischen Kaisers aus dem Schweden des 18. Jahrhunderts in eine mythische Sagenwelt zu verlegen, weil man Nikolaus I. keine künstlerische Darstellung der Ermordung König Gustavs III. zumuten wollte. Russlands Kaiser war von der Aufführung begeistert und nahm das Stück mit nach Petersburg.

Die Musik, die Sozialfürsorge und die Künste – das alles war für Maria Bestandteil ihres täglichen Lebens und Wirkens. Sie half und förderte, hielt sich selbst jedoch stets freundlich und diskret zurück. Schwerwiegende Probleme wirkten von außen: 1830 tobte in Frankreich die Revolution. Der polnische Aufstand schloss sich an. Die Ausläufer der Rebellionen erreichten auch Sachsen-Weimar und verbanden sich mit den demokratischen Bestrebungen für eine deutsche Einheit und den Verhandlungen über eine Deutsche Zollunion. Mitten in die turbulenten Monate platzte die erschütternde Nachricht: Am 22. März 1832 war Johann Wolfgang von Goethe gestorben.

Zu Marias Geburtstag am 16. Februar hatte er wie üblich für die enge Gemeinsamkeit und für die großzügige Unterstützung seiner Staatsdienste gedankt. Es waren die letzten Zeilen, die Goethe an Maria richtete. Am 3. März sahen und sprachen sie einander noch einmal. Es war der letzte Tag, den Goethe gesund erlebt hat. Mitte April beschrieb Maria in einem Brief an die Gräfin Caroline von Egloffstein ihre ganze Trauer über den Tod Goethes. Ihr war bewusst geworden, dass sie in all den vergangenen Jahren keine einzige sachliche Entscheidung ohne seinen Rat getroffen hatte. Bei allem schuldigen Respekt vor den großen geistigen Köpfen Weimars – mit Johann Wolfgang von Goethe war die Zeit des klassischen Weimar endgültig vorbei. Maria weinte um den Freund, den Ratgeber, um jenen Menschen, der ihr mehr als alle anderen den Geist und Charakter Weimars erschlossen hatte. Mit nüchternem Verstand begriff sie, Weimar benötigte im Interesse des klassischen Erbes neue Impulse, neue Inhalte und Ausdrucksformen, um sich auch in Zukunft das Recht zu bewahren, im Konzert der geistigen Kultur Deutschlands und Europas ein gewichtiges Wort mitzusprechen.

Maria erschien es nicht sinnvoll, den Vorschlag Varnhagen von Enses aus dem Jahre 1834 aufzugreifen und eine für ganz Deutschland wirkende Goethestiftung, eine Akademie zur Förderung literarischer Talente, in Weimar ins Leben zu rufen. Goethe-Ehrung, das war für sie keine Angelegenheit, in der Metternich und der Wiener Hof oder gar die Presse des „Jungen Deutschland" in ihrem Spott über Goethe mitreden sollten. Weimar musste sich selbst ein neues geistig-künstlerisches Profil geben. Damit verharrte Maria in den Grenzen des kleinen Staates, aber dem verlieh sie eine eigene Perspektive.

Tatsächlich ging das künstlerisch-literarische Leben auch nach Goethe weiter. Noch lebte Johann Heinrich Meyer – Goethefreund, Vertrauter Marias und origineller Leiter der nun schon renommierten Zeichenschule. Meyers Verdienste um die bildende Kunst waren für Weimar ebenso unverzichtbar wie das Werk der großen Dichter. Für Maria besaß Meyer noch eine andere Bedeutung. Menschlich stand er ihr auf eine ganz andere Art näher als Goethe. In den letzten Lebensjahren war Meyer nahezu täglicher Gast in ihrem Hause – wenn er nicht ganz und gar bei ihr wohnte. Bisweilen entsteht sogar der Eindruck, Goethe und Meyer hätten um die Gunst der Großfürstin gewetteifert.

Aber auch Meyers Lebensuhr lief ab: Am 11. Oktober 1832 folgte er Goethe ins Grab. Meyer hatte seine Bücher und Kunstgegenstände den öffentlichen Sammlungen Weimars vererbt. Mit einem Teil seines Geldes wurde die „Meyer-Amalien-Stiftung" gegründet, die seinem Andenken und dem seiner Frau gewidmet war. Heinrich Meyer hatte Maria Pawlowna zur Herrin und Beschützerin über die Stiftung bestimmt, die ihre Mittel vorrangig für die Kranken- und Altenpflege verwenden sollte und auf diese Weise eng mit dem Patriotischen Institut und mit dem Sophienstift kooperieren konnte. Das Geld der „Meyer-Amalien-Stiftung" gelangte auf diese Weise in Marias Hände. Im September 1832 erschien das letzte der von den Weimarer Kunstfreunden aus Goethes Nachlass herausgegebenen Hefte der Zeitschrift „Über Kunst und Alterthum". Die Ausgabe wurde Maria gewidmet, weil alle Hefte nur dank der Hilfe des großherzoglichen Paares möglich gewesen waren. Ganz in diesem Sinne hatte Meyer seine „Geschichte der bildenden Künste bei den Griechen" Maria zugeeignet und ihren Anteil an der Entstehung des Werkes gewürdigt.

Zwangsläufig ließ man sich nach Goethes und Meyers Tod in Weimar von der Pflicht leiten, neue schöpferische Menschen für die Stadt zu werben. So mancher Kandidat wurde für eine Berufung in die Musenstadt geprüft und zur Begutachtung eingeladen. Einer der Prätendenten für die verwaiste Leitung der Kunstsammlungen und der Zeichenschule war Ludwig Schorn. Er kam im Sommer 1832 zum zweiten Mal nach Weimar. Schorn schrieb einen ausführlichen Bericht an den Kölner Freund Sulpiz Boisserée: „Alles was Kunstpflege betrifft, ist trotz Goethe und Meyer hier in eine Art Verkommniß geraten." Er klagte, dass Meyer die Zeichenschule regelrecht verschlammt habe. „Im übrigen werde ich wohl mit einiger Philisterey und Beschränktheit zu kämpfen haben." Nur eine Person konnte nach seiner Erkenntnis wirklich helfen: „… das meiste wird wohl auf die Großfürstin zukommen, von der man mir alles Gute prophezeit." In einer anderen Briefstelle: „Auch scheint die Großherzogin mancherley im Sinne zu haben. Als ich mich in Wilhelmsthal bei ihr beurlaubte, sagte sie: ‚Es wird Ihnen schwer werden, aus dem großen Kreis, den Sie verlassen haben, in unserm kleinen Cirkel einzugewöhnen, aber ich hoffe, es wird sich auch da manches gestalten lassen, was Ihnen Freude macht. Wir müssen die großen Verluste, die wir erlitten, auf andere Weise zu vergüten suchen, und dazu sollen Sie uns nun helfen!' Sie hat auch die Mittel dazu; das Land ist verschuldet und daher von den öffentlichen Kassen nichts zu hoffen."[34] Ludwig Schorn wurde noch im selben Jahr zum Direktor der Kunstsammlungen und der Zeichenschule bestellt. Gemeinsam mit dem Stadtbaudirektor Coudray ging er an den Ausbau und an die Ausgestaltung des Stadtschlosses in Weimar.

Schorn und Coudray entsprachen dem Wunsch der großherzoglichen Familie, Weimars Glanz im deutschen kulturellen Leben nicht verblassen zu lassen. Sie bewiesen sich als Vertreter einer neuen Generation des Weimarer Mythos, als loyale, respektable und durchsetzungsfähige Männer, geeignet, den neuen Bedingungen Sachsen-Weimar-Eisenachs Rechnung zu tragen, die aus dem Beitritt der thüringischen Staaten zum Deutschen Zollverein im Mai 1833 und dem Ende der klassischen Zeit resultierten.

Carl Friedrich und Maria setzten auf die Politik einer behutsamen Erneuerung des kulturellen und geistigen Lebens. Der Jenaer Theologe Karl von Hase lehnte 1834 ein Landtagsmandat mit der Begründung ab: „Ich habe das abgelehnt wegen Kleinheit der Verhältnisse, zumal nach den Bundestags-Ordonnanzen von 1832 in unserm kleinen Lande unter dem redlichen Fürsten der Landtag nur eine stille Rechnungskammer sein konnte."[35] Auch Weimar lebte von Widersprüchen! Die redlichen Fürsten erweiterten ihre eigene Bildung, lebten nach ihrem Verständnis von Kunst und Literatur und förderten sie, wohl wissend, dass Tradition, persönliche Wünsche und eigenes Ansehen sie dazu verpflichteten. Maria kaufte zwischen August 1831 und Juni 1833 allein für 2663 Rubel russische Bücher ein.[36] Russische Musiker gastierten in Weimar – zum Geburtstag Marias im Februar 1834 z. B. ein Posaunenchor – und stellten sich in den Dienst der Großherzogin, die es nicht bei Hofkonzerten beließ, sondern Wert darauf legte, dass die Künstler der Öffentlichkeit Proben ihres Könnens gaben.

Selbstverständlich gingen die Arbeiten des Patriotischen Instituts weiter, ebenso wie die der Industrie- und Gewerkeschulen, der Spitäler, der Lesehallen oder der Landschaftspflege. Nach wie vor half Maria mit Spenden aus ihrer Privatschatulle, sei es beim Kauf von Gesangbüchern für das kleine Dorf Rockau bei Bürgel, sei es für die Unterstützung burschenschaftlicher Sängergruppen in Jena.

1835 wurde der Anbau im Stadtschloss vollendet. Im Westteil entstand ein ganz neuer Flügel. Maria wandte sich am 11. Juli über Schorn an Carl Friedrich Schinkel: „Unsere Frau Großherzogin ist seit geraumer Zeit voll des lebendigsten Kunst-Interesses mit Auszierung des neuen Schlossflügels beschäftigt. Außerdem dass sie für einen großen Saal eine Reihe von Ölbildern, historische Landschaften in Bezug auf die Landesgeschichte, und Ansichten aus dem Lande enthaltend, bey zweyen unserer Maler bestellt hat, wünscht sie auch ein oder mehrere Zimmer in der neuen enkaustischen Weise ausmalen zu lassen, und hat zu diesem Behuf im vorigen Frühjahr den Maler Preller und einen Ornamentisten (Hütter) von hier nach München geschickt um dort diese Technik zu erlernen."[37] Gleichzeitig wurden zwei Reliefs aus dem Palast Grimani in Venedig angekauft. Durch die Arbeiten Coudrays und Schorns entstanden die dem Andenken Goethes, Schillers, Wielands und Herders gewidmeten „Dichterzimmer".

Schinkels Beitrag fand in der mit einer Flachtonne überwölbten „Goethe-Galerie" seinen Niederschlag. Am 10. Oktober 1835 übermittelte Schorn den ausdrücklichen Dank Marias an Schinkel. Die „Dichter-Zimmer" waren für sie mehr als eine farbige Bereicherung der Schlossarchitektur. Sie bedeuteten eine Brücke von der Klassik in die damalige Moderne. Maria hielt an der Klassik fest und verband diese mit ihren eigenen Vorstellungen von der Rolle der Künste bei der künftigen Gestaltung Weimars. Es war die Bereitschaft, Tradition und Veränderung so miteinander zu verbinden, dass der Ruf Weimars als klassischer Musenhof Bestand hatte.

Neue Maßstäbe in Wissenschaft, Kunst und höfischer Lebenskultur

Auch bei der Unterstützung des wissenschaftlichen Lebens legte Maria neue Maßstäbe an den Tag. Im Mai 1835 empfing sie den in niederländischen Diensten stehenden bayrischen Offizier Philipp Franz von Siebold, der den Fernen Osten bereist und den japanischen Kaiserbaum Kiri nach Europa gebracht hatte. Zu Ehren der niederländischen Kronprinzessin Anna Pawlowna, einer Schwester Marias, nannte er die in 17 Spezies bekannte Pflanze „Paulownia" (imperialis, tomentosa u. a.). Siebold zeigte Maria seine Zeichnungen von der Pflanze und sie sagte ihre Unterstützung zur Verbreitung in Deutschland zu.

Im September 1836 fand in Jena ein Kongress deutscher Ärzte und Naturforscher statt. Experten vieler naturwissenschaftlicher Disziplinen kamen an die Saale, allen voran Alexander von Humboldt. Carl Friedrich und Maria stellten bedeutende Mittel für die Sanierung der Universitätsgebäude zur Verfügung und ermöglichten den Wissenschaftlern gute Arbeitsbedingungen. Maria verfolgte die Vorträge und Debatten aufmerksam, unterhielt sich mit den Wissenschaftlern und lud einige von ihnen zu Vorträgen ein. Karl Wilhelm Göttling, Professor für Philologie und Universitätsbibliothekar in Jena, vermittelte die Kontakte. Die Vorträge befassten sich mit geologischen und mineralogischen Fragen. Humboldt musste nach dem Kongress noch einige Tage in Weimar bleiben. Maria wertete den Kongress mit dem Jenaer Professor für Anatomie Emil Huschke aus und gestand freimütig: „Es war mir fast Alles neu, man verschließt diese Entdeckungen vor uns mit einer Aengstlichkeit, als könnten sie Schaden bringen, und doch scheint es mir, als ob die Zukunft der menschlichen Erkenntniß auf ihnen beruhe."[38] Sie wollte zur öffentlichen Verbreitung des reichen akademischen Wissens beitragen.

Vom Herbst 1836 an lud die Großherzogin den Professor Huschke zu Vorträgen und Gesprächen ein. Durch den Kongress der Naturforscher erfuhren die seit 1833 veranstalteten literarischen Abende Marias eine Intensität, die über Jahre anhielt und zum festen Bestandteil des geistig-wissenschaftlichen Lebens bei Hofe und an der Universität Jena wurden: „Während des Aufenthalts in Weimar versammelten die literarischen Abende am Hofe eine große Anzahl bedeutender Gelehrter. Wir hörten Vorträge von Humboldt, Schleiden, Apelt, Froriep, Schorn, Schöll und vielen anderen, die uns weit mehr bildeten, als es dicke Bücher getan hätten. Dabei gewöhnten wir uns daran, das Gelernte aufzuschreiben, was auch in Wilhelmsthal fortgesetzt wurde, sobald Interessantes uns auffiel. Die Anregung zu diesem geistigen Leben ging von Maria Paulowna aus; sie wusste, dass darin Weimars Größe lag und immer liegen würde, deshalb erzog sie auch ihre Kinder in diesem Gedanken und hob uns in ihre Atmosphäre, die allem Kleinlichen fernab war, die eine belebende Kraft ausströmte …"[39]

Mit den literarischen Abenden griff Maria auf den privaten Zirkel für Bildung und Geselligkeit zurück, den sie bereits vor 1828 für die herzogliche Familie und deren Gäste eingerichtet hatte. Dazu kam nach 1828 – und besonders nach dem Kongress der Naturforscher von 1836 – der in den Jenaer „Rosen-Vorträgen" gesammelte Fundus geistiger Wissensvermittlung und Erbauung. In Jena hatte Professor Göttling als Erster öffentliche Vorträge organisiert. Diese fanden im Gasthaus „Zur Rosen" statt. Die aus den Vorträgen erzielten Einnahmen verwendete man als Finanzhilfe für die Sammlungen der Universität. Der Theologe Karl von Hase nahm an den Vorlesungen teil: „Göttling hatte für sein Museum von Gipsabgüssen Vorlesungen zusammengetrommelt, die jeden Mittwoch des Winters im Saale der Rose gehalten wurden; insofern nicht ganz leicht, als für ein dreifaches Publikum: Damen, Professoren und Studenten. ... Indem auch die Frau Großfürstin für ihre „gelehrten Abende“ solche Vorlesungen einrichtete, wo im kleinen Kreise vorher Thee getrunken, dann an kleinen Tischen gesessen wurde, ist mir dadurch fast unbewußt ein Literaturzweig entstanden, für den sich meine kirchenhistorische Anschauung nicht übel schickte ...“[40] Göttling ging mit gutem Beispiel voran. Er sprach u. a. „Über die politischen Elemente des römischen Volkes“ oder über „Das griechische Theater“.

Die Großherzogin initiierte eine bunte Melange von Natur- und Geisteswissenschaften, Literatur, Kunst und Politik, an der namhafte Persönlichkeiten des Großherzogtums teilhatten. Die Abende fanden alle zwei Wochen statt, entweder am Dienstag oder Freitag und wurden im Stadtschloss oder in Belvedere durchgeführt. Maria sammelte anschließend die Vortragsmanuskripte ein, las und korrigierte sie. Sie vertiefte so ihr eigenes Wissen und hielt auch die Damen und Herren ihres Hofs an, sich mit den Vorträgen zu beschäftigen – und das kontrollierte sie regelmäßig! Für die Themenwahl und Organisation zeichnete Wissenschaftsminister Schweitzer verantwortlich.

Es war eine beachtliche Reihe gelehrter und talentierter Köpfe, die bei den Abenden vortrugen und diskutierten. Dazu zählten die Philosophen Jakob Friedrich Fries, Ernst Siegismund Mirbt, Ernst Friedrich Apelt, Christian Ernst Gottlieb Reinhold oder Carl Fortlage, der Philologe Karl Wilhelm Göttling, der Botaniker Matthias Jacob Schleiden, die Theologen Johann Danz und Karl von Hase, ferner der Orientalist Stickel, der in Jena mit Unterstützung Marias das Münzkabinett einrichtete, der Sprachwissenschaftler August Schleicher, der ob seiner Kenntnisse in den slawischen Sprachen Marias besondere Aufmerksamkeit erregte.

Die literarischen Abende hätten ihren Namen nicht verdient, wären sie allein auf den Gedankenaustausch mit Gelehrten beschränkt geblieben. Staatsminister und Beamte sowie Publizisten beteiligten sich gleichfalls an den Gesprächen. Einen entscheidenden Part spielte der Kanzler Friedrich von Müller. Er hielt mehrere Vorträge über das klassische Weimar. Müllers Goethe-Forschungen gewannen eine besonders wichtige Bedeutung, als sich in den vierziger Jahren – parallel zu den literarischen Abenden – in Ettersburg ein poetisch interessierter Kreis um das erbherzogliche Paar Carl Alexander und Sophie zusammenfand und nach neuen Wegen in die geistige Zukunft Weimars suchen wollte.

Ein ständiger Gast war Stephan Schütze, der lange Zeit den „Almanach für Liebe und Freundschaft“ und das von Bertuch begründete „Journal des Luxus und der Moden“ herausgegeben hatte. Er informierte über die von der Hofrätin Schopenhauer in Weimar eingerichteten Gesprächsrunden, betonte die Bedeutung der schönen Künste für Weimar und äußerte Gedanken zu einem Gebiet, das eine immer größere Rolle in Weimar spielte: der Musik.

Ganz besondere Bedeutung besaß die Mitwirkung von Froriep und Schorn, weil Maria aus der Zusammenarbeit mit diesen beiden Männern Ansichten und Einsichten gewann, die ihr praktisches Verhalten in Politik, Wirtschaft und Kunst bestimmten. Im konkreten Falle waren die Vorträge Frorieps und Schorns bei den literarischen Abenden wertvolle Ergänzungen ihrer Gesamttätigkeit. Schorn realisierte nicht nur die Dichterzimmer im Schloss. Seit November 1833 informierte er Maria während des Winterhalbjahres nahezu wöchentlich über Fragen der Kunstgeschichte und über die neuesten Entwicklungen in der bildenden Kunst. Froriep dagegen besuchte die Großherzogin fast jeden Sonnabend und sprach mit ihr über Probleme der internationalen Politik, der Wissenschaft und Technik oder der Wirtschaftsentwicklung. Froriep und Schorn beeinflussten nicht nur den Inhalt der literarischen Abende, sie lenkten Marias Intentionen beim Kauf von Büchern für die eigene und die Großherzogliche Bibliothek,[41] ihre literarischen und sogar politischen Interessen. In Froriep lebte die unternehmerische Tradition Bertuchs fort. Er verfügte dank seiner geschäftlichen Mobilität über weitreichende internationale Verbindungen und Einsichten und diskutierte mit Maria über Probleme der europäischen Politik. Unter seinem Einfluss wandte Maria sich gegen die zunehmende Russophobie in Deutschland und Europa, die während des russisch-türkischen Krieges von 1828/29 und nach der Niederschlagung des Polnischen Aufstands von 1830 auch unter den liberalen Demokraten deutlich zugenommen hatte. Wohl aus diesem Grunde unterstützte Maria geflohene polnische Revolutionäre.

Nachfolger Schorns wurde Gustav Adolf Schöll, ein faszinierender und geistvoller Mensch. Schöll blieb viele Jahre in Weimar und sammelte einen großen Künstlerkreis um sich. Er besaß das volle Vertrauen Marias. Schöll rundete die große Gruppe kunstsinniger Freunde, die durch Maria an den Weimarer Hof gezogen wurden, noch nicht ab. Hermann Sauppe kam 1846 als Direktor des Gymnasiums nach Weimar. Nach dem Tode des Oberbibliothekars Riemer trat Friedrich Ludwig Preller 1847 an dessen Stelle. Nach Frorieps Tod beriet er Maria in literarischen Fragen.

Allein diese Namen verraten, dass es Maria bei den literarischen Abenden nicht um ein leichtes, geselliges Ereignis ging, das man seiner Reputation schuldig gewesen wäre. Sie ähnelte nicht Anna Amalia, sondern liebte die ernste Kost in guter Form. Sie leistete gesunde und vielfältige Bildungsarbeit auf dem höchstmöglichen Niveau und bezog alle jene Persönlichkeiten ein, die im Umfeld Weimars Rang und Namen besaßen. Die literarischen Abende waren ein Medium, ihren Einfluss auf Wissenschaft, Kunst und Politik zu stärken. Die Vorträge blieben elitär, beschränkten sich auf einen kleinen Kreis vertrauter Menschen. In ihrer Form blieben sie der Tradition des klassischen Weimar verbunden, in ihren Inhalten öffneten sie sich der Entdeckerfreude des 19. Jahrhunderts. Eine Veröffentlichung der Vortragsmanuskripte lehnte Maria strikt ab. Über Weimars Traditionen konnten doch wohl die Weimarer selbst am besten urteilen ...

Die literarischen Abende schlossen nicht aus, dass in der gleichen Zeit im Theater, der Oper oder dem Konzert Anstrengungen zur Erneuerung erforderlich waren. 1837 starb Hofkapellmeister Johann Nepomuk Hummel, im Juli 1840 wurde André Hippolyte Chélard als sein Nachfolger berufen. Der französische Komponist hatte in Paris und Neapel studiert und nach 1816 als Violinist an der Pariser Oper gewirkt. Der von Chélard erwartete Aufschwung im Theater- und Konzertleben konnte jedoch nicht erreicht werden. Maria war mit dieser Berufung nicht einverstanden. Sie zahlte keinen einzigen Taler aus ihrer Privatschatulle und wartete auf eine günstigere Gelegenheit zur Verbesserung der musikalischen Hofkultur.

Der große Franz Liszt in Weimar

Musik und Hofkapelle zählten neben der Schlosserneuerung oder den literarischen Abenden zu den Hauptinteressen, denen Maria im Zuge der geistig-kulturellen Erneuerung Weimars nachging und in denen sie durch ihre Geistlichen aktiv unterstützt wurde. 1837 starb ihr langjähriger geistlicher Beistand, Erzpriester Nikita Jasnowski. Ihm folgte der kluge und gebildete Priester Stefan Sabinin, der Maria durch seine Gelehrsamkeit und Aufgeschlossenheit u. a. half, die sich immer schwieriger gestaltenden deutsch-russischen Beziehungen tolerant zu behandeln. Regelmäßige Besuche russischer Schriftsteller, Wissenschaftler, Musiker oder Aristokraten trugen ebenfalls dazu bei, dass Maria die konservativen Werte ihres eigenen Traditionsverständnisses bewahren, gleichzeitig aber die modernen bürgerlichen Entwicklungen berücksichtigen konnte. Stefan Sabinin lebte den für Weimar notwendigen Lebensstil regelrecht vor: „... die Frau malte mit der älteren Tochter ein Ölgemälde, das in jeder Akademieklasse einen ehrenvollen Platz finden würde; die andere Tochter übte am Piano beharrlich Mozartsonaten; die Söhne studierten lateinische Dichter und der Vater las eine katholische Zeitschrift."[42] Die Szene hätte auch bei Maria, bei Wieland oder Kanzler Müller stattfinden können. In Sabinins Haus weilten die Musiker Rubinstein und Liszt, die Schriftsteller Gogol, Tolstoi und Wjasemski. Varnhagen von Ense und Sabinin waren Freunde.

Am 26. November 1841 gab der Komponist und Virtuose Franz Liszt sein erstes Konzert in Weimar. Er spielte für die großherzogliche Familie. Zwei Tage später folgte ein Hofkonzert und am 29. November schloss ein Wohltätigkeitskonzert im Theater den Reigen. Der Erlös von 500 Talern ging an das Patriotische Institut. Liszt spielte die „Aufforderung zum Tanz" von Weber, seine eigene „Don Juan Phantasie", das „Hexameron", den „Erlkönig" und den „Chromatischen Galopp". Die Zuhörer waren begeistert. Es war Liszts erste persönliche Berührung mit der Klassikerstadt. Er verehrte Goethe unendlich. Maria beschenkte Franz Liszt mit einem wertvollen Brillantring (Carl Friedrich fügte den Falkenorden hinzu) und verpflichtete ihn auf das nächste Jahr. Wenn der Erbgroßherzog Carl Alexander seine Braut heimführen würde, sollte Liszt den musikalischen Rahmen setzen. Der versprach es und hielt sein Wort.

Mit Franz Liszt bot sich die Chance, dem Hof durch einen genialen Musiker jenen kulturellen Stellenwert zurückzugeben, den er einst mit Goethe besessen hatte. Das Erbe der großen Dichter und ein glanzvoller Neubeginn durch die Musik – das war eine Vision, mit der Maria ihren Wunsch nach der Kunststadt Weimar verwirklichen mochte. Die Hochzeit des Thronfolgers bot eine fabelhafte Gelegenheit zur Tat. Am 8. Oktober 1842 heiratete Carl Alexander die Prinzessin Sophie der Niederlande. Liszt präsentierte sein ganzes Können und erhielt als Dank die schriftliche Berufung zum „Großherzoglichen Hofkapellmeister in außerordentlichen Diensten". Liszt verpflichtete sich, jährlich zu den Geburtstagsfeierlichkeiten für Carl Friedrich und Maria Pawlowna nach Weimar zu kommen und Konzerte zu geben. Maria zahlte ihm dafür in jedem Jahr 1000 Taler aus ihrer Privatschatulle. Zwischen Franz Liszt und Carl Alexander entwickelte sich eine Vertrautheit, die einer künftigeren engen Bindung Liszts an Weimar diente. Liszt schrieb beispielhaft am 6. Oktober 1846 an Carl Alexander: „... Ich werde nie die schmeichelhaften Ermutigungen Ihrer Königlichen Hoheit der Frau Großherzogin vergessen, die sie damals und seitdem meinen schwachen Bemühungen zuteil werden ließ, und die Güte, mit der sie meinen Wunsch erriet, meine Kräfte der großen Tradition Weimars bescheidentlich zu widmen. Indem sie mir einen Posten anvertraute, der mich mehr und mehr an Ihr fürstliches berühmtes Haus fesselt, erfüllte sie einen Wunsch, der für meinen Künstlerstolz fast der höchste war, und belohnte dadurch weit über Verdienst einige gute Vorsätze und fleißige Versuche ..."[43]

Liszt besaß guten Grund für das Loblied auf das Fürstenhaus. Seine jährlichen Gastspiele halfen dem Weimarer Musikleben vorerst nicht aus der Krise. Die unzureichenden Qualitäten Chélards und die unzulänglichen finanziellen Mittel des Fürstlichen Hauses konnten durch Einzelauftritte Liszts nicht kompensiert werden. Doch es fand sich bald ein Grund für Liszts feste Bindung an Weimar: die Fürstin Carolyne von Sayn-Wittgenstein. Als Liszt im Jahre 1848 Weimar als ständigen Aufenthaltsort wählte, verdankte die Stadt diesen Umstand sowohl dem Drängen Marias und Carl Alexanders, als auch dem Ruhebedürfnis Franz Liszts und dessen Wunsch nach geistiger Nähe zu Goethe und der Klassik sowie der Tatsache, dass die Fürstin von Sayn-Wittgenstein hoffte, bei Maria Pawlowna Unterstützung für die Lösung ihrer verzwickten Ehe- und Liebesprobleme zu finden.

Die Großfürstin war allerdings nicht bereit, sich bei Nikolaus I. für eine Scheidung der Sayn-Wittgenstein von ihrem in russischen Diensten stehenden Ehemann zu verwenden. Sie hatte ganz andere Sorgen. Russlands Kaiser profilierte sich in der Revolution von 1848 weiter als „Gendarm Europas". Die der Revolution vorausgegangenen Jahre hatten schon genügend Probleme, Veränderungen und Lasten für das eigene Land mit sich gebracht: Der Eisenbahnbau durch Thüringen veränderte die industrielle Struktur im Lande. 1846 hatte Carl Zeiss in Jena sein „Mechanisches Atelier" eröffnet. Gleichzeitig schüttelte eine Hungersnot das Land. Maria ließ in den am härtesten betroffenen Gebieten des Eisenacher Oberlandes und des Neustädter Kreises zusätzliche Suppenküchen einrichten, nachdem derartige Küchen zuvor in Weimar, Jena, Ilmenau, Eisenach u. a. Orten entstanden waren. Die Not konnte zwar gelindert werden, aber die Probleme blieben.

Zwischen Revolution und Witwenstand

Das revolutionäre Frühjahr von 1848 führte auch in Thüringen zu Demonstrationen, Unruhen und heftigen Kampagnen. Aber in den Thüringer Kleinstaaten war die Revolution im Oktober 1848 faktisch zu Ende. Die von der Paulskirchenverfassung proklamierten Grundrechte fanden 1849 Eingang in die neu erlassenen Verfassungen der Kleinstaaten. Aber die Jahre nach 1849 wurden durch umfangreiche Restaurierungsmaßnahmen der monarchischen Gewalt gekennzeichnet. Am 23. August 1851 setzte der Bundestag des Deutschen Bundes die „Grundrechte des deutschen Volkes" wieder außer Kraft. Alle demokratischen und liberalen Verfassungselemente in den Einzelstaaten wurden für „bundeswidrig" erklärt und deren Abschaffung verlangt. Die meisten thüringischen

Staaten folgen dem „Bundesreaktionsbeschluß". Bis 1854 wurde das allgemeine und gleiche Wahlrecht wieder abgeschafft.

Dieser historische Rahmen bestimmte auch den Ablauf der Ereignisse in Weimar und Jena. Franz Liszt blieb zwar endlich ganz in Weimar und die Universität Jena feierte im Februar den 300. Jahrestag ihrer Gründung, aber im März erreichte die Revolution auch Weimar. Am 3. März 1848 richtete der Stadtrat von Weimar eine Petition an Carl Friedrich. Die Bürger baten um die Gewährung von Pressefreiheit, wünschten eine allgemeine Volksbewaffnung und Geschworenengerichte. Unverzüglich und brav begann der Landtag darüber zu beraten. Am 8. März riefen demokratische Kräfte die Bauern der umliegenden Dörfer zu einer Versammlung nach Weimar auf den Markt. Carl Friedrich gewährte am gleichen Tage die Pressefreiheit und die Gleichheit aller Bürger vor dem Gesetz. Er führte das Kammervermögen dem Staatshaushalt zu. Vom Rathaus wurden die revolutionären Errungenschaften verkündet. Die Bürger bewaffneten sich und – beschützten ihr Herrscherpaar. Carl Friedrich mahnte zu Ruhe und Vertrauen: Der Landtag würde alle anstehenden Fragen sorgfältig beraten.

Dennoch kam es am 11. März 1848, ausgelöst von Jenaer Studenten, auf dem Weimarer Marktplatz zu Gewalttätigkeiten. Die Menge erzwang den Rücktritt des Ministers Schweitzer und die Einsetzung des liberalen Abgeordneten Wydenbruck zum Minister. Am 14. März verkündete Carl Friedrich in einem Erlass, alle seit dem 8. März begangenen politischen Vergehen sollten straffrei bleiben. Er sei willens, Gesetz und Ordnung gegen alle Übergriffe zu schützen und baue auf die Mitwirkung der Bürger. Er erließ für vier Wochen ein „Aufruhr-Gesetz", um „Ruhe und Ordnung" wiederherzustellen. Der Großherzog schenkte dem Land großzügig 30 000 Taler – zur Pflege von Kunst und Kultur.

Am 11. April kam es zu einer merkwürdigen Demonstration: Die großherzogliche Familie verehrte den Bürgern Weimars eine schwarzrotgoldene Fahne – zu der Maria und Hofdamen Wimpel in den Landesfarben gestickt hatten – als Zeichen der Verbundenheit zwischen Herrscher und Volk. Die Fahne wurde zwei Tage später in einem gemeinsamen feierlichen Akt geweiht und auf dem Rathaus aufgezogen. Maria wollte sogar noch einen Schritt weitergehen und den Freiheitsdichter Ferdinand Freiligrat demonstrativ nach Weimar berufen.

Maria arbeitete auch in den Revolutionstagen eng mit der Regierung zusammen. Sie verstand sich gut mit dem Staatsminister Bernhard von Watzdorf. Die Kooperation lief über Gespräche, Gutachten, Denkschriften oder finanzielle Projekte. Carl Friedrich versagte als Landesfürst während der Revolution keineswegs. Aber die lenkenden Impulse erwuchsen aus dem Zusammenwirken zwischen Maria, Watzdorf und dem Erbgroßherzog Carl Alexander. Sie erarbeiteten politische Empfehlungen für Carl Friedrich und stimmten sich sogar bei den Berichten ab, die Maria über die Situation in Weimar und Deutschland an ihren Bruder Nikolaus I. nach St. Petersburg schickte.[44]

Franz Liszt konnte Ende März 1848 mit vollem Recht schreiben: „In diesem letzten Monat habe ich häufig die Ehre gehabt, die Frau Großherzogin zu sehen, die durch alle diese Ereignisse hindurch die bewundernswerteste Beständigkeit an Charakter und Güte bewahrt."[45] Der Musiker honorierte vor allem, dass Maria mit ihm gemeinsam energische Schritte zur Revolutionierung des künstlerischen Lebens in Weimar unternahm. Das Streben nach politischer Harmonie mit dem Volk bei gleichzeitiger künstlerischer Innovation sowie im Einklang mit dem klassischen Erbe – das schien ein gutes Rezept in den politischen Stürmen zu sein und auch gut geeignet, mit einem unruhigen und genialen Menschen wie Richard Wagner umzugehen.

Wagner kam auf Liszts Initiative im August 1848 nach Weimar. Liszt vertrat die Ansicht, dass die Opern Wagners eine überragende Bedeutung für die Weiterentwicklung des Musiktheaters besaßen. Sie einigten sich darauf, in Weimar den „Tannhäuser" aufzuführen. Der Sängerkrieg auf der Wartburg besaß zur Geschichte des Weimarer Fürstenhauses eine innere Beziehung, und natürlich sollte die Oper 1849 zum Geburtstag Maria Pawlownas aufgeführt werden. Watzdorf äußerte skeptisch, Wagners revolutionäre Sympathien wären bekannter als seine Opern. Der „Tannhäuser" wurde dennoch programmgemäß und mit Erfolg aufgeführt. Franz Liszt legte einen Grundstein für den Durchbruch Wagners und für die eigentlichen „goldenen" Musiktraditionen in Weimar. Mitten in der Revolution wusste er Maria und Carl Alexander als Verbündete und Geldgeber an seiner Seite.

Als Wagner im Frühjahr 1849 aus Dresden fliehen musste, weil er wegen seiner Beteiligung an der Revolution steckbrieflich gesucht wurde, gelangte er mit Liszts Hilfe nach Weimar und nahm sogar an einer Tannhäuser-Probe teil. Liszt versteckte ihn in Magdala und sorgte für falsche Papiere. Auf der Flucht – sorgfältig von den Mitarbeitern Watzdorfs beobachtet – traf sich Wagner in Eisenach heimlich mit Maria. Die Großherzogin verschaffte dem Komponisten einen Fluchtvorsprung und er gelangte in die Schweiz, in der er vor weiteren Verfolgungen sicher schien. Die Schwester des russischen Kaisers half gemeinsam mit dem Ungarn Liszt bei der Flucht eines deutschen Revolutionärs! Das wirkte sehr spektakulär, blieb jedoch eine pikante Episode ohne politische Folgen für Maria oder Franz Liszt. Maria nahm für sich das Recht individueller Entscheidungen in Anspruch, und kreativen Künstlern billigte sie im Rahmen ihrer Möglichkeiten das Recht zu unangepasster Handlung zu.

Maria wusste, dass Liszt in vielen Fragen ihre Ansichten teilte, z. B. bezüglich einer nationalen Goethe-Ehrung. Seit den 30er-Jahren verfolgten Persönlichkeiten wie Alexander von Humboldt oder Varnhagen von Ense diese Idee. Vor dem 100. Geburtstag Goethes tauchte der Gedanke erneut auf, ein Vorbereitungskomitee begann mit der Arbeit. Maria widersetzte sich energisch. Goethe-Ehrung war in erster Linie eine Angelegenheit Weimars! Liszt schrieb seine Gedanken 1849 in dem Aufsatz „De la Fondation-Goethe à Weimar" nieder. Liszt erinnerte an die künstlerischen und liberalen Traditionen Weimars und entwarf eine akribische Planskizze für den Aufbau, die Tätigkeit und die Organisation einer Goethe-Stiftung, deren Sitz Weimar sein sollte: „Die Vergangenheit Weimars sichert diesem die Sympathien der übrigen Hauptstädte Deutschlands; aber es wäre ein törichtes Unterfangen, sich verhelen zu wollen, dass die Bedeutung Weimars ihre Hauptnahrung in der Pietät findet, die man Reliquien bewahrt ... Vor allem fehlen Bewegung, Widerhall und Reflexe. Weimar ist gegenwärtig nur ein geographischer Punkt, ein Asyl, das geehrt wird, der Hoffnungen wegen die den glanzvollen Erinnerungen nachfolgen könnten, ein neutraler Platz, offen für eine Blütezeit, die sich dort entfalten sollte."[46] In Weimar und an keinem anderen Ort!

In den damaligen Debatten um das künftige Schicksal Deutschlands wollte sich niemand außerhalb Weimars finden, der diese Stadt in den Mittelpunkt stellte. Marias Konzept erschien zu provinziell und antiquiert. Nur Richard Wagner machte aus der Not eine Tugend. Er schlug 1851 vor, die große gesamtdeutsche Idee in eine Stiftung zur Förderung des Wagnerschen Musikdramas umzuwandeln. Die Planzeichnungen zu einem Festspielhaus für Wagners Opern wurden bereits gefertigt. Letztlich beging man den 100. Geburtstag Goethes an der Ilm mit würdigen Erinnerungen an die große Zeit Weimars und an das Genie des Dichters. Nicht mehr und nicht weniger. Das Problem ging nicht unter die Haut: Maria beendete die Revolutionsmonate mit der Einrichtung einer Gartenbau-Schule in Jena-Zwätzen, in der Waisenkinder und Söhne armer Eltern arbeiten und lernen durften.

Carl Friedrich und Maria überstanden die Revolution insgesamt ohne Gesichtsverlust. Sie hielten an ihren Vorstellungen von Liberalität, Volkswohlfahrt und geistig-künstlerischer Erneuerung fest – bei allen Kompromissen und Einschränkungen, zu denen sie der Deutsche Bund zwang. Sie hatten inzwischen das 65. bzw. das 62. Lebensjahr erreicht.

Nach der Revolution wandte sich Maria wieder stärker allen Aufgaben zu, die in ihrer Verantwortung lagen: der Erneuerung der Weimarer künstlerischen Tradition und der öffentlichen Wohlfahrt.

Im August 1850 führte Liszt in Weimar Wagners „Lohengrin" auf, unterstützt durch 2000 Taler aus der Hand Marias. Sie sah über das „Lotterleben" hinweg, das Franz Liszt mit Carolyne von Sayn-Wittgenstein in der Altenburg führte. Maria ignorierte den Aufschrei der Philister Weimars über die ungebundene Lebensweise der Künstler, die Liszt in großer Zahl besuchten, denn er holte die künstlerische Welt nach Weimar. Es kamen bis 1853 Hector Berlioz, Robert Schumann und Johannes Brahms, nicht gerechnet die von Jahr zu Jahr wechselnde Schar von Schülern, unter ihnen Hans von Bühlow, Joseph Raff oder Peter Cornelius. Die Gäste und Schüler wohnten gewöhnlich in der Altenburg, manche über Monate hinweg. Liszt veranstaltete dort Musikabende. Dafür erhielt er jährlich eine Gratifikation von 300 Talern aus der Schatulle Marias. Nach 1853 zahlte sie noch die Hälfte, die andere Hälfte kam dann von der Großherzogin Sophie. Mit diesen Musikabenden wandelte sich die Altenburg in das künstlerische Zentrum Weimars. Die Abende vereinten Liszts Virtuosität mit dem Streben Carolynes nach geistreichen Gesellschaften – einer Mischung aus weltläufiger Boheme und anregendem Salongespräch, die Maria mit ihren literarischen Abenden nicht bieten konnte.

Carolyne und Franz Liszt waren anders als der Weimarer Höfling oder Normalbürger. Die Altenburg führte ihr Eigenleben, losgelöst vom Hof und von der Stadt. Während sich die Hofgesellschaft dank der Freundlichkeit Marias des distanzierten Wohlwollens der Bürger erfreute, wurden die Leute aus der Altenburg verachtet: fahrendes Volk, das ohne kirchlichen Segen in wilder Ehe lebte, bizarr gekleidet und obendrein arrogant. Liszt gab es bald auf, die „Weimarer Esel" für seine Ansichten zu gewinnen. Er konnte es sich leisten, weil er durch Maria und Carl Alexander gestützt wurde. Die Unbeliebtheit in der Öffentlichkeit mag dem Künstler persönlich gleichgültig gewesen sein und seine Fähigkeiten als Komponist, Dirigent und Virtuose wenig beeinträchtigt haben. Tatsächlich gab es zwischen 1850 und 1853 grandiose Aufführungen von Opern und Konzerten. Tannhäuser, Lohengrin. Faust II (Schumann) oder Benvenuto Cellinie (Berlioz). Hinzu kam die Konzeption Liszts, Weimar zur Bastion einer radikalen musikalischen Neudeutschen Schule wachsen zu lassen. Maria mochte den musikalischen Visionen aufgeschlossen gegenübergestanden haben – das Publikum nicht. Es war das alte Lied vom Missverständnis zwischen „klassischer" und „moderner" Musik, das von jeder Generation neu gesungen wird.

Liszt wandte sich an Maria. Am 14. Januar 1852 schrieb er eine Denkschrift, in die er seine Ansichten über die Lage und die Erfordernisse des Weimarer Kunstlebens formulierte: „... Was das Theater betrifft, so bin ich zu der Überzeugung gekommen, dass es notwendigerweise einer der folgenden Gattungen angehören muß: es ist entweder ein Geschäftsunternehmen, das aus der Kunst einen täglichen Gebrauchsgegenstand macht und seine Kunden anzulocken sucht und das gewöhnlich den augenblicklichen Neigungen des Publikums Rechnung trägt, den guten sowohl wie den schlechten, seinen Geschmacksverirrungen und seiner hergebrachten Unwissenheit – oder aber es ist eine königliche oder nationale Einrichtung, die erkennen läßt, welches Maß von Schutz an hoher Stelle den schönen Künsten zuerkannt wird." Liszt schlussfolgerte: „Im ersten Falle ist es klar, dass sich die Ausgaben nach den Einnahmen richten und ihnen anpassen müssen. Im zweiten scheint es mir aber auch ganz einleuchtend, dass die Einnahmen durchaus nicht zurückwirken müssen auf die Wahl und Ausführung der Werke." Einen Kompromiss zwischen beiden Wegen sah er nicht, jede Halbheit würde nur zusätzliche Kosten mit sich bringen und niemand befriedigen. Er ging von der Erkenntnis aus: „... bis zu einem gewissen Punkte einen beträchtlichen Geldaufwand zu bewilligen, um auch beträchtlichere moralische wie materielle Vorteile zu erzielen. Eine Einlage, ein Grundkapital ist für jedes Einkommen und für jeden Geschäftsbetrieb unumgängliche Vorbedingung."[47] Unter dieser Voraussetzung müsse entschieden werden, ob Weimar ein Hoftheater behalten oder ein künstlerisches „Privatunternehmen" gründen wolle.

Liszt sprach dem ortsansässigen Weimarer Publikum die Fähigkeit zu qualitätvoller Beurteilung der bislang aufgeführten Opern und Stücke ab. Ein wirtschaftliches Management müsse urteilsfähige Zuschauer von außerhalb anlocken, die ihre Begeisterung auf die Weimaraner übertragen sollten. Zwei Kapellmeister könnten die Lösung sein und Weimar einen gediegenen und dauerhaften Ruf verschaffen! Selbstverständlich erinnerte Liszt daran, dass er als außerordentlicher Kapellmeister keinerlei Kompetenzen besaß. Mit diplomatischem Geschick, aber ohne Umschweife, suggerierte er der Großfürstin, sie möge dieses Problem lösen. Mit einer Analyse der „Lohengrin"-Inszenierung unterstrich er die dringendsten Mängel: Der Chor war zu klein, die Dekoration zerschlissen, die Kostüme ärmlich und die Möbel aus kahlen Brettern. Das Orchester genüge keinen modernen Ansprüchen und das ganze Ensemble sei überaltert, versauert und mit einem sicheren Abendbrot zufrieden. Es seien Entscheidungen zu fällen, ob das dramatische Theater oder die Musikbühne stärker zu fördern sei. Indem Liszt die Großmütigkeit seiner Dienstherrin ebenso pries wie den eigenen Sachverstand, unterwarf er sich in untertänigen Formulierungen ihren Entschlüssen.

Maria beschäftigte sich ernsthaft mit dem Schreiben. Liszt hatte eine ungeschminkte Analyse ihrer eigenen Arbeit vorgelegt! Sie war zur Hilfe bereit. Im gleichen Jahr bewilligte sie einen einmaligen Zuschuss von 8400 Talern. Die Summe half, löste aber den generellen Widerspruch zwischen den hochfliegenden Plänen Liszts, Marias eigenem Wunsch, Weimar erneut als geistiges Zentrum Deutschlands zu sehen und den geringen materiellen Möglichkeiten zur ständigen Finanzierung der Projekte nicht. Da nützte es nichts, dass zu ihrem Geburtstag am 16. Februar 1853 der „Fliegende Holländer" von Richard Wagner aufgeführt wurde. Noch am gleichen Tag reichte Franz Liszt beim Großherzog ein Entlassungsgesuch ein. Die mangelnde finanzielle Unterstützung für seine musikalischen Pläne und die wachsenden Querelen über die Lebensweise in der Altenburg deprimierten ihn. Zwar war seit dem Jahre 1848 im künstlerischen Weimar viel erreicht worden – ihm genügte es nicht. Das Gesuch wurde abschlägig beschieden. Liszt ärgerte sich mehr denn je.

In diesen Jahren zwischen 1851 und 1853 beschäftigte sich Maria nicht nur mit den Problemen Liszts und der Musik. Sie reiste viel, zu den Töchtern und zur Kur oder in die Ferien – aber nicht nach Russland. Die Großherzogin debattierte mit ihren Gästen auf den literarischen Abenden, kümmerte sich um die bauliche Verschönerung Weimars – auch der Beschluss zum Bau eines Aussichtsturms auf dem Kickelhahn bei Ilmenau ging auf ihre Initiative zurück. Es entstanden weitere Knabenarbeitsschulen und das Werk der sozialen Wohlfahrt nahm seinen Fortgang. Nach den Revolutionsjahren kehrte eine gewisse provinzielle Ruhe in ihr Leben ein, die erst im Jahre 1853 auf tragische Weise unterbrochen wurde.

Ein Abschied in Frieden

Im Februar 1853 vollendete Maria das 67. Lebensjahr. Sie hatte nichts von ihrer freundlichen Ausstrahlung verloren und sah in abgeklärter Heiterkeit ihrem 25. Herrschaftsjubiläum entgegen. Die Feierlichkeiten fanden Mitte Juni in ruhiger Atmosphäre statt. Der Großherzog, bereits erkrankt, stand im Mittelpunkt der Aufmerksamkeit. Man gestaltete ein friedliches Fest. Kein Wort von den Revolutionsturbulenzen, aber auch kein Wort von einem neuen und glänzenden künstlerischen Aufbruch. Carl Friedrich wurde als Mann des Friedens, verhaltener Freude und Treue zum klassischen Erbe gefeiert. Er hatte dem Land gemeinsam mit seiner Gemahlin Stabilität zu geben versucht. Maria hatte stets die Herrschaft ihres Gemahls betont, aber jeder Kenner des Weimarer Hofes wusste, dass sie überragende Anteile an der Entwicklung des Großherzogtums besaß. Gemessen an der Persönlichkeit seines Vaters war Carl Friedrich ein Schattenmann geblieben.

In der Nacht vom 7. auf den 8. Juli 1853 starb Großherzog Carl Friedrich am Rotlauf. Bescheiden und zurückhaltend wie er gelebt hatte, setzte man ihn in der Fürstengruft bei. Carl Alexander trat mit seiner Gemahlin Sophie die Thronfolge an. Maria trauerte mit ihren Kindern über den menschlichen Verlust, den sie erlitten hatten. Mit dem Tode Carl Friedrichs nahm sie ihren eigenen Abschied aus der Staatspolitik. Sie blieb dem regierenden Sohn eine ehrliche Ratgeberin und so manche Entscheidung, namentlich in den Bereichen der Kunst und Kultur, fällten sie weiterhin gemeinsam. Wie es einst der Ehevertrag vorgesehen hatte, bezog Maria ihren Witwensitz im Schloss Belvedere.

In den diplomatischen Beziehungen zu Russland trat eine Wende ein. Seit Maria in Weimar lebte, hatte es niemals eine Weimarer Vertretung in St. Petersburg gegeben. Drei Tage nach dem Ableben Carl Friedrichs und eine Woche bevor Maria ihren offiziellen Witwenstatus erhielt, eröffnete in St. Petersburg ein General-Consulat des Großherzogtums Sachsen-Weimar-Eisenach seine Pforten. Gottlieb Ludwig Freiherr von Hauff wurde zum General-Consul ernannt. Wenn es eines Beweises bedurft hätte, dass Maria Pawlowna auch die Herrin der weimarisch-russischen diplomatischen Beziehungen gewesen ist – hier wurde er sichtbar.

Mit dem 18. Juli erhielt Maria eine eigene Hofhaltung für ihren Witwensitz. Der Status einer verwitweten Großherzogin setzte dem Wirkungsbereich der bislang so rührigen Maria einige Grenzen, konnte aber ihre Aktivität auf den Gebieten, für die sie weiterhin verantwortlich zeichnete, nicht beschränken. Trotz ihrer Trauer und einer Schritt für Schritt wachsenden Einsamkeit bemühte sich Maria, möglichst viele ihrer gewohnten Tätigkeiten in den vorgeschriebenen Grenzen normal fortzusetzen. Nach wie vor warteten die Menschen auf ihre Hilfe.

Am 8. Juli 1854, dem ersten Todestag ihres Mannes, stiftete die Witwe 30 000 Taler für ein Damenstift unverheirateter adliger und bürgerlicher Beamtentöchter. Es sollte im Schloss und Garten von Kromsdorf untergebracht werden und den Namen „Großherzogliches Carl-Friedrichs-Damenstift" tragen. Es gab viele Debatten um das Unternehmen. Aber Marias Finanzen besaßen eine gesunde Basis. 1854 verfügte das Patriotische Institut über mehr als 30 000 Taler „Stammkapital". Davon waren etwa 10 000 Taler ständig bei den Sparkassen gut verzinst angelegt. Über die Jahre hinweg waren alle wohltätigen Einrichtungen mit Zuwendungen bedacht worden. Die meisten Mittel sind in die Region in und um Eisenach geflossen. Die Zuwendungswerte lagen über denen für andere Vereine und erreichten jährlich bis zu 500 Taler. Das Gebiet um Eisenach und das Eisenacher Oberland galten als besonders arm und hilfebedürftig. Das Patriotische Institut setzte seine Mittel für die Krankenpflege, für die Ausbildung des dazu erforderlichen Pflegepersonals und für die Unterstützung von Wöchnerinnen ein. Größere Geldmittel flossen in ländliche Regionen zur Einrichtung von Gewerkschulen, Industrieschulen, Saatzuchtbetrieben oder Baumschulen.

Das Jahr 1854 verging wie im Fluge. Am 9. November fanden festliche Veranstaltungen zum 50. Jubiläum ihres ersten Einzugs statt. Maria nahm alle Huldigungen mit bescheidener Würde entgegen. Im Namen des Patriotischen Instituts sprach Herr von Beaulieu-Marconnay. Eine wahre Hymne klang aus dem Munde des Redners, und vielleicht ist Maria in diesem Augenblick froh gewesen, dass ihr Gehör immer mehr nachließ. Eine Idee des Geheimrats Adolf Schöll mag ihr besser gefallen haben. Aus Anlass des Jubiläums wurde noch einmal Schillers „Huldigung der Künste" aufgeführt. Schöll hatte eigens einen Prolog und einen Epilog hinzugefügt und wandelte so auf Schillers und Goethes Spuren, freilich, deren Niveau erreichte er selbst bei bester Absicht nicht:

„Bleib' unser Glück! Ein heiß Verlangen schwingt,
Dank schwingt und Flehn für Dich sich himmelhoch;
Bleib unser Glück! Von Lieb' und Treu' umringt
Im Segen Gottes lebe, lebe hoch!"

Am Abend fand die festliche Theateraufführung mit der „Huldigung der Künste" statt. Liszt trug dazu eigene „Festklänge" vor. Als besondere Aufmerksamkeit gegenüber der Jubilarin führte das Ensemble die Oper „Die sibirischen Jäger" von Anton Rubinstein auf. Maria weinte vor Rührung. Karl von Hase hielt die „Huldigung der Künste" für ein bleibendes Kunstwerk und sah sie durch Maria erfüllt. Das hatte nicht einmal Schiller vermutet. Varnhagen von Enses Bemerkung über Marias letzte Lebensjahre unterstützen das Urteil Hases: „Die Großfürstin Maria Pawlowna wohnt in Belvedere ... Sie hat Geist, Würde, Feinheit und besonders Rechtschaffenheit. Sie nimmt als Witwe jetzt kein Geld vom Lande, sie begnügt sich mit ihren russischen Einkünften, jährlich 130 000 Thaler ungefähr; ihren Ueberfluß gibt sie den Töchtern und besonders den Armen, sie gibt und hilft an allen Enden."[48]

Maria spürte, dass sie bei aller fürstlichen Distanz etwas Praktisches für das Land und die Menschen geleistet hatte und nicht als hochmoralische Ikone verehrt wurde. Es gab die üblichen Gratulationen durch die

Familie, den Hof und die Untertanen. Maria besuchte den Gottesdienst in ihrer Kirche. Sie freute sich, dass man ihr zu Ehren eine Münze geprägt hatte. Das Schmuckstück hatte Angelica Facius gestaltet. Die Vorderseite zeigte das Portrait Marias mit dem Namenszug. Die Rückseite wies unter einem Stern die Inschrift aus: „Im fünfzigsten Jahre segensreichen Wirkens". Lorbeer, Eichenblätter und Rosen umgaben die Schrift, ein deutlicher Hinweis auf die von Goethe betonte Liebe Marias zur Natur. Die kleine Medaille, finanziert von den Landesbezirken, vereinte mit schlichten Mitteln wichtige Ideale der Jubilarin: die Kunst, den wohltätigen Stern und die natürliche Umwelt. Die Grußadresse aller Bezirke und Städte konzentrierte sich dementsprechend auf die Leistungen Marias in Bildung, öffentlicher Wohlfahrt und auf die „Bestrebungen des Bedarfs und Nutzens", der „Geisteserhebung in Wissenschaft und Kunst".[49] Die Universität Jena schloss sich mit ihrer Gratulationsadresse dem Wunsch nach fürstlicher Freigiebigkeit an. Das Theater gab eine Festvorstellung mit dem „Orpheus" von Christoph Willibald Gluck. Die Aufführung setzte die langjährige Ehrung Glucks fort und Franz Liszt bereicherte sie durch ein eigenes Vorspiel sowie eine Schlussmusik.

Maria erlebte alle Würdigungen mit sanfter Freundlichkeit. Sie konnte sich bei ihren anschließenden Reisen ausruhen. Sie besuchte das böhmische Franzensbad, Wilhelmsthal und reiste zu den Töchtern u. a. nach Koblenz. Währenddessen liefen ihre Unternehmungen im Patriotischen Institut erfolgreich weiter.

Von allen Persönlichkeiten Weimars, die sie fünfzig Jahre zuvor begrüßt hatten und die ihr noch immer nahestanden, lebten nur noch drei Damen: Die verwitwete Präsidentin von Ziegesar, Frau von Lyncker und die Witwe des Ministers von Fritsch. Mit ihnen kam Maria jetzt regelmäßig zusammen und sie tauschten Erinnerungen an ferne Zeiten aus. Als Maria im Februar 1856 das 70. Lebensjahr vollendete, gab sie bereits ein sehr stilles Fest. Es fehlte nicht an Respekt, Anerkennung und Würde, aber der Glanz vergangener Jahre ging dahin. Es blieb nur noch die gewohnte Pflichterfüllung – in Weimar und in der alten russischen Heimat.

Nach dem Tode Kaiser Nikolaus' I. und dem für Russland in einer Niederlage endenden Krim-Krieg wurde die Krönung Alexanders II. auf den 26. August 1856 in Moskau festgelegt. Maria bereitete sich auf die Reise nach St. Petersburg und Moskau vor. Der Neffe stand ihr nicht nahe. Er hatte Weimar lediglich im Jahre 1838 kurz besucht. Die Krönung folgte den althergebrachten Ritualen. Alles, was Russland an Glanz zu bieten hatte, schien in Moskau versammelt. Die wohl treffendste Kurzformel für die Feierlichkeiten hat ein Mann namens Komjakow mit spitzer Feder hinterlassen: „Es war wie ein Märchentraum. All das Gold, die asiatischen Völkerschaften, die schönen Uniformen und die alten Perücken, die nach deutscher Art gepudert waren. Es war wie in ‚Tausendundeiner Nacht', aber erzählt von E. T. A. Hoffmann."[50]

Die Krönungszeremonie erfolgte in der Mariä-Himmelfahrts-Kirche des Kreml – seit Iwan dem Schrecklichen traditioneller Krönungsort. Die ganze russische Geschichte lebte in diesem Ereignis auf. Nach langer Zeremonie empfing der Kaiser aus der Hand des Klerus die mit Diamanten verzierte Krone. Während er sie sich langsam aufs Haupt setzte, sprach der Metropolit Filaret die schicksalsschweren Worte: „Dieser sichtbare Schmuck ist das Sinnbild der unsichtbaren Krönung, die dir als dem Oberhaupt aller russischen Länder von unserem Herren Jesus Christus, dem König der Ehre, mit seinem Segen verliehen wird, damit dir die höchste und grenzenlose Macht über deine Untertanen zuteil wird."[51] Viele Anwesende schluchzten ergriffen, auch Maria. Fünfzehn Jahre hatte sie Russland nicht gesehen. Sie stand in Moskau quasi noch einmal an der Wiege ihres Lebens. Da sie ihr Leben zwischen den beiden europäischen Kulturen geteilt hatte, empfand sie diese nicht als Gegensätze oder gar als miteinander unvereinbare Widersprüche. Daraus erwuchsen für Maria keine Konflikte, sondern eine geistige und sittliche Bereicherung. Sie hatte die Heimat noch einmal erlebt. Sie konnte nach Weimar zurückkehren und ihren Lebensabend in Frieden genießen. Als sie am 24. September 1856 in Weimar ankam, schrieb eine gütige Seele die Zeilen:

„Dort wo sich Asien von Europa scheidet
Standst Du inmitten kaiserlicher Pracht;
Dort hast Du Deinen frohen Blick geweidet
An Deines Hauses Glanz und seiner Macht.
Doch kehrst Du gern aus jenen Prunkpalästen
Zu Deines Schlößchens einfach heiterm Glück,
Kehrst gern von jenen schimmerreichen Festen
In Deines Wohlthuns stillen Kreis zurück."

Was hier im Herbst 1856 so rührend naiv als Auswuchs der Mythen des Musenhofs erscheint, enthielt zugleich eine simple Wahrheit. Obwohl Maria bis 1858 Reisen unternahm, obwohl sie ihrer wohltätigen Arbeit unermüdlich anhing und an den gesellschaftlichen Höhepunkten des Hofes teilnahm, lebte sie meist still und bescheiden im Hintergrund. Nur zu besonderen Anlässen erschien sie in der Öffentlichkeit. Im September 1857, zum 100. Geburtstag Carl Augusts, hatte Maria Anteil an der Grundsteinlegung für das Denkmal zu Ehren des Fürsten und an der

Enthüllung der Standbilder für Goethe, Schiller und Wieland. Im folgenden Jahr nahm sie freundlich und aufgeschlossen an der Feier zum 300. Jahrestag der offiziellen Universitätsgründung in Jena teil.

Den erfreulichen Ereignissen stand der Streit mit Franz Liszt gegenüber. Liszt hatte 1857 ein ausgesprochen produktives Jahr. Die Uraufführung der Faust- und Dante-Symphonien sowie weiterer symphonischer Dichtungen zeugen davon. Dennoch versteiften sich die Konflikte. Als er 1858 in Weimar Cornelius' Oper „Der Barbier von Bagdad" aufführte, inszenierte das Publikum einen Skandal: der fremde Lotterbube brauchte einen Denkzettel! Liszt legte das Amt als Hofkapellmeister nieder. Er hielt die Weimarer Öffentlichkeit für unfähig, der Größe seines Genies zu folgen. Maria und Carl Alexander suchten nach Kompromissen zwischen den widerstreitenden Positionen. Daraus erwuchs ein Paradoxon: Trotz – oder wegen – des Dauerstreits um mehr Mittel, mehr Akzeptanz und Toleranz schuf Liszt in Weimar eine grandiose Musik, zog er Musiker, Dichter, bildende Künstler und Größen der Geisteswelt nach Weimar, wie einst zu Goethes und Carl Augusts Zeiten. Aber das Genie ließ sich nicht fesseln und so konnte Maria in ihrem ehrgeizigen Wunsch, Weimar als Krone der Kunst zu präsentieren, am Ende nur einen halben Erfolg verbuchen. Liszt blieb in Weimar – aber wie lange noch, konnte niemand sagen. Sie überließ das Weitere ihrem Sohn und wandte sich persönlichen Angelegenheiten zu.

Am 5. Dezember 1857 hatte Maria ihr auf den 29. November 1857 datiertes Testament beim Großherzoglichen Kreisgericht in Weimar hinterlegt. Zahlreiche Zusätze aus den darauffolgenden Monaten ergänzten den letzten Willen.[52]

„Im Namen Gottes, des Vaters, des Sohnes und des heiligen Geistes" ging die Autorin davon aus, dass sie zu Lebzeiten ihres Gatten in Form eines Briefes an diesen ihren letzten Willen niedergelegt hatte. Das vorzeitige Ableben Carl Friedrichs hatte jenes erste Testament hinfällig gemacht und wurde jetzt von ihr widerrufen. Stattdessen formulierte sie ein Testament, in dessen Einleitung ihre Gläubigkeit zum Ausdruck kam: „Ich bitte Gott, dass er meine Absichten gnädig ansehen, ihnen seinen Segen verleihen möge, damit sie meinen Kindern und Nachkommen wie Allen denen, die ich hinterlasse, Glück und Heil bringen, wie dies mein sehnlichster Wunsch ist. Treu der griechischen orthodoxen Kirche, in der ich geboren bin, gelebt habe und sterben werde, bitte ich den Allmächtigen Gott, mir alle meine Sünden zu vergeben und meine Seele gnädig in sein himmlisches Reich aufzunehmen. Diejenigen, denen ich Aergerniß bereitet, und Unangenehmes zugefügt habe, mögen mir verzeihen. Meine Absicht war stets nur darauf gerichtet, Gutes zu stiften, aber, wie Jedermann weiß, auch hinter dem besten Willen bleibt die Erfüllung weit zurück. Ich trage Niemanden etwas nach, lebe, wie ich zu sterben hoffe, in dem Bewußtsein herzlichster Liebe und innigsten Wohlwollens für meine Kinder und Angehörigen, wie für alle Diejenigen, die ich geschätzt und gekannt habe und danke Allen für die vielen Beweise von Liebe und Anhänglichkeit, die sie mir gegeben haben."

Die ersten Wünsche gingen an die Kinder: „Meinen Kindern empfehle ich und mache es als Pflicht, dass sie innig untereinander fortzuleben sich bestreben, wie es zu meiner Lebenszeit mein stetes Trachten gewesen ist; nur in dieser Einigung werden sie das reine Glück genießen können, was außer ihr sonst durch Umstände gestört werden kann. Sie sind erzogen worden in der Furcht Gottes und in der Liebe zu einander und zu ihren Verwandten, sie müssen in diesen Grundsätzen fortfahren; auch fordere ich Sie dazu auf, dass so oft sie es können, sie hierher nach Weimar kommen, und sich versammeln sollen bei ihrem Bruder und alsdann sich ihrer sie liebgehabten Eltern und Großeltern eingedenk bleiben."

Nur für sich selbst nahm Maria eine bilaterale Heimat in Anspruch: „Ich segne das geliebte Land, in dem ich gelebt habe, ich segne auch mein russisches Vaterland, das mir so theuer ist und besonders meine dortige Familie. Ich bitte Gott, dass er hier und dort Alles zum Besten lenken, das Gute erhalten und erblühen lassen möge und meine hiesige, wie meine Russische Familie stets unter seinen mächtigen Schirm nehmen wolle."

Das Bekenntnis zum russisch-orthodoxen Glauben, zur Familie und zu ihrer doppelten Heimat waren die Grundsätze, nach denen Maria ihren Nachlass ordnete. Die Festlegungen bezogen sich – analog den Bestimmungen im Ehevertrag von 1801 – fast ausschließlich auf die materielle Seite des Erbes. Wahrheitsgemäß versicherte sie, Rechnungsbücher und Inventarverzeichnisse über jegliche Arten von Besitz seien vorhanden und in bester Ordnung.

Maria setzte ihre drei Kinder zu „Erben meines Nachlasses" ein: „Meine beiden ... Töchter sollen, außer demjenigen, was ich ihnen weiter unten noch bestimme, eine jede die Summe von 400 000 rt. mit Worten: Viermal hundert Tausend Thaler erhalten und zwar will ich, dass sie zu gleichen Theilen diejenigen Fünfmal hundert Tausend Thaler ehemaliges Conventionsgeld, welches ich als den hälftigen Betrag meiner Dotalgelder bei dem Großherzogl. Kammerfiskus hier zu fordern habe, übernehmen, der Ueberrest aber aus meinen übrigen Kapitalien gedeckt werde."

Die halbe Million der baren Mitgift Marias war als Existenzsicherheit erhalten geblieben und ging an die Töchter über. In diesem Zusammenhang verfügte Maria, dass alle Geschenke, die sie ihren Töchtern zu Lebzeiten gemacht hatte, deren Eigentum blieben und gleichzeitig kein Bestandteil der Erbmasse bildeten. Außerdem wurden die Töchter von jeglichen Verpflichtungen zur Erfüllung des letzten Willens ihrer Mutter entlastet. Lediglich die Pension für ihre Gouvernante, Mme. Chançel, hatten sie zu zahlen.

„Mein gesamtes übriges Vermögen, soweit ich nicht über dasselbe in den folgenden Artikeln anders verfüge, erbt mein Sohn, der regierende Großherzog von Sachsen, jedoch unter nachstehenden fideicommissarischen Beschränkungen. Ich bestimme nämlich dieses mein gedachtes Vermögen zu einem Fideicommisse, welches zuerst mein Sohn, der Großherzog in Besitz nehmen, und nach ihm nach den Regeln der Erstgeburt jedes mal dem aus ebenbürtiger Ehe entsprossenen erstgeborenen Sohn der ältesten Linie seiner Familie zufallen soll, dergestalt jedoch, dass davon diejenigen ausgeschlossen sind, die sich nach den Familiengesetzen unseres Hauses nicht ebenbürtig vermählen oder vermählt haben." Carl Alexander wurde als Universalerbe eingesetzt, mit allen daraus erwachsenden Rechten und Pflichten für den Weiterbestand des Familienvermögens.

Maria übergab aus ihrem Immobilienbesitz sowohl die in der Königlich Sächsischen Oberlausitz gelegenen Rittergüter Kleinwadmaritz und Oppeln als auch die Weimarer „Altenburg" samt allem Zubehör sowie die Summe von 100 000 Talern einem Treuhänder zur Verwahrung für einen möglichen zweitgeborenen Sohn Carl Alexanders. Bis zum Ableben Marias gab es nur den 1844 geborenen Sohn Carl August.

Als Testamentsvollstrecker setzte Maria den Staatsmininister Watzdorf, den Oberhofmeister Vitzthum und den Geheimen Regierungsrat Emminghaus ein. Sie besaßen die Pflicht, das nicht den genannten Erbregelungen unterliegende persönliche Habe Marias nach deren Ableben zu inventarisieren und gerichtlich bestätigen zu lassen. Carl Alexander behielt dabei stets das Recht, Gegenstände nach seinen persönlichen Wünschen auszuwählen und zu bestimmen, ob sie dem Treuhandvermögen zugerechnet werden sollten oder nicht. Maria sah auch einige Möglichkeiten voraus, wie im staatlichen oder familiären Notfalle die in ihrem mobilen Nachlass enthaltenen Werte genutzt werden könnten. Der Grundsatz war ganz eindeutig: Man durfte mit den hinterlassenen Werten im Notfalle wohl arbeiten, deren Substanz durfte jedoch niemals gefährdet werden. Es gab Bestimmungen, nach denen die Rittergüter nicht veräußert werden durften und charakteristisch war auch die Festlegung, dass ihr in der Nähe Jenas gelegener Garten mit den darin befindlichen Gebäuden niemals verkauft werden dürfe. Sie machte es ihrem Sohn zur Pflicht, den Garten zu bewohnen und zu bewirtschaften – wie sie es einst gemeinsam in dessen Kindertagen getan hatten.

Die in Russland bestehenden Konten sollten zu gleichen Zinssätzen weitergeführt bzw. in russischen Immobilien angelegt werden. Damit blieb das Geld in der Hand der Zarenfamilie, aber die Weimarer Nachkommen hatten aus den Zinseinkünften einen persönlichen Nutzen. Maria bat ihren Sohn, dass das Staatsministerium die Verwaltung der Treuhänderschaften für das Gesamterbe und für die Sonderimmobilien übernehmen dürfte. Auf diese Weise konnte die beste Voraussetzung geschaffen werden, dass das Vermögen zum Nutzen des Staates und des regierenden Fürstlichen Hauses eingesetzt würde. Sie unterbreitete Vorschläge, wie das Kapital durch günstige Zinsanlagen und Immobilienkäufe vermehrt werden könne.

Maria hinterließ weitere detaillierte Anweisungen: „Der Inhaber des … errichteten Fideicommisses, zuerst also mein Sohn, der Großherzog, soll dessen Einkünfte in jährlichen Abschnitten bezinsen, und nach seinem Ermessen verwenden dürfen. Neben den Verpflichtungen, welche ich ihm in den folgenden Artikeln auferlegen werde, gestatte ich ihm zwar völlig freie Verfügung über diese Einkünfte, aber ich spreche den Wunsch aus, dass er mit seinen Einkünften sparsam umgehen und dieselben im Interesse seines Hauses und seines Landes verwenden … möge."

Viele Umstände galt es zu berücksichtigen. Carl Alexander könnte noch Töchter haben, die später mit einer Aussteuer zu versehen waren: Maria setzte dafür ein Kapital ein, das bei günstiger Verzinsung bis auf 150 000 Taler anwachsen konnte. Was geschah mit ihrem Vermögen, falls Carl Alexanders Sohn vorzeitig starb, wie wirkte sich das Erbrecht des Hauses auf die Verteilung ihrer Hinterlassenschaft aus – jede Variante wurde geregelt.

Die sozialen Stiftungen wurden gleichfalls bedacht: „In der Hoffnung, dass die von mir in das Leben gerufenen Frauenvereine in diesem Lande, denen ich so gern meine ganze Sorgfalt zugewendet habe, von Nutzen gewesen sind und auch künftig sein werden, da sie berufen waren, den gesamten guten Willen eine Direktive zu geben zum Wohle und Nutzen eines großen Theils der Einwohnerschaft des Großherzogthums, will ich dafür sorgen, dass dieselben auch in späteren Zeiten fortdauern. Ich bestimme deshalb, dass von dem jedesmaligen Inhaber des Hauptfideicommisses für die Zwecke des Frauenvereins jährlich Zweitausend Thaler außer den Zinsen derjenigen Kapitalien, welche dem Frauenverein jetzt schon gehören oder künftig noch zufallen dürften, verwendet werden. Würde aber das Kapitalvermögen des Frauenvereins durch Vermächtniß oder auf anderem Wege bis auf die Summe von Achtzig Tausend Thalern ansteigen, dann soll die jährliche Zahlung jener zwei Tausend Thaler wegfallen und das Fideicommis von der hierdurch ihr auferlegten Verbindlichkeit befreit werden. Diese Summe von zwei Tausend Thalern jährlich soll auch dafür sorgen, dass die Suppenanstalten zu Weimar und Eisenach gehörig unterstützt werden, wie auch beide Arbeitsschulen zu Zwätzen und Dorndorf (sogenannte Erwerbschulen für Knaben). Dabei verbiete ich jedoch ausdrücklich, dass von den Einkünften des Frauenvereins Ersparnisse gemacht werden, um durch dieselben die gedachte Kapitalsumme zu erfüllen. Vielmehr verordne ich, dass die Einkünfte ihrer Bestimmung gemäß verwendet werden und versehe mich zu dem Großherzoglichen Staats-Ministerium, dass es für Erfüllung dieses meines Willens gewissenhaft Sorge trägt. Das Protektorat der Frauenvereine soll von dem Großherzoge vergeben werden, und ist es mein Wunsch, dass dasselbe dessen Gemahlin oder dafern dies aus irgend einem Grunde nicht thunlich sein sollte, eine im Lande wohnende Prinzeß des Hauses oder sonst eine Dame von hohem Rang übernehme. Im Uebrigen wünsche ich zwar, dass die dermalige Einrichtung des Frauenvereins beibehalten werde, gestatte jedoch jede Veränderung, wenn diese dem Zwecke förderlich scheint."

Artikel 20 des Testaments verfügte: „Die Sparkassen des Großherzogtums empfehle ich der Sorgfalt und der Theilnahme meines Sohnes und seiner Gemahlin, wie ihren Nachfolgern, da ich überzeugt bin, dass kein wohlthätiges Institut mehr im Stande sei, als dieses, die Verarmung zu hindern." Maria übergab den Sparkassen kein neues Geld – sie entzog ihnen jedoch auch nicht ihre Einlagen, die nun an den Sohn übergingen. Die gleiche Empfehlung sprach Maria auch im Hinblick auf die von ihr mitbegründeten Hospitäler, Stiftungen und Gewerkschulen aus.

Das Testament enthielt exakte Bestimmungen darüber, welche Gehälter an die Mitglieder und Diener des Hofstaats zu zahlen waren. Selbstverständlich gehörten zu dem letzten Willen auch lange Listen mit genauen Angaben, welche Personen mit persönlichen Gegenständen aus dem Privatbesitz der Großfürstin bedacht werden sollten. Es waren wunderbare und überaus wertvolle Schmuckstücke, Möbel oder andere Einrichtungsgegenstände darunter – zum Teil üppige Geschenke aus dem russischen Kaiserhaus oder gar persönliche Gaben Katharinas II.

Neben diesen ganzen vermögensrechtlichen Bestimmungen hat der Artikel 23 öffentliche Bedeutung erlangt: „Ich will, dass meine irdischen Ueberreste in der Großherzogl. Gruft auf dem hiesigen Gottesacker in möglichster Nähe bei dem Sarge meines verstorbenen Gemahls bestattet werden und zu dem Ende einer der hier befindlichen zwei Kirchen meines Glaubens an die Gruft angebaut werde, und versehe ich mich zu meinem vielgeliebten Sohn, dem Großherzog, dass er diesen meinen Willen mit gewissenhafter Treue zur Ausführung bringe." Der Glaube verlangte, dass beide orthodoxe Kirchen bestehen blieben. Darum bestimmte Maria: „Die andere Kirche soll mein Sohn thunlichst erhalten, damit meine Glaubensgenossen, auch wenn sie nach meinem Tode hierher kommen sollten, die Gelegenheit haben, ihre Andacht zu verrichten." In diesem Sinne empfahl Maria den Erzpriester Sabinin und die Kirchenangestellten nicht der Großmut ihres Sohnes, sondern der Gnade des russischen Kaisers.

Ende 1857 schloss Maria die Hauptarbeit am Testament ab. Sie fand zu innerer Ruhe. Das Testament spiegelte ihr tätiges Leben und gab diesem einen gewissen Abschluss. Natürlich arbeitete sie im Rahmen ihrer Möglichkeiten weiter. Noch im Juni 1859 schickte Maria ein Exposé an den Staatsminister Watzdorf mit dem Titel: „Gedanken über Krankenpflege und Krankenwärterinnen". Sie entwarf darin einen Organisationsplan für den Aufbau eines sozialen Pflegedienstes, der das ganze Land erfassen sollte. Vielleicht hat sie der frühe Tod ihrer Enkeltochter Sophie im Mai 1859 zu dieser Schrift angeregt. Es war das letzte Dokument ihres Lebens.

Am 16. Juni 1859 besuchte Maria das Carl-Friedrich-Damenstift in Kromsdorf. Bei dem Ausflug erkältete sie sich. Zwei Tage später verschlechterte sich ihr Gesundheitszustand. Sie musste das Bett hüten, aber noch dachte niemand daran, dass die Erkrankung ernste Folgen haben könnte. Carl Alexander besuchte seine Mutter am 23. Juni gemeinsam mit der Schwiegertochter Sophie. Noch bevor sie am Abend ihre Residenz Ettersburg erreichten, holte sie ein Bote ein: Um ½ 6 Uhr abends, am 23. Juni 1859, war Maria Pawlowna plötzlich, aber ruhig und gelassen für immer eingeschlafen. Ein erfülltes Leben war ohne Leiden zu Ende gegangen.

Am 25. Juni erging die Anweisung zu einer halbjährigen offiziellen Trauer. Am Sonntag, den 26. Juni, wurde Maria Pawlowna nach den Regeln der russisch-orthodoxen Kirche in der griechischen Kapelle an der Ackerwand aufgebahrt. Entsprechend dem Wunsch Marias erfolgte die Aufbahrung in einem geschlossenen Sarg. Die Beisetzung fand einen Tag später statt. Um 8 Uhr setzte sich der Trauerzug von der griechischen Kapelle über den Fürstenplatz und den Markt zum Friedhof und der Fürstengruft in Bewegung. Obwohl Maria erst vier Tage vorher gestorben war, nahmen neben der Bevölkerung Weimars zahlreiche Gäste Abschied von ihr. Orthodoxe Priester, Diakone, Psalmisten und Sänger aus Stuttgart, Wiesbaden und Berlin hatten es rechtzeitig zur Beisetzung geschafft. Erzpriester Sabinin nahm die Einsegnung vor, ehe der Sarg in die Erde gesenkt wurde, begleitet von den orthodoxen Sängern. Maria Pawlowna, die russische Großfürstin, Großherzogin in Sachsen, Mutter des regierenden Großherzogs von Sachsen-Weimar-Eisenach, Mutter der Königin von Preußen und Tante des regierenden russischen Kaisers Alexander II. wurde würdevoll zu Grabe getragen.

Eine Flut von Beileidsbekundungen und Ehrungen erreichte Weimar. Im Grunde gab es kaum eine Stimme, die nicht in das allgemeine Loblied über die verstorbene freundliche und gütige alte Dame einstimmte. Maria hatte stets auf ihren Rang geachtet. Sie blieb gegenüber jedermann distanziert, Huldigungen gehörten zu dem gewohnten Alltag. Ihre positiven Leistungen lagen in der überlegten und praktischen Politik. Sie ist keine geniale Dichterin oder Musikerin gewesen, sie hatte keine politischen Visionen und war auch nicht mit den Talenten eines begnadeten Wissenschaftlers gesegnet. Maria hat niemals den Versuch unternommen, sich selbst als geistiges oder künstlerisches Zentrum des Weimarer Hofs zu präsentieren. Alle ihre Handlungen beruhten auf dem Prinzip gelebter und praktischer Vernunft.

Manches Ziel ist nicht erreicht worden. In der öffentlichen Wohlfahrt, Kunst und Wissenschaft konnten ihr Wille, ihre Geduld und ihr Geldbeutel Mängel abmildern, aber nur selten beseitigen. Doch Maria hat mit ihren Möglichkeiten etwas getan, was jeden Menschen auszeichnen sollte: Sie hat das Leben, in das sie hineingeboren worden und hineingewachsen ist, mit Klugheit und Geschick zum Nutzen des allgemeinen Interesses sinnvoll verbracht – so, wie es ihrem Rang, ihrer Religion und ihrem persönlichen Pflichtgefühl und Wunsch entsprach.

Carl Alexander ließ 1860 die Kapelle der Apostelgleichen Maria Magdalena an der Rückseite der Fürstengruft erbauen. Der Grundstein wurde in russische Erde gelegt. Die Zeichnungen für die Kirche entstanden in Moskau und der Architekt Ferdinand von Streichhahn leitete den Bau nach diesen Zeichnungen. 1862 stand die Kirche in allen Details. Am 24. November 1862 erfolgte die Weihe durch den Beichtvater Marias, Erzpriester Stefan Sabinin. Maria hatte ihre letzte Ruhestätte gefunden, so wie sie es ihr Leben lang gewollt hatte.

Sophie
von Oranien-Nassau

(1824–1897)

Königliche Prinzessin der Niederlande, Großherzogin von Sachsen-Weimar-Eisenach

Die Vorgeschichte der dynastischen Verbindung zwischen dem Weimarer Großherzog Carl Alexander und der niederländischen Prinzessin Wilhelmine Maria Sophie Louise von Oranien-Nassau – allgemein Sophie genannt – begann lange vor der Geburt der beiden Kandidaten und sie nahm wieder einmal in Russland ihren Anfang. Maria Pawlownas Schwester Anna sollte nach dem Willen ihrer Mutter mit einem reputierlichen und vermögenden Adelsgeschlecht in Westeuropa verheiratet werden, um die Macht und den Einfluss Russlands auf dem Kontinent auch über Deutschland hinaus zu stärken. In den turbulenten Jahren der antinapoleonischen Kriege war die 1795 geborene Anna zwar noch sehr jung, aber das störte weder den russischen noch den französischen Kaiser, das Kind zwischen 1808 und 1810 in ihr politisches Spiel um die Vorherrschaft in Europa einzubeziehen. Anna diente als spekulatives Heiratsobjekt: Napoleon warb um sie, um eine Dynastie zu gründen und lockte Alexander I. mit der russischen Herrschaft über ganz Polen. Der Widerstand im Hause Romanow war gegen diese Pläne so stark, dass sie fallen gelassen werden mussten.

Anna gewann erst nach dem Sieg der Koalitionsmächte über Napoleon wieder an Interesse, als es um die Neuverteilung Europas ging und Russland glaubte, in dem großen Poker um neue Pfründe eine privilegierte Position zu besitzen. Vor, während und nach dem Wiener Kongress von 1814/15 bediente der russische Kaiser den aristokratischen Heiratsmarkt mit allen ihm zur Verfügung stehenden Geschwistern. Die „Heilige Allianz" bedurfte eines dynastischen Standbeins.

Österreich machte sich Hoffnungen auf die Rückgewinnung der habsburgischen Niederlande. Katharina Pawlowna stand bereit, den als Statthalter auserkorenen Erzherzog Karl zu ehelichen. Aber Österreich bekam die Niederlande nicht zurück – Katharina nahm 1816 den württembergischen Kronprinzen Wilhelm und Russland besaß eine neue

Position an den Grenzen zu Frankreich. Der russische Großfürst Nikolaus – der spätere Kaiser Nikolaus I. – heiratete 1817 die Prinzessin Charlotte aus Preußen und Petersburg hatte damit einen direkten Draht nach Berlin.

Für die inzwischen 20-jährige Anna eröffnete sich eine andere Option. 1815 hatte der Wiener Kongress beschlossen, die ehemalige Republik der Vereinigten Niederlande mit den früheren Spanisch-Österreichischen Niederlanden und dem Fürstbistum Lüttich zum „Königreich der Vereinigten Niederlande" zu vereinen. König wurde der Oranier Wilhelm I., Sohn des letzten Erbstatthalters Wilhelm V. Ein Königreich der Niederlande als politisches Gegengewicht zu England entsprach dem Geschmack des russischen Kaiserhauses, leitete es doch seine Legitimation von Peter dem Großen ab, der weiland das Diplom eines holländischen Schiffszimmermanns erworben hatte! Zudem regierte König Wilhelm I. konservativ, despotisch und mit starrer Hand. Das gefiel den freien und weltoffenen Bürgern zwar nicht und führte 1830 zur Abspaltung der Belgier vom Königreich, aber in diesem Land konnte man aus russischer Sicht mit gutem Gewissen eine Großfürstin verankern. Tatsächlich besaß der niederländische König in dem 1792 geborenen Kronprinzen Wilhelm einen heiratsfähigen Sohn. Der Kronprinz hatte die Jahre der napoleonischen Herrschaft im britischen Exil verbracht, unter dem Herzog von Wellington gedient und in der Schlacht von Waterloo die niederländischen Streitkräfte geführt. Er genoss nicht den militärischen Ruhm wie der Kronprinz Wilhelm von Württemberg, aber er zeigte sich wie dieser modernisierenden Reformen gegenüber aufgeschlossen.

Der württembergische Freiherr Eugen von Maucler hatte den Kronprinzen bei der Hochzeit Katharina Pawlownas in Petersburg gesehen und als hässlich, aber mit sehr guten Manieren beschrieben. Zu diesem Zeitpunkt, im Januar 1816, war er bereits der Bräutigam Anna Pawlownas, die Maucler weder hübsch noch anmutig fand. Darauf kam es nicht an: Im selben Jahre traten Anna und Wilhelm in den heiligen Stand der Ehe und reisten nach Den Haag ab.

Anna und Wilhelm mussten lange auf die Krone warten und bis dahin harte Kämpfe bestehen. Wilhelm I. überließ seinem Sohn erst im Jahre 1840 den Thron. Aber der Kronprinz durfte die Kampagne gegen den Abfall der Belgier führen. Als die Belgier 1830 gegen den Verbleib bei den Vereinigten Niederlanden rebellierten, war Wilhelm bereit, ihnen eine größere Autonomie zuzugestehen. 1839 erhielt Belgien offiziell die Unabhängigkeit. Nach der Abdankung seines Vaters übernahm Wilhelm II. den Thron. 1848 erließ er eine relativ liberale Verfassung, die die Macht des Königs in großem Umfang einschränkte. Im folgenden Jahr starb er bereits – seine Gemahlin Anna überlebte ihn um 16 Jahre und starb erst 1865.

Anna und Wilhelm verbrachten ihre gemeinsame Lebenszeit mithin vorwiegend im Wartestand und prägten die niederländische Politik nur über einen relativ kurzen Zeitraum. Anna verhielt sich in den Niederlanden im Grunde nicht anders als ihre Schwester Maria in Weimar. Sie entsprach dem Bild einer russischen Großfürstin, indem sie sich als Wohltäterin für die Armen und Schwachen empfahl, förderte Wissenschaft, Kunst und Kultur, reiste viel und festigte die Beziehungen zwischen Russland und den Niederlanden. Der Unterschied zu Maria in Weimar bestand darin, dass die Niederlande kein unscheinbares Duodezfürstentum waren, das lediglich durch Literatur und Kunstwilligkeit auf sich aufmerksam machen konnte. Die reichen Holländer mit ihren weltweiten Handelsverbindungen und bürgerlichem Selbstbewusstsein bildeten für Russland eine politische und wirtschaftliche Macht. Anna gab sich Mühe, den Traditionen und Bräuchen der Niederländer gerecht zu werden. Zeitgenossen lobten Anna als umsichtige, lebendige und stets wache Frau, die sich um viele Probleme kümmerte. Wirkliche gesellschaftliche Aufmerksamkeit genoss sie allerdings erst, nachdem sie mit Wilhelm II. den Thron bestiegen hatte.

Sophies Erziehung im Geiste eines freien Volkes

Aus der Ehe Annas mit Wilhelm II. gingen vier Kinder hervor, die drei Söhne Alexander, König Wilhelm III., Prinz Wilhelm-Friedrich-Heinrich und die Tochter Wilhelmine Maria Sophie Louise von Oranien-Nassau. Ein vierter Sohn, Wilhelm-Friedrich-Ernst, starb vier Monate nach der Geburt.

Sophie wurde am 8. April 1824 in Den Haag geboren. Sie nahm eine ganz normale kindliche Entwicklung, die den Traditionen der natürlichen Erziehung am Königshof folgte. Bis zu ihrem zehnten Lebensjahr wuchs Sophie in einer eigenen kleinen Meierei in Soestdijk auf, wo sie in allen praktischen Fragen des Haushalts, der Gartenarbeit und des schlichten ländlichen Lebens unterwiesen wurde. Geradezu spielerisch beherrschte sie viele praktische Erfordernisse vom Kochen bis zur Blumenpflege. Sie kleidete sich wie alle Holländerinnen und trug stets die unvermeidlichen Holzschuhe an den Füßen.

Anna Pawlowna hatte nach der Heirat ihren orthodoxen Glauben beibehalten. Da das Königshaus dem Protestantismus der Niederländischen Reformierten Kirche folgte, sorgte der Vater für eine strenge religiöse Erziehung seines Nachwuchses. Generell scheinen die Kinder von ihrer frühesten Jugend an besonders am Vater gehangen zu haben. Anna war nicht nur nicht so schön, wie sie zeitgenössische Abbildungen darstellten, sie zeichnete sich auch nicht durch Geduld, Sanftmut oder besonders innige Hingabe an ihre Kinder aus. Es bedurfte oft gütig vermittelnder Personen, um den Hausfrieden zwischen der Mutter und den Kindern zu wahren. Dazu gehörte auch der französische Hauslehrer. Er sorgte für die notwendige Allgemeinbildung. Die fröhliche Sophie entwickelte unter seinem Einfluss scharfen Verstand und Verantwortungsbewusstsein. Es entsprach dem Aufnahmevermögen des Mädchens und dem Geist seines Heimatlandes, dass es sich bereits in jungen Jahren mit den philosophischen und staatspolitischen Schriften eines Blaise Pascal oder Francis Bacon auseinandersetzen durfte. Sophies schulische Ausbildung begann nach dem Abschied vom natürlichen Leben in der Meierei relativ spät, folgte dann jedoch einer strengen Selbstdisziplin.

Sophie lernte mit rascher Auffassungsgabe und beherrschte nach wenigen Jahren die holländische, französische, deutsche, englische und italienische Sprache. Sie stellte früh hohe Ansprüche an sich selbst und an ihre Umgebung. Zu einer ihrer Hofdamen meinte sie ein wenig altklug: „Wer mit zwanzig Jahren noch keinen Verstand hat, bekommt auch keinen mehr." Vielleicht schützte sie sich mit derartigen Sprüchen auch nur vor den Launen ihrer unbeherrschten Mutter.

Im Jahre 1831, wahrscheinlicher jedoch erst 1834, durfte Sophie ihre Mutter nach Weimar begleiten, die dort ihre Schwester Maria besuchte. Anna Pawlowna benahm sich bei der Visite arrogant und herausfordernd, die kleine Sophie schämte sich, aber Tante Maria umgab das Mädchen mit der gleichen liebevollen Aufmerksamkeit, die sie ihren eigenen Kindern schenkte.

Marias Sohn Carl Alexander war zum Zeitpunkt des Besuchs von Anna und Sophie noch nicht volljährig und es gibt auch keinen Beleg dafür, dass seine Mutter und deren Schwester damals bereits Überlegungen hinsichtlich einer späteren Heirat ihrer Kinder anstellten.

Carl Alexander jedenfalls verbrachte die 30er-Jahre nahezu vollständig auf Reisen durch Deutschland und Europa, die ihn bis nach Ungarn, Italien und England führten. In Weimar nannte man ihn ebenso ärgerlich wie spöttisch den „Auswärtigen". Maria fand schließlich, dass sich der charakterlich komplizierte und eher kunstsinnige junge Mann nunmehr intensiv auf seine künftigen Herrschaftsaufgaben vorbereiten sollte. Die Zeit der Kavaliersreisen musste ein Ende finden. Man band den Erben an seine künftigen Pflichten am besten durch eine konkrete Aufgabe, die seinen Interessen entsprach, der Perspektive des Landes diente und ihn zwang, stärker im Lande zu wirken. Die Wartburg und deren Sanierung im Geiste der deutschen Nationalgeschichte – mit Weimar als geistigem Zentrum – konnte da wertvolle Dienste leisten. Carl Alexander nahm 1838 das Angebot seiner Mutter, die Verantwortung für die Restaurierung der Wartburg zu übernehmen, sehr ernst. Außerdem hieß es, sich langsam selbst zu disziplinieren.

Zwei weitere konkrete Hürden waren zu überspringen. Der Erbprinz musste noch seinen Militärdienst ableisten und dann sollte er heiraten. Den Waffendienst erfüllte er in den Jahren 1839 bis 1841 ohne sonderliche Begeisterung bei den Breslauer Kürassieren. Dann konnte der letzte Akt auf dem Wege zum erwachsenen Thronfolger eingeleitet werden: die Heirat und die Geburt weiterer Thronerben zur personellen Sicherung der Dynastie. Eine zumindest äußerlich sichtbare Option auf eine bestimmte Dame war in jenen Jahren schon zu erkennen. Auf der Rückreise aus England besuchte Carl Alexander Den Haag und sah seine Cousine Sophie wieder, die er 1834 bei deren Visite in Weimar kennengelernt hatte.

Für Prinzessin Sophie brachte das Jahr 1840 einen entscheidenden Wendepunkt. Wilhelm I. dankte zugunsten seines Sohnes ab und ihr Vater bestieg als König Wilhelm II. den niederländischen Thron. Obwohl Sophie selbst keine Anwartschaft auf die Krone besaß, setzte der Vater seine Bemühungen fort, das Mädchen im Geiste der Oranier und der Bürger des Landes allseitig zu bilden und zu erziehen. Wilhelm II. legte großen Wert darauf, seine Tochter in alle Angelegenheiten der Regierung, der Hofhaltung und generell seiner königlichen Aufgaben und Verantwortlichkeiten einzubeziehen. Sie lernte die streng geordnete Präsentation, das notwendige diplomatische Geschick im politischen Denken und Handeln. Sie besuchte Frankreich, England, Russland, Italien und Deutschland. Sophie verfügte charakterlich, nach ihrem Bildungsgrad und aus der Sicht handwerklicher Fähigkeiten über alle Voraussetzungen, selbst die Herrschaft in einem Land auszuüben.

Diese Voraussetzungen konnten Maria in Weimar nur gefallen. Prinzessin Sophie war eine lebenslustige und stolze Dame mit Führungsqualitäten. Sie verfügte außerdem dank ihrer Herkunft über ein Vermögen, das selbst das der reichen Maria weit übertraf. Sophie gehörte zur großen Familie Romanow und besaß wie ihr Weimarer Cousin ein eigenes Konto in St. Petersburg. Falls Carl Alexander und Sophie persönlich einen annehmbaren Kontakt zueinander fanden, konnte im Interesse des Hauses Romanow eine ideale Ehe geschlossen werden. Es war kein Zufall, dass sowohl Maria als auch Carl Alexander im Jahre 1841 nach Russland fuhren: der Sohn im Frühjahr, um sich beim Kaiser Nikolaus I. und dessen Gemahlin vorzustellen; die Mutter im Sommer und Herbst, um die Resultate der Beobachtungen zu erfahren. Die Visite Carl Alexanders überzeugte die kaiserliche Familie. Er freundete sich mit dem russischen Thronfolger, dem späteren Kaiser Alexander II., an. In Weimar konnten die Vorbereitungen für eine Eheschließung zwischen den Kindern Marias und Anna Pawlownas eingeleitet werden.

Wie oft und wie intensiv die jungen Leute bisher einander begegnet waren, spielte eine völlig untergeordnete Rolle. Maria mochte sich an ihre eigene Jugend erinnert haben. Als Carl Friedrich 1803 auf ein Jahr nach Petersburg gekommen war, hatten sich ihre persönlichen Begegnungen ebenfalls lediglich im Rahmen konventioneller Harmlosigkeit erschöpft. Immerhin: Nach der Zustimmung in Petersburg reiste Carl Alexander wieder nach Holland zu seiner künftigen Gemahlin Sophie.

Vielleicht dachte Maria auch, Prinzessin Sophie wäre eine so starke Persönlichkeit, dass sie ihrem zu vielerlei Phantasien und Träumen neigenden Carl Alexander ebenso leiten konnte, wie sie selbst den sanftmütigen Carl Friedrich dirigierte. Dieser Gedanke hätte sich allerdings bald als Fehlkalkulation erwiesen. Sophie war zwar auch die Tochter der unberechenbaren Anna. Sie fühlte sich jedoch in erster Linie als ein Kind jener Oranier, die die besten Traditionen eines freien und selbstbewussten Bürgersinns in weltweiten Spielräumen auslebten. Sie verfügte über einen ganz anderen Denk- und Lebensansatz als ihn die aus dem autokratischen Russland kommende Maria oder auch der in Weimar verwurzelte Carl Alexander besaßen. Natürlich war sie bereit, sich zu arrangieren. Aber Carl Alexander durfte keinesfalls darauf rechnen, dass Sophie lediglich ein Mädchen war, das gut Klavier spielte und sang, gebildet war und die Geselligkeit liebte.

Die Prinzessin wird erwachsen: der Ehevertrag

Die unmittelbare Brautwerbung des Weimarer Erbprinzen konzentrierte sich auf wenige Wochen im Herbst 1841 und zu Beginn des Jahres 1842. Es war üblich, dass der künftige Ehemann die Initiative ergriff, nachdem die Familien das Netz gespannt hatten. Am 12. Januar 1842 schrieb Carl Alexander einen Brief an seine „liebe und gute Cousine", den man als vollendet höflich, aber auch als ebenso kalt und unpersönlich bezeichnen darf: „Die Güte und – ich wage es zu sagen – die Freundschaft, die Sie mir immer bewiesen haben, geben mir die Kühnheit, mich an Sie in einer Angelegenheit zu wenden, von der mein ganzes gegenwärtiges und zukünftiges Glück abhängt. Seit Langem glaube ich zu bemerken, dass Sie geruhten, mir eine Vorliebe entgegenzubringen, die mich umso mehr glücklich machte, als ich insgeheim in meinem Herzen eine Zuneigung nährte, die Sie vielleicht fern waren zu ahnen, die darum aber nicht weniger eine wirkliche Kraft war. Deshalb, meine liebe und gute Cousine, wage ich es, Ihnen heute zu schreiben, um Sie zu fragen, ob Sie mich zum Glück erheben wollten und könnten, indem Sie mir Ihre Hand bewilligten."[1] Sophie bewilligte postwendend und damit war bereits den Förmlichkeiten Genüge getan. Am 5. April 1842 verkündet das niederländische Königshaus in Den Haag die im März vollzogene Verlobung Sophies mit Carl Alexander. Das Fest verlief harmonisch und die jungen Menschen waren ganz offensichtlich heiter und glücklich. Carl Alexander nahm es gelassen, dass Sophie in Holland sehr beliebt war, weil sie in ihrer fröhlichen und offenen Art den einfachen Menschen nahe stand. Es gab manche Stimme, die beklagte, dass die Prinzessin nach Deutschland heiratete.

Die beiden Liebenden ließen es sich nach der Verlobung nicht nehmen, in einem ausführlichen Briefwechsel ihre gegenseitigen Interessen, Zukunftsvorstellungen und Lebensansichten darzustellen. Die Korrespondenz reflektierte das Phänomen, wie sich zwei Menschen innerhalb kurzer Zeit und obendrein nur in Briefen von der Einhaltung höfischer Konventionen zur Offenbarung sehr persönlicher Ansichten wandeln können, ohne zu vergessen, zu welchen Absichten man sie zusammengefügt hatte. Es war nicht zu übersehen, dass die beiden jungen Leute überhaupt erst einmal in die Rollen hineinwachsen mussten, die ihnen von den Müttern aus dynastischen Gründen auferlegt worden waren.

In der Praxis wussten die Liebenden zunächst nicht, wie sie sich einander nähern sollten. Carl Alexander spreizte sich und schlüpfte in die Rolle eines bedachten Bräutigams, der sich um die Gesundheit Sophies sorgte, weil sie ihm zu viel von Bällen und Unterhaltungen berichtete. Carl Alexander wusste auch um das lieblose Verhältnis Annas zu ihren Kindern und versprach Sophie, sie würde mit ihm gemeinsam die schmerzlichen Erfahrungen ihres Lebens bewältigen. Natürlich versuchte er auch, seine Bildung und die vielfältigen Reiseerlebnisse in die Waagschale zu werfen. Das verfing bei der weltoffen erzogenen Holländerin allerdings weniger, sie plauderte weiterhin munter von freudvollen Seiten des jungen Lebens. Daneben interessierte sie sich durchaus für die Tätigkeiten und Aufgaben ihres künftigen Ehemanns sowie dafür, was sie in ihrer neuen Heimat erwarten konnte. Recht geschickt lenkte sie ihren Carl Alexander auf jene ernsthaften Gebiete der Kunst und Kultur, auf denen er sich beschlagen fühlte. Sie passte sich seiner Diktion an, zeigte Interesse an der Wartburg und vor allem an Carl Alexanders damaliger Lieblingsidee: Er wollte das Schloss Ettersburg zu einem neuen Zentrum des geistigen und künstlerischen Lebens in Weimar gestalten.

Mit dieser Idee setzte Carl Alexander die Traditionen Goethes und Anna Amalias fort, entsprach er den Intensionen seiner Mutter zur geistig-kulturellen Erneuerung des Hofs und schuf er zugleich sein eigenes Refugium, in dem er relativ unabhängig, aber doch in stetiger Zusammenarbeit mit dem „alten" Hof, seine ästhetischen Wünsche verwirklichen konnte. Sophie gefiel an dem Vorhaben in erster Linie der Gedanke der Unabhängigkeit.

Tatsächlich nahm der Austausch über die Sehnsüchte, die beide jungen Menschen an Ettersburg knüpften, nicht nur weite Teile der Korrespondenz in Anspruch, er brachte sie einander menschlich näher. Es bereitete ihnen Freude, über den großen Fürsten Pückler und die Umgestaltung des Landschaftsparks zu schwärmen, darüber, dass sie viele Gäste empfangen würden, eine neue Geselligkeit einrichten und ein Leben in den schönen Künsten genießen würden. Der süße Traum der Jugend! Carl Alexander und Sophie wären nicht Kinder ihrer regierenden Häuser gewesen, wenn sie sich bei all ihren Träumen nicht immer wieder der Regentenpflichten und der Realitäten des Lebens bewusst geworden wären. Ettersburg sollte die Träume wahr werden lassen – Schloss und Park mussten allerdings erst noch in den Zustand versetzt werden, der das Träumen erlaubte. Das war für die jungen Menschen natürlich kein Hindernis. Sogar an die Goethe-Stiftung und das Festspielhaus für die Werke Richard Wagners in Weimar dachten sie. Projekte, die letztlich am Geld und an der nationalen Politik im Deutschen Bund scheiterten.

Immerhin, die Korrespondenz verlieh dem dynastischen Arrangement menschliche Konturen. Carl Alexander musste auch nicht jene quälenden Hürden übersteigen, die man seinem Vater in Petersburg zugemutet hatte, damit dieser begriff, wie gering sein Rang im Vergleich zu einer russischen Großfürstin zählte. Sophie und Carl Alexander konnten dank des Einsatzes ihrer Mütter – im Falle Sophies auch des Vaters – mit einigem Stolz und erhobenen Hauptes in die gemeinsame Ehe gehen.

Dem gewachsenen natürlichen Selbstwertgefühl beider Partner entsprach auch der am 30. September 1842 unterzeichnete Ehevertrag, den die Autoren in zupackenden und schnörkellosen Formulierungen niederschrieben. Der holländische Einfluss auf die dem Zweck unterworfene Sachlichkeit lugte unverkennbar hervor. Von Weimarer Seite handelte der 1743 im kurländischen Mitau geborene Geheime Legationsrat Wilhelm von Wegener den Vertrag aus. Der König der Niederlande beauftragte den Baron Johann Wilhelm Huyssen von Kattendyde mit den Verhandlungen. Die Herren einigten sich, „im Namen der hochheiligen und unteilbaren Dreifaltigkeit" und im Auftrage ihrer Landesherren grundsätzlich darauf, dass Sophie und Carl Alexander die Ehe freiwillig und mit Zustimmung ihrer Eltern eingingen. Damit endete die Harmonie bereits, denn lediglich Carl Alexander wurde verpflichtet, seine Gemahlin zu lieben und zu ehren sowie entsprechend ihrem Rang als Tochter des Königs der Niederlande die gebührende Achtung zu erweisen. Eine adäquate Verpflichtung für Sophie sah der Vertrag nicht vor. Die Hochzeit hatte nach den im niederländischen Königshaus üblichen Riten zu erfolgen und ein Exemplar der Heiratsurkunde war im Weimarischen Standesregister der Eheschließungen einzutragen sowie im Archiv des Großherzoglichen Hauses zu hinterlegen.

Sophie erhielt von ihrem Vater eine Mitgift von 100 000 niederländischen Gulden, die an die Weimarer Domänenkammer gezahlt werden sollten: „Die Prinzessin wird während der ganzen Zeit Ihrer Ehe mit dem durchlauchtigen Groß- und Erbherzog die Nutznießung eines Einkommens von 4% jährlicher Zinsen auf die Mitgift von 100 000 Gulden der Niederlande haben, welche Ihr von Seiner Königlichen Hoheit dem Großherzog von Sachsen Weimar Eisenach gezahlt werden."[2] Neben der offiziellen Mitgift erhielt Sophie eine ihrem Stand gerecht werdende Aussteuer, die in einem speziellen Verzeichnis exakt spezifiziert werden sollte.

In ähnlich unbezifferter Weise beschrieb der Vertrag, dass Sophie „ein Privatvermögen" an „öffentlichen Effekten" in die Ehe bringt, das durch jährliche Schenkungen des Königs in Höhe von 24 000 niederländischen Gulden angereichert werden wird. Man betonte ausdrücklich, dass alle vorhandenen und noch zu ererbenden Vermögenswerte und die Aussteuer ausschließlicher Privatbesitz der Prinzessin bleiben und in keinem Falle der Mitgift zugerechnet werden dürfen. Die unmissverständliche Trennung zwischen Vermögen und Mitgift wurde im gesamten Text betont. Sophies persönliches Vermögen kann nur geschätzt werden: Allein ihre holländischen Besitzungen überstiegen einen Wert von 20 Millionen Gulden.

Maria Pawlowna hatte 1804 eine Mitgift eingebracht, in der das Privatvermögen zumindest verbal als ständig sprudelnde Quelle für soziale Wohltätigkeit und Förderung von Wissenschaft, Kunst und Kultur verstanden wurde. Bei Sophie wurde deutlich, welche Wandlungen sich im Verständnis von Macht und Eigentum auch im Adel vollzogen hatten. Die Mitgift blieb in ihrer Höhe weit hinter dem Privatvermögen der Braut zurück, aber der Privatbesitz stand in der Ehe nicht zur Disposition.

Wie bescheiden nahm sich dagegen die Apanage für Carl Alexander aus. Sein Vater musste ihm jährlich 20 000 Taler zahlen. Außerdem durfte der Großherzog der jungen Schwiegertochter jährlich 6000 Taler als Nadel-, Kleider-, Hand- und Spielgeld überweisen. Eine interessante Variante über die Lebensauffassungen enthielt der Artikel VI. des Ehevertrags. Er legte fest, dass Sophie und Carl Alexander zwar einen gemeinsamen Hof unterhalten, aber in getrennten Wohnungen leben sollten. Sophie erhielt alle Freiheiten für die Auswahl und Beschäftigung der Mitarbeiter ihres Hofstaates.

Selbstverständlich enthielt der Vertrag alle damals üblichen Bestimmungen über die Versorgung Sophies und ihrer Nachkommen im Falle des vorzeitigen Ablebens ihres Ehemanns. Im einfachsten Fall hatte der Großherzog der Witwe monatlich 1000 Taler Witwenrente zu zahlen. Damit die Witwe bescheiden blieb, wurden auf diese Summe die Geldleistungen angerechnet, die aus der mit 4% verzinsten Mitgift erwuchsen. Die Zahlung der Nadelgelder würde entfallen. Sie konnte jedoch sicher sein, im Großherzogtum eine angemessene Wohnung als Witwensitz zu erhalten, deren Einrichtung und Personal vom Großherzog zu finanzieren wären. Sollte die Witwe ihren Wohnsitz in einem anderen Land nehmen wollen, würde zwar das monatliche Witwengeld weitergezahlt werden, aber der Nutznieß einer kostenlosen Wohnung würde entfallen. Sollte Sophie ihren Wohnsitz für ständig im Ausland nehmen, müsste sie die gesamte Wohnungseinrichtung zurückgeben. Dafür brauchte die Witwe jedoch für keinerlei Reparaturkosten an der Wohnung und ihrer Einrichtung aufzukommen.

Interessant waren die Festlegungen im Artikel VIII des Vertrags: „Wenn durch den Segen des Himmels Kinder in dieser zukünftigen Ehe geboren werden, werden sie unterhalten, erzogen und verheiratet werden auf Kosten der großherzoglichen Krone von Sachsen Weimar Eisenach gemäß den Vereinbarungen, die Seine Königliche Hoheit der Großherzog zu diesem Zweck treffen wird und so, dass die Kosten in keinem Fall zu Lasten der Prinzessin gehen dürfen. Im Fall der Witwenschaft wird die Vormundschaft über die aus dieser Ehe hervorgegangenen Kinder, Prinzen und Prinzessinnen des großherzoglichen Hauses von Sachsen Weimar Eisenach, nach den Gesetzen des großherzoglichen Hauses von Sachsen Weimar Eisenach geregelt werden."[3] Sophie war jeglicher Kosten für die Erziehung und Ausbildung ihrer Kinder enthoben. Selbst wenn sie den Rang der Großherzogin erreichen würde, trug die Krone diese Lasten und sie musste nichts aus ihrem Privatvermögen beisteuern. Im Falle eines vorzeitigen Ablebens ihres Gemahls würde die Witwe ihr gesamtes Privatvermögen selbstverständlich behalten. Sie könnte frei darüber verfügen, allerdings nur „durch Testament, Schenkung oder Donation, unter Beachtung der bürgerlichen Gesetze des Großherzogtums von Sachsen Weimar Eisenach."[4] Die Vereinbarung legte fest: Sollte Sophie nach dem vorzeitigen Ableben ihres Gemahls wieder heiraten, würde die Zahlung des Witwengeldes sofort eingestellt und das Großherzogtum müsste die gesamte Mitgift entweder an Sophie oder an sie und ihre Kinder zurückzahlen. „Selbstverständlich wird in den im vorliegenden Artikel vorgesehenen Fällen der Prinzessin ebenfalls Ihr nicht zur Mitgift gehörendes Vermögen bleiben mit der Möglichkeit, darüber zu verfügen durch Testament, Schenkung oder Donation, bis auf die Rechte der Succession, die die Gesetze des Großherzogtums den Kindern aus erster Ehe zusichern."[5]

Ihr Ehemann durfte auch nicht zur Begleichung etwaiger Schulden auf die Mitgift oder das Vermögen Sophies zurückgreifen. In den Artikeln zur Vererbung ihres Vermögens legte der Vertrag faktisch die Kinder als Alleinerben fest. Sollte Sophie vor ihrem Gemahl sterben und Kinder vorhanden sein, durfte der Gemahl lediglich den Nießbrauch über ihr Vermögen ausüben: bis zur Volljährigkeit männlicher Erben und bis zur Verheiratung von Töchtern.

Mit einer Klarheit, die nicht einmal das Haus Romanow verlangte, beschied der Vertrag: „Sollte dagegen Ihre Königliche Hoheit zu Lebzeiten des Prinzen, Ihres Gatten, sterben, ohne Nachkommen zu hinterlassen, würde die Mitgift von 100 000 Gulden an das Königliche Haus der Niederlande zurückfallen, es sei denn die Prinzessin hätte andere Verfügungen getroffen. Aber Seine Königliche Hoheit der durchlauchtigte Groß- und Erbherzog wird bis zu Seinem Tod den Nießnutz der Mitgift haben. Nach dem Tode Seiner Königlichen Hoheit des durchlauchtigten Groß- und Erbherzogs wird das Kapital der Mitgift dem Schatzamt des Hauses Seiner Majestät des Königs der Niederlande zurückgezahlt werden."[6]

Für das Privatvermögen hielt der Vertrag einen entsprechenden Artikel bereit: „Sollte die Prinzessin Wilhelmine Marie Sophie Luise entweder zu Lebzeiten oder nach dem Tod des Prinzen, Ihres Gatten, sterben, ohne Nachkommen zu hinterlassen, wird Ihr nicht zur Mitgift gehörendes Vermögen auf die nächsten Verwandten Ihrer Königlichen Hoheit übergehen, entsprechend den Gesetzen der Succession, die im Königreich der Niederlande in Kraft sind, sofern die Prinzessin keine anderen Dispositionen getroffen hat."[7]

Wie andere internationale Handelsverträge musste auch dieser Ehevertrag ratifiziert werden. Der Austausch der Ratifikationsurkunden sollte innerhalb von sechs Monaten in Den Haag erfolgen. Einer glücklichen Ehe stand nichts mehr im Wege.

Beide Seiten hielten sich exakt an die Vertragsbestimmung: Am 8. Oktober 1842 fand in Den Haag die Vermählung statt. Feierlich und glanzvoll erschien sie den Anwesenden, aber auch fröhlich. Carl Alexanders Begleiter, Graf Beust, berichtete nach Weimar: „Das Brautpaar sah wirklich reizend aus. Während der Ceremonie war alle Welt sehr ergriffen. Aber kaum brachten wir die Neuvermählten in ihr Zimmer zurück, als der Prinz und die Prinzeß in Jubel und Heiterkeit ausbrachen, was so natürlich herauskam, dass es mich ganz glückselig gemacht hat. Ich bin überzeugt, sie werden glücklich.“[8]

Carl Alexander berichtete in seinen Erinnerungen an den denkwürdigen Tag nichts dergleichen. Er teilte lediglich mit, dass er die Uniform eines Weimarer Generals, verziert mit einem holländischen Orden, getragen hat. Kein Wort über Aussehen oder Gefühle der Angetrauten. Man konnte ihn in gewisser Weise verstehen: Die vertraute Weimarer Familie fehlte. Bei allen Zeremonien musste er standhaft die eigene gute Figur herausstellen. Alle Welt beobachtete den jungen Bräutigam aus den Thüringer Bergen und amüsierte sich, wenn ihm auch nur geringste Formfehler unterliefen. Das geschah allerdings selten, man akzeptierte Carl Alexander am königlichen Hof durchaus als Persönlichkeit.

Er wollte dennoch schnell wieder nach Hause fahren. Bereits am 15. Oktober 1842 brach das Paar in Richtung Weimar auf. Es bestieg in Rotterdam ein Rheinschiff, das bis Mainz fuhr. Der Kapitän begrüßte die Passagiere in Galauniform auf der Landungsbrücke. Sophie schrieb mit einem Bleistift noch einen letzten Gruß an die Eltern auf ein Blatt Papier, ein Offiziershut diente als Unterlage. Sie sagte ein wenig wehmütig: „Ich muss, auf väterlichem Boden stehend, das letzte Lebewohl schreiben.“ Dann begann die Reise. Von Mainz ging es weiter nach Eisenach. Carl Friedrich und Maria Pawlowna warteten bereits auf die „Kinder“.

Über Gotha, Erfurt und Nohra erreichten sie den kleinen Dorfgasthof Neuwallendorf. Dort legte man die Festkleider an und begrüßte die ersten Abgesandten der Stadt: Zwanzig junge Mädchen bildeten in holländischer Tracht ein Spalier. Ein langer Festzug begleitete das Paar in die Residenzstadt. Sechs weiße Isabellen zogen die offene Kutsche, in der Sophie saß: das Begrüßungsgeschenk der Weimarer Bürgerschaft. Carl Alexander begleitete die Kutsche hoch zu Ross.

Sophie zog mit der gleichen Würde und dem gleichen provinziellen Charme wie einst Anna Amalia, Louise und Maria Pawlowna in Weimar ein, obgleich inzwischen so viele Jahrzehnte mit den wechselvollsten Wandlungen vorübergezogen waren. Am Erfurter Tor begrüßte Stadtdirektor Hase die Erbprinzessin. Er schloss seine Rede mit den kunstvoll gedrechselten Worten: „Sie heißt Wilhelmine, der Name hat schon von frühen Zeiten einen guten Klang im Lande, viele wohltätige Stiftungen tragen diesen Namen. Sie heißt Marie, und Marie heißt auch der schöne Stern, dessen wohltätige Strahlen das ganze Land beglücken. Sie heißt Luise und eine Luise war es, deren heldensinniges, großartiges Benehmen jenen welschen Zwingherrn zuerst Achtung vor deutschem Frauenwert abnötigte. Sie heißt Sophie, und eine Sophie, vermählt mit dem hoffnungsvollen Erben einer großen Vergangenheit, vermählt mit dem geistvollen, rüstigen, tätigen Zeugen einer schönen, glücklichen Gegenwart, wird uns auch eine Zukunft hervorrufen, wo alle bürgerlichen Tugenden Anerkennung finden werden."[9] Darin lag der Unterschied: Weder bei Anna Amalia noch bei Louise oder Maria Pawlowna hätte es der Vertreter der Bürgerschaft gewagt, fürstliche Tradition und bürgerliche Tugenden gleichwertig in die Erwartungen einzubinden. Aber die vertraglichen Bedingungen der Ehe Carl Alexanders mit Sophie entsprachen vorzüglich den Maßstäben bürgerlicher Kapitalgewinnung: Der Vorteil lag eindeutig bei der Mehrung des Privatvermögens der Sophie. Es blieb abzuwarten, ob sie ihre Privatschatulle ebenso großzügig für die Förderung von Kunst, Kultur und sozialer Wohlfahrt öffnen würde wie die Schwiegermama.

Maria und Carl Friedrich waren dem Brautpaar vorausgeeilt und nun empfing die ganze großherzogliche Familie, eingerahmt von Gesandten, Staatsdienern, Deputationen der Stände und dem Hofstaat die jungen Leute. Der Startschuss zum Festmarathon war gefallen. Kirchgang, Bälle, Theateraufführungen, Empfänge oder Huldigungen reihten sich bunt aneinander. Der zu diesem Zeitpunkt bereits als Hofkapellmeister der Ehren halber engagierte Franz Liszt konzertierte. Sophies Wahlspruch: „Je maintiendrai!" – „Ich halte durch!" wurde auf eine harte Probe gestellt. Getreu den Weimarer Traditionen bedankte sich der Hof artig bei all den Jubelnden und arrangierte am 3. Februar 1843 ein Kostümfest unter dem Motto: „Galerie deutscher Dichtungen von den ältesten bis auf unsere Zeit" Da lebte das Erbe Goethes auf, dessen Maskenumzüge legendären Ruf genossen! Carl Alexander und Louise beteiligten sich aktiv an dem Fest, verkleidet als Kaiser Maximilian I. und dessen Gemahlin Maria von Burgund. Sophie war fröhlich, tanzte gern und lachte ungezwungen. Dennoch gelang es ihr nicht, die Liebe und Zuneigung zu erringen, die Maria vom ersten Tag an genoss und die auch viele Menschen der neuen Erbgroßherzogin wünschten.

Karl von Hase gehörte bei der Begrüßung des jungen Paares zur Abordnung der Universität Jena. Er sagte zu der Erbgroßherzogin unter Anspielung auf den Einzug Marias im Jahre 1804: „Weimar hat keine Huldigung der Künste mehr für seine junge Fürstin, aber noch immer die Huldigung eines treuen Volksstammes."[10] Hoffte er für die Universität, an dem reichen Vermögen Sophies partizipieren zu können? Erblickte er vielleicht bei Maria im Vergleich zu früheren Jahren eine gewisse biedere Pausbäckigkeit, die nun durch die weltoffene Niederländerin überwunden werden könnte? Derartige Fragen mögen 1842 manchen Weimaraner beschäftigt haben. Vorerst konnten sie nur erkennen, dass Maria ihren Sohn und die Schwiegertochter in ihre Pläne zur Erneuerung Weimars einbezog und ihnen dabei auch die notwendigen Freiräume zur Selbstverwirklichung eröffnete.

Sophie war von Gestalt klein und relativ unansehnlich, aber wie ihre Schwiegermutter ein durch und durch praktischer Mensch, der sein riesiges Vermögen überblicken und bedacht einsetzen konnte. Die Weimaraner begegneten Sophie nicht mit den gleichen euphorischen Erwartungen nach finanzieller Absicherung ihrer Existenz wie einst Maria. Auch Sophie gab viel Geld für die öffentliche Wohlfahrt aus, aber ihr Auftreten erschien mitunter sprunghaft. Sie besaß nicht die vornehme, freundlich lächelnde, gütige und stets hilfsbereite Distanziertheit, die man an Maria schätzte. Sophie blieb die tatkräftige und etwas derbe Holländerin.

Die Weimaraner nahmen ihr Handlungen übel, die bei der Beurteilung Marias überhaupt keiner Aufmerksamkeit wert erschienen. Die Balleinladungen, fand Henriette von Pogwisch, die sicherlich nicht zu den Verehrerinnen des erbgroßherzoglichen Hofs gehörte, wären in schlechtem Französisch abgefasst; Sophie gäbe viel zu viel Geld für ihre Kleider aus. Besonders übel nahm man ihr, dass sie angeblich nach einem Todesfall in der Hofgesellschaft unbedingt tanzen wollte. In die gleiche Kerbe schlug die Schauspielerin Caroline Jagemann: „... übrigens hat die Prinzeß von ihren Eigenschaften noch nichts entwickelt, als dass sie gern tanzt, sich gerne putzt und viel Geschmack in ihrer Toilette zeigt. Man hofft allgemein, dass sich zu ihrem Frohsinn nach und nach eine würdige Haltung gesellen wird ..."[11] Hofklatsch!

Scheinbare Mängel im Detail oder oberflächliche Vorbehalte wuchsen sich schnell zu handfesten Klischees aus. Einzelne Zeitgenossen hielten Sophie lediglich für eine „niedliche" junge Frau, die nur Tanz und Putz im Kopfe hatte. Sophie bemerkte die Abneigungen natürlich und reagierte so, dass sie neue Kritik heraufbeschwor. Wenn man sie in späteren Lebensjahren als abweisend, kühl oder sogar schroff beurteilte, dann waren das ebenso wenig durchdachte Urteile wie jenen entgegengesetzten aus ihren Anfangsjahren in Weimar.

Sophie kam als reiche und selbstbewusste Frau nach Weimar, die ihr Leben mit eigenen Taten ausfüllen wollte. Sie stieß auf einen Hof, der seit über einem Jahrzehnt durch die Lebens- und Kunstauffassungen Marias bestimmt wurde, der sich in seiner nationalen, kulturellen und literarischen Orientierung gegenüber der klassischen Zeit zu wandeln begann und der Sophie dennoch als ein statischer Block erschien. Eigentlich hätte es ihr niemand verübeln dürfen, dass sie nicht das innige und an Kenntnissen reiche Verhältnis zum klassischen Erbe und den Weimarer Traditionen besaß.

Es war diese Unkenntnis, mangelnde Sensibilität gegenüber der Weimarer Lebensweise und auch ein echter Generationenkonflikt, der Sophie zur vorschnellen Rebellion veranlasste. Sie besaß einen scharfen Verstand, politische Vorstellungen und schoss mit jugendlichem Eifer bisweilen über das Ziel hinaus. Ihr Urteil über den kleinen Hof, der in keinem Verhältnis zur globalen Ausstrahlung der niederländischen Monarchie stand, war fest umrissen, reflektierte jedoch leider nicht in jedem Fall die Wirklichkeit. Mit dem Absolutheitsanspruch der jungen Generation wollte Sophie alles verändern oder sogar auf den Kopf stellen.

Wenn die Erbgroßherzogin in den 40er-Jahren in Weimar Apathie oder formales Beharren auf der Tradition beobachtete oder das ungenügende Berücksichtigen aktueller Erfordernisse, die Eigenschaft rückwärts zu laufen, statt voranzugehen, dann stieß sich dieses harte Urteil zumindest an den Bemühungen der Schwiegermutter und auch Carl Alexanders, Klassik und Moderne auf neue Weise miteinander zu verbinden. In der Weimarer Gesellschaft gäbe es wohl, so urteilte Sophie, geistvolle Leute, aber keine Persönlichkeiten mit tiefergehenden Ideen oder tragfähigen Konzeptionen in die Zukunft. Man dürfe keine Stunde versäumen, um die Dinge endlich zum Besseren zu wenden. Sie, Sophie, wollte ihrem Mann bei der Bewältigung der großen Aufgaben Weimars helfen. Mit dem Vorrecht der Jugend zum schnellen Wort sprach sie manche Ungerechtigkeit aus und – das praktische Leben verlief dann auch ganz anders.

Carl Alexander war gewillt, den von der Mutter eingeleiteten Veränderungen zur Erneuerung der Weimarer Kulturgesellschaft zu folgen, auch neue Bahnen einzuschlagen, die den Prinzipien seiner bürgerlichen Erziehung folgten. Aber Carl Alexander war ein Mensch, dem es nach mütterlicher Überzeugung an „Festigkeit, Kraft und Ausdauer" mangelte.[12] Er suchte den engen Kontakt zu ihm persönlich interessant erscheinenden Menschen und besaß einen Sinn auch für jene, die mit der Förderung von Kunst und Kultur in Verbindung standen. Ein ausgesprochen künstlerisch begabter Mensch war er nicht. Von der Musik, zu der er sich in jungen Jahren hingezogen fühlte, verstand er letztlich wenig. Aber dieser Mangel hinderte Carl Alexander keineswegs, ein enges persönliches Verhältnis zu Franz Liszt und zahlreichen anderen Musikern aufzubauen und sich für deren Anwesenheit in Weimar einzusetzen.

Maria wird den engagierten Aufbruchswillen der jungen Sophie mit Großmut und Gelassenheit betrachtet haben: Sie selbst hatte sich im Frühjahr 1805 mokant über Weimars Lebensart geäußert. Warum sollte sie Sophie dieses Recht nicht zugestehen? Außerdem gab es viele Möglichkeiten der künstlerischen Tätigkeit, die Weimar den Weg in die Moderne weisen konnten. Man fand schnell einen Kompromiss zwischen den Traditionen der Klassik, dem Erneuerungswillen Marias und den Ansprüchen des jungen erbgroßherzoglichen Paares. Der Kompromiss besaß einen Namen und einen Ort: Schloss Ettersburg. In dem Jahrzehnt, in dem Sophie und Carl Alexander auf ihre Thronerhebung warten mussten, verbrachten sie dort gewöhnlich die Sommermonate. Sophie hatte maßgeblichen Anteil daran, dass Ettersburg zu einer Institution wurde, in der sie ihre eigenen Vorstellungen von moderner Weimarer Geselligkeit verwirklichen konnte.

Zwischen 1844 und 1852 trafen im Schloss Ettersburg Dichter und Denker in unregelmäßigen Soireen zusammen. Sie erfreuten sich an geistig anregenden Gesprächen. Friedrich Hebbel hat in einem Brief an seine Frau Christine vom 3. Juli 1857 beschrieben, wie er die Empfänge Sophies in Ettersburg erlebte: „Ich fuhr mit Lißt, Dingelstedt und dem Hofmarschall, der uns abholte, hinaus [= nach Ettersburg] und wurde dem fürstlichen Paar gerade gegenüberplaciert, auch unmittelbar nach ihnen bedient, was ich mir ruhig gefallen ließ, um so ruhiger, als ich den ersten Grad der Hofbildung, die Lakaien gar nicht mehr zu sehen oder sie doch nur für Tapetenfiguren zu halten, glücklich erreicht habe. Es war (große Auszeichnung!) – ein Familien-Diner, die kleinen Prinzen und Prinzessinnen [= die Kinder Sophies Carl August, Marie und Anna] waren auch da und sie führten sich … sehr artig auf, nur beim Café wurden sie etwas munter. Nach Tisch gab's vertrauliche Conversation, die Großherzogin, eine holländische Prinzessin, mit heiterem vergnügten Gesicht, unterhielt sich lange mit mir und brauchte manche schalkhafte Wendung. Unter anderem sagte sie, auf Wien und Wiener Verhältnisse eingehend, sie habe gehört, die elegante und die geistreiche Gesellschaft sey dort schroff geschieden; ich antwortete, wir würden in Wien allerdings nicht verwöhnt. Als wir beurlaubt wurden, reichte der Großherzog mir die Hand mit den Worten, ich sage Ihnen noch nicht Adjeu, ich muß Sie noch einmal in Weimar sehen!“[13] Geist und Inhalt der Gespräche unterschieden sich von den Konversationen am „alten Hof“ Weimars überhaupt nicht.

Die zahlreichen Gäste gaben ihre literarischen Texte dem „Secretaire“ Apollonius von Malitz, der diese getreu den Traditionen des „Tiefurter Journals“ im „Ettersburger Album“ oder auch „Ettersburger Journal“ sammelte. Gäste der Soireen waren Mitglieder der Weimarer Hofgesellschaft, Wegbegleiter Goethes: Müller, Riemer, Eckermann; in Weimar lebende Gelehrte und Schriftsteller: Schober, Amalie Winter; Gäste unterschiedlicher Profession: Andersen, Pückler-Muskau oder der große Franz Liszt und der spätere Feldmarschall Helmuth Graf von Moltke. In Ettersburg kamen Persönlichkeiten zusammen, die der Holländerin ein authentisches Bild der klassischen und nachklassischen Traditionen Weimars vermitteln konnten. Sophies radikale Forderungen nach geistiger Erneuerung wurden nicht so radikal umgesetzt, wie sie es verbal deklariert hatte. Zumal Maria in der gleichen Zeit, in der ihr Sohn und die Schwiegertochter den Ettersburger Kreis mit eigenen Ideen beleben wollten, im Residenzschloss mit den „Soirées littéraires et scientifiques“ eine Gesprächsrunde unterhielt, die ebenfalls Mitglieder der Hofgesellschaft, Dichter, Gelehrte und Gäste vereinte. Einige Weimarer Persönlichkeiten – Müller, Froriep, Sauppe, Schöll – traten bei Maria und bei Sophie auf. Generell überwog im Ettersburger Kreis der heitere, gesellige und poetische Drang nach Erkenntnis, während in Marias Zirkel der enzyklopädische Geist ernster Gelehrsamkeit dominierte.

Die Unterschiede lagen in den Ansprüchen zweier Generationen, im Charakter der Protagonisten, in der Lebenserfahrung Marias und Sophies begründet. Die junge Sophie dachte 1844 trotz der von den Voraussetzungen diktierten Unterschiede im Prinzip ähnlich wie Maria im Jahre 1804: Jung, reich, selbstbewusst würde sie dem kleinen Fürstentum Flügel verleihen. Maria besaß 1842 eine von den Jahren und Erfahrungen gereifte Konzeption für die Bewahrung und Erneuerung des klassischen und historischen Erbes. Nicht zufällig hatte sie Carl Alexander am Ende der 30er-Jahre mit der Sanierung der Wartburg „beauftragt“. Mit dem „Ettersburger Journal“ und den literarischen Abenden Marias traten der alte und der junge Hof nicht gegeneinander in einen Konkurrenzstreit um die ohnehin abstrakte Frage ein, wer denn der bessere Bewahrer Goetheschen Erbes wäre. Hier wirkten zwei Gesprächszirkel neben- und sogar miteinander, die den gemeinsamen Anspruch auf die geistige Erneuerung Weimars dokumentierten.

Ob Bertuchs Enkel Robert Froriep in Ettersburg über Theorien zum Einfluss des Magnetismus auf das Leben referierte oder ob er vor dem

Gesprächskreis Marias über das Klima am Nordpol sprach – die geistige Auseinandersetzung mit dem Neuen befruchtete die ganze Weimarer Gesellschaft. Ob Amalie Winter in Ettersburg „Das Frauenherz" vortrug oder Karl Wilhelm Göttling im Residenzschloss den Reichtum des griechischen Theaters ausbreitete, Tradition und Moderne flossen ineinander – ohne sich in einer problemlosen Idylle aufzulösen.

Es entsprach dem natürlichen Generationsbedürfnis, dass aus dem Ettersburger Kreis neue persönliche und kulturelle Kontakte und Bindungen entstanden, die das gesamte gesellige Hofleben bereicherten. Carl Alexander und den dänischen Märchendichter Hans Christian Andersen verband z. B. ein freundschaftliches, bisweilen sogar liebevolles, auf jeden Fall aber vertrautes Verhältnis – soweit das bei zwei so komplizierten Charakteren überhaupt möglich war. Andersen besuchte Weimar zwischen 1844 und 1857 mehrfach und für längere Zeit. Bei seinen Besuchen genoss er auch die immer wiederkehrende Gastfreundschaft und die Zuneigung Sophies.

Dabei disharmonierten Sophie und Carl Alexander in ihrem ganzen Auftreten mit dem Sohn eines Kesselflickers und einer Waschfrau, der unangenehm roch, der permanent unter drückenden Schuhen, Übelkeit, Fieber und Schwindelanfällen litt und der den Weimarer Bürgern mit seiner übersteigerten Selbstliebe auf die Nerven ging. Die beiden Männer besaßen jedoch in ihrem Verhältnis zur Gesellschaft und zum Leben vielfältige Gemeinsamkeiten. Es war nicht nur die von beiden Freunden geteilte Reiselust, die Liebe zu Italiens Schönheiten oder die zur Schau gestellte Verehrung für Wagnersche Musik. Beide vereinte ebenso gelegentliche exzessive Sehnsucht nach Selbstzerstörung oder einfach die Unfähigkeit, sich locker und ungezwungen in der Gesellschaft bewegen zu können. Für Sophie schien wichtig, dass Carl Alexanders und Andersens Freundschaft das geistige Leben Weimars bereicherte und den Willen des Fürsten dokumentierte, Weimars Verantwortung als traditionellem Zentrum deutscher wie europäischer Literatur und Kultur zu festigen.

Andersen las im Schloss Ettersburg u. a. „Des Kaisers neue Kleider". Carl Alexander schlug Andersen einmal folgendes Thema für ein Märchen vor: Ein junger Reisender erblickt in einem Spiegel das Bild eines schönen Mädchens, das er in vergangenen Tagen gekannt hatte. Er verliebt sich in das Bild und vergeht vor Sehnsucht, weil seine Liebe nicht erfüllt wird. Es ist möglich, dass Carl Alexander selbst unter dieser unerfüllten Sehnsucht litt. Wenn ja, dann hätte dies auch Rückschlüsse auf den Zustand seiner Ehe mit Sophie erlaubt.

Die Erwartungen Sophies und der Öffentlichkeit

Das Leben des Paares war in der Tat kompliziert, darüber täuschte auch nicht die unterhaltsame Geselligkeit in Ettersburg und am Weimarer Hof hinweg. Sophie war nicht bereit, Weimar als Refugium künstlerischer oder philosophischer Träume zu betrachten. Sie war eine Frau der Tat und der Weite des Horizonts. Die Holländerin bestimmte Weimars Platz als einen Anziehungspunkt im kulturellen Spiel Europas. Welches Kapital ließ sich daraus schlagen, fragte Sophie und antwortete sogleich darauf – mit oder ohne Carl Alexander.

Trotzdem waren die jungen Menschen bei unterschiedlicher Erziehung, Charakterbildung und Interessen gewillt, gut miteinander zu leben, eine fruchtbare Ehe zu führen und das Großherzogtum gemeinsam zu regieren. Das muntere und interessante Treiben in Ettersburg bereicherte das geistige Leben Weimars – ernsthaftere perspektivische Arbeiten ergaben sich aus der Sanierung der Wartburg, bei der Sophie ihre Unterstützung nicht versagte. In Ettersburg verwirklichten Carl Alexander und Sophie einen Teil ihrer gemeinsamen Jugendträume. Der gesellige Kreis währte bis 1852 – bis zur Herrschaftsübernahme durch Carl Alexander und Sophie. Ettersburg verlor zwar auch anschließend nicht an Bedeutung. Aber mit dem Jahre 1853 standen andere Aufgaben als die geistige und literarische Geselligkeit im Kreise lieber Freunde im Mittelpunkt der Aufmerksamkeit – auch Sophies. Es rief die Pflicht für das ganze Land mit allen seinen Problemen!

Eine originelle Situationsschilderung über das Leben am Weimarer Hof im Herbst 1853 hat die Baronin Eveline von Massenbach, Hofdame der Königin Olga von Württemberg, hinterlassen. Am 17. November kam sie in die Klassikerstadt: „Wir waren hier um 5.30 Uhr. Großer Empfang an einem vortrefflich organisierten Hof, pedantisch, aber seine Traditionen sind anziehend. Sie sind zwar mittelalterlich, haben aber viel Stil. Die Großfürstin Maria Pawlowna ist wahrlich die Lieblingstante meiner Prinzessin [= Olga]. Alle Damen sind in tiefer Trauer wegen des Großherzogs [= Carl Friedrich, der am 8. Juli 1853 gestorben war], tragen große Schleier und Dreieckstuch auf der Stirne. Die Soiree war im höchsten Maße Deutsch. Ich habe es aber genossen, nicht dauernd über Russland räsonieren zu hören wie anderswo … Man sprach über Politik und wie Konstantinopel eine freie Stadt würde. Am folgenden Tag Ateliers; man hält darauf, dass Weimar ein Musensitz sei – großes Abendessen – eindrucksvolle Gesellschaft – die Gräfin Fritsch hatte mich dem Wohlwollen der Großherzogin-Mutter empfohlen, so ehrwürdig, aber sehr schwerhörig. Ihr Sohn [= Carl Alexander], der Regent, ist ein unterrichteter

Mann, der viele Grimassen schneidet; ich habe ihn später sehr geschätzt. Seine Frau ist eine geborene Prinzessin Sophie der Niederlande, sehr hässlich, aber sehr geistreich. Anwesend waren ferner die Prinzessin Karl von Preußen, eine Schwester des Großherzogs und ihre Tochter Luise ... Sie sind alle schwerhörig, sehr gut glaube ich, aber sehr affektiert und haben gekünstelte Manieren, selbst wenn sie sich in die Ohren schreien."[14]

So anmutig-humorvoll das Beharren des Weimarer Hofs auf der Musenhof-Tradition hier karikiert wurde – für Sophie und Carl Alexander brachte die Thronbesteigung natürlich den fürstlichen Ernst des Lebens mit sich. Sophie musste sich als „Landesmutter" um die traditionellen Aufgaben einer Großherzogsgattin sorgen. Die Öffentlichkeit erwartete, dass eine holländische Königstochter die reichen Mittel ihres Privatvermögens zum allgemeinen Nutzen in den Wirtschaftskreislauf des Landes investieren würde. Selbstverständlich konnten die geistigen Eliten auch bei Sophie auf die weitere Förderung von Wissenschaft, Kunst und Kultur bauen, Sophie wollte durchaus den Beweis erbringen, dass sie nachhaltiger als ihre Vorgängerinnen imstande war, deutlich sichtbare Signale für die Fortentwicklung des alten Musenhofs zu setzen – Zeichen, die zugleich über den engen Rahmen Weimars hinaus zielten.

Vor allem aber verlangte das Amt der „Landesmutter", dass Sophie geeignete Thronfolger zur Welt brachte, dass sie ihren wankelmütigen, reisefreudigen, gleichfalls eher den praktischen als den theoretischen Dingen des Lebens zugeneigten und charakterlich sehr schwierigen Mann in allen politischen, wirtschaftlichen, sozialen und kulturellen Fragen unterstützte, ihm eine gute Ehefrau war und dabei auch selbst eine Persönlichkeit blieb. Die Voraussetzungen halfen der Frau: Die strikte Trennung ihres großen Privatvermögens von der ehelichen Mitgift und dem fürstlichen Haushalt gab Sophie eine gewisse Souveränität. Carl Alexander war im Grunde auf die finanziellen Mittel Sophies angewiesen.

Der Volksmund sagt, dass die Grundlage eines glücklichen Lebens in der Familie liegt. In der Zeit vor 1853 konnte sich Sophie leicht über steife höfische Konventionen lustig machen oder ihrem Unmut Luft verschaffen, dass man so lange auf die Krone warten musste. Als sie Maria beerbte, ist sie in deren Fußtapfen getreten. Dazu verpflichtete sie bereits das ehrende Andenken und die Zuneigung, die Carl Alexander seiner Mutter bewahrte.

Ihre Ehe hielt und in ihr stand die gemeinsame Verantwortung für das Schicksal der Dynastie und des Großherzogtums im Vordergrund. Diese Aufgabe erwies sich als ein ebenso starkes Bindeglied wie zu Zeiten der Großeltern Louise und Carl August. So unterschiedlich ihre Lebensvorstellungen zwischen idealistischem Schönheitswahn bei ihm und praktischer Wirklichkeitsorientierung bei ihr hervortraten, Carl Alexander hat die ihm anerzogene Ansicht, dass die Großherzogin die anerkannte Landesmutter war, nie verlassen. Sophie erstrebte ihrerseits keine Emanzipation im modernen bürgerlichen Sinne, sondern die akkurate Selbstverwirklichung bei den ihr zukommenden Aufgaben, die sie zum Besten des Landes und in der Tradition einer königlich holländischen Prinzessin verstand.

Sophie war die erste Weimarer Großherzogin, welche die Traditionen des klassischen Weimar nur noch aus Erzählungen, aus der Literatur und aus dem bei Hofe gepflegten Lebensstil kannte. Ihr Verhältnis zu Goethe wurde nicht mehr durch das persönliche Gespräch mit dem Dichter, sondern durch die vorgegebene Aufgabe, das Erbe zu bewahren und Neues zu schaffen, bestimmt. Sophie kam auch nicht, wie Anna Amalia oder Louise, aus einer deutschen Hofkultur, die der typisch partikularen Tradition des mehr oder weniger kleinstaatlichen Musenhofs verpflichtet war. Sie begriff jedoch sehr schnell, worin ihre Aufgabe bestand: „Die Zukunft wird nicht leicht sein, aber man darf keinen Tag verlieren, keine Stunde. Mein Mann hat eine edle Aufgabe vor sich, ich danke dem Himmel, dass er mich ihm zur Seite gestellt hat, um ihm zu helfen, ihm Mut zu machen, seine Arbeit zu teilen.“[15]

Von Anfang an unterstützte Sophie ihren Gemahl bei der aufwändigen Rekonstruktion der Wartburg. Das kostete nicht nur viel Geld, sondern auch innerfamiliäre Geduld. Sophie bezahlte z. B. 1863 den spätmittelalterlichen Nürnberger Erker – das Pirkheimerstübchen, das heute noch die Wartburg ziert, und sie kümmerte sich um den Ausbau der Wartburgkapelle. Sophie musste generell damit fertig werden, dass Carl Alexander gerne Konflikten auswich, dass er zu cholerischen Ausbrüchen neigte oder dass er gerne versponnenen Träumen nachhing. Sie wollte ihm gegenüber zumindest tolerant sein. Aber sie beanspruchte ebenso ihre eigenen Wünsche, ihren eigenen Willen und ein gewisses Maß an Selbstständigkeit.

Sophie, die in ihren ersten Weimarer Jahren das Hofleben ebenso enthusiastisch wie radikal erneuern wollte, passte sich nach dem ersten Jahrzehnt sehr schnell dem Schema der traditionellen Aufgaben und höfischen Lebensweise einer „Landesmutter“ an, weit stilechter, als es einst Maria getan hatte. Sophie sorgte sich um ihre Ehe, Familie und um den alltäglichen Verlauf der Hofhaltung. Sie kümmerte sich gleichzeitig um die außerstaatliche Wohltätigkeit und um die Mehrung des eigenen Besitzstandes. Sie folgte ihrem Gemahl in dessen Bestrebungen zur Pflege der klassischen Tradition und künstlerischen Erneuerung des Weimarer

Musenhofs, unterstützte ihn aber auch ganz energisch in der Landespolitik. Allerdings: Die Erfüllung der Aufgaben einer Landesmutter und die Entwicklung ihrer eigenen Persönlichkeit liefen nicht immer harmonisch zusammen. Sie blieb, wie Carl Alexander auch, ein charakterlich komplizierter Mensch voller Widersprüche, die in der bewussten Betonung ihrer Eigenständigkeit zum Ausdruck kamen.

Zu ihren spezifischen Merkmalen gehörte, dass Sophie ein mehr oder weniger zurückhaltendes Verhältnis gegenüber Maria besaß. Bis zum Tode Carl Friedrichs kompensierte Sophie die Distanz durch ihre Aktivitäten in Ettersburg. Man trug den Konventionen Rechnung, stand einander auch keineswegs ablehnend gegenüber, bot der Öffentlichkeit das Bild einer harmonischen Familie, ging sich aber nach Möglichkeit aus dem Wege. Auch nach dem Juli 1853 musste Sophie mit dem mächtigen Schatten Marias leben: Carl Alexander unternahm keinen Schritt ohne Absprache mit seiner Mutter. Selbst auf den Gebieten, die jetzt eigentlich in besonderer Weise Sophies Verantwortung berührten, ließ sich Maria die Zügel nicht so schnell aus der Hand nehmen. So empfand es zumindest Sophie. Das „Patriotische Institut" beispielsweise leitete Maria bis zu ihrem Tode.

Am 30. Juni 1859 veröffentlichte Sophie dann sofort ein Schreiben, in dem sie die Tätigkeit Marias für das Patriotische Institut der Frauenvereine ausgiebig würdigte und sich selbst entsprechend den testamentarischen Verfügungen der Verstorbenen an die Spitze des Instituts setzte: „Als Mitglied des Central-Direktoriums von Meiner Durchlauchtigsten Frau Schwiegermutter seit Meinem Eintritt in die Großherzogliche Familie und in meine jetzige Heimath berufen, sowie in Folge eines besonderen, in dem Testamente der hohen Verklärten ausgesprochenen Wunsches, übernehme ich nunmehr die alleinige Oberleitung des Patriotischen Instituts als dessen Ober-Vorsteherin."[16] Es war die gleiche Manier, mit der sich Maria einst selbst an die Spitze des Instituts gesetzt hatte, und gerade aus dieser Sicht erscheinen die Worte Sophies plausibel, dass die sechs Jahre zwischen 1853 und 1859 eine Zeit waren, die sie nicht so schnell vergessen konnten: „J'ai passé six ans que je n'oublierai jamais."[17] Sophie wollte seit 1853 ihr gesamtes Repertoire an Herrschaftsaufgaben wahrnehmen und musste doch Rücksicht auf die Schwiegermama nehmen, die indessen nicht so argwöhnisch wachsam oder gar egoistisch auf Sophie blickte, wie Anna Amalia einst über Louise gewacht hatte. Es gab in den Zielen, Inhalten und Arbeitsmethoden des Instituts zwischen Maria und Sophie keinerlei gegensätzliche Ansichten.

Das Patriotische Institut bestand also nach dem Tode Marias weiter, entwickelte sich und diente in anderen deutschen Bundesstaaten als Vorbild für eine außerstaatliche Sozialpolitik. Es war erstaunlich, dass Sophie auf ihren Gütern in Schlesien und Posen Filialen des Instituts einrichten ließ. Für Sophie bedeutete öffentliche Wohlfahrt, wie einst bei Louise, eine diskrete Selbstverständlichkeit wohlhabender Menschen, die nicht von aufwendigen Organisationen begleitet werden musste, die auch nicht die selbstgerechte Würde autokratischer Monarchen demonstrieren musste und dennoch effektiv sein konnte. Die körperlich kleine, ebenso gütige wie strenge und sich ihres Standes bewusste Sophie konnte sich damit begnügen, dass in ihrem Arbeitszimmer, der kleinen hellblauen Bibliothek, vermittelt durch den loyalen Vorsteher ihrer Privatschatulle, den Geheimen Hofrat Küchling, sämtliche Verbindungen zu Stiftungen, Vereinen, privaten Hilfsbedürftigen und diversen sozialen wie kulturellen Einrichtungen unterhalten wurden. Für Küchling war das gewiss keine leichte oder einseitige Aufgabe.

Der Kreis jener, die Hilfe bedurften, war wie in den vorausgegangenen Jahrzehnten außerordentlich weit gezogen. Sophie wirkte mit finanziellen und materiellen Zuwendungen und Spenden in Holland, in ihren schlesischen Landbesitzungen und natürlich im Großherzogtum Sachsen-Weimar-Eisenach. Woche für Woche gingen aus diesen drei Regionen Bittschriften ein. Mit zurückhaltender Würde und Diskretion, aber auch mit guter Menschenkenntnis studierte Sophie die Anliegen der Menschen und entschied diese nach ihren eigenen Wertmaßstäben. Sie investierte in die vielen persönlichen Bittgesuche viel Zeit und beantwortete nahezu jedes Gesuch – selbst wenn ein findiger Untertan um Mittel für ein größeres Ruderboot einkam: Sport diente letztlich der Volksgesundheit.

Das Bemühen um individuelle menschliche Kontakte zu den Landeskindern bestimmte auch Sophies Sorge um Institutionen und Einrichtungen zur Erziehung und Bildung junger Menschen, in der Krankenpflege oder bei der Hilfe für gesundheitlich und sozial schwache Menschen. Als Sophie und Carl Alexander die Herrschaft antraten, gab es in Weimar z. B. keine spezielle Bildungs- und Erziehungseinrichtung für die Töchter des Adels und der gebildeten Stände. Es sprach für die gesellschaftliche Weitsicht Sophies, an den Beginn ihrer Herrschaft eine Bildungseinrichtung für adelige und bürgerliche Mädchen des Landes zu stellen und gleichzeitig die Förderung des staatlichen Schulwesens nicht zu vernachlässigen.

Sophie gründete im Jahre 1854 das Weimarer „Sophienstift". Am 10. April, aus Anlass ihres 30. Geburtstags, fand die Eröffnung des Stifts im „Froriepschen Mittelhaus" statt. Der Festakt demonstrierte staatstragende Symbole: Die Tatsache der Gründung selbst betonte den Willen der Herrscherin, Bildung und Kultur in den Mittelpunkt ihrer Arbeit zu stellen. Das Froriepsche Mittelhaus gehörte zu dem Gebäudekomplex, den einst der Unternehmer Friedrich Justin Bertuch errichtet hatte und in dem er seinem bürgerlichen Bildungsauftrag, u. a. als Verleger und Autor guter Kinderbücher, nachgegangen war. Sophie initiierte die Neugründung als Familienstiftung des Großherzoglichen Hauses. Dadurch wurde ihr Privatvermögen nicht belastet und das Stift blieb dennoch in ihren Händen.

Sophie arbeitete persönlich die Richtlinien für die Bildung und Erziehung der jungen Damen aus. Die Mädchen sollten an Geist und Seele wachsen, ein möglichst natürliches Verhältnis zu den Wissenschaften gewinnen und ein selbstverständliches Gefühl für das „Schöne" im Leben gewinnen. Ganz in diesem Geiste nahm Sophie Einfluss auf die Auswahl des Lehrkörpers, kontrollierte die Lehrpläne und nahm regelmäßig an den jährlichen Abschlussprüfungen teil. Es sollten jedoch mehr als zwanzig Jahre vergehen, ehe das Stift im Jahre 1878 einen eigenen Schulbau erhielt. Nach dem Vorbild eines Palazzo in Trient wurde das Gebäude von Karl Vent im Stadtzentrum errichtet und als Erziehungsanstalt für „Töchter höherer Stände" – als Sophienstift – genutzt.

Die Tatsache, dass Sophie dieses Stift an den Beginn ihrer Herrschaftszeit stellte, zeigte der Öffentlichkeit, dass sie die Jahre seit 1842 in Weimar gut genutzt hatte und bereit war, sich in den Dienst der geistig-kulturellen Traditionspflege und des fürstlichen Erneuerungswillens zu stellen. Ein Grundgedanke der Musenhoftradition, Weimar sollte als geistiges und literarisches Zentrum in Deutschland in die jeweils nächste Generation getragen werden, fand in dem Stift seinen Niederschlag. Sophie hielt an dem Projekt fest, selbst wenn Kritiker bemängeln mochten, Stifte für junge Damen der höheren Stände hatte es auch im Absolutismus gegeben und sie stellten keineswegs den Stein der Weisen in einer modernen bürgerlichen Erziehung dar. Warum sollte man nicht traditionelle Formen mit neuen Inhalten füllen können? Dennoch bewirkten die kritischen Stimmen ein Nachdenken, ob der Weimarer Traditionsbegriff in der Moderne tatsächlich eine Zukunft besaß. Die Arbeit mit dem Stift, aber auch der Umgang mit Künstlern wie Franz Liszt, die Erlebnisse in Ettersburg, das alles nährte in Sophie die Überzeugung, Weimar lebte als Zufluchtsort von Literaten, Musikern, Malern oder Architekten nur, wenn es am Ort selbst eine aufnahmefähige und breite, gebildete Oberschicht gab. Das Fürstenhaus wollte gerne das Seinige bei der Akquisition tun, wollte gerne seine finanziellen Mittel für den Nimbus einsetzen. Aber das Fürstenhaus benötigte im Lande selbst Partner, die den Wert der Genies erkennen konnten und diese nicht durch kleinliches Intrigantentum oder Provinzialismus abschreckten. Das war ein altes Problem Weimars und Sophie durfte sich in ihrem aktiven Bemühen durchaus als Erbin Marias betrachten.

Der Unterschied bestand darin, dass Sophie es nur noch mit den Erben Schillers und Goethes zu tun hatte. Geistiges Leben am Weimarer Hof folgte nicht mehr den Maskenzügen oder Theateraufführungen Goethes. Die Variabilität war – auch durch die Gesellschaft in Ettersburg – zumindest in ihrer Vielfalt gewachsen. Darin lag die große Versuchung: Weimar besaß einen Ruf als Stadt der Klassiker, man konnte den Dingen ihren Lauf lassen und jede geistige Regung, jeden illustren Gast, jede Theateraufführung oder jedes Konzert in den imaginären Bezug zum klassischen Erbe setzen. Carl Alexander mochte mit seinem nie ermüdenden Suchen nach neuen Persönlichkeiten und Eindrücken ein wenig dazu neigen. Sophie hielt nichts von einer solchen Verallgemeinerung. Sie dachte praktisch, konkret und forderte in jedem Falle die Konsequenz. Am Anfang ihrer Herrschaft stand das Sophienstift für den weiblichen Nachwuchs – 1897 schloss das Goethe-Schiller-Archiv den Reigen. Nicht einmal Maria Pawlowna hat zu ihren Lebzeiten derart konkrete Symbole zur Pflege des klassischen Erbes geschaffen und diesen im Vergleich zur bisherigen Traditionspflege eine so wichtige neue inhaltliche Orientierung gegeben.

Sophie berücksichtigte dabei die in Deutschland nach der Revolution von 1848/49 einsetzenden Veränderungen auf dem Wege zu einem deutschen Nationalstaat. Sie analysierte die Stellung des eigenen Territoriums in dieser sich wandelnden Welt und beriet ihren Gemahl in dessen politischen Aufgaben. Dank ihrer Vorbildung durch den Vater konnte sie selbst politische Herrschaftsaufgaben übernehmen. Sophie und Carl Alexander diskutierten alle staatspolitisch wichtigen Fragen ausführlich miteinander.

Diesen Dialog hatte es auch zwischen Louise und Carl August oder zwischen Maria und Carl Friedrich gegeben. Sophies Vorgängerinnen konnten sich außerdem mit Wieland, Herder oder Goethe beraten. Sophie besaß keine persönliche Bindung an einen der großen Geister Weimars. Sie musste ihren Weg durch das Leben und an der Seite eines schwierigen Gatten sehr viel stärker durch Selbsterkenntnis finden als die anderen Fürstinnen. Das Jahr 1852 zeigte unmittelbar vor dem Herrschaftsantritt, in welch starkem Maße sie sich auf ihren Gemahl verlassen musste. In jenem Jahr unternahm Sophie mit ihrem Mann eine Italienreise. Sie wurden von Carl Alexanders Adjudant Leo Graf Henckel von Donnersmarck begleitet. Die Reise unter italienischer Sonne bot ausreichend Gelegenheit zu ernsten und freundschaftlichen Gesprächen über Geschichte, Kunst, Weimar oder die Klassik. Sie besuchten das Atelier des Bildhauers Kurt Steinhäuser, der an einer Goethe-Statue arbeitete, die Bettina von Arnim zwar entworfen hatte, aber nicht bezahlen konnte. Sophie übernahm die Kosten für die Statue, die dann in Weimar aufgestellt wurde.

Es mag das Ergebnis der gemeinsamen Italienreise gewesen sein, dass Carl Alexander und Sophie im gleichen Jahre in Weimar eine Kunstausstellung mit Werken organisierten, die aus dem Besitz von Sophies Vater Wilhelm II., der 1849 gestorben war, stammten und als Erbe nach Weimar gelangt waren. Die Ausstellung dokumentierte Sophies Willen, an allen Äußerungen des Weimarer Kunst- und Kulturlebens fördernd teilzunehmen. Sie besuchte gemeinsam mit ihrem Gemahl die Sonntags-Matineen bei Liszt und nutzte die Zusammenkünfte vor allem, um sich mit Menschen aller Art zu unterhalten.

Bei all dem darf nicht vergessen werden, dass Sophie gerade in den Jahren des Übergangs zur eigenen Herrschaft durch die Geburt ihrer Kinder besonders stark belastet worden ist. Vier Kinder hat Sophie zur Welt gebracht. Nach der Eheschließung vergingen nur zwei Jahre, ehe der erwartete Sohn und Thronfolger Carl August geboren wurde. Die erste Tochter Marie Alexandrine kam 1849 zur Welt. Zwei Jahre später folgte das Mädchen Sophie, 1854 dann Elisabeth. Vier Kinder innerhalb von zehn Jahren bildeten zwar bei damaligem Kinderreichtum nicht das quantitative Optimum, waren aber selbst für eine Erbprinzessin mit zahlreichen Möglichkeiten zu ihrer physischen Entlastung eine große Aufgabe. Sophie hing sehr an ihren Kindern. Deren Schicksal sollte einen entscheidenden Einfluss auf ihre Wandlungen von dem einst fröhlichen Mädchen zu einer herben und abweisenden Frau ausüben.

Zu keinem Zeitpunkt vergaß Sophie ihre Pflichten gegenüber dem Fürsten, der Familie und den Untertanen. „Ich halte durch!" – ihr Lebensmotto – begleitete sie durch ihr gesamtes Leben. Mit dem Sophienstift ging sie ihren ersten eigenen sozial- und kulturpolitischen Schritt in die Öffentlichkeit, zeigte sie den Menschen, wie sie sich ihre Aufgaben als Landesmutter vorstellte. Es bedurfte derartiger sichtbarer Zeichen ihres Engagements, denn Sophie genoss nicht bei allen Untertanen jenes Ansehen, dass sie auf Grund ihres Pflichtgefühls verdient hätte. Sie besaß eben nicht die heiter-unverbindliche und stets berechenbare Art ihrer Schwiegermutter.

Mit der Thronbesteigung war auch Sophie von Ettersburg in das Weimarer Stadtschloss gezogen. Der Wohnungswechsel bekam ihr nicht gut. Sie litt unter dem dumpfen und feuchten Raumklima des Schlosses und der für sie schlecht verträglichen Weimarer Luft. Ständige Halsentzündungen waren die Folge. Die Weimarer murrten, weil die Großherzogin zumeist in geschlossener Kutsche ausfuhr – unsichtbar für jeden Gaffer. Außerdem begeisterte ihre strenge Sparsamkeit in der Hofhaltung weder das Dienstpersonal noch die Hoflieferanten. Da Weimars Handel und Wandel sehr stark von der Lebensweise des Hofes abhingen und Sophies Reichtum kein Geheimnis war, traten Spannungen auf. So lag das engagierte Bildungs- und Kunsterlebnis auch für Sophie dicht neben den mitunter kleinkarierten Alltagsquerelen. Die Meinungen gingen über sie weit auseinander

Richard Wagner beurteilte Sophie in den 40er-Jahren nicht ganz uneigennützig als graziös und wahrhaft fürstlich. Seine Pläne für eine Goethe-Stiftung und ein Festspielhaus erheischten die Sympathie Carl Alexanders und Sophies, die beide eigentlich wenig von Musik verstanden. Der Großherzog förderte jeden Gedanken, der Weimars Ruf als Kunstmetropole mehren konnte. Sophie machte indes keinen Hehl daraus, dass ihr die unterhaltsame italienische Musik mehr als Wagners Opern zusagte. Sie wollte ihr Geld lieber in praktische Maßnahmen zum kulturellen und sozialen Wohl einer breiten Öffentlichkeit investieren. Darum gab es auch andere Urteile über sie. Ende der 80er-Jahre, als z. B. Sophies Missfallen über die preußische Politik kein Geheimnis war, schrieb der preußische Gesandte in Weimar, Ludwig Raschdau, sie wäre von einer gezierten Steifheit. Nüchtern, willensstark und pflichtbewusst wäre sie die dominierende Persönlichkeit der Familie.

Unabhängig von konjunkturell schwankenden Ansichten dieser oder jener Künstler, Politiker oder Höflingen besaß die holländische Prinzessin ein gesundes und notwendiges Selbstwertgefühl für die Würde ihrer Person und die historische Bedeutung Weimars. Meinungen Dritter über ihre Person blieben ihr eigentlich gleichgültig. Sie tat ihre Pflicht und buhlte nicht um verbale Zuneigung möglichst vieler Menschen. Sophie nahm an allen öffentlichen Veranstaltungen teil und zeigte sich, blieb aber ihrem Gefühl für die diskrete Präsentation treu – selbst bei den in Weimar wahrlich nicht seltenen Jubiläumsfeiern, in denen das Fürstenhaus und die Dichter wie Musiker immer wieder auf neue Weise das Lob des Musenhofs sangen und die Einmaligkeit des klassischen Erbes in der deutschen Kulturlandschaft demonstrierten. Sophie hatte schon am Goethe-Jahr 1849 aktiv mitgewirkt, aber als im September 1857 der einhundertste Geburtstag von Carl August gefeiert wurde, jubelte das ganze Großherzogtum. Das Fürstenhaus, die Dichter und das gemeine Volk vereinten sich in einer seltsam anmutenden Euphorie: Weimar – Goethe – Carl Alexander! Vivat!

Arg idealisiert oder zumindest eigenwillig mutete es an, wenn das Weimarer Theater im September 1857 Franz Dingelstedts Festspiel „Der Erntekranz" die auf Carl August bezogenen Worte enthielt:

„Du warst in kampfbewegter Zeit
Von Deutschlands Fürsten weit und breit
Der Erste, der vom Thron herab
Sein Recht dem Volk freiwillig gab."

Aber dem Volke und dem Fürsten gefiel diese Sicht, die ja auch nicht ganz falsch war. Die Weimarer Philosophie des 19. Jahrhunderts fand erneut ihre schönste Repräsentation. Der Musenhof lebte, nicht als Museum, sondern stets aufnahmebereit für neue Ideen. Weimar blieb die Hauptstadt der deutschen Literatur! Wie zur Bestätigung spendete Sophie einen persönlichen Beitrag zur Jubelfeier für die Herzogin Louise in Höhe von 10 000 Talern, mit denen die Arbeit der Taubstummen- und Blindenanstalt des Landes weitergeführt werden konnte. Eine Fürstin, die eine so hübsche Summe für Arme und Kranke bereitstellte, würde sicherlich auch als Kunstmäzenin nicht geizen – sagte sich auch der damals umworbene Friedrich Hebbel.

So endete das Jahr 1857 für Sophie und das Fürstenhaus mit einem vollen Erfolg. Die Tradition der Einheit von Hof, Kunst und Volk erfuhr eine eindrucksvolle Bestätigung – sichtbar nun auch mit dem Goethe-Schiller-Denkmal auf dem Theaterplatz – und vielleicht kam mit Friedrich Hebbel bald ein neuer Stern erster Größe am Dichterhimmel nach Weimar, wie einst Goethe, Wieland, Herder oder Schiller. Niemand, auch Sophie nicht, bedachte, dass die Goethes einst als junge Menschen nach Weimar gekommen waren, dass die Entwicklung des Musenhofs ein Produkt ihres eigenen Weges zu geistiger Größe war. Der sehnlich erwartete Hebbel hatte den Zenit seines Lebens längst überschritten.

Es gab sogar einen unmittelbaren symbolischen Anknüpfungspunkt für das Werben um Hebbel. Schiller konnte seinen „Demetrius" nicht vollenden. Hebbel arbeitete an dem gleichen Stoff und 1858 diskutierte er seinen „Demetrius" bereits mit dem Weimarer Theaterdirektor Franz Dingelstedt. Ein Jahr später begann das Weimarer Theater mit den Vorbereitungen für die Inszenierung der „Nibelungen" von Friedrich Hebbel.

Sophie und Carl Alexander betrachteten diese Entwicklung mit großem Wohlwollen. Ihnen entging allerdings nicht, dass Dingelstedt gegen Hebbel intrigierte. Dingelstedt brauchte keinen neuen Goethe vor seiner Nase. Das bedeutete nur Ärger. Große Dichtkunst, geistige Erneuerung? Dingelstedt war sich selber Geist genug. Das Gift kam nicht als verbale

Breitseite daher, es schlich langsam und kaum merklich durch feine Ritzen. Außerdem hatte Sophie im Augenblick andere und wahrhaft tiefgreifende menschliche Sorgen.

Am 26. Mai 1859 starb die kleine Prinzessin Anna Sophie nach langer Krankheit an einem Gehirnleiden. Nur ganze neun Jahre ist sie alt geworden. Ihre Mutter erfuhr das Leid jeder Mutter, die eines ihrer Kinder zu Grabe tragen muss. Davor schützte keine staatserhaltende Disziplin. Sophie war unendlich traurig. Aufmerksame Beobachter stellten fest, dass die Großherzogin sich von diesem Augenblick an veränderte. In der Jugend ungezwungen und fröhlich, war sie in den letzten Jahren bereits ernster und auch verschlossener geworden. Sie hatte nie besonderen Wert auf öffentliche Präsentationen gelegt. Jetzt schloss sie sich zunehmend von ihrer Umwelt ab, langsam, aber unübersehbar umfing sie ein Lebensgefühl der Einsamkeit. Seit dem Tod ihres Kindes trat die sachliche Kühle, die in Sophies Wesen lag, mehr und mehr in den Vordergrund. In dem sich streng verändernden Gesicht mit den zusammengepressten Lippen erschienen erste Anzeichen von Resignation. Die gütigen braunen Augen bekamen eine kühle und unnachsichtige Strenge, die viele Menschen in ihrer Umgebung erschreckte. Bei Empfängen stand stets ein Zeremonienmeister neben ihr, der mit seinem Stock auf den Boden klopfen musste, sobald irgendetwas geschah, was Sophie störte oder missfiel. Der Missetäter wurde zur Ruhe ermahnt.

Die Trauer um den Tod des eigenen Kindes löste eine sichtbare Wandlung aus. Aber die Dienerschaft hing Sophie dennoch mit Ehrfurcht an, weil die Fürstin auch in ihrer Trauer aufmerksam, streng, respektvoll und gerecht blieb. Sophie bedankte sich höflich für jede Dienstleistung, gleichgültig, ob diese von einem Kammerherrn oder einem Kutscher kam.

„Ich halte durch!" Wenn sie sich mit der Zeit immer weiter in sich zurück zog – die über Jahrzehnte regelmäßig absolvierten achtwöchigen Aufenthalte auf der einsamen Insel Helgoland sprechen dafür –, können die Ursachen nicht nur im frühen Sterben der Tochter gelegen haben. Sophie hatte noch mehr Kinder, für deren Erziehung sie verantwortlich war. Sicherlich war das Verhältnis zu ihrem Ehemann nicht einfach. Aber Sophie ließ keinerlei Kritik am Verhalten ihres Mannes zu. Ihr stereotyper Satz „Der Großherzog liebt das nicht"[18], erstickte jeden Vorwurf. Natürlich war Carl Alexander ein unsteter und wenig entschlossener Mensch, hatte er seine männlichen und weiblichen Leidenschaften, griff er begeistert alles Neue auf und verwarf es wieder, operierte er in politischer Hinsicht nicht immer ausgewogen oder gar geschickt. Aber Sophie und er ergänzten einander. Sie besaßen viele Gemeinsamkeiten und Sophies praktischer Verstand half aus mancher Verlegenheit. Für Sophie gab es mit fortschreitenden Ehejahren keine Entfremdung von Carl Alexander. Im Jahre 1859 besaßen beide Ehepartner Anlass zu doppelter gemeinsamer Trauer. Etwa vier Wochen nach der kleinen Sophie Anna verstarb am 23. Juni 1859 die Mutter und Schwiegermutter Maria Pawlowna. Für Weimar ging eine Ära zu Ende.

Kommt Friedrich Hebbel nach Weimar?

Sophie und Carl Alexander hielten sich zunächst in Geist und Buchstaben getreulich an das Vermächtnis Maria Pawlownas. Die Errichtung der orthodoxen Grabkapelle, die Übernahme des Patriotischen Instituts und die Verwirklichung des Willens Marias, dass ihr schriftlicher Nachlass für immer und ewig verschlossen bleiben sollte, entsprachen dieser Absicht.

Aber Maria hatte die Politik niemals außerhalb von Zeit und Raum angesiedelt. In dieser Hinsicht tat Sophie es ihr gleich. Die politischen, wirtschaftlichen und sozialen Bedingungen wandelten sich und Sophie wäre schlecht beraten gewesen, wenn sie sich z. B. bei der Leitung des Patriotischen Instituts von den Prinzipien der russischen Großfürstin im Jahre 1817 abhängig gemacht hätte. So wahrte sie nach gutem Weimarer Brauch die Kontinuität, folgte jedoch zugleich den eigenen Intentionen ihrer Zeit. Soziale Wohltätigkeit war schon zu Lebzeiten Marias kein Privileg des guten Willens wohlmeinender Fürstinnen mehr. Friedrich Justin Bertuch und nach diesem die Ärzte Ludwig Friedrich und Robert Froriep demonstrierten in ihrem Landes-Industrie-Comptoir über Jahrzehnte hinweg, wie unternehmerische Sozialpolitik und Wohltätigkeit gestaltet werden können. Maria hatte die Wohltätigkeit auf russisch-autokratische Art als politisches und soziales Instrumentarium betrieben.

Sophie ließ die Struktur des Patriotischen Instituts bestehen, bemühte sich aber, die konkrete Arbeit den sich wandelnden Bedürfnissen anzupassen. So z. B. wurde der Handarbeitsunterricht in den 70er-Jahren in die Volksschulgesetzgebung aufgenommen. Die Ausbildung von Mädchen in der Handarbeit wurde in den Bildungseinrichtungen des Instituts und in den öffentlichen Volksschulen vereinheitlicht. Ein Gesetz übertrug dem Institut die pädagogische Leitung des Unterrichts. Sophie betrachtete das als Anerkennung ihrer Leistungen in der hauswirtschaftlichen Ausbildung junger Mädchen.

Insgesamt befand sich das Patriotische Institut auf einem guten Wege, brachte Gewinne ein und es bestand für Louise nach 1859 kein unmittelbarer Anlass zu gravierenden Veränderungen. Sie konnte sich anderen Problemen widmen, darunter auch ihrem Wunsch, Friedrich Hebbel für Weimar zu gewinnen. Hebbel wollte mit seiner Frau Christine nach Weimar kommen. Das großherzogliche Paar mochte die beiden, Sophie stellte private Mittel für Lohn und Unterhalt zur Verfügung und 1861 wurden in Weimar die ersten beiden Teile der „Nibelungen" mit großem Erfolg aufgeführt. Hebbel beobachtete die Weimarer Szene recht kritisch und erkannte schon im Frühstadium der Kontakte, dass man dort als Dichter immer an dem Maßstab Goethes gemessen wurde. Wer konnte dieser Anforderung schon gerecht werden? Den Ausschlag gab jedoch das Intrigengespinst, mit dem der begnadete Theaterdirektor Franz von Dingelstedt, der sich gerade durch die Inszenierung der „Nibelungen" großen Ruhm erwarb, das Ehepaar Hebbel umgab. Hebbel und dessen Frau zogen es vor, in Wien zu bleiben. Sophie und Carl Alexander mussten abwägen, ob sie für Hebbel die Freundschaft Dingelstedts aufs Spiel setzen wollten. Sie zeigten sich in dieser Situation beide wenig entschlussfreudig, gaben vor, gegen bösartige Nadelstiche und Intrigen machtlos zu sein und bedauerten lediglich, dass aus der Verbindung Hebbels mit Weimar nichts wurde.

Hebbel nahm Sophie diesen Ausgang der Dinge keineswegs übel. 1862, ein Jahr vor seinem Tode, besuchte er die Großherzogin noch einmal in Wilhelmsthal und in Weimar. Er schrieb an seine Frau begeisterte Briefe über den ehrenhaften und freundlichen Empfang: „Wilhelmsthal, 23. 3. 62 ... Ich führe hier ein idyllisches Leben ... Wilhelmsthal ist bei Sonnenschein sehr schön und erinnert durch seine unendliche Fülle von grünem Wald an Marienbad. Ich wohne im Prinzessin-Hause und eben jetzt singt und tanzt die kleine Prinzessin, ein allerliebstes Kind von sechs bis sieben Jahren, lustig über meinem Kopf, wird aber gewiß von der Gouvernante bald wieder zur Ruhe verwiesen werden, denn diese fürchtet, dass der Lärm mich stören mögte, da er mir doch eben so angenehm ist, wie der der Vögel in den vor meinen Fenstern rauschenden Tannen und Föhren ... Die Gesellschaft selbst besteht, das Hofpersonal natürlich eingeschlossen, aus lauter Prinzen und Prinzessinnen; bloße Minister, deren wir auch schon einige hatten, kommen kaum in Betracht. Gestern Abend z. B. hatte ich den Bruder des Königs von Holland zu meiner Rechten, den Großherzog zur Linken, und die beiden fürstlichen Gemahlinnen vis à vis, denn ich werde ganz als Gast behandelt und sitze auch bei Ausfahrten immer bei den Herrschaften im Wagen. Da mir bei solchen Gelegenheiten nun in der Regel einfällt, dass ich vor einigen dreizig Jahren meinem Vater bei'm Bau die Steine zugetragen hatte und sein gewöhnliches Gebrumm: ‚Der Junge taugt doch auch zu gar nichts!' klingen höre, so ergötze ich mich im Stillen am Contrast. Doch zum Ernst zurück. Die Großherzogin thut alles Mögliche, mir den Aufenthalt angenehm zu machen, ladet sogar bloß meinetwegen Freunde von Weimar herüber ... Sie selbst hat mich auf die Wartburg geführt und mir Alles expliciert, das Schloss, die Bilder und die Natur; ein Neues Testament, das sie mir im Luther-Zimmer zum Andenken schenkte, trete ich dir ab. Sie ist nicht bloß eine edle, sondern auch eine tiefe Frau; ich hatte vor einigen Tagen ein Gespräch mit ihr, das an drei Stunden dauerte und sich über alles verbreitete, was den Menschen auf Erden interessirt, und ich brauchte mir nicht den geringsten Zwang aufzuerlegen, ich konnte sogar meinen Humor walten lassen. Dabei saßen wir in der Tannenhütte, in der das Reh herumspringt; die Kinder spielten mit dem Thierchen, sie stickte, auch der Pudel Asmodeus fand Zutritt, wir ließen uns nicht einmal durch ein Gewitter vertreiben ..."

In einem weiteren Brief berichtete Hebbel: „Weimar d. 27ten Aug. 1862 ... Um zehn Uhr kam der Großherzog zu mir und blieb über eine Stunde; dann war ich bis zum Frühstück bei der Großherzogin. Sie ist eine höchst bedeutende Frau; ich glaubte schon ein Maaß von ihr zu haben, habe es aber erst gestern erhalten. Man kann geradezu alles mit ihr sprechen, die verschämtesten Träume und die kühnsten Phantasien wagen sich an's Licht und werden verstanden. Sie sagte, sie habe viel von ihrer Erzieherin gelernt, aber im negativen Sinn, nämlich, was man n i c h t thun und wie man Dinge und Menschen n i c h t behandeln dürfe. Dabei beklagte sie sich, dass sie sich überall allein fühle, selbst im Kreise der Familie, und kaum mit einer oder zwei Personen halb und halb intim sey. Ich durfte ihr antworten, ohne der Wahrheit etwas zu vergeben: ‚Sie tragen zwei Kronen und müssen die Einsamkeit der Könige darum doppelt fühlen; Dichter und Denker tragen doch nur eine und finden die Welt schon so leer, als ob außer ihnen nur noch das Echo darin wohne.'"[19]

Hebbels Worte werden Sophie kaum erheitert, aber in ihrer Schwermut auch nicht geschadet haben. Sophies Freundlichkeit mag auch ihrer Verlegenheit entsprungen sein, dass ihr ganz offensichtlich nicht vollherzig betriebenes Projekt „Hebbel nach Weimar" gescheitert war. Friedrich Hebbel starb im folgenden Jahre 1863. Aus diesem Grunde erübrigt sich die Frage, zu welchen Folgen die Anwesenheit Hebbels für das künstlerische Engagement Dingelstedts geführt hätte. Immerhin „verdankte" Weimar Dingelstedts Querelen mit Franz Liszt in hohem Maße, dass der geniale Virtuose und Komponist im selben Jahre 1861 der Stadt Goethes und Schillers den Rücken kehrte – zumindest für einige Zeit. Ein fader Nachgeschmack blieb: Durch seine Inszenierungen von Werken Hebbels, Schillers oder Shakespeare führte Dingelstedt das Weimarer Theater zu neuer Blüte. Andererseits zeigte der „Fall" Hebbel das enge Neben- oder sogar Miteinander von weltoffener, großzügiger Kunstförderung und engmaschigem Provinzialismus am Weimarer Musenhof – unter der Obhut Sophies.

Gemeinsam mit Sophie und Carl Alexander leistete Dingelstedt 1859 in Dresden und Weimar maßgebliche Arbeit bei der Vorbereitung der „Deutschen Schiller-Stiftung". Zeitgenossen mögen es schlichter empfunden haben. Mit den Gründungsarbeiten für die Schiller-Stiftung, vor allem aber für die Shakespeare-Gesellschaft, deutete sich ein maßgeblich durch Sophie beeinflusster Wandel in der Standortbestimmung Weimars an.

Mag Franz von Dingelstedt der Weimarer Großherzogin 1861 auch keinen loyalen Dienst erwiesen haben, seine Tätigkeit für den bis dahin in Weimar demonstrativ gepflegten Musenhof war insgesamt verdienstvoll und die Berufung zum Leiter des Wiener Burgtheaters 1867 entsprach bereits – zumindest symbolhaft – neuen Auffassungen über die Rolle Weimars in der deutschen Kultur und Literatur.

Sophie reformiert das Traditionsbild

Bevor sich Sophie jedoch den Problemen der weiteren Orientierung des kunstsinnigen Weimars detailliert widmen konnte, musste sie sich mit einer erfreulich positiven Veränderung ihrer ohnehin gut situierten Vermögenslage beschäftigen. Die königlich holländische Prinzessin erbte 1863 das schlesische Gut Heinrichau. Das ehemalige fürstliche Zisterzienserstift in Niederschlesien wurde bereits 1227 gegründet. 1810 säkularisierte der preußische Staat den Kirchenbesitz. 1812 wurde das Kloster „wohlfeil" an das verwandtschaftlich verbundene Haus Oranien verkauft. Wilhelm VI., Prinz von Oranien, hatte Wilhelmine, die Schwester König Friedrich Wilhelms III. von Preußen, geheiratet. Während der französischen Besatzung Hollands diente Heinrichau dem Prinzenpaar als Exil. Nach der endgültigen Niederlage Napoleons bestieg der Prinz als Wilhelm I. den holländischen Königsthron. Nach mehreren Erbvorgängen kam der riesige Besitz schließlich 1863 an Sophie. Zu der Herrschaft gehörten 10 000 Hektar Ackerland, Wälder, Weiden, 24 Güter und Vorwerke, ein Teil des Dorfes Heinrichau in den ehemaligen Landkreisen Strehlen und Frankenstein im Regierungsbezirk Breslau sowie die Güter Racod und Stenschewo in der damaligen Provinz Posen.

Die Güter erbte Sophie persönlich, sie gingen damit nicht in den Besitzstand des großherzoglichen Hauses ein. Zu dem großen Gut Heinrichau gehörte ein schöner Park. Sophie und Carl Alexander besuchten das Erbe sofort im Jahre 1863, sahen den Park und fühlten sich an die schönen Ettersburger Jahre erinnert. Der Gartenarchitekt Carl Eduard Adolph Petzold sollte den Park von Heinrichau nach gemeinsam mit Sophie erarbeiteten Plänen im Geiste der Weimarer Gartentradition umgestalten.

Der riesige Besitz verlangte Sophie viel Aufmerksamkeit ab und veranlasste sie in den folgenden Jahren zu häufigen Reisen nach Schlesien und Posen. Sie besaß den Ehrgeiz, ihre landwirtschaftlichen Betriebe nach den wissenschaftlich begründeten Methoden der Agrarwirtschaft zu betreiben. Sophie legte außerdem großen Wert auf soziale Gerechtigkeit gegenüber ihren Untertanen, gleichgültig, ob es um Deutsche oder Polen ging. Die Tatsache, dass Sophie auf ihren Gütern Dependancen des Patriotischen Instituts einrichtete, Schulen baute, die praktische Ausübung der protestantischen und katholischen Religion durch Kirchenneubauten ermöglichte, sprach von ihrem Bemühen, den Gütern eine effiziente Wirtschaftlichkeit zu geben, die dem Standard der holländischen Landwirtschaft entsprach, aber auch für das Großherzogtum nützlich war. (Als der Großherzog im Jahre 1918 in Weimar abdanken musste, konnte sich die Familie nach Heinrichau zurückziehen und dort bis zu ihrer vollständigen Enteignung im Jahre 1945 leben.)

An der Ilm wuchsen nach dem Weggang Liszts und der verhinderten Ansiedlung Hebbels mit dem Erbe in Schlesien neue Möglichkeiten, Sophies Wünschen gerecht zu werden. Der Musenhofgedanke lebte nicht nur dadurch, dass er möglichst viele intellektuelle Kräfte anzog – er musste nach Deutschland und Europa ausstrahlen, nicht im künstlerischen Selbstlauf, sondern bewusst und zielstrebig. Dingelstedts Shakespeare-Inszenierungen und die Erinnerung, dass Christoph Martin Wieland durch seine Übersetzungen den Geist und das Werk Shakespeares nach Weimar gebracht hatte, boten den Anlass zur Idee, 1864, zum 300. Geburtstag William Shakespeares, in Weimar die „Deutsche Shakespeare-Gesellschaft" zu gründen. Eine Shakespeare-Gesellschaft, in Weimar ins Leben gerufen, konnte hohe Symbolkraft für die europäische Kultur erlangen.

Im Jahre 1863 veröffentlichte Dr. Wilhelm Oechelhäuser „Ideen zur Gründung einer Deutschen Shakespeare-Gesellschaft".[20] Oechelhäuser war Generaldirektor der 1855 gemeinsam mit Hans Victor von Unruh in Dessau gegründeten Deutschen Continental-Gas-Gesellschaft. Er richtete das zweite Elektrizitätswerk in Deutschland ein. In späteren Jahren holte er für die Forschungsarbeiten an Gasmotoren Hugo Junkers, den Pionier des deutschen Flugzeugbaus, nach Dessau. Dieser moderne Großindustrielle verbündete sich mit Weimars zunächst zurückhaltendem Generalintendanten Dingelstedt. Sophies umsichtiger Privatsekretär James Marshall informierte die Großherzogin über das Projekt. Sie las die Ideen Oechelhäusers und gab Dingelstedt den direkten Auftrag zur Organisierung der Gesellschaft. Und am 23. April 1864 fand dann tatsächlich die Gründung der Deutschen Shakespeare-Gesellschaft und die Annahme der von Oechelhäuser entworfenen Statuten statt. Der an der Universität Halle/Saale wirkende Philosoph Herrmann Ulrici wurde zum Präsidenten gewählt. Ulrici besaß durch seine kritische Auseinandersetzung mit der Philosophie Hegels sowie durch die Neuherausgabe mehrer Werke Shakespeares einen Ruf als vorzüglicher Geisteswissenschaftler, der auch intellektuell dem Erbe Shakespeares wie der Weimarer Klassik gerecht werden konnte. Dingelstedt wurde zu einem der Vizepräsidenten berufen und Großherzogin Sophie übernahm das Protektorat über die Gesellschaft.

Die personelle Besetzung mit der Großherzogin, deren Theaterdirektor, einem Wissenschaftler aus Preußen und mit dem anhaltinischen Industriellen wies in eine Zukunft des Mäzenatentums, die den bisherigen fürstlichen Standard ablöste. Die Deutsche Shakespeare-Gesellschaft war die erste in Weimar gegründete literarische Gesellschaft, bei der die Landesfürstin die unmittelbare Schirmherrschaft übernahm. Dieses Signal wurde in der nationalen und internationalen Kulturwelt bemerkt, zumal die Gesellschaft alle 33 Bände des Jahrbuchs bis 1897 „Ihrer Königlichen Hoheit/ Der Frau Grossherzogin/ Sophie von Sachsen/ Geb. Prinzessin der Niederlande/ ehrfurchtsvoll" widmete. Friedrich Bodenstedt, erster Herausgeber der Shakespeare-Jahrbücher, fasste seine Dankbarkeit für Sophies Hilfe in Verse:

„Du gabst unserm Wirken
Ein schützendes Obdach,
Du pflanztest den Baum,
Dess Früchte wir bringen:
Nimm auch diese Blume
Des Dankes dazu!"[21]

Der öffentliche Appell an die Spendenbereitschaft verhallte nicht im leeren Raum. Die Gesellschaft hatte ein Jahr nach ihrer Gründung zirka 130 Mitglieder, die je drei Taler Beitrag zahlten. Auch wenn die Mitgliederzahl stetig stieg, blieben die Einnahmen zu gering, um den Aufbau der in den Statuten vorgesehenen Shakespeare-Bibliothek zu fördern. Es war von unschätzbarem Wert, dass die Großherzogin großzügig Geld spendete. Sie steuerte 500 Taler für die Gründung der Bibliothek bei und schenkte ihr darüber hinaus wertvolle Bücher und Dokumente, wie etwa den fotolithographischen Abdruck der ersten Folio-Ausgabe von Shakespeares Testament sowie der Kaufurkunde seines Hauses in Blackfriars. Im April 1869 enthielt die Bibliothek bereits etwa 400 Bände, und Hermann Ulrici bedankte sich in seinem Jahresbericht besonders nachdrücklich bei der Großherzogin: „Wir verdanken diese Bereicherung an durchgängig werthvollen Werken vor Allem der unerschöpflichen Güte Ihre Königl. Hoheit der Frau Grossherzogin, die wiederum zum Besten der Bibliothek einen Beitrag von 100 Thlrn. gnädigst bewilligt hat."[22] Zehn Jahre nach der Gründung stand die Sammlung vor allem durch die Spendenbereitschaft Sophies in dem Ruf, die umfangreichste Shakespeare-Bibliothek auf dem Kontinent zu sein.

Im Grunde genommen initiierte Sophie mit der Shakespeare-Gesellschaft ein Funktionsmodell, das sie später beim Umgang mit dem Goethe- und Schiller-Erbe anwenden und weiterentwickeln konnte. Nicht nur die Bibliothek wuchs, sondern auch das liquide Kapital der Gesellschaft. Wilhelm von Oechelhäuser stellte 1879 im Jahresbericht fest, „dass die finanziellen Verhältnisse unserer Gesellschaft zum großen Theile in Folge der Munifizenz unserer erhabenen Protektorin, vollkommen geordnete sind, sodass sogar ein Bestand von ca. 3000 Mark zinsbar hat angelegt werden können".[23] Das Kapital half Sophie bei der Realisierung ihres Vorschlags, über den kleinen Kreis der Shakespeare-Verehrer hinauszugehen und das Werk des Dichters einem breiten Publikum anzubieten. Abermals half Oechelhäuser mit Ideen und Geld.

Auf Sophies Bitte ließ Oechelhäuser 1891 bei der Deutschen Verlagsanstalt in Leipzig den Neudruck von „W. Shakespeare's dramatischen Werken. Übersetzt von August Wilhelm von Schlegel und Ludwig Tieck" im Auftrag der Deutschen Shakespeare-Gesellschaft herausgeben. Er schrieb selbst eine sachkundige Einleitung. Das einbändige Werk kostete lediglich drei Mark. Wie die Jahrbücher, so war auch die preiswerte Volksausgabe „Ihrer Königlichen Hoheit der Frau Großherzogin Sophie von Sachsen geb. Prinzessin der Niederlande ehrfurchtsvoll gewidmet". Im ersten Halbjahr erschienen 6 Auflagen zu je 2000 Exemplaren und 1903 hatte der Band insgesamt 30 Auflagen erlebt. Die Gesellschaft konnte ganz befriedigt feststellen: „Der Zweck einer größeren Verbreitung unseres Dichters in den mittleren und unteren Volksklassen scheint sich demnach über alle Erwartung erfüllen zu sollen."[24]

Selbstverständlich nahm Sophie aktiv am Leben der Gesellschaft teil und besuchte, so oft es ihr möglich war, deren jährliche Versammlungen. Mitglieder der Gesellschaft lobten, dass sie den Fachvorträgen aufmerksam folgte und in Einzelgesprächen präzise Sachfragen stellte. Sophies

Engagement für die Shakespeare-Gesellschaft entsprach nicht nur ihrer Pflicht zur Förderung von Kunst und Wissenschaft. Sie beschritt in der Verbindung mit Oechelhäuser moderne Wege des Mäzenatentums. Sophie erfreute sich selbst an einer wissenschaftlichen und literarischen Arbeit, die den Rahmen der Besinnung auf das klassische Erbe in Weimar überschritt. Das Interesse an Shakespeare verleitete die Großherzogin jedoch nicht dazu, nach 1864 etwa alle Aufmerksamkeit der englischen Kulturtradition zuzuwenden: Mit Oechelhäuser unterhielt sie sich weiterhin in der französischen Sprache. Es ist möglich, dass Sophie darauf Einfluss nahm, dass eine niederländische Übersetzung der deutschen Werkausgabe Shakespeares in der zweiten Hälfte der 80er-Jahre in Holland erschien. Sie selbst dilettierte nicht in der Literatur, besaß jedoch ein Gefühl für die Weisheiten des Lebens, denen Shakespeare in so großartigen Worten Gestalt verleihen konnte.

Es dürfte kein Zufall gewesen sein, dass Sophie in der Gründungszeit der Shakespeare-Gesellschaft über Carl Alexander Goethes Enkel Walther Wolfgang das Angebot unterbreiten ließ, ihre, Sophies, Büchersammlung und Kunstschätze zu betreuen und zu verwalten. Das gesamte schriftliche Erbe des großen Dichters lag damals noch unerschlossen in den Händen der Familie Goethe. Es wäre eine ideale Kombination gewesen, wenn zu der lebendigen Shakespeare-Gesellschaft vielleicht bald eine produktive Goethe-Gesellschaft oder der öffentliche Zugang zum Goethe-Archiv treten konnte. Weimar hätte über das Großherzogliche Haus einen modernen Ausweis seiner Rolle als geistiges Zentrum Deutschlands – und Europas – erbringen können. Große Ideen benötigen jedoch mitunter einer langen Reifezeit: Walther Wolfgang von Goethe lehnte das Angebot Sophies im Jahre 1867 ab. Dennoch: Das Interesse am Nachlass Goethes, der Wille, mit den Schätzen der klassischen Tradition einen Beitrag für die deutsche und europäische Kultur zu leisten, war durch das regierende Haus erneuert und bekräftigt worden.

Neue Sorgen unterbrachen zeitweilig das Werben um den Nachlass Goethes. In den Jahren 1870/71 wurde Sophies ganze Aufmerksamkeit vom deutsch-französischen Krieg in Anspruch genommen. Carl Alexander zog in den Krieg und übertrug seiner Frau für die Zeit seiner Abwesenheit die Regentschaft über das Großherzogtum. Sophie verabschiedete Soldaten an die Front und finanzierte aus ihrem schlesischen Besitz die Hilfe für Verwundete oder Hinterbliebene. Sie durfte sogar den neuen deutschen Kaiser in Weimar empfangen. Ihr Interesse an politischen Fragen und Entscheidungen musste jedoch nicht erst durch die Regentschaft geweckt werden. Der Vater hatte sie ausführlich unterwiesen und von dieser Schule profitierte sie jetzt.

Sophie betrieb die Regentschaft derartig engagiert, dass man in Berlin mokant die Nase rümpfte. Das böse Wort „König von Thüringen" machte die Runde. Halb anerkennend, halb spöttisch sprach die Elite der Hohenzollern davon, dass Sophie der einzige wirkliche „Mann" am Weimarer Hof wäre. Sophie gewann dadurch nicht etwa Freude am Regieren. Sie erlag auch nicht der Versuchung, ihren Gemahl auf dem Thron abzulösen. Aber ihr Interesse an den zentralen politischen Fragen des neuen Deutschen Reichs wuchs mit den Jahren noch erheblich an. Es ist richtig, dass sie sich ernsthaft mit der Politik Bismarcks und des Kaiserhauses auseinandersetzte, dass sie als gebürtige Prinzessin des Hauses Oranien die kolonialpolitischen Wunschträume Carl Alexanders unterstützte oder dass sie sich auch mit dem arroganten Kaiser Wilhelm II. persönlich anlegte.

Viel wichtiger erscheint für ein plastisches Bild von Sophie, dass sie nach dem deutsch-französischen Krieg den seit der Gründung der Shakespeare-Gesellschaft gesponnenen Faden wieder aufnahm. Walther Wolfgang von Goethes Ablehnung im Jahre 1867 musste nicht endgültig sein. Sophie unternahm in den 70er-Jahren beharrliche Anstrengungen, den Erwerb des Goetheschen Nachlasses durch das Fürstenhaus zu forcieren. Bereits in diesen Jahren erarbeitete sie Gedanken, den Nachlass in einem speziellen Goethe-Museum für die Öffentlichkeit zu erschließen. Aber sie musste Geduld beweisen.

Sophie ließ diese Zeit nicht ungenutzt verstreichen, es gab für sie immer viel zu tun, ernst oder heiter, aber stets konzentriert und im Selbstverständnis ihrer Mission als königliche Prinzessin der Niederlande. Es spielte keine Rolle, ob sie, wie 1872 geschehen, in ihrem Schloss in Heinrichau eine evangelische Kapelle einbauen ließ und die Kosten der Dorfgemeinde, einschließlich des Pfarrers, übernahm oder ob sie eine Dorfschule in Heinrichau einrichten ließ.

Familiäre Probleme bereiteten in jenen Jahren große Sorgen. Seit der Kindheit des Sohnes Carl August musste sie zwischen ihrem Mann und dem Jungen ausgleichend vermitteln. Carl Alexander, der versponnene Kunstliebhaber, Reisende und wenig zur Konkretheit neigende Fürst, besaß ein denkbar schlechtes Verhältnis zu seinem Thronfolger. Der geriet hinsichtlich seines praktischen Verstandes nach seiner Mutter. Außerdem besaß er von klein auf ein sehr volkstümliches und nach sozialer Gerechtigkeit strebendes Lebensverständnis, das mit den Prinzipien fürstlicher Distanz kollidierte.

1872, Carl August war bereits 28 Jahre alt, sollte er endlich heiraten. Man hatte die Prinzessin Therese aus dem russischen Zweig des Hauses Oldenburg für ihn ausgewählt. Die Brautleute absolvierten bereits eine gemeinsame Italienreise. Kurz vor der Hochzeit kam es zum Eklat: Die Braut kündigte das Verlöbnis auf und ließ ihren Bräutigam sitzen. Um diesen in Weimar als schandbar empfundenen Tatbestand nicht sonderlich ruchbar werden zu lassen, musste eine schnelle Ersatzlösung gefunden werden. Tatsächlich heiratete Carl August am 26. August 1873 in die nähere Verwandtschaft: Pauline, die Tochter des Prinzen Hermann von Sachsen-Weimar-Eisenach.

Sophie zitterte vor Ärger und Scham. Die namenlose Pauline stand tief unter dem Niveau einer Großherzogin und Königlichen Prinzessin Mit eiserner Selbstdisziplin überwand sie das Ärgernis und suchte Ablenkung in der Arbeit. Dass sie 1875 10 000 Taler für eine Blinden- und Taubstummenanstalt zur Verfügung stellte, bedurfte keines besonderen Aufhebens. Wesentlich aufwändiger war dagegen die Gründung der Sophiehaus-Schwesternschaft am 21. November des gleichen Jahres. Nach dem Sophienstift initiierte Sophie damit die zweite große Sozialeinrichtung ihres Lebens in Weimar. Die Schwesternschaft diente zunächst der Ausbildung von Schwestern für die häusliche Krankenpflege. Es bedurfte eines ganzen Jahrzehnts und erheblicher Geldmittel, ehe das Werk 1886 durch das Sophienkrankenhaus gekrönt werden konnte.

Ein wenig glücklicher als im Falles des Sohnes verlief 1876 die Heirat der Tochter Marie Alexandrine. In der Familie nannte man das Mädchen Zita und es genoss durch sein Kunstinteresse auch das Wohlwollen des Vaters. Allein, die Eheschließung Zitas mit dem Prinzen Heinrich VII. Reuß entsprach abermals nicht den Wünschen Sophies. Die Prinzen Reuß standen ebenfalls unter der Würde einer königlich holländischen Prinzessin, aber auch eines Großherzogs von Sachsen. Es musste etwas zur Imageverbesserung des Bräutigams geschehen. Carl Alexander und Sophie ließen ihre Verbindungen spielen und erreichten zumindest, dass der junge Prinz eine diplomatische Karriere einschlagen konnte. Er erwarb in Petersburg, Konstantinopel und Wien eine beachtliche diplomatische Anerkennung und kompensierte durch geschickte und fleißige Arbeit den „Makel" seiner niederen Herkunft. Später sollte es gerade um seine Person gehörigen Ärger geben!

Abgesehen von den innerfamiliären Sorgen um die Kinder verliefen die 70er-Jahre für Sophie in der Ruhe emsiger Pflichterfüllung. Das betraf sowohl den Ausbau der Schwesternausbildung und Krankenpflege als auch das Hauptproblem der Neustrukturierung des künstlerischen Lebens. An- und abreisende Künstler, Dichter oder Gelehrte waren Sophie weiterhin wichtig und fördernswert. Bedeutsamer für die Reputation des Hofs in ganz Deutschland erschienen ihr handfeste Organisationsstrukturen mit anhaltender Strahlkraft. 1861 war unter maßgeblicher Mitwirkung von Franz Liszt in Weimar der Allgemeine Deutsche Musikverein gegründet worden. 1864 war die Shakespeare-Gesellschaft gefolgt. Nur die wichtigste Frage, wie der Goethe-Nachlass in dieses Konzept eingebunden werden konnte, blieb vorerst ungelöst. Sophie musste weiter Geduld bewahren und ihr Sachinteresse am Goetheerbe immer wieder neu formulieren. Das Bekenntnis zu den Traditionen Goethes war wichtig, weil der Goethe-Nachlass seit 1841 von den Nachkommen des Dichters vollständig für die Benutzung gesperrt worden war. Es war ein sensibles Thema, das Fingerspitzengefühl verlangte. Sophie bewies Mut zum Handeln, als sie Walther Wolfgang von Goethe die Stelle ihres Beraters in Kunstfragen anbot. Trotz seiner Ablehnung schien das Angebot bei den Erben Nachdenklichkeit hervorzurufen. Sie wollten Goethes Nachlass lediglich vor Missbrauch und Willkür schützen, wussten aber offensichtlich keinen praktikablen Weg zu einer sinnvollen und systematischen Verwendung der unermesslich wertvollen Quellensammlung.

Durchbruch zur Welt Goethes

Letztlich schienen die Persönlichkeit, der Wille und die Autorität Sophies plausible Gründe, das Erbe Goethes in ihre Hände zu legen. Außerdem blieb Walther Wolfgang von Goethe 1883 als letzter Enkel des Dichterfürsten allein in Weimar zurück. Alle anderen, die Eltern und die Geschwister, lebten nicht mehr. Walther Wolfgang von Goethe musste handeln, wenn er es wirklich mit seiner Sorge um den Nachlass des Großvaters ernst meinte. Er entschloss sich nach all den Jahren des Zauderns zu einem konsequenten Schritt.

Am 24. September 1883 legte Walther Wolfgang in seinem Testament fest, dass Goethes Liegenschaften und Sammlungen von der Familie an den Staat Sachsen-Weimar-Eisenach und in die Verwaltung und Obhut des Großherzogs gegeben werden. Der Paragraph 6 des Testaments lautete: „Ich ernenne zur Erbin des von Goetheschen Familienarchivs, wie solches bei meinem Tode sich vorfindet, Ihre Königliche Hoheit Frau Großherzogin Sophie von Sachsen. Es umfasst gedachtes Archiv die großväterlichen (von Goethischen) Schriftstücke, Akten u.s.w., ferner das Privat-Archiv meines Großvaters wissenschaftlichen, poetischen, literarischen, administrativen und familiären Inhalts, sowie alle von meinen Familienmitgliedern persönlichen Papiere, soweit sie sich in dem gedachten Archive befinden. Möge Ihre Königliche Hoheit die Frau Großherzogin dieses mein Vermächtnis in dem Sinne empfangen, in dem es Höchstderselben durch mich entgegengebracht wird, als einen

Beweis tief empfundenen, weil tief begründeten Vertrauens! Weimar am 24. September 1883. Walther von Goethe."[25] Damit war eine richtungweisende Entscheidung für die Zukunft Weimars gefallen – nach langem Ringen, ganz unspektakulär – durch die Beharrlichkeit und das Einfühlungsvermögen Sophies.

Allerdings wussten weder Carl Alexander noch Sophie bis zur Testamentseröffnung etwas von der getroffenen Entscheidung. Walther Wolfgang von Goethe ließ sich nicht einmal zu einer Anspielung verleiten. Am 24. Mai 1884 notierte Carl Alexander in sein Tagebuch, dass er Walther Wolfgang in einem Gespräch gebeten habe, das Goethesche Erbe in Weimar zu belassen: „Er hört mich an, erzürnt sich nicht, aber schwieg." Der Großherzog hoffte: „Der erste Pflog ist also gesteckt. Ich bete zu Gott, dass er mir gestattet, auch die übrigen zu stecken."[26] Nach dem Tagebuch Carl Alexanders hat Walther Wolfgang am 15. Juli 1884 ausführlich mit Sophie gesprochen. In dem anschließenden Spaziergang mit Carl Alexander wäre der sonst schweigsame Enkel Goethes „plauderfroh" gewesen. Man darf davon ausgehen, dass er seine Entscheidung in dem Gespräch mit Sophie bestätigt gefunden hat. Aber das Geheimnis des Testaments hat er an jenem Tage nicht preisgegeben.

Sophie verfolgte 1883 und 1884 unverändert ihre karitativen Ziele. Sie konzentrierte sich auf den Ausbau der Kinderheilanstalt in Stadt Sulza und den Neubau des Mutterhauses der Sophienhaus-Schwesternschaft. Etwa ein Jahrzehnt nach der Gründung der Sophienhaus-Schwesternschaft konnte endlich mit dem Bau eines ebenso funktionalen wie repräsentativen und zukunftsträchtigen Mutterhauses begonnen werden. Das Sophienhaus wurde in den Jahren 1884 bis 1886 unter der Leitung des großherzoglichen Oberbaudirektors Julius Bormann errichtet. Bormann baute in Weimar außerdem das Gebäude des heutigen Goethe-Gymnasiums, die Kapelle am Eingang zum Historischen Friedhof und er gab dem Fürstenhaus den großen Säulenvorbau. Projektierung, Bauausführung und Finanzierung standen unter der direkten Aufsicht durch Sophie.

Noch während der Bauzeit unternahm Sophie Schritte, die Strukturen der Gesundheitseinrichtungen um das Sophienhaus zu ordnen. Das Haus sollte nicht nur Schwesternschule und Altenheim für gediente Schwestern, sondern ein im besten Sinne wirkendes Krankenhaus mit komplexen Heilmöglichkeiten werden. Mit diesem Ziel wurde bereits im Jahre 1883 das in Stadt Sulza auf der Ausbeutung der dortigen Sole beruhende Kinderheilbad in den Bestand des Sophienhauses eingegliedert. Noch im selben Jahr konnten 64 Kinder, die an Skrophulose litten, geheilt werden. Der Erfolg überzeugte Sophie. Parallel zum Bau des Sophienhauses ließ sie 1885 erste Vorbereitungen treffen, der Heilanstalt in Sulza ein eigenes Gebäude zu errichten. Auch in diesem Falle stand Sophie der Baukommission vor – mit allen Konsequenzen bei der Anleitung und Kontrolle. Sophie war gewiss nur für jene Bauleute eine angenehme Partnerin, die mit höchster Präzision und Pünktlichkeit ihren Anweisungen folgten.

Sie legte Wert darauf, dass das Sophienhaus als unabhängige und selbstständige Einrichtung den übergreifenden Prinzipien der christlichen Diakonie verpflichtet wurde. Der Bau wurde im Jahre 1886 fertig und im darauf folgenden Jahr in Betrieb genommen. Es dauerte weitere Jahre, ehe die voll ausgebildeten Schwestern ihre Kurse mit einem vom Staat anerkannten Prädikat abschließen konnten. Aber das Institut als solches arbeitete und Sophie konnte sich glücklich schätzen, für die Menschen des ganzen Landes ein so erfolgreiches Denkmal ihrer Fürsorge errichtet zu haben. Die Mahnung an die Schwestern: „Die Herrschaft über sich selbst ist Vorbedingung für jegliche Tüchtigkeit und für ernsthafte und gewissenhafte Ausführung übernommener Pflichten“[27], blieb keine abgehobene Moralität einer über den Dingen schwebenden Fürstin. Im konkreten Falle wusste sie, wie viel Mühen es gekostet hatte, die notwendigen Mittel zum Bau des Hauses aufzubringen. Probleme bereitete auch die eigene Familie und die Lösungen gerieten nicht immer so erfolgreich wie beim Bau des Sophienhauses.

Die Großherzogin hatte bereits mit den Eheschließungen von Carl August und Marie Alexandrine gehadert. Eine weit größere Enttäuschung erlebte sie mit der Tochter Elisabeth. „Elsy“ galt als Liebling des Vaters und konnte diesen durch ihr Interesse für die Kunst und die Literatur „um den Finger wickeln“. Elsy ist von der Familie sehr verwöhnt worden. Für ihre Charakterbildung mag das nicht immer vorteilhaft gewesen sein. Zeitgenossen schilderten das Mädchen als schroff, mutwillig und mit wenig Zartgefühl versehen. Sophie wollte gerne, dass Elisabeth ihren 1817 geborenen Onkel König Wilhelm III. der Niederlande ehelichte. Wilhelms erste Frau, Prinzessin Sophie von Württemberg, war 1877 gestorben. Aber der Altersunterschied zwischen Elsy und Wilhelm betrug 37 Jahre! Die Prinzessin protestierte ganz energisch und heiratete stattdessen 1886 den Herzog Johann-Albrecht von Mecklenburg-Schwerin. Sophie ärgerte sich, dass sie sich nicht gegen die Tochter hatte behaupten können. Sie beklagte das Schicksal, war aber offensichtlich nicht geschickt genug, ihre Kinder dort unter die Haube zu bringen, wo es für Weimar besonders nützlich gewesen wäre.

So lagen Freude und Misslichkeit im Leben Sophies dicht beieinander. Am 15. April 1885 starb Walther Wolfgang von Goethe. Einen Tag später fand die Testamentseröffnung statt. Goethes Vetter, der Arzt Dr.

Felix Vulpius, kam von Leipzig nach Weimar und brachte Carl Alexander das Testament Walther Wolfgang von Goethes. Carl Alexander schrieb darüber in seinem Tagebuch: „Ich ließ die Großherzogin rufen, die von ihrem Spaziergang zurückkam, damit auch sie das Testament läse. Sie war auch sehr bewegt und beide können wir Gott nicht genug danken, dass er geruht hat, diese wichtigen Entscheidungen zum Vorteile des Landes ausfallen zu lassen und zu dem unseres Hauses und dass wir dazu berufen sind – wenn Gott es will und wir es erleben –, das alles zum Nutzen und zum Wohle der Welt zu pflegen ..."[28] Sophie erfuhr, dass sie „als einen Beweis tief empfundenen, weil tief begründeten Vertrauens"[29] zu dem unschätzbaren Besitz des Nachlasses der Familie Goethe gelangt war. Von herausgehobenen Menschen verlangt die Nachwelt in derartigen Situationen bedeutende Worte. Sophie soll einen Tag nach der Testamentsverlesung gesagt haben: „Ich habe geerbt und ganz Deutschland soll mit mir erben." Die Nachwelt mag Sophie die Worte gönnen, denn sie hat in dem ihr verbleibenden Lebensjahrzehnt das Beste für die Verwirklichung des Wortes getan, obwohl es zunächst gar nicht danach aussah.

Noch im April ließ Sophie den gesamten Nachlass Goethes in Kisten und Körben vom Haus am Frauenplan in das Residenzschloss, in zwei Räume der zweiten Etage der nordwestlichen Ecke, tragen. Sie schloss sich mit den Bergen von Papier in ihre Zimmer ein und begann mit einer eigenen Durchsicht und Bearbeitung der Hinterlassenschaft Goethes. Zwei Hefte, Erotica und Priapeia, sortierte sie sofort aus. Die wollte sie in einem Geheimarchiv aufbewahren. Sophie strich Texte Goethes nach eigenem Gutdünken durch, entfernte Seiten und legte zumindest in den ersten Tagen und Wochen eine rechte Willkür im Umgang mit dem Erbe, das nun der Welt gehören sollte, an den Tag.

Zwischen sprachlosem Staunen über die Vielfalt im geistigen Reichtum der Hinterlassenschaften, Entsetzen über Freizügigkeiten, die ihrem puritanischen Selbstverständnis widersprachen, und dem Versuch, Textpassagen unleserlich zu machen, fasste Sophie den keineswegs spontanen, aber einzig richtigen Entschluss, das Werk Goethes umfassend in einer Gesamtausgabe zu veröffentlichen. Dazu suchte sie sich unverzüglich drei verdiente und geistvolle Germanisten und Goethe-Kenner: Gustav von Loeper, juristischer Ratgeber am Preußischen Hof, der bereits in der Hempelschen Goethe-Ausgabe „Dichtung und Wahrheit" die „Maximen in Prosa" kommentiert hatte, Wilhelm Scherer, Germanist in Berlin – ein begeisterter Goethe-Anhänger, und Erich Schmidt, Germanist aus Wien.

Bereits am 5. Mai 1885 ordnete Sophie in einer Niederschrift an, dass

„das Archiv alsbald mit Rücksicht auf künftige Veröffentlichungen wissenschaftlich durchforscht und sein gegenwärtiger Wert vom Standpunkt der Goethe-Wissenschaft festgestellt“ werde, „als Grundlage für die teils von mir selbst zu veranlassenden, teils für die durch das Goethe-Jahrbuch zu vermittelnden Publikationen“.[30]

Dem ironisch kritischen Einwand des Goethe-Biografen Herman Grimm, dass: „Frauen, zumal Fürstinnen, ihre Pläne in den seltensten Fällen zur Durchführung brächten“, antwortete Sophie selbstbewusst: „Sie werden sehen, Herr Professor, dass ich meine Absichten durchzuführen pflege.“[31] Sie begriff, dass es bei der Erschließung des Goetheerbes nicht schlechthin um eine kulturpolitische, vielleicht sogar nationale Leistung ging, sondern dass die Zukunft des eigenen Fürstenhauses und dessen Ansehen im Deutschen Reich in erheblichem Maße von der Lösung dieser Aufgabe abhingen. Kleine Staaten konnten auch im Deutschen Reich nach 1871 in erster Linie nur durch ihre kulturellen Leistungen auf sich aufmerksam machen.

Selbst der ironische Herman Grimm bekam das Selbstverständnis Sophies zu spüren. Noch ehe der Goethe-Nachlass in einem eigenen Bauwerk untergebracht werden konnte, begannen die Arbeiten an der Gesamtausgabe der Werke des Dichters. Grimm wurde in die große Publikation eingebunden und lernte, dass Sophie ihre Verantwortung nicht nur in der materiellen Sicherstellung der Arbeiten sah. Sie griff unmittelbar in die Textgestaltung ein. Am 4. August 1887 schrieb Sophie an Grimm über dessen Text zur Vorrede des 1. Bandes der Goethe-Ausgabe, er möge in seiner Darstellung zur Geschichte des Goetheerbes die Sätze über den Goetheenkel ändern: „Ich möchte diese Abänderungen vorschlagen, um nicht die lebenden Freunde der Brüder Göthe peinlich zu berühren oder übel wollender Kritik Waffen in die Hand zu geben.“[32]

Grimm korrigierte gehorsam den Text und schickte ihn an Sophie. Am 21. August 1887 dankte sie höflich und monierte zugleich: „Ich habe den Eindruck erhalten, als ob die mir heute vorliegenden Blätter, trotz aller Vorsicht, die Brüder Göthe schärfer als dies in den früheren geschehen ist behandeln …“ Und weiter: „Mein Vorschlag, ich möchte besser sagen, meine vertrauensvolle Bitte, erstreckt sich auf Modifikationen, am Ende von Seite 2 auf Seite 3 und einen Theil von Seite 4 … Ich ersuche Euer Hochwohlgeboren alles von mir gesagte als einen erneuten Beweis meines vollen Vertrauens entgegen nehmen zu wollen und verbleibe mit vollkommener Hochachtung Euer Hochwohlgeboren wohlgeneigte Sophie.“[33] Die Großherzogin berief sich auf die einmal getroffene Entscheidung: „Es besteht die feste Verabredung, dass die Herren Redactoren keinen wichtigen Schritt thun ohne mein Vorwissen und mein Einverständnis und dieselben haben die bestimmte Zusicherung erhalten, dass ich gewissenhaft dieselbe Handlungsweise durchführen werde."[34]

Die Großherzogin überlegte genau, schnell und gründlich, welche praktischen Maßnahmen getroffen werden mussten, welche materiellen Mittel zur Verfügung standen, welche Persönlichkeiten herangezogen werden konnten. Sophie gab klare Anweisungen und wich harten Auseinandersetzungen nicht aus. Sie war energisch und verständnisvoll. Ihre nüchterne Trockenheit konnte bei dem vor ihr liegenden großen Projekt nur nützlich sein. Weimar als geistiges Zentrum, von dem aus Goethe in die Welt strahlte und in dem die Welt als Gast des universalen Geistes Goethes einkehrte, die Doppelstrategie des Gebens und Nehmens, die weder Anna Amalia noch Maria Pawlowna konzipiert oder gar verwirklicht hatten, durfte nicht nur als Traum durch den eigenen Kopf gehen. Sophie wollte den Traum realisieren

Ihr Goethe-Verständnis entsprach allerdings auch dem Bild, das ihr Carl Alexander vermittelt hatte. Dieser lebte nach wie vor in der Welt seiner persönlichen Erinnerungen an Goethe, in der Tradition Maria Pawlownas, und auch im Geiste jener Worte, die Varnhagen von Ense geprägt hatte, als fünfzig Jahre zuvor, 1834, zum ersten Mal die Gründung einer Goethe-Gesellschaft erwogen worden war: „Der Geist Goethes ist ein Geist der Ordnung, der Mäßigung, der Besonnenheit, der Ehrfurcht, seine Wirksamkeit ist erhaltend und fortbildend, und dabei so mannigfaltig und beweglich, dass ihm vor anderen gelingen kann, auch die ausschweifenden und verwilderten Kräfte, welche von dem literarischen Boden auf den politischen so leicht übergehen, zu ruhiger Entwicklung anzuziehen und in milderen Gestalten festzubannen."[35] Das waren in der Zeit des Biedermeier und der Demagogenverfolgung kluge Worte.

Seit über einem halben Jahrhundert lebte Goethe nicht mehr. Das großherzogliche Haus hatte stets die Tradition des Musenhofs für sich reklamiert. Aber ernsthafte und bleibende Schritte, Goethe aus der auf die Stadt Weimar begrenzten persönlichen Erinnerung zu reißen, ihn über eine feinsinnige Memorialkultur zu erheben, waren bislang nicht energisch betrieben worden. Die Gründung der Shakespeare-Gesellschaft bot einen ersten Ansatz, den Sophie und Carl Alexander beherzt aufgriffen. Die Reichseinigung von 1871 hatte neue Fragen der nationalen Identität des deutschen Volkes aufgeworfen. Carl Alexander sprach seine Überzeugung direkt aus, dass die deutsche Nation, je weiter sie voranschreite, umso mehr den Geist und das Wort Goethes benötigte.

Es war aus der historischen und geistigen Sicht des Fürstenpaares logisch, dass der Übernahme des Nachlasses die Gründung einer Goethe-

Gesellschaft folgte. Bereits am 20./21. Juni 1885 erfüllte sich die Anregung Sophies, wurde die Goethe-Gesellschaft unter dem Protektorat Carl Alexanders gegründet. Der Anspruch war hoch: Die literarische Gesellschaft sollte, gemäß dem universellen Geist und Werk Goethes, Menschen aus den unterschiedlichsten wissenschaftlichen und gesellschaftlichen Richtungen vereinen, die sich umfassend mit der Persönlichkeit, dem Werk und dem Wirken Goethes auseinandersetzten und ihre Erkenntnisse einer weltweiten Öffentlichkeit vermittelten. Bereits nach vier Monaten zählte die Gesellschaft etwa 1100 Mitglieder. Die Gesellschaft schuf die personelle Basis und das wissenschaftliche Forum, in deren Rahmen die Arbeit mit dem großen Erbe begonnen, diskutiert und zu greifbaren Ergebnissen geführt werden konnte.

Goethes Erbe wirkte plötzlich wie ein Katalysator. Alles, was in Bezug auf die Goethe-Pflege in Weimar bisher versäumt, nicht verwirklicht oder nur gedacht worden war, konnte nun – dank der Übersicht, Initiative und reichen Mittel Sophies – verwirklicht werden. Sie ließ sich im wahrsten Sinne des Wortes zu einer historischen Leistung beflügeln – zur bemerkenswertesten Tat, die eine Weimarer Fürstin je für das deutsche Nationalbewusstsein und die Weltgeltung Weimars leisten konnte. Die Aufgabe nahm mit dem Besitz der Papiere Goethes neue Dimensionen an, der Nachlass Schillers war hinzuzufügen, die Nachlässe bedurften einer festen Heimstatt für die Forschung, das große Werk des Dichters sollte in einer Werkausgabe der Öffentlichkeit zugänglich gemacht werden, das deutsche Volk besaß einen Anspruch auf eine fundierte Goethe-Biografie.

Das war ein umfassendes Programm, wie es sich die großherzogliche Familie im Rahmen ihrer Musenhof-Klassik-Rezeption bislang nicht gestellt hatte. Einmal im Besitz des Grundstocks der von Goethe hinterlassenen Schriften, strebte Sophie nach Vollkommenheit. Sie ließ nicht nur weitere Manuskripte erwerben, z. B. den Briefwechsel Schillers mit Goethes. Vor allem initiierte sie mit Hilfe namhafter Fachleute die notwendigen Bedingungen für die aktive Auswertung des klassischen Erbes. Im Jahre 1885 entstand nicht nur die Goethe-Gesellschaft. Im Haus am Frauenplan wurde sofort das Goethe-Nationalmuseum gegründet.

Sophie berief für die einzelnen Aufgaben geeignete Fachwissenschaftler, achtete jedoch streng darauf, dass diese sich nicht der Aufsicht durch die Erbin entzogen und ihre Verantwortung zugleich als nationale Mission begriffen. Ohne Sophies Einverständnis durfte keine einzige Entscheidung getroffen werden. Selbstverständlich hatte auch sie sich an die wissenschaftlichen Prinzipien z. B. einer Werkausgabe zu halten. Dank ihrer Konsequenz und dem Einsatz so hervorragender Fachleute wie Gustav von Loeper, Erich Schmidt oder Bernhard Suphan konnten schon zwei Jahre nach Walther Wolfgang von Goethes Tod die ersten Bände der 1919 abgeschlossenen Weimarer oder Sophienausgabe erscheinen. Sie umfasst insgesamt 143 Bände und ist bis heute die vollständigste Goethe-Ausgabe.

Die schnellen und sachgemäßen Schritte Sophies besaßen einen weiteren Effekt: Seit 1832 bemühte sich die großherzogliche Familie, dem klassischen Erbe gerecht zu werden. Unter dieser Motivation kamen viele Literaten und Künstler nach Weimar. Der Musenhof modernisierte sich unter dem Einfluss vieler und sehr verschiedener Ideen. 1885 trat eine ganz neue Situation ein: Mit Goethe avancierte Weimar wieder zur geistigen Hauptstadt Deutschlands, allerdings, dem Charakter der Zeit entsprechend, in einer Weise, die nicht unbedingt dem Geist Goethes entsprach. An der Spitze der Goethe-Gesellschaft stand der Reichsgerichtspräsident Eduard Simon. Der Vorstand der Gesellschaft veröffentlichte am 11. Juli 1885 einen Aufruf „An alle Verehrer Goethes", der in großen Tageszeitungen erschien: „Mit dem neuen deutschen Reich ist die Zeit einer großen nationalen und politischen Denkart gekommen, für welche jene Vorurteile und Befangenheiten nicht mehr sind, die in vergangenen Jahrzehnten die richtige Erkenntnis und Würdigung Goethes bei vielen gehemmt haben. Ein grosses nationales Reich weiss den größten seiner Dichter in seinem vollen Werthe zu schätzen."[36] Goethe als geistiger Vater des wilhelminischen Kaiserreichs? Diese Interpretation hatte der kritische Carl Alexander nicht gemeint, als er schrieb, dass das neue Reich sich verstärkt Goethe zuwenden müsste. Und Sophie, die Holländerin, müsste vor den großen Tönen des neuen Deutschen Reichs eigentlich zurück geschreckt sein, doch die nationale Instrumentalisierung Goethes störte sie offensichtlich nicht. Sie setzte ihren Kurs der aktiven Arbeit am und mit dem Goethe-Erbe ungebrochen fort. Da die großen Aufgaben noch vor ihr standen, gab es auch keine Ruhezeiten – abgesehen von dem jährlichen Aufenthalt auf der Insel Helgoland. Eigentlich konnte Sophie in ihrer Arbeit um das Goethe-Erbe in den folgenden Jahren nur Erfolge verbuchen. Tatsächlich reihte sich ein positives Resultat an das andere, Ergebnisse, die über den politisch bisweilen beklemmenden Alltag hinaus Werte beförderten, von denen die Welt und Weimar nach über hundert Jahren noch zehren.

Das Goethe-Archiv fand zunächst im Residenzschloss eine Heimstatt. 1889 übergaben die Freiherrn Ludwig und Alexander von Gleichen-Rußurm aus Weimar und Darmstadt den in ihrem Besitz befindlichen Nachlass Friedrich Schillers an Großherzogin Sophie. Die Freiherren stifteten den Nachlass am 7./10. Mai 1889 unter der Voraussetzung, dass er dem Goethe-Archiv angeschlossen werden und dass dieses künftig den Namen „Goethe- und Schiller-Archiv" tragen sollte. Die Erblasser verpflichteten Sophie ausdrücklich, gegenüber dem Schiller-Nachlass die gleiche Verantwortung walten zu lassen wie gegenüber dem Goethe-Nachlass und ihre Verantwortungspflicht auf die Erben und Rechtsnachfolger zu übertragen.[37]

Für Sophie bedurfte es keiner Überlegung, diesen Forderungen nachzukommen. Sie befand sich in einer Sternstunde ihres Lebens und konnte in einer nie zuvor praktizierten Weise für das geistige Ansehen Weimars in Deutschland und Europa wirken. Der materielle Reichtum, der dem regierenden Haus innerhalb kurzer Zeit zufloss, konnte überhaupt noch nicht beziffert werden.

Die Übergabe des schriftlichen Erbes von Goethe und Schiller wirkte wie eine Initialzündung. Als hätten die Erben großer Persönlichkeiten Weimars und Deutschlands nur auf diese Stunde gewartet, fielen dem neuen Archiv durch Schenkungen, Ankauf oder Vererbung Dokumente und Hinterlassenschaften von Johann Gottfried Herder, Carl Ludwig Knebel, Christoph Martin Wieland oder Heinrich Meyer anheim. Nicht nur die Zeugnisse der vergangenen Klassik kehrten nach Weimar zurück. Spätere Schriftsteller wie Gottfried Keller oder Theodor Fontane sollten sich um das klassische Erbe gruppieren.

Es muss als Tatsache betont werden, dass sich die anhaltende nationale Euphorie im Deutschen Reich und die Konstituierung des Goethe- und Schiller-Archivs in Weimar in den 80er- und 90er-Jahren in gewisser Weise gegenseitig beeinflussten. Sophie, die so oft über Einsamkeit und Vernachlässigung klagte, besaß nun eine Aufgabe, die sie ausfüllte, ablenkte und von deren Bedeutung sie überzeugt war. Es war kein Zufall, dass sie sich nicht nur bei der Sammlung der kostbaren Archivalien engagierte und geeignete Wissenschaftler für deren Auswertung um sich sammelte, sondern große Anstrengungen darauf konzentrierte, dem Erbe einen würdigen Rahmen in dauerhafter Gestalt zu geben.

Bereits 1885 war Sophie und ihren Beratern klar, dass die Nachlässe, zu denen noch Bestände der Großherzoglichen Bibliothek kamen, nicht in den Räumen des Residenzschlosses bleiben konnten. Die Enge, das ungesunde Raumklima, vor allem jedoch die Unmöglichkeit eines öffentlichen Zugangs, erforderten dringend ein eigenes Gebäude für das Goethe-Schiller-Archiv. Außerdem schwollen die Bestände bis zum Beginn der 90er-Jahre immer stärker an, es musste endlich gehandelt werden. Wieder ergriff Sophie die Initiative. Als sie zu ihrer Goldenen Hochzeit am 8. Oktober 1892 von der Goethe-Gesellschaft und weiteren Kunstfreunden 20 000 Reichsmark zum Bau des Archivs erhielt, war das bereits eine zielgerichtete Spende – im Vorfeld der Übergabe abgesprochen. Sophie ging mit Eifer an die große Aufgabe. Die Baukosten wurden mit etwa 400 000 Reichsmark veranschlagt. Die Spende bildete den symbolischen Auftakt – den Rest bezahlte Sophie aus ihrem Privatvermögen. Sie beauftragte den Weimarer Baumeister Otto Minckert mit der Errichtung des Baus und gab ihm im Juni 1893 gleich eine Handskizze mit auf den Weg. Er sollte wissen, wie sich seine Herrin das Archiv vorstellte.

Ihre Gedanken galten nicht nur der Planung, Leitung und Ausführung des Baus, die sie bis zur Vollendung konsequent und allgegenwärtig überwachte. Sophie musste weiter denken. Sie hatte die Nachlässe Goethes und Schillers zum persönlichen Eigentum erhalten. Ihre Gesundheit war seit Jahren nicht stabil. Mit dem Beginn des Archivbaus verfügte Sophie deshalb eine entscheidende erbrechtliche Regelung. Am 7. Juni 1893 gab sie ihren Entschluss zu Protokoll, „ein dem Großherzoglichen Hause Sachsen als unveräußerliches Eigenthum angehöriges Familien-Fideicommiß unter dem Namen ‚Goethe- und Schiller-Archiv zu Weimar' zu begründen, welches mit seinem Stiftungsvermögen und nach Maßgabe meiner letztwilligen Verfügungen die Erreichung der angedeuteten Ziele so weit als möglich zu sichern bestimmt ist."[38] Die Ziele benannte Sophie sehr konkret und im vollen Bewusstsein ihrer und des regierenden Hauses Verantwortung: „Mitt Annahme des Vermächtnisses Walther von Goethe's habe Ich zugleich für alle Zeiten die Verantwortung für eine würdige, pietätvolle Verwahrung und Erhaltung der Mir anvertrauten Schätze aus dem Nachlass J. W. von Goethe's übernommen. Die gleiche Verantwortung trage ich gegenüber dem handschriftlichen Nachlaß und der Bibliothek Friedrich von Schiller's sowie in Bezug auf alle im Laufe der Jahre durch Schenkung oder Ankauf in meinen Besitz übergegangenen Nachlässe anderer hervorragender deutscher Dichter und Schriftsteller. Zugleich ist es Mein Wille, für den Fall Meines Ablebens nicht allein für die Vollendung der Goethe-Ausgabe und der beabsichtigten Goethe-Biographie, sondern nach Möglichkeit auch dafür Sorge getragen zu haben, dass die in Meinem Besitz befindlichen Schätze der nationalen Literatur der gelehrten Forschung nutzbringend erschlossen und Weimar erhalten bleiben, damit dieses, seiner großen Vergangenheit entsprechend, auch ferner ein geistiger Mittelpunkt Deutschlands bleibe."[39] Konsequent vermachte sie in ihrem Testament vom 22. März 1895 dem Enkel Wilhelm Ernst als dem potenziellen Nachfolger Carl Alexanders die Sammlungen und erlegte ihm die bei der Stiftung des Familien-Fideikommiss festgelegten geistigen und materiellen Verpflichtungen auf.

Im Sommer 1893 waren alle rechtlichen Grundlagen für die künftige Klassik-Forschung getroffen. Der Bau des Archivgebäudes konnte in Angriff genommen werden. Im September 1893 kaufte der Großherzoglich Sächsische Konfiskus das Grundstück am Hang der Altenburg, den früheren Burgmühlgarten, über der Stadt und dem Schloss gelegen, für 4410 Reichsmark. Gewaltige Erdmassen mussten bewegt werden, um die für das Bauwerk notwendige Terrasse aufzufüllen. Bald begann der dem französischen Schloss Petit Trianon nachempfundene, im Stile des Historismus errichtete Bau Gestalt anzunehmen. Sophies Oberaufsicht verlangte ihren ständigen Einsatz und in der ihr eigenen praktischen Art suchte sie die Baustelle öfter auf, als es den Bauhandwerkern vielleicht lieb gewesen ist. Sie achtete streng darauf, dass namentlich die ortsansässigen Bauunternehmer mit Aufträgen versehen wurden. Das war nicht nur vom ökonomischen Standpunkt vernünftig, sondern festigte von Beginn an die Bindung der Weimarer an den repräsentativen Bau.

Sophies Vollendung und Erbe

Sophie lebte regelrecht auf. Sie zählte bereits mehr als sechzig Lebensjahre und Zeitzeugen beschrieben sie als eine „Matrone", füllig, mit grauem Haar, schwarzem Spitzenhäubchen und einem verkniffenem Mund. Trotz des Alters demonstrierte Sophie in jeder Situation ihre aristokratisch distanzierte Haltung. Sie ging stets gut gekleidet und zeichnete sich durch eine vollendete Toilette aus. Manche Menschen fürchteten die unnachsichtige Strenge, die protestantische Frömmigkeit und Geradheit der Holländerin. Ihre über Jahre hinweg kultivierten Aufenthalte auf der Insel Helgoland wirkten sehr extravagant und mancher Gastgeber, der Sophie geladen hatte, war froh, wenn sie das Haus wieder verlassen hatte und der Anflug einer unerklärbaren Kühle wich. Gewiss, Sophie war zurückhaltend, konsequent und streng – ganz anders als der den Leuten stets als leutselig und aufgeschlossen erscheinende Carl Alexander, der den Kontakt zu Menschen suchte. Vielleicht ist es etwas überspitzt, zu behaupten, Sophie trug über Jahre hinweg die Last der Verantwortung für das Großherzogtum. In finanzieller Hinsicht ist diese Vermutung zumindest nicht falsch. Trotz der allzeit strengen Trennung zwischen Staatsfinanzen, Mitgift und Privatvermögen waren viele Projekte nur mit Sophies Hilfe möglich. Nicht zuletzt mit dem Goethe- und Schiller-Archiv verlieh Sophie dem Staat Glanz und Ansehen.

Das zeigte sich besonders im Oktober 1892, als Sophie und Carl Alexander ihre Goldene Hochzeit feierten. Es war ein großartiges Fest, der europäische Hochadel gab sich die Ehre. Sophie hatte ein sehr sinnfälliges Arrangement getroffen: In dem von ihr gegründeten und finanzierten Sophienstift stellten Künstler in lebenden Bildern die geistigen Traditionen Weimars dar – vom Sängerkrieg auf der Wartburg bis zu den Werken Goethes und Schillers. Das alte Weimar erwachte zu neuem Leben und Sophies Werk des großen Literaturarchivs sollte dafür sorgen, dass die Vergangenheit Gegenwart blieb und Zukunft wurde. Niemand konnte in jenen Tagen ahnen, dass dieses großartige Fest eines der letzten glanzvollen Ereignisse in der Geschichte des Großherzogtums bleiben würde.

Während Sophie ihre Kräfte einsetzte, damit ihr ehrgeiziges Werk vollendet werden konnte, bewahrte sie das Leben nicht vor schweren Schlägen.

Im Sommer 1894 erkrankte der Thronfolger Carl August. Abnehmende Sehkraft, Atemnot und eine Nierenerkrankung konnten weder aufgehalten noch geheilt werden. Vor Sophie wurde die aussichtslose Lage zunächst geheim gehalten. Als sie davon Kenntnis erhielt, floh sie nach Heinrichau. Dort fand sie erst recht keine Ruhe. Carl Alexander reiste Mitte Oktober 1894 mit seiner Frau nach Pegli und an das Kap St. Martin am Mittelmeer, um den dorthin gebrachten Sohn zu besuchen. Alle vagen Hoffnungen zerstoben. Am 20. November 1894 starb Erbgroßherzog Carl August im Alter von 50 Jahren. Carl Alexander und Sophie waren tief erschüttert. Für die Mutter ging mit dem Sohn die große Hoffnung auf eine Weiterführung ihres Lebenswerkes dahin.

Der äußerst praktisch, realistisch und konsequent veranlagte Carl August war ganz nach ihren Wünschen geraten. Er erschien jeden Morgen in ihrem Arbeitszimmer, der „Hellblauen Bibliothek", und besprach mit ihr die laufenden Dinge. Das war nun alles vorbei, Sophie gab sich ihrem Schmerz hin, sie suchte Halt im protestantischen Glauben, zog sich noch mehr aus der Öffentlichkeit zurück, wirkte mitunter wie versteinert und gewährte sich dennoch keinerlei Nachlässigkeit in der Erfüllung der einmal übernommenen Pflichten. Das Goethe-Schiller-Archiv musste fertig werden und seiner Bestimmung gerecht werden. Gerade diese Standhaftigkeit Sophies half auch Carl Alexander, das durch den Verlust des Sohnes verlorene seelische Gleichgewicht wieder zu erlangen. Geradezu trotzig sagte sie: „Man erwartet von mir, dass ich mich in mein Leid zurückziehe, man wird sich täuschen."[40] Vollständig gelang das nicht und Sophie zeigte auch Emotionen. Sie verbat sich gemeinsam mit Carl Alexander die Teilnahme Kaiser Wilhelms II. an der Beisetzung Carl Augusts am 29. November 1894. Der Protest besaß eine politische wie auch eine persönliche Note.

Sophies Tochter Marie Alexandrine, die den Prinzen Heinrich Reuß-Köstritz geheiratet hatte, lebte am Beginn der 90er-Jahre in Wien. Ihr

Gemahl vertrat den deutschen Kaiser als Botschafter in der Wiener Hofburg. Marie war eine Verehrerin Bismarcks. Ihre Eltern teilten die Zuneigung insofern, als Bismarck sich um eine sachliche und friedliche Beziehung zu Russland bemühte. In Bismarcks Entlassung sahen sie 1890 kein gutes Zeichen für die deutsch-russischen Verbindungen. Ihre Befürchtungen wurden durch die grobschlächtige Politik Wilhelms II. bestätigt. 1892 kam Bismarck zur Vermählung seines Sohnes nach Wien. Reichskanzler Caprivi ließ dem Botschafter mitteilen, dass der Privatbesuch Bismarcks keine offizielle Aufmerksamkeit nach sich ziehen dürfte. Der Botschafter sollte den direkten Kontakt vermeiden. Doch seine Gemahlin Marie Alexandrine überging das Verbot und suchte Bismarck persönlich auf. Das war sicher sehr mutig, aber wenig klug und rief den Zorn Wilhelms II. hervor. Der vergriff sich prompt bei der Wahl seiner Mittel. Am 2. Januar 1894 entließ er den Botschafter Reuß. Zwischen Weimar und Berlin wurde ein Tischtuch zerschnitten, das zu Lebzeiten Sophies nicht wieder geflickt werden konnte. Sie akzeptierte als Tochter Anna Pawlownas und Schwiegertochter Maria Pawlownas keinesfalls den mutwilligen Rigorismus Wilhelms II. gegenüber Russland, stellte sich schützend vor die keineswegs unbedenkliche Haltung ihrer Tochter und resignierte mit einem ostentativen Allerweltsschmerz, der im Gegensatz zu ihren praktischen Handlungen stand: „Nous sommes punis, c'est que nous avon toujours voulu sortir au-delà de notre sphère" – „Wir sind bestraft worden, weil wir immer zu hoch hinaus wollten."[41]

Vielleicht hat das Leid um den verlorenen Sohn ihren emotionalen Protest gegen den deutschen Kaiser sogar noch verstärkt. Das Ergebnis ist bekannt. Kaiser Wilhelm bestand mit der ihm eigenen Taktlosigkeit auf seiner Teilnahme an der Trauerfeier, Sophie und Carl Alexander lehnten mit gleicher Taktlosigkeit ab. Am Ende kam ein drittrangiger Vertreter des Kaiserhauses nach Weimar und eigentlich durften sich alle Beteiligten schämen, denn einen derartigen Skandal hatte der verstorbene Carl August wirklich nicht verdient.

Die inzwischen 70-jährige Sophie musste dem Alter trotz anhaltender Aktivitäten Tribut zollen. Im August 1895 reiste sie zum letzten Mal auf die Insel Helgoland. Sie hat diese Insel geliebt und über Jahrzehnte hinweg als Kraftquell benötigt. Der Abschied entsprach nicht dem dort erfahrenen Glück. Sophie hatte sich infiziert und war an Typhus erkrankt. Die Krankheit nahm allerdings einen relativ leichten Verlauf und nach wenigen Wochen war Sophie wieder imstande, sich ihren Aufgaben zuzuwenden. Der während der Erkrankung ebenfalls festgestellte Alters-Zucker war nicht besonders bedrohlich und konnte zunächst durch gesunde Lebensweise kompensiert werden. Zum Beginn des Jahres 1896 sah Sophie wieder mit einigem Optimismus in die Zukunft. Der Bau des Archivs ging ebenfalls zügig voran.

Dennoch: Sophie spürte schon länger, dass ihre Erdentage gezählt waren und dass es an der Zeit war, alle irdischen Dinge in Ruhe und mit Verstand zu regeln. Bereits am 22. März 1895 hatte sie ihr Testament abgeschlossen.[42] Das Dokument ist von einer Persönlichkeit verfasst worden, die in abgeklärtem Selbstvertrauen auf eine beachtliche Lebensleistung zurückblichen konnte: „Meine Hoffnung und mein Glaube in Gottes Allbarmherzigkeit und Gnade sind so innig, so fest, dass ich im Tode nichts Erschreckendes erblicke ... Alle Diejenigen die ich jemals verletzt oder wehe gethan habe bitte ich mir zu verzeihen. Alle Diejenigen die mir jemals wehe gethan haben verzeihe ich von Herzen. Meinem geliebten Gemahl sage ich aus tiefstem Herzen Dank für seine Liebe und für alles gute und glückliche was ich ihm verdanke. Gott möge ihm beistehen in den Prüfungen und Schwierigkeiten des Lebens, ihm beistehen in der Erfüllung seiner Pflichten und Aufgaben, ihm beistehen in allen Augenblicken seines Lebens. Gottes reicher Segen ruhe auf ihm. Ich segne, von ganzer Seele, meine lieben Kinder, so wie meine Schwiegerkinder und Enkel. Möge Gottes Gnade ihnen helfen, beistehen, sie stärken, ihnen Glück schenken und erhalten. Mögen sie immer durchdrungen und getragen sein von den edelsten von den höchsten Auffassungen, und stark an Seele die Regeln des Lebens durchkämpfen ... Den Mitgliedern der Großherzoglichen Familie sage ich liebevoll Lebewohl. Gottes Segen sei mit unserem geliebten Land, Möge alles Gute, Edele, Schöne, Förderliche daselbst gedeihen. Möge das Land, was Fürst und Volk verbindet, auf Achtung Vertrauen und Liebe gestützt, sich stets erhalten. Ich liebe das Land mit warmer Hingebung, bin glücklich, dass ich diesem Lande mein Leben widmen konnte. Gottes Segen ruhe auf dem Großherzogtum."

Sophie setzte zu ihren Erben ein:

„1 Meinen Gemahl
Die beiden Kinder meines verstorbenen Sohnes Carl August und zwar
2 den Erbgroßherzog Wilhelm Ernst
und
3 den Prinzen Bernhard Heinrich
4 meine Tochter Maria Alexandrine
Gemahlin des Prinzen Reuß VII
5 Meine Tochter Elisabeth
Gemahlin des Herzogs Johann Albrecht von Mecklenburg"

In dem voluminösen Dokument wurden ausnahmslos sämtliche Besitz- und Gegenstände, die zum persönlichen Eigentum Sophies gehörten, vererbt – bis hin zur letzten Puderdose.

Sophies Testament war die logische Folge des Ehevertrags aus dem Jahre 1842 und stand mit den Urkunden zu den Erbschaften der Goethe- und Schiller-Nachlässe aus den Jahren 1883 und 1889 in Übereinstimmung. Der Ehevertrag hatte festgelegt, dass Sophies gesamtes Privatvermögen, falls sie keine Kinder hinterließ, nach ihrem Tode an das holländische Königshaus zurückgeht. Sind Nachkommen vorhanden, wird ihr Privatvermögen unter diesen aufgeteilt. Das ist in dem Testament geschehen. Sie konnte ihren Privatbesitz als deren Eigentum oder als Fideikommiss – wie im Falle der Nachlässe von Goethe und Schiller geschehen – übergeben. Eine Pflicht, Teile ihres Privatvermögens für den überlebenden Gatten vorzusehen, wies der Ehevertrag nicht aus.

Als Sophie ihr Testament schrieb, war Carl Alexander 78 Jahre alt. Es war ganz nützlich-holländisch gedacht, dass sie Verfügungen über ihren Privatbesitz traf, die dem Herrscherhaus langfristig nützen konnten. Carl Alexander ging nicht leer aus: Sophie vermachte ihm u. a. ihre gesamte wertvolle Kunstsammlung ausdrücklich als seinen Privatbesitz, der erst nach seinem Tode in den Besitz des Thronfolgers übergehen sollte. Carl Alexander bestätigte im Juni 1897 alle Festlegungen des Testaments.

Inzwischen ging der Bau des Goethe- und Schiller-Archivs weiter. Noch etwa ein Jahr lang musste sich Sophie um das Gebäude und dessen Inneneinrichtung kümmern. Sie ließ sich nach wie vor jedes Detail der Einrichtung und Ausgestaltung vorlegen, gab ihr Urteil ab, korrigierte oder empfahl und erst danach ging man an die Ausführung. Mit der gleichen Akribie verfolgte sie langfristig die Vorbereitungen für die Eröffnungsfeier. Es würde ein tiefer Einschnitt in die Geschichte Weimars werden, dessen war sie sich durchaus bewusst. Eine Medaille sollte das Ereignis würdigen und die Auswahl der Teilnehmer für die Eröffnung glich einem diplomatisch-protokollarischen Akt auf höchster Ebene.

Selbstverständlich mussten die Familienmitglieder daran teilnehmen. Aber zur Familie gehörte auch Kaiser Wilhelm II.! Wie sollte man nach dem Zerwürfnis von 1894 die notwendige Contenance wahren? Die Furcht erwies sich als unbegründet. Wilhelm sah Deutschlands Zukunft nicht in einem Weimarer Archiv, sondern auf dem Wasser und zog die Kieler Woche dem Weimarer Erbe vor. Als Mensch mit dem höheren Sinn für das Große ernannte er die Klassiker zu „Geisteshelden" und das Archiv zum „deutschen Heiligtum". Sophie regte sich nicht noch einmal über den „Großneffen Wilhelm" auf. Den Fürsten Bismarck traute sie sich dennoch nicht einzuladen. Der erhielt später die Gedenkmedaille.

Neben Repräsentanten des politischen Lebens musste die geistig-literarische Öffentlichkeit adäquat vertreten sein. Das Problem war relativ leicht zu lösen. Um das Goethe- und Schiller-Archiv sollten sich jene Gesellschaften und Vereine gruppieren, die am besten zur wissenschaftlichen Sammlung, Auswertung und Veröffentlichung des klassischen und modernen Erbes der deutschen Literatur bereit und in der Lage waren. Das betraf vor allem die Goethe-Gesellschaft, die Deutsche Shakespeare-Gesellschaft oder die Deutsche Schillerstiftung. Um diese Gesellschaften sammelte sich das ständig wachsende Netz der Mäzene und Sponsoren, von deren Zuschüssen oder Spenden die künftige Arbeit des Archivs abhängen würde. Sophie leistete hier eine umsichtige Vorsorgearbeit, denn jeder neue Tag sagte ihr, dass sie ihr Werk so bald wie möglich beenden musste, um den Erfolg noch persönlich genießen zu können.

Es war gar nicht so einfach, unter den vielen Zeitgenossen oder Nachkommen berühmter Dichter und Schriftsteller jene auszuwählen, die besonders würdig waren, zur Einweihung des Archivs eingeladen zu werden. Das Leben regelte das Problem auf sehr angenehme Weise: Viele Nachfahren waren selbst zu alt, um den Weg nach Weimar antreten zu können. Das betraf u. a. Christine Hebbel, die ihren Groll gegen das verpatzte Engagement von 1861 längst vergessen hatte. Alle „Verhinderten" besaßen wertvolle Handschriften und wenn sie schon nicht selbst nach Weimar kommen konnten, so rechneten sie es sich doch zur Ehre an, dem neuen Zentrum der deutschen Literatur eine artige Aufmerksamkeit aus dem eigenen Familienfundus zukommen zu lassen.

Noch komplizierter gestaltete sich die Auswahl und Einladung lebender Dichter und Schriftsteller, die den Zusammenhang zwischen Klassik und Moderne dokumentieren sollten. Man musste mit den sehr sensiblen Empfindlichkeiten der Herren Poeten rechnen. Die Entscheidung für einen Dichter bedeutete zugleich die Entscheidung gegen einen anderen, denn Großherzogin Sophie wollte durchaus die Exklusivität der Veranstaltung gewahrt wissen. Letztlich löste sich auch dieses Problem vor allem durch Absagen, z. B. von Felix Dahn aus Breslau oder von Theodor Fontane, der einen Kuraufenthalt in Karlsbad vorschob, sich aber auch nicht scheute, gegenüber Archivdirektor Erich Schmidt zu bekennen, dass er sich bei der Feier als fehl am Platze empfinden würde: „Denn trotzdem ich meinen Leves und sogar meinen Herman Grimm gelesen habe, habe ich doch von Goethewissenschaftlichkeit keinen Schimmer und würde jeden Augenblick die Angst haben: ‚Jetzt geht es los.'"[43] Das war eine ehrliche Meinung, die Sophie kaum enttäuscht haben dürfte, die sie mit Gelassenheit und Humor ertragen konnte und die es ihr obendrein ermöglichte, einen zusätzlichen freien Platz zu gewinnen, denn die Zahl der Fachleute, Sachkenner und Mitarbeiter an dem Projekt war so groß und deren Interesse an der Veranstaltung so breit, dass es schwer fallen würde, alle Wünsche zu befriedigen. Sogar an den Kölner Gelehrten Heinrich Düntzer hatte man gedacht, der sich seit Jahren kritisch gegenüber den Weimarer Anstrengungen zur Klassik-Ehrung verhielt. Düntzer lehnte die Einladung dankend ab. Er wollte sich selbst und den Einladern zu dieser weihevollen Stunde jeden Ärger ersparen.

So war denn alles gut gerichtet: Musik, Ansprachen, Rundgang und Cercle. Folgt man dem offiziellen protokollarischen Sitzplan, haben an der Eröffnung des Archivs am 28. Juni 1896 etwa 200 Personen teilgenommen. Sophie stand selbstverständlich im Mittelpunkt der repräsentativ besetzten Veranstaltung. Die Eröffnungsansprache hielt der Archivdirektor Bernhard Suphan. Der Redner legte, wie sollte es auch anders sein, besonderen Wert auf die von Sophie favorisierte Verbindung von Klassik und Moderne. Viele Dichter und Schriftsteller hatten Weimar besucht, jetzt wurden sie über das Archiv in Weimar heimisch und sahen den Stern Goethes und Schillers beständig über sich strahlen – bis in die entferntesten Winkel des Erdenrunds.

Natürlich hielt Suphan seine Rede in der heldisch-national überhöhten Diktion des Wilhelminischen Kaiserreichs. Aber die Botschaft geriet eindeutig: Hier stand eine zentrale Heimstatt der deutschen Kultur für die öffentliche Nutzung zur Verfügung. Die dem Direktor des Archivs folgenden Ansprachen der Vertreter der Goethe-Gesellschaft, Deutschen Schillerstiftung und Deutschen Shakespeare-Gesellschaft unterstrichen, dass nunmehr von Weimar noch stärkere Impulse für die deutsche und europäische Kultur ausgehen würden. Es war mehr als ein symbolischer Akt, dass Erich Schmidt der Großherzogin Sophie die siebenbändige Sammlung der Briefe Goethes an Charlotte von Stein überreichte. Nur unter großen finanziellen Mühen war es Goethe-Freunden gelungen, den Verkauf der Sammlung nach Amerika zu verhindern. Sogar der Kaiser hatte sich mit einer Spende am Erwerb beteiligt. Sophie dankte in ihrer herzlichen und einfachen Art allen Beteiligten, die sich um den Auf- und Ausbau des Archivs verdient gemacht hatten. Sie redete frei und ohne holländischen Akzent in deutscher Sprache.

Im Grunde genommen erlebte Sophie eine der wichtigsten Stunden ihres Lebens. Sie hatte den wahren kulturellen Wert Weimars verstanden und diesem moralischen Wert eine materielle Institution gegeben.

Sie freute sich, wie die Gäste den neuen Bau in sich aufnahmen. Man bewunderte die klassizistische Reinheit des Gebäudes, aber auch dessen Zweckmäßigkeit – bis hin zu den modernen Einrichtungen für die Sicherheit der wertvollen Dokumente. Eiserne Türen gewährleisteten einen soliden Brandschutz.

Wie die Rede Suphans musste auch das Gebäude bei der Presse-Berichterstattung dem schwülstigen Geist des Reichspatriotismus Tribut zollen. Aber selbst die Stilisierung zur „Bundeslade Deutscher Literatur" hinderte die nörgelnden Weimarer Bürger nicht, ein Haar in der Suppe zu finden: „Es war ein Fest des Hofes und höfisch gesinnter Literaturgrößen, aber nicht des Volkes und der Bürgerschaft", räsonierten die „Weimarer Neuesten Nachrichten". Freilich, Bratwürste, Bier und Zwiebelzöpfe spendete Sophie an diesem Tage nicht. Selbst Mitglieder der Goethe-Gesellschaft verstanden nicht, welch große Bedeutung die Eröffnung des Archivs für ihre eigenen Tätigkeit besaß und lamentierten träge: Uns hat man ja nicht eingeladen!

In der Tat, Sophie hat Weimar weder ein Festspielhaus noch eine Markthalle oder eine Sportarena gestiftet. Sie hat ihre Lebensleistung durch dieses Archiv und die nach ihr benannte Werkausgabe Goethes gekrönt. War das wenig? Es war das Beste, was eine Weimarer Herzogin im 19. Jahrhundert dem Mythos Weimar hinzugefügt hat. Darum focht sie der Kleingeist nicht an. Sie ging souverän ihren Weg, der ohnehin nicht mehr allzu lang war.

Abschied vom irdischen Leben

Der Archivbau, die Goethe-Ausgabe und die Arbeiten in der Sozialpolitik hatten Kraft gekostet. Äußerlich ließ Sophie auch Ende 1896 nicht erkennen, dass der Tod des Sohnes oder die Typhuserkrankung von 1895 Spuren hinterlassen hatten und dass sie viel Energie aufwenden musste, ihrem Wahlspruch von der stets durchhaltenden Frau gerecht zu werden. Sie blieb fest von ihrer Mission für Weimar überzeugt: „Ruhe im Tod? Könnte ich unter den Bäumen des Friedhofes schlafen! Ruhe werde ich nicht haben, wenn ich tot bin, denn die Huldigungen für Schiller und Goethe lassen uns da unten in der Fürstengruft kein Alleinsein. Selbst im Tode stehen wir doch unter diesem Zeichen!"[44] Für die Frau, die gewöhnlich ein kühles und nüchternes Urteil besaß, war das eine erstaunlich emotionale Erkenntnis, die im übertragenen Sinne vollkommen richtig war.

Nach der Einweihung des Goethe- und Schiller-Archivs ging Sophie auf Reisen. Sie besuchte ihre Heimat Holland und die Besitzungen in

Schlesien. Sie absolvierte im wahrsten Sinne des Wortes ihre Abschiedstour, erlebte noch einmal die Heimat, an der sie ein Leben lang gehangen hatte, deren weltoffener Geist Sophie durch die Weimarer Jahrzehnte begleitet hatte. Sie genoss noch einmal ihre Güter, in deren Wirtschaft und Verwaltung sie so viel Geld und Kraft investiert hatte.

Am Beginn des Jahres 1897 fühlte sich Sophie schwach und unwohl. Es gab keine Entlastung. Mitte März ordnete sie den Bau eines Lungensanatoriums in Berka an. Am 22. März feierte das Reich den 100. Geburtstag Kaiser Wilhelms I. Carl Alexander, inzwischen der dienstälteste Fürst im Deutschen Reich, musste an den Feierlichkeiten in Berlin teilnehmen. Sophie übernahm die Repräsentationspflichten in Weimar. Sie empfing die vielen Deputationen aus dem Land und dankte gewohnt freundlich für die Lobeshymnen auf den alten Kaiser Wilhelm I. Anschließend traf sie Anordnungen für den abendlichen Empfang in der preußischen Gesandtschaft.

Den 23. März 1897 verbrachte Sophie in Ruhe. Sie wartete auf die Rückkehr ihres Mannes. Sie nahm das Mittagessen ein, fühlte sich jedoch schwach und ließ sich nach Tisch von ihrem Leibarzt und dem Diener begleiten. In den Abendstunden ist die Großherzogin Sophie an einem Herzschlag gestorben. Ruhig, still, ohne Aufsehen und allein. Sophie starb und Carl Alexander befand sich auf Reisen. Ein allerletzter Brief Sophies teilte mit: Die Trauerfeier habe kurz zu sein, die Trauerrede sehr kurz, aber aufrichtig und gottesfürchtig. Am Ende singen alle: „Ein feste Burg ist unser Gott". Punktum.

Carl Alexander traf, aus Berlin kommend, gegen Mitternacht in Weimar ein. Er ging in das Schlafzimmer seiner Frau, kam bald wieder heraus und begab sich in seine Räume. Den Rest der Nacht verbrachte die Hofdame Wanda von Puttkamer, der ein Diener zur Seite stand, allein mit der Toten in deren Zimmer. Frau von Puttkamer wunderte sich, dass der Hof keinerlei Anstalten traf, die verstorbene Großherzogin ihrer Würde entsprechend aufzubahren.

Die Nacht verging. Die Nachricht vom Tode Sophies verbreitete sich schnell. Die Familie trauerte – das Land trauerte und mit ihm alle jene, die von der Lebensleistung der Großherzogin im positiven Sinne profitiert hatten. Carl Alexander war stets davon ausgegangen, dass er vor seiner Frau sterben würde, dass sie als Mittelpunkt ihrer Familie alles bis zum Ende regeln würde. Nun lebte sie nicht mehr und der Großherzog war im Grunde ratlos. Instinktiv orientierte er sich an ihren Verhaltensweisen und wollte mit gutem Gewissen alle Fragen so regeln, wie sie es seiner Meinung nach getan hätte.

Die Trauerfeiern folgten exakt dem höfischen Zeremoniell, verlangten Aufmerksamkeit, Kraft und Ausdauer. Sie erstreckten sich über mehrere Tage. Schließlich fand im Residenzschloss die letzte große Feier statt. Anschließend bewegte sich der Trauerzug zur Fürstengruft. Bei diesem Ereignis durfte selbst Kaiser Wilhelm II. nicht fehlen. Ein Eklat blieb aus.

Dem Fürstenhaus gingen in jenen Wochen Beileidsbekundungen aus dem Land, aber auch aus dem ganzen Deutschen Reich und natürlich aus Holland zu. Sie alle würdigten das Leben und die Leistung Sophies. Der verstorbenen Großherzogin wurde, dem Geist der Zeit entsprechend, mit ehrfurchtsvoller Überhöhung gedacht. Verhüllt in zeitgenössischer Rhetorik stimmten die Nachrufe überein, dass Sophie in erster Linie eine Frau der Tat war. Neben der Beschreibung ihrer Charaktermerkmale und ihres menschlichen Wesens stand die ausführliche Würdigung ihres Lebenswerks im Mittelpunkt der Erinnerungsreden und -schriften.

Als Anna Amalia 1807 starb und als Louise 1830 aus dem Leben treten musste, trauerten die Familie, das Land und die deutsche Adelsgemeinschaft. Maria Pawlownas Ableben besaß durch ihr ausdrückliches Bekenntnis zur russisch-orthodoxen Tradition seine besondere Auffälligkeit. Alle drei Frauen hatten Bleibendes für die Kunst und in der Sozialpolitik geleistet – jede zu ihrer Zeit und mit besonderen Akzenten: Anna Amalia hatte durch ihr Ringen um den Erhalt des Herzogtums Voraussetzungen für die Entstehung des Musenhofs geschaffen; Louise symbolisierte in der ständigen Verbindung mit ihrer Darmstädter Heimat, dass der Musenhof eine typische Erscheinung der deutschen Adelskultur jener Zeit war. Maria Pawlowna verlieh dem Musenhof eine europäische Dimension und nahm es auf sich, nach dem Ende der klassischen Zeit neue Horizonte zu suchen, um die klassische Tradition mit der Moderne zu verbinden und dem Mythos Weimar eine Zukunft zu sichern. Sophie hat diesen Denkansatz ihrer Schwiegermutter durch ihr Geld, ihren praktischen Verstand und durch ihren politischen Scharfblick endgültig in die Tat umgesetzt. Sophie rief ein geistig-wissenschaftlich-literarisches Zentrum ins Leben, in dem alle Möglichkeiten geschaffen werden sollten, die klassischen, die nachklassischen und die modernen Traditionen der deutschsprachigen Literatur für eine breite Öffentlichkeit nutzbar werden zu lassen. Die Holländerin öffnete das klassische Erbe Weimars ein halbes Jahrhundert nach Goethes Tod für Europa und die Welt. Welche Leistung könnte größer sein?

Nach der Grablegung fand das für Sophies Bedeutung wichtigste Ereignis ein halbes Jahr später statt. Am 8. Oktober 1897 – es wäre der 55. Hochzeitstag Carl Alexanders und Sophies gewesen – versammelten sich im Weimarer Sophienstift neben Mitgliedern der Großherzoglichen Familie Vertreter der Goethe-Gesellschaft, des Hoftheaters, des Goethe-Nationalmuseums, des Goethe- und Schiller-Archivs, der Schiller-Stiftung und der Deutschen Shakespeare-Gesellschaft, um das Andenken jener Frau zu ehren, der sie alle bis zu einem bestimmten Maße ihre Wirkungsmöglichkeiten verdankten. Im Sophienstift traf sich sozusagen das Lebenswerk Sophies. Wenn die Veranstaltung einen Nutzen im Geiste Sophies bringen sollte, dann durfte sie nicht nur in Erinnerungen schwelgen. Sie musste aus dem Leben und Werk Sophies geistige und praktische Leitlinien für die Zukunft Weimars ableiten.

Der Philosoph Kuno Fischer aus Berlin hielt die Gedenkrede. Fischer hatte den Weg Sophies von 1858 bis 1872 als Professor in Jena begleitet. Er zählte zu den ältesten Mitgliedern der Goethe-Gesellschaft und konnte sich darauf berufen, dass die beteiligten Institutionen und Gesellschaften den Beschluss zu dieser Veranstaltung bereits unmittelbar nach dem Tode Sophies gefasst hatten. Fischers Rede wich zunächst nicht von der im Wilhelminischen Kaiserreich üblichen Diktion ab: „Aus den Bezeichnungen jener Vorstände hiesiger Gesellschaften, Museen, Archive und Kunstanstalten leuchten uns die höchsten Namen der germanischen und deutschen Dichtkunst entgegen: Shakespeare, Goethe und Schiller, drei Namen, welche mit dem der Großherzogin Sophie von Sachsen in erinnerungsreichster Weise verknüpft sind."[45] Der Redner bezog sich auf Schillers „Huldigung der Künste" und sagte, dass im Jahre 1897 keine Huldigung der Künste die Trauer über den Verlust Sophies ausdrücken könnte. Es herrsche eine „Volkstrauer", die dem Wesen des Werkes der Verstorbenen entspräche. Der Redner berief sich auf die Worte Carl Alexanders vom 30. März 1897, dass sich Sophie nicht nur des Hauses Oranien würdig erwiesen hätte, sondern „würdig auch der hoch erleuchteten Fürstinnen, die vor ihr über diesem Lande gewaltet haben."[46] Damit besaß Fischer einen Ansatzpunkt, um über die einzelnen Lebensschritte Sophies zu sprechen.

Zunächst ging er ausführlich auf die moralischen, geistigen und tatkräftigen Wurzeln Sophies im Hause Oranien und in der holländischen Geschichte ein, aus denen sie ihr Lebensmotto ableitete: „Je le maintiendrai" – „Ich halte durch". Sophie habe sich dann in ihren Weimarer Jahren das weitsichtige und freie holländische Lebensgefühl bewahrt. Als deutsche Fürstin setzte sie diese Lebensart in unermüdliche und stets auf den Erfolg orientierte Arbeit um. Sie kannte keinen Stillstand, hasste die Untätigkeit. Die Wohltätigkeit, vor allem auf dem umfassenden Gebiet der Krankenpflege bildete einen Schwerpunkt ihres Wirkens. Fischer streifte kurz die politische Wirksamkeit Sophies, die er ganz in den Geist der nationalen Euphorie jener Jahre kleidete und ging sehr schnell zu jenen Leistungen in der Förderung von Kunst und Wissenschaft über, mit denen sich Sophie ein besonderes Denkmal in der europäischen Kulturgeschichte errichtete. Er rechnete ihr eine Mitwirkung an dem 1887 eingerichteten Liszt-Museum in der Hofgärtnerei, dem Wohnsitz Franz Liszts nach 1869, wie auch bei der Gründung der Liszt-Stiftung, ebenfalls 1887, zu und würdigte das Wirken Richard Wagners und Friedrich Hebbels in und für Weimar. Fischer erwähnte auch die Rekonstruktion der Wartburg.

Sein Hauptaugenmerk richtete der Redner auf das Erbe der klassischen Literatur. Er spannte den Bogen von Shakespeare zu Goethe und Schiller und verstand es, deren Werke tatsächlich mit der niederländischen Herkunft Sophies zu verbinden und als tragendes Element europäischer Kulturtradition darzustellen. Als Sophie 1885 den Goethe-Nachlass übernommen hatte und ihre Pläne für dessen öffentliche Nutzung entwickelte und zu verwirklichen begann, ließ sie sich, so Fischer, von dem Gedanken der Förderung all jener Menschen leiten, die den Nutznieß aus dem Erbe haben sollten. Vereine sozialer Wohltätigkeit und geistiger Förderung unterlagen bei der Großherzogin dem gleichen humanistischen Denkmuster.

Im entscheidenden Teil seiner Ausführungen zog es Fischer vor, die Aufgaben der Erben mit den Worten Sophies wiederzugeben, welche die Großherzogin im Mai 1885 formuliert hatte: „In dem Maße, wie meine Arbeit vorgerückt ist, haben auch meine Ideen an Klarheit gewonnen. Sie haben deutliche Umrisse erhalten und ich bin dahin gelangt, mir vollkommene Rechenschaft darüber geben zu können, was zu thun ist und wie es zu thun ist."[47] Kuno Fischer zitierte brav die drei Hauptaufgaben: wissenschaftliche Erforschung und Veröffentlichung des Goethe-Nachlasses, eine Goethe-Biografie und der Bau eines Goethe-Archivs. Fischer zitierte auch einen ganz entscheidenden Satz Sophies: „Diese ganze Idee ist hervorgegangen aus dem Gefühl der von mir übernommenen Verantwortlichkeit und der unbeschränkten Vollmacht, welche der letzte Goethe mir erteilt hat. Zu ihrer Ausführung denke ich mich an die ersten Kräfte Deutschlands zu wenden und bin eines freudigen Widerhalles sicher."[48]

Zwölf Jahre waren seit den Worten Sophies vergangen. Das Goethe- und Schiller-Archiv stand. Die Werkausgabe des Goetheschen Erbes umfasste bereits mehr als 70 Bände. Die Publikationen der Goethe-Gesellschaft wuchsen. Die große Goethe-Biografie war noch nicht geschrieben. Die „besten Kräfte Deutschlands" mühten sich verdienstvoll um das Erbe. Doch wer sollte künftig die leitende und lenkende Verantwortung übernehmen, die Sophie für das Gelingen des Projekts vorausgesetzt hatte?

Carl Alexander übernahm das Erbe Sophies als Fideicommiss. Aber z. B. die Bereitschaft, das Protektorat über die Deutsche Shakespeare-Gesellschaft fortzuführen, beinhaltete keineswegs jenes Maß an Zielstrebigkeit, das Sophie ausgezeichnet hatte: „Sie hat sich seit nunmehr 33 Jahren einer hohen, auch für das deutsche Geistesleben überaus fruchtbaren Aufgabe gewidmet, ist ihr stets treu geblieben und nimmt im In- wie im Auslande eine gleich angesehene Stellung ein. Ich hoffe, dass es auch Mir gelingen werde, unter Gottes Beistand ihre Arbeiten zu fördern und ihre Bestrebungen unterstützen zu können, wie es die Stifterin gethan."[49] Außerdem starb Carl Alexander im Jahre 1901. Die Verantwortung lag im Sinne des von Sophie erteilten Auftrags bei der Familie des Fürstenhauses. Die „besten Kräfte Deutschlands" erfüllten deren Aufträge. Doch bereits damals stellte sich die Frage, ob das Erbe nicht auch eine Verantwortung durch diese besten Kräfte verlangte.

Von der trauernden Festversammlung ging am 8. Oktober 1897 keine eigene Botschaft aus, nur das Treuebekenntnis zum Anliegen der verstorbenen Großherzogin und Königlich Niederländischen Prinzessin Sophie hallte durch den Raum. Man beließ es bei den Ideen Sophies, aus Ehrfurcht, aus eigenem Unvermögen oder aus Pietät, wer mochte da schon urteilen. Sophie hatte gesagt, mit ihr hätte die Welt geerbt. Die Welt und die Zeit würden es schon richten, wenn die Erben Goethe und Sophie richtig verstanden haben: Am Anfang war die Tat und die Tat bedarf einer Organisation. Die neuen Ideen? Die würden sicherlich kommen, wenn die zitierten „besten Kräfte Deutschlands" gezwungen werden würden, nicht nur Aufgaben zu erfüllen, sondern auch selbst Ideen zu entwickeln und Aufgaben zu stellen. Früher oder später. Ein Mensch mit der Tatkraft, dem Vermögen und dem Gestaltungswillen Sophies war für Weimar stets ein Segen ...

Anhang

Genealogische Angaben

Die engere Familie Anna Amalias (1739–1807)

Die Eltern
Carl I. von Braunschweig-Wolfenbüttel (1713–1780), seit 1735 Herzog.
Verheiratet seit 1733 mit Philipine Charlotte Prinzessin von Preußen (1716–1801)

Die Geschwister
Carl Wilhelm Ferdinand (1735–1806), Herzog von Braunschweig, preuß. Feldmarschall
Sophie Caroline (1737–1817)
Friedrich August (1740–1805)
Albrecht Heinrich (1742–1761)
Wilhelm Adolf (1745–1770)
Elisabeth Christine Ulrike (1746–1840)
Auguste Dorothee (1749–1788)
Leopold (1752–1785)

Der Ehegatte
Ernst August II. Constantin (1737–1758), Herzog von Sachsen-Weimar-Eisenach seit 1748

Die Schwiegereltern
Ernst August I. Constantin (1688–1748), Herzog von Sachsen-Weimar-Eisenach seit 1728.
Verheiratet seit 1734 mit Sophia Charlotte Albertina, Markgräfin von Brandenburg-Bayreuth

Die Kinder
Carl August (1757–1828), Herzog von Sachsen-Weimar-Eisenach seit 1775, Großherzog seit 1815
Constantin Friedrich Ferdinand Prinz von Sachsen-Weimar-Eisenach (1758–1793)

Die engere Familie Louises (1757–1830)

Die Eltern
Ludwig IX. (1719–1790), Landgraf von Hessen-Darmstadt seit 1768, Graf v. Hanau-Lichtenberg.
Verheiratet seit 1741 mit Caroline (1721–1774), Prinzessin von Pfalz-Zweibrücken-Birkenfeld, „Große Landgräfin"

Die Geschwister
Caroline (1746–1820)
Friederike (1751–1805)
Ludewig (1753–1830)
Amalie (1754–1832)
Wilhelmine (1755–1776)

Friedrich (1759–1802)
Christian (1763–1830)

Der Ehegatte
Carl August (1757–1828), Herzog seit 1775, Großherzog von Sachsen-Weimar-Eisenach seit 1815

Die Schwiegereltern
Ernst August II. Constantin (1737–1758), Herzog von Sachsen-Weimar-Eisenach seit 1748. Verheiratet seit 1756 mit Anna Amalia von Braunschweig-Wolfenbüttel (1739–1807), Vormundschaftsregentin, Herzogin von Sachsen-Weimar-Eisenach

Die Kinder
Louise Augusta Amalia (1779–1784), Prinzessin von Sachsen-Weimar-Eisenach
Carl Friedrich (1783–1853), Großherzog von Sachsen-Weimar-Eisenach seit 1828
Caroline Louise (1786–1816), Prinzessin von Sachsen-Weimar-Eisenach
Karl Bernhard (1792–1862), Herzog von Sachsen-Weimar-Eisenach

Die engere Familie Maria Pawlownas (1786–1859)

Die Großeltern in Russland
Karl Peter Ulrich von Holstein-Gottorf (1728–1762), Großfürst Peter Fjodorowitsch seit 1742, Kaiser Peter III. von Russland seit 1761.
Verheiratet seit 1745 mit Sophie Friederike Auguste von Anhalt-Zerbst (1729–1796), Großfürstin Katharina Alexejewna seit 1744, Kaiserin Katharina II. von Russland seit 1762

Die Eltern
Großfürst Pawel Petrowitsch (1754–1801), Kaiser Paul I. seit 1796.
Verheiratet in 2. Ehe seit 1776 mit Sophie-Dorothea von Württemberg-Mömpelgard (1759–1828), Großfürstin Maria Fjodorowna

Die Geschwister
Großfürst Alexander Pawlowitsch (1777–1825), Kaiser Alexander I. seit 1801
Großfürst Konstantin Pawlowitsch (1779–1831)
Großfürstin Alexandra Pawlowna (1783–1801)
Großfürstin Jelena Pawlowna (1784–1803)
Großfürstin Katharina Pawlowna (1788–1819)
Großfürstin Olga Pawlowna (1792–1795)
Großfürstin Anna Pawlowna (1795–1865)
Großfürst Nikolaus Pawlowitsch (1796–1855), Kaiser Nikolaus I. seit 1825
Großfürst Michail Pawlowitsch (1798–1849)

Der Ehegatte
Erbherzog Carl Friedrich (1783–1853), seit 1828 Großherzog von Sachsen-Weimar-Eisenach

Die Schwiegereltern
Herzog Carl August von Sachsen-Weimar-Eisenach (1757–1828), seit 1815 Großherzog von Sachsen-Weimar-Eisenach.
Verheiratet seit 1775 mit Louise von Hessen-Darmstadt (1757–1830), seit 1815 Großherzogin von Sachsen-Weimar-Eisenach

Die Kinder
Carl Alexander (1805–1806)
Maria (Marie) Louise Alexandrine (1808–1877)
Maria Louise Augusta (Auguste) Katharina (1811–1890), seit 1829 mit dem Prinzen Wilhelm von Preußen (1797–1888) verheiratet, seit 1861 Königin von Preußen, seit 1871 deutsche Kaiserin.
Carl Alexander (1818–1901), Großherzog von Sachsen-Weimar-Eisenach seit 1853

Die engere Familie Sophies

Die Eltern
Wilhelm II. (1792–1849) von Oranien-Nassau, König der Niederlande seit 1840
Verheiratet seit 1816 mit Großfürstin Anna Pawlowna (1795–1865)

Die Geschwister
Wilhelm (1817–1890), als Wilhelm II. König der Niederlande
Alexander (1818–1848)
Hendrik (1820–1879)

Der Ehegatte
Carl Alexander (1818–1901), seit 1853 Großherzog von Sachsen-Weimar-Eisenach

Die Schwiegereltern
Carl Friedrich (1783–1853), Großherzog von Sachsen-Weimar-Eisenach seit 1828.
Verheiratet mit Maria Pawlowna (1786–1859), Großfürstin von Russland, seit 1828 Großherzogin von Sachsen-Weimar-Eisenach

Die Kinder
Carl August (1844–1894)
Maria Alexandrine (1849–1922)
Anna Sophie (1851–1859)
Elisabeth (1854–1908)

Anmerkungen

Anna Amalia von Braunschweig-Wolfenbüttel

1 Zitiert nach: Golz, Jochen (Hrsg.), Das Goethe- und Schiller-Archiv 1896–1996, Weimar–Köln–Wien 1996, S. 173.
2 Goethe, Johann Wolfgang/Voigt, Christian Gottlob, Zum feyerlichen Andenken der Durchlauchtigsten Fürstin und Frau Anna Amalia, 1807.
3 Wahl, Volker: „Meine Gedanken". Autobiographische Aufzeichnung der Herzogin Anna Amalia von Sachsen Weimar in: Wolfenbütteler Beiträge Bd. 9, 1994, S. 99 ff.
4 Ebenda.
5 Anna Amalia, Meine Gedanken, S. 106 f.
6 Ebenda, S. 108.
7 Ebenda, S. 110.
8 Ebenda.

9 Mentz, Georg, Weimarische Staats- und Regentengeschichte vom Westfälischen Frieden bis zum Regierungsantritt Carl Augusts, Jena 1936, S. 173.
10 Zitiert nach: Bode, Wilhelm, Das vorgoethesche Weimar, Berlin 1909, S. 28.
11 Zitiert nach: Andreas, Willy, Carl August von Weimar, Stuttgart 1953, S. 108.
12 Zitiert nach: Beaulieu-Marconnay, Carl v., Anna Amalia, Carl August und der Minister von Fritsch, Weimar 1874, S. 572
13 Zitiert nach: Ebenda, S. 173.
14 Goethe, Werkausgabe (WA), V., Bd. 3, S. 29.
15 Zitiert nach: Kantzenbach, Friedrich Wilhelm, Johann Gottfried Herder mit Selbstzeugnissen und Bilddokumenten, Reinbek bei Hamburg 1992, S. 76.
16 Böttiger, Karl August, Literarische Zustände und Zeitgenossen. Begegnungen und Gespräche im klassischen Weimar, Berlin 1998, S. 42.
17 Lenz, Jacob Michael Reinhard, Gesammelte Schriften in 4 Bänden, Bd. 1, Leipzig 1917, S. 103.
18 Thüringisches Hauptstaatsarchiv Weimar, Hausarchiv A XVIII, 150c.
19 Bode, Wilhelm, Der weimarische Musenhof, Berlin 1917, S. 305.
20 Zitiert nach: Bornhack F., Anna Amalia. Herzogin von Sachsen-Weimar-Eisenach, Berlin 1892, S. 233.
21 Zitiert nach: Bode, Wilhelm, Amalie. Herzogin von Weimar, Berlin 1908, Bd. 3, S. 28.
22 Böttiger, S. 48 ff.
23 Zitiert nach: Bode, Bd. 2, S. 112.
24 Zitiert nach: Bornhack, S. 309.
25 Zitiert nach: Ebenda, S. 328.
26 Goethe/Voigt. Zum feyerlichen Andenken. Zitiert nach: Wahl, Volker, S. 120.
27 Zitiert nach: Müller, Gerhard, Vision einer Zeitenwende. Die erste Jubiläumsfeier der Schlacht bei Jena am 7. Oktober 1808, in: Hellmann, Birgitt (Hrsg.), Jubiläen in Jena, Weimar Jena 2005, S. 54.

Louise von Hessen-Darmstadt

1 Siehe dazu: Kuhn, Dorothea: Aus dem Goethe-und-Schiller-Archiv. Mit der Veröffentlichung von Goethes Schemata zur „Succession der drey Herzoginnen", in: Golz, Jochen (Hrsg.), Das Goethe-und-Schiller-Archiv. 1896–1996. Beiträge aus dem ältesten deutschen Literaturarchiv, Weimar u. a. 1996, S. 173.
2 Goethe-Gespräche, Bd. 10, S. 184
3 Königsegg, Adda von, Fürstin im Schatten. Luise von Weimar. Ein deutsches Frauenbild, Leipzig/Berlin 1940, S. 5.
4 Zitiert nach: Bojanowsky, Eleonore von, Louise. Großherzogin von Sachsen-Weimar und ihre Beziehung zu den Zeitgenossen, Stuttgart–Berlin 1903, S. 19.
5 Ausführlich siehe dazu: Denkwürdigkeiten des Freiherrn Achatz Ferdinand von der Asseburg, Berlin 1842
6 Goethes Unterhaltungen mit dem Kanzler Friedrich von Müller, München 1950, S. 67.
7 Zu den finanziellen Ergebnissen der Verheiratung Wilhelmines siehe ausführlich: Wolf, Jürgen Rainer, Die russische Heirat der Prinzessin Wilhelmine von Hessen-Darmstadt, in: Archiv für hessische Geschichte und Altertumskunde, Neue Folge, 55. Bd., 1997, S. 241–257.
8 Drei Jahre später, im April 1776, starb Natalja im Kindbett. Zeitzeugen sprachen von unterlassener Hilfeleistung seitens der Kaiserin. Siehe dazu ausführlich: Jena, Detlef, Die Zarinnen Russlands 1547–1918, Regensburg–Graz–Wien–Köln 1999, S. 215–232.
9 Zitiert nach: Königsegg, S. 28.
10 Zitiert nach: Ebersbach, Volker, Carl August von Sachsen-Weimar-Eisenach. Goethes Herzog und Freund, Köln–Weimar–Wien 1999, S. 66.

11 Zitiert nach: Ebenda
12 Zitiert nach: Königsegg, S. 30 f.
13 Zitiert nach: Berger, Joachim, Anna Amalia von Sachsen-Weimar-Eisenach (1739–1807). Denk- und Handlungsräume einer ‚aufgeklärten' Herzogin, Heidelberg 2003, S. 199.
14 Zitiert nach: Ebersbach, S. 60.
15 Zitiert nach: Bojanowsky, S. 59.
16 Zitiert nach: Ebenda, S. 70.
17 Goethe WA IV, Bd. 3, S. 25 f.
18 Zitiert nach: Bojanowsky, S. 82.
19 Zitiert nach: Ebenda, S. 83.
20 Goethe WA IV, Bd. 3, S. 16.
21 Zitiert nach: Bojanowsky, S. 85.
22 Goethe WA IV, Bd. 3, S. 23.
23 Böttiger, Carl August, Literarische Zustände und Zeitgenossen. S. 77.
24 Zitiert nach: Bojanowsky, S. 98 f.
25 Zitiert nach: Ebenda, S. 105.
26 Zitiert nach: Ebenda, S. 109.
27 Zitiert nach: Ebenda, S. 118.
28 Zitiert nach: Ebenda.
29 Zitiert nach: Ebenda, S. 125.
30 Zitiert nach: Ebenda, S. 128.
31 Goethe WA IV, Bd. 6, S. 128.
32 Zitiert nach: Bojanowsky, S. 137.
33 Zitiert nach: Ebenda, S. 139.
34 Zitiert nach: Ebenda, S. 144.
35 Zitiert nach: Ebenda, S. 147–148.
36 Zitiert nach: Ebenda, S. 149–150.
37 Zitiert nach: Ebenda, S. 151.
38 Zitiert nach: Ebenda, S. 181.
39 Zitiert nach: Ebenda, S. 182.
40 Zitiert nach: Ebenda, S. 183.
41 Zitiert nach: Ebenda, S. 196.
42 Zitiert nach: Ebenda, S. 198.
43 Zitiert nach: Ebenda, S. 217 f.
44 Goethe WA IV, Bd. 10, S. 35.
45 Zitiert nach: Bojanowsky, S. 229.
46 Zitiert nach: Ebenda, S. 238.
47 Goethe WA IV, Bd. 17, S. 24.
48 Ebenda, Bd. 19, S. 205.
49 Zitiert nach: Bojanowsky, S. 291 f.
50 Zitiert nach: Ebenda, S. 293 f.
51 Goethe an Alois Hirt, 03. 11. 1806, in: WA IV, Bd. 19, S. 226 f.
52 Zitiert nach: Bojanowsky, S. 307.
53 Zitiert nach: Ebenda, S. 369.
54 Zitiert nach: Ebenda, S. 370 f.
55 Zitiert nach: Ebenda, S. 382 f.
56 Madame de Staël: Über Deutschland, Berlin 1989, S. 110.
57 Ebenda, S. 111.
58 Zitiert nach: Bojanowsky, S. 393.
59 Goethe WA IV, Bd. 44, S. 162 ff.
60 Zitiert nach: Bojanowsky, S. 409.
61 Zitiert nach: Ebenda, S. 410.

62 Zitiert nach: Ebenda, S. 421.
63 Goethe WA, Bd. 46, S. 226 f.

Maria Pawlowna, Großfürstin von Russland

1 Preller, Ludwig, Ein fürstliches Leben. Zur Erinnerung an die verewigte Großherzogin von Sachsen-Weimar-Eisenach, Maria Pawlowna, Großfürstin von Russland, Weimar 1859, S. 89.
2 Schorn, Adelheid von, Das nachklassische Weimar unter der Regierungszeit Karl Friedrichs und Maria Paulownas, Weimar 1911, S. 11.
3 Zitiert nach: Preller, S. 92.
4 Schillers Briefe, hg. u. mit Anm. versehen v. Fritz Jonas, Bd. 7, Stuttgart–Leipzig–Berlin–Wien o. J., S. 193.
5 Hier zitiert nach: Mende, Bernd, Marias Kapellen. 200 Jahre russisch-orthodoxe Kirchen in Weimar, in: „Ihre Kaiserliche Hoheit Maria Pawlowna". Zarentochter am Weimarer Hof, Katalog und CD-R zur Ausstellung im Weimarer Schlossmuseum, hg. von der Stiftung Weimarer Klassik und Kunstsammlungen, Weimar 2004, S. 373 f.
6 Zitiert nach: Propper, Maximilian von, Miszellen, 2. Alt-Weimar im Spiegel jugendlicher Einfalt (Aus einem unveröffentlichten Brief Maria Pawlownas), in: Goethe-Jahrbuch. Im Auftrage des Vorstandes der Goethe-Gesellschaft hrsg.v. Karl-Heinz Hahn, 97. Band der Gesamtfolge, Weimar 1980, S. 238.
7 Zitiert nach: Ebenda, S. 237.
8 Wieland deutet mit dem Wort „Werste" an, dass er das russische Entfernungsmaß Werst kennt.
9 Zitiert nach: Jena, Detlef, Maria Pawlowna. Großherzogin an Weimars Musenhof, Graz–Wien–Köln 1999, S. 157.
10 Thüringisches Hauptstaatsarchiv Weimar, HA A XXV, Nr. B 84 c, Bl. 22.
11 Zum 24. Juni 1898. Goethe und Maria Paulowna. Urkunden, hrsg. im Auftrage des Erbgroßherzogs Wilhelm Ernst von Sachsen, Weimar 1898, S. 146.
12 Maria Pawlowna hat die Reisen im Jahre 1813 in ihrem Tagebuch ausführlich dokumentiert. Siehe dazu: Dmitrieva, Katja/Klein, Viola (Hg.), Maria Pavlovna. Die frühen Tagebücher der Erbherzogin von Sachsen-Weimar-Eisenach, Köln–Weimar–Wien 2000, S. 85–129.
13 Schumann, Hans, Königin Katharina von Württemberg, Stuttgart 1993, S. 33. Umfassend vgl. dazu: Jena, Detlef, Katharina Pawlowna – Großfürstin von Russland – Königin von Württemberg, Regensburg 2003.
14 Zitiert nach: Corti, Conte Egon Cäsar, Metternich und die Frauen, Knaur-Taschenbuch 2334, München o. J., S. 163.
15 Goethe an Knebel am 13. November 1813, in: Goethe WA IV, Bd. 24, S. 31.
16 Zitiert nach: Milde, Natalie v., Maria Pawlowna. Ein Gedenkblatt zum 9. November 1904, Hamburg 1904, S. 25.
17 Zitiert nach: Ebenda, S. 47.
18 Ebenda, S. 56 f.
19 Zitiert nach: Jena, Detlef, Maria Pawlowna, S. 222.
20 Zitiert nach: Ebenda, S. 225.
21 Zitiert nach: Zum 24. Juni 1898, S. 36.
22 Goethe WA IV, Bd. 35, S. 135 ff.
23 Zitiert nach: Jena, Detlef, Maria Pawlowna, S. 236.
24 Kuhn, Dorothea, Aus dem Goethe- und Schiller-Archiv. S. 173.
25 Zitiert nach: Zum 24. Juni 1898, S. 41 f.
26 Die bis 1824 angesammelten Beträge siehe ThHStAW, HA A XXV, Russische Korrespondenzen, Nr. 34, Bl. 6–9.

27 Zitiert nach: Jena, Detlef, Maria Pawlowna, S. 242 f.
28 Zitiert nach: Ebenda, S. 251 f.
29 Zitiert nach: Schorn, Adelheid von, S. 15.
30 Materialien dazu in ThHStAW, HA A XXV, Russische Korrespondenzen, Nr. 78 und 79.
31 Zitiert nach: Zum 24. Juni 1898, S. 49 f.
32 Zitiert nach: Ebenda, S. 55.
33 Zitiert nach: Ebenda, S. 57 f.
34 Schorn, Adelheid von, S. 85 f.
35 Hase, Karl August von, Annalen meines Lebens, in: Gesammelte Werke, 11. Band: Karl von Hase's Leben, Zweite Abteilung, Leipzig 1891. S. 26.
36 ThHStAW, HA A XXV, Russische Korrespondenzen, Nr. 49, Bl. 118–121.
37 Schorn, Adelheid von, S. 87.
38 Zitiert nach: Jena, Detlef, Maria Pawlowna, S. 276.
39 Schorn, Adelheid von, S. 16 f.
40 Hase, Karl von, S. 72.
41 Zu diesem Thema siehe: Klein, Viola, Maria Pawlowna und die Bücher (1828–1848), in: „Ihre Kaiserliche Hoheit", S. 245–253.
42 Zitiert nach: Jena, Detlef, Maria Pawlowna, S. 291.
43 Zitiert nach: Schorn, Adelheid von, Das nachklassische Weimar. Zweiter Teil, S. 30.
44 Siehe dazu ausführlicher: Müller, Gerhard, Landesmutter oder Regentin im Hintergrund? Maria Pawlownas Rolle in der obersten Regierungssphäre des Großherzogtums Sachsen-Weimar-Eisenach, in: „Ihre Kaiserliche Hoheit", S. 121–124.
45 Franz Liszt in seinen Briefen, eine Auswahl, herausgegeben mit einem Vorwort und Kommentaren von Hans Rudolf Jung, Berlin (Ost) 1987, S. 105.
46 Zitiert nach: Jena, Detlef, Maria Pawlowna, S. 313.
47 Zitiert nach: Ebenda, S. 317 f.
48 Zitiert nach: Ebenda, S. 328.
49 Zitiert nach: Ebenda, S. 325.
50 Zitiert nach: Ebenda, S. 339.
51 Zitiert nach: Ebenda, S. 339.
52 Die beglaubigte Abschrift des Testaments Maria Pawlownas, einschließlich vorbereitender Materialien, befindet sich in: ThHStAW, HA A XXV, Akten, Nr. 107. Die folgenden Zitate sind der beglaubigten Abschrift des Testaments entnommen.

Sophie von Oranien-Nassau

1 Zitiert nach: Pöthe, Angelika, Carl Alexander. Mäzen in Weimars „Silberner Zeit", Köln–Weimar–Wien 1998, S. 61.
2 ThHStAW, Urkunde, 1842, April 5, Blatt 3r.
3 Ebenda, Blatt 6r.
4 Ebenda.
5 Ebenda, Blatt 6v.
6 Ebenda, Blatt 7r und v.
7 Ebenda, Blatt 7v.
8 Zitiert nach: Schorn, Adelheid von, Das nachklassische Weimer. Zweiter Teil, S. 7.
9 Zitiert nach: Ebenda, S. 8.
10 Hase, Karl von, S. 46.
11 Zitiert nach: Pöthe, Carl Alexander, S. 64.
12 Zitiert nach: Ebenda, S. 40.
13 Zitiert nach: Brena, Jörg, Großherzogin Sophie von Sachsen-Weimar-Eisenach, Königliche Prinzessin der Niederlande, eine große soziale Frauengestalt des 19. Jahrhunderts,

Maschinenschriftlicher Vorabdruck der Veröffentlichung in Jaarboek Oranje-Nassau Vereinigung, Apeldoorn o. J., S. 10 f.

14 Uhland, Robert (Hrsg.), Das Tagebuch der Baronin Eveline von Massenbach, S. 55 f.

15 Zitiert nach: Brena, Jörg, S. 9.

16 Preller, Ludwig: Ein fürstliches Leben, S. 117 f.

17 Zitiert nach: Brena, Jörg, S. 15.

18 Zitiert nach: Hecker, Jutta, Wunder des Wortes. Leben im Banne Goethes, Berlin 1989 S. 28.

19 Hebbel, Sämtliche Werke, Dritte Abteilung, Briefe, 7. Band, S. 238 f.

20 Wiederabdruck in: Shakespeare-Jahrbuch, Bd. 58, Jg. 1922, S. 29–38.

21 ThHStAW, Hausarchiv A XXVII, Nr. 222a.

22 Zitiert nach: Shakespeare-Jahrbuch, Band 5, Jg. 1870, S. 3.

23 Zitiert nach: Shakespeare-Jahrbuch, Band 15, Jg. 1880, S. 20.

24 Zitiert nach: Shakespeare-Jahrbuch, Band 28, Jg. 1893, S. 18.

25 Zitiert nach: Hecker, Jutta, Wunder, S. 33.

26 Zitiert nach: Ebenda, S. 31.

27 Zitiert nach: Ebenda, S. 29.

28 Zitiert nach: Ebenda, S. 32.

29 Zitiert nach: Ebenda, S. 72.

30 Zitiert nach: Bojanowski, Paul von, Sophie. Großherzogin von Sachsen, Braunschweig 1898, S. 30 f.

31 Zitiert nach: Hecker, Jutta, Wunder, S. 35.

32 Zitiert nach: Ebenda, S. 36.

33 Zitiert nach: Ebenda.

34 Zitiert nach: Ebenda.

35 Zitiert nach: Pöthe, Carl Alexander, S. 152.

36 Zitiert nach: Goethe-Jahrbuch, Bd. 7, Jg. 1886, Anhang: Jahresbericht der Goethe-Gesellschaft, S. 11 f.

37 Den genauen Text der Stiftungsurkunde siehe: Deutsche Rundschau, Bd. 60, Jg. 1889, S. 139.

38 Zitiert nach: Golz, Jochen (Hrsg.), Das Goethe- und Schiller-Archiv, S. 25.

39 Zitiert nach: Ebenda.

40 Zitiert nach: Pöthe, Carl Alexander, S. 397.

41 Zitiert nach: Brena, Jörg, Großherzogin Sophie, S. 17.

42 Hier wird die handschriftliche Abschrift benutzt: ThHStAW, Großherzogliche Sächsische Schatullverwaltung, Nr. 1, Bl. 1–45.

43 Zitiert nach: Golz, Jochen (Hrsg.), Das Goethe- und Schiller-Archiv, S. 30.

44 Zitiert nach: Hecker, Jutta, Wunder, S. 40.

45 Fischer, Kuno, Großherzogin Sophie von Sachsen, S. 455.

46 Ebenda, S. 457.

47 Ebenda, S. 500.

48 Ebenda, S. 501 f.

49 Shakespeare-Jahrbuch, Band 24, Jg. 1898, S. 1 f.

Quellen- und Literaturverzeichnis – eine Auswahl

(weitere Literatur siehe auch Anmerkungen)

Bauer, Joachim/Müller, Gerhard, „Des Maurers Wandeln, es gleicht dem Leben". Tempelmaurerei, Aufklärung und Politik im klassischen Weimar, Rudolstadt–Jena 2000.

Bauer, Joachim/Hellmann, Brigitte/Müller, Gerhard (Hrsg.), Logenbrüder, Alchemisten und Studenten. Jena und seine geheimen Gesellschaften im 18. Jahrhundert, Rudolstadt 2002.

Berbig, W., Sophie, Wilhelmine Marie Louise, Großherzogin von Sachsen-Weimar-Eisenach, in: Allgemeine Deutsche Biographie, Bd. 54 (Leipzig, 1908), S. 396–399.

Berger, Joachim, Anna Amalia von Sachsen-Weimar-Eisenach (1739–1807). Denk- und Handlungsräume einer „aufgeklärten" Herzogin, Heidelberg 2003. – *Ders. (Hrsg.),* Der ‚Musenhof' Anna Amalias. Geselligkeit, Mäzenatentum und Kunstliebhaberei im klassischen Weimar, Köln Weimar Wien 2001.

Berger, Joachim/Puttkamer, Joachim v. (Hrsg.), Von Petersburg nach Weimar. Kulturelle Transfers von 1800 bis 1860, in: Jenaer Beiträge zur Geschichte, Bd. 9, Mainz 2005.

Bode, Wilhelm, Amalie. Herzogin von Weimar, 3. Bde., Berlin 1908.

Bojanowski, Eleonore von, Louise. Großherzogin von Sachsen-Weimar-Eisenach und ihre Beziehungen zu den Zeitgenossen, Stuttgart–Berlin 1903. – *Dies.,* Großherzogin Sophie von Sachsen-Weimar. Zum 100. Geburtstag, 8. April 1924, in: Deutsche Rundschau, 50 (1924), S. 82–87. – *Dies.,* Die erste Protektorin der Deutschen Shakespeare-Gesellschaft, Großherzogin Sophie, und ihr Enkel, Großherzog Wilhelm Ernst von Sachsen, in: Shakespeare-Jahrbuch, 59/60 (1924), S. 1–7.

Bojanoswki, Paul von, Die Gedächtnißfeier für die Großherzogin Sophie von Sachsen", in: Shakespeare-Jahrbuch, 34 (1898), S. 3–8. – *Ders.,* Die Großherzogin Sophie und das Patriotische Institut der Frauen-Vereine im Großherzogtum Sachsen. Vortrag gehalten in der General-Versammlung des Vaterländischen Frauen-Vereins zu Berlin am 31. März 1889 (o. O., o. J.). – *Ders.,* Sophie. Großherzogin von Sachsen, Braunschweig 1898.

Böttiger, Karl August, Literarische Zustände und Zeitgenossen. Begegnungen und Gespräche im klassischen Weimar, Berlin 1998.

Brena, Jörg, Großherzogin Sophie von Sachsen-Weimar-Eisenach, Königliche Prinzessin der Niederlande, eine große soziale Frauengestalt des 19. Jahrhunderts, Maschinenschriftlicher Vorabdruck der Veröffentlichung in Jaarboek Oranje-Nassau Vereinigung, Apeldoorn o. J.

Brender, Irmela, Christoph Martin Wieland mit Selbstzeugnissen und Bilddokumenten, Reinbek bei Hamburg 2003.

Corti, Conte Egon Cäsar, Metternich und die Frauen, Knaur-Taschenbuch 2334, München o. J.

Denkwürdigkeiten des Freiherrn Achatz Ferdinand von der Asseburg, Berlin 1842.

Dmitrieva, Katja/Klein, Viola (Hrsg.), Maria Pawlowna. Die frühen Tagebücher der Erbherzogin von Sachsen-Weimar-Eisenach, Köln–Weimar–Wien 2000.

Ebersbach, Volker, Carl August von Sachsen-Weimar-Eisenach. Goethes Herzog und Freund, Köln–Weimar–Wien 1999.

Egloffstein, Hermann Freiherr von, Carl August im niederländischen Feldzug, Weimar 1927.

Elias, Norbert, Die höfische Gesellschaft. Untersuchungen zur Soziologie des Königtums und der höfischen Aristokratie, Frankfurt 1969.

Emde, Ruth B. (Hrsg.), Selbstinszenierungen im klassischen Weimar: Caroline Jagemann. Hrsg. und untersucht von Ruth B. Emde, kommentiert in Zusammenarbeit mit Achim von Heygendorff, Bd. 1–2, Göttingen 2004.

Erzmann, Hubert/Wagner, Rainer (Hrsg.), Weimar von unten betrachtet. Bruchstücke einer Chronik zwischen 1806 und 1835 aufgezeichnet von Franz David Gesky, Jena 1997.

Festschrift für Wolfgang Vulpius zu seinem 60. Geburtstag am 27. November 1957, Weimar 1957.
Fischer, Kuno, Großherzogin Sophie von Sachsen, Königl. Prinzessin der Niederlande. Gedächtnisrede in der Trauerversammlung am 8. Oktober 1897 im Sophienstift zu Weimar, in: *Ders.,* Kleine Schriften, 8 (Heidelberg, 1898), S. 451–510.
Franz Liszt in seinen Briefen, eine Auswahl, herausgegeben mit einem Vorwort und Kommentaren von Hans Rudolf Jung, Berlin (Ost) 1987.
Friedrich Justin Bertuch (1747–1822). Verleger, Schriftsteller und Unternehmer im klassischen Weimar, Tübingen 2000.
Frindte, Julia/Westphal, Siegrid (Hrsg.), Handlungsspielräume von Frauen um 1800, Heidelberg 2005.
Ghibellino, Ettore, J. W. Goethe und Anna Amalia. Eine verbotene Liebe, Weimar 2004.
Goethes Unterhaltungen mit dem Kanzler Friedrich von Müller, München 1950.
Goethes Werke. Herausgegeben im Auftrage der Großherzogin von Sachsen. Bd. 1–143, Weimar, 1887–1919; Bd. 144–146, München 1990.
Golz, Jochen (Hrsg.), Das Goethe- und Schiller-Archiv 1896–1996. Beiträge aus dem ältesten deutschen Literaturarchiv, Weimar–Köln–Wien 1996, S. 161–174.
Golz, Jochen/Ulbricht Justus H. (Hrsg.), Goethe in Gesellschaft. Zur Geschichte einer literarischen Vereinigung vom Kaiserreich bis zum geteilten Deutschland, Köln–Weimar 2005.
Günzel, Klaus, Das Weimarer Fürstenhaus. Eine Dynastie schreibt Kulturgeschichte, Köln–Weimar–Wien 2001.
Haar, Goethes Erbe, in: Nachbarn, 37, Bonn, 1993.
Hahn, Hans-Werner/Hein, Dieter (Hrsg.), Bürgerliche Werte um 1800. Entwurf – Vermittlung – Rezeption, Köln–Weimar–Wien 2005.
Hahn, Hans-Werner/Greiling, Werner/Ries, Klaus (Hrsg.), Bürgertum in Thüringen. Lebenswelt und Lebenswege im frühen 19. Jahrhundert, Rudolstadt 2001.
Hase, Karl August von, Annalen meines Lebens, in: Gesammelte Werke, 11. Band: Karl von Hase's Leben, Zweite Abteilung, Leipzig 1891.
Hebbel, Friedrich, Sämtliche Werke. Historisch-kritische Ausgabe, bes. v. Richard Maria Werner, Berlin 1906/07.
Hecker, Jutta, Die Altenburg. Geschichte eines Hauses, Berlin 1983. – *Dies.,* Wunder des Wortes. Leben im Banne Goethes, Berlin 1989.
Herders Sämtliche Werke, 33 Bde., Berlin 1877–1913.
Hellman, Birgit (Hrsg.), Jubiläen in Jena, Weimar Jena 2005.
Heyse, Paul, Großherzogin Sophie von Sachsen, in: Weimarische Zeitung, 95 (24. April 1897), o. S., und *Ders.,* Gesammelte Werke. Dritte Reihe, Bd. 5 (Stuttgart/Berlin, o. J.), S. 391 ff.
Huschke, Wolfram, Musik im klassischen und nachklassischen Weimar, Weimar 1982.
Ignasiak, Detlef, Die Fürstenhäuser Thüringens in Sage und Geschichte, Jena 2000. – *Ders.,* Regenten-Tafeln Thüringischer Fürstenhäuser, Jena 1996
Ignasiak, Detlef/Lindner, Frank, Das philosophische Thüringen. Persönlichkeiten, Wirkungsstätten, Traditionen, Jena 1998.
Ihre Kaiserliche Hoheit. Maria Pawlowna. Zarentochter am Weimarer Hof. Katalog und CD-R zur Ausstellung im Weimarer Schlossmuseum, hrsg. Von der Stiftung Weimarer Klassik und Kunstsammlungen, Weimar 2004.
Jena, Detlef, Die Weimarer Zarin, Jena 2004. – *Ders.,* Katharina Pawlowna. Großfürstin von Russland Königin von Württemberg, Regensburg 2003. – *Ders.,* Die Zarinnen Russlands 1547–1918, Regensburg–Graz–Wien–Köln 1999. – *Ders.,* Maria Pawlowna. Großherzogin an Weimars Musenhof, Graz–Wien–Köln 1999.
Kantzenbach, Friedrich Wilhelm, Johann Gottfried Herder mit Selbstzeugnissen und Bilddokumenten, Reinbek bei Hamburg 1992.

Kessler, Martin/Leppin, Volker (Hrsg.), Johann Gottfried Herder. Aspekte seines Lebenswerks, Berlin–New York 2005.
Keyserling, Alexandrine Gräfin von, Um eine deutsche Prinzessin. Ein Briefwechsel Friedrichs des Großen, der Landgräfin Karoline von Hessen-Darmstadt und Katharinas II. von Russland (1772–1774), Hamburg 1935.
Klauß, Jochen, Charlotte von Stein. Die Frau in Goethes Nähe, Düsseldorf–Zürich 1999.
Königsegg, Adda v., Fürstin im Schatten. Luise von Weimar – Ein deutsches Frauenbild, Leipzig–Berlin 1940.
Lehnert, Martin, Hundert Jahre Deutsche Shakespeare-Gesellschaft, in: Shakespeare-Jubiläum 1964. Festschrift zu Ehren des 400. Geburtstages William Shakespeares und des 100jährigen Bestehens der Deutschen Shakespeare-Gesellschaft, hrsg. im Namen der Gesellschaft von Anselm Schlösser, Weimar 1964, S. 1–40.
Madame de Staël, Über Deutschland, Berlin 1989.
Merseburger, Peter, Mythos Weimar. Zwischen Geist und Macht, Stuttgart 1998.
Middell, Katharina, „Die Bertuchs müssen doch in dieser Welt überall Glück haben". Der Verleger Friedrich Justin Bertuch und sein Landes-Industrie-Comptois um 1800, Leipzig 2002. – *Dies.,* „Dann wird es wieder ein Popanz für Otto". Das Weimarer Landes-Industrie-Comptoir im Übergang zum Familienunternehmen (1800–1830), Leipzig 2005.
Milde, Natalie v., Maria Pawlowna. Ein Gedenkblatt zum 9. November 1904, Hamburg 1904.
Müller, Friedrich von, Nekrolog zum Tode der Großherzogin Louise (?), in: Augsburger Allgemeine Zeitung, Beilagen Nr. 90–92 vom 31. März bis zum 2. April.
Müller, Gerhard, Vom Regieren zum Gestalten. Goethe und die Universität Jena, Heidelberg 2006.
Naumann, Martin, Karl Augusts Testamente, in: Das Thüringer Fähnlein. Monatshefte für mitteldeutsche Heimat, 5. Jahrgang 1935, H. 2, S. 79–88.
Nekrolog, Dem Gedächtnis der Großherzogin Sophie von Sachsen, Shakespeare-Jahrbuch 33 (1897), S. III–VII.
Oechelhäuser, Wilhelm, Die deutsche Shakespeare-Gesellschaft, in: Ders., Shakespeareana, Berlin 1894, S. 1–22.
Panzer, Marita A., Die Große Landgräfin. Caroline von Hessen-Darmstadt (1721–1774), Regensburg 2005.
Patze, Hans/Schlesinger, Walter, Geschichte Thüringens, Bde. 4, 5, Köln 1972–1984.
Pöthe, Angelika, Carl Alexander. Mäzen in Weimars „Silberner Zeit", Köln–Weimar–Wien 1998. – *Dies.,* Schloß Ettersburg. Weimarer Geselligkeit und kulturelles Leben im 19. Jahrhundert, Weimar–Köln–Wien 1995.
Preller, Ludwig, Ein fürstliches Leben. Zur Erinnerung an die verewigte Großherzogin von Sachsen-Weimar-Eisenach, Maria Pawlowna, Großfürstin von Russland, Weimar 1859.
Puttkamer, Wanda v., Der Hof von Weimar unter Großherzog Carl Alexander und Großherzogin Sophie. Erinnerungen aus den Jahren 1893–1897, Berlin 1932.
Raabe, Paul (Hrsg.), Wolfenbütteler Beiträge. Aus den Schätzen der Herzog August Bibliothek, Band 9, Wiesbaden 1994.
Salentin, Ursula, Anna Amalia. Wegbereiterin der Weimarer Klassik, Köln–Weimar–Wien 1996.
Schillers Werke, Nationalausgabe, 41 Bde., Weimar 1943–2003.
Schorn, Adelheid v., Das nachklassische Weimar unter der Regierungszeit Karl Friedrichs und Maria Paulownas, Weimar 1911. – *Dies.,* Das nachklassische Weimar. Zweiter Teil: Unter der Regierungszeit von Karl Alexander und Sophie, Weimar 1912.
W. Shakespeare's dramatische Werke. Uebersetzt von August Wilhelm von Schlegel und Ludwig Tieck. Im Auftrag der Deutschen Shakespeare-Gesellschaft herausgegeben und mit Einleitungen versehen von Wilhelm Oechelhäuser, Stuttgart o. J. (1891).
Spies, Heike, Großherzogin Luise von Sachsen-Weimar-Eisenach (1757–1830). Regentin

zwischen Anspruch und Aufbruch (Vortragsmanuskript), veröffentlicht in: Goethe-Blätter, Bd. IV, Bonn 2003.
Tümmler, Hans, Goethes Weimar am Vorabend der Befreiungskriege. Aus den Berichten des französischen Gesandten Baron von St. Aignan 1812/13, in: Helmut Holzhauer (Hrsg.), Natur und Idee, Weimar 1966, S. 263–297.
Uhland, Robert (Hrsg.), Das Tagebuch der Baronin Eveline von Massenbach. Hofdame der Königin Olga von Württemberg, Stuttgart–Berlin–Köln–Mainz 1987.
Ventzke, Marcus, Die Regierung des Herzogtums Sachsen-Weimar-Eisenach. 1775–1783. Ein Modellfall aufgeklärter Herrschaft? (Veröff. d. historischen Komm. f. Thüringen, Kl. Reihe, 10), Weimar–Köln 2004. – *Ders. (Hrsg.),* Hofkultur und aufklärerische Reformen in Thüringen. Die Rolle des Hofes im späten 18. Jahrhundert, Köln–Weimar 2002.
Vulpius, Wolfgang, Walter Wolfgang von Goethe und der Nachlass seines Großvaters, Weimar 1962.
Wahl, Volker, „Meine Gedanken". Autobiographische Aufzeichnungen der Herzogin Anna Amalia von Sachsen-Weimar, in: Wolfenbütteler Beiträge Bd. 9, 1994.
Wielands Briefwechsel, 18 Bde., Berlin 1963–2005.
Wieland, Christoph Martin, Werke in 12 Bänden, Frankfurt am Main 1986–1988.
Wijk, A. M. Gerth van, Prinses Sophie der Nederlanden. Groothertogin van Saksen. Een Levensschets. Rotterdam o. J.
Wolf, Jürgen Rainer, Die russische Heirat der Prinzessin Wilhelmine von Hessen-Darmstadt, in: Archiv für hessische Geschichte und Altertumskunde, Neue Folge, 55. Bd., 1997, S. 241–257.
Zum 24. Juni 1898. Goethe und Maria Paulowna. Urkunden, hrsg. im Auftrage des Großherzogs Wilhelm Ernst von Sachsen, Weimar 1898.

Personenregister

Bildnachweis

Bildarchiv Foto Marburg: S. 146, 150, 152
Bildarchiv Preußischer Kulturbesitz, Berlin: S. 147, 148 unten, 154 unten, 156
Interfoto, München: S. 160 unten
Klassik Stiftung Weimar: S. 145 unten, 149, 153, 154 oben
Sächsische Landesbibliothek – Staats- und Universitätsbibliothek Dresden: S. 145 oben
Sotheby's, London / akg-images, Berlin: S. 151
ullstein bild, Berlin: S. 148 oben, 155, 157, 158, 159, 160 oben

Stammtafel (Übersicht)

siehe dazu auch S. 278

Ernst August I. Constantin
(1688–1748)
⚭ Sophie Charlotte Albertina
v. Brandenburg-Bayreuth
(1713–1747)

Carl I. v. Braunschweig-Wolfenbüttel
(1713–1780)
⚭ Philipine Charlotte v. Preußen
(1716–1801)

Ernst August II. Constantin
(1737–1758)
1748 Hzg. v. Sachsen-Weimar-
Eisenach
1757 selbstst. reg.

⚭

Anna Amalia
(1739–1807)
Regentin 1758–1775

Ludwig IX. v. Hessen-Darmstadt
(1719–1790)
⚭ Caroline („Große Landgräfin")
(1721–1774)

Carl August
(1757–1826)
1758 Hzg.
1775 selbstst. reg.
1815 Großhzg.

⚭

Louise
(1757–1830)

Constantin
(1758–1793)

Kaiser Paul I. v. Russland
(1754–1801)
⚭ Maria Fjodorowna
(1759–1828)

Luise Auguste
(1779–1784)

Carl Friedrich
(1783–1853)
1828 Großhzg.

⚭

Maria Pawlowna
(1786–1859)

Caroline
(1786–1816)
⚭ Friedrich v.
Mecklenburg-Schwerin

Bernhard
(1792–1862)

Wilhelm II. v. Oranien-Nassau
(1792–1849), Kg. d. Niederlande
⚭ Anna Pawlowna
(1796–1865), T. v. Paul I.

Carl Alexander
(1805–1806)

Maria
(1808–1877)
⚭ Karl v. Preußen

Augusta
(1811–1890)
⚭ Wilhelm I.
1861 Kg. v. Preußen
1871 dt. Kaiser

Carl Alexander
(1818–1901)
1853 Großhzg.

⚭

Sophie
(1824–1897)

Carl August
(1844–1894)
Erbgroßhzg.
⚭ Pauline v. Sachsen-
Weimar-Eisenach

Wilhelm Ernst
(1876–1923)
1901–1918 Großhzg. (abgedankt)
⚭ 1) Caroline v. Reuß
2) Feodora v. Sachsen-Meiningen

Marie Alexandrine
(1849–1922)
⚭ Heinrich VII. v. Reuß

Anna Sophie
(1851–1859)

Elisabeth
(1854–1908)
⚭ Joh. Albrecht v.
Mecklenburg-Schwerin